D1699852

Zwischen den Welten

Marco Bertram

Zwischen den Welten

Adrenalin pur: Fußball von 1990 bis 2014

Zwischen den Welten

Adrenalin pur: Fußball von 1990 bis 2014

© 2014
nofb-shop.de und Marco Bertram
1. Auflage

Autor
Marco Bertram

Gestaltung
Stephan Trosien

Druck und Verlag
nofb-shop.de
Stephan Trosien
Am Krusenick 46
12555 Berlin

Bildnachweis
Karsten Höft (47 - 49, 66, 67, 72, 76 - 79, 84, 86, 92 - 94, 97 - 102, 121, 124, 139 - 143, 146 - 152, 158 - 161, 199, 226, 246, 247, 266, 267, 336), Veit Pätzug (283 - 286), Christian Klang (292, 293), Claude Rapp (50, 51, 106), ddr-fotos.de (32, 36), alle weiteren Bilder von Marco Bertram

ISBN 978-3-00-047008-0

„Unter all den mit reichlich Metall und Tinte verzierten, vermeintlichen Rebellen kommt Marco Bertram eher unscheinbar daher; doch unterschätzen sollte man den in den '70ern geborenen Ostberliner keineswegs, der als Jugendlicher die Wende auszukosten wusste. Im Gegensatz zu vielen Fashion Freaks ist er nah am Geschehen, wenn es um gewagte Reisen und exotische Fußballspiele geht. Marco schreibt sich manchmal um Kopf und Kragen, ohne Pseudonym und sonstige Posen. Aufgrund seiner medialen Umtriebigkeit mit den unterschiedlichen Themen ist er ein Vermittler zwischen den Welten, außerdem gilt er als respektabler Armdrücker."

von Andreas Gläser

Für Magdalena und unseren Sohn Dominik.

+++ Bayer Leverkusen feiert 0:0 in Nantes (März 1995), Paulo Sergio auf dem Zaun +++

Inhaltsverzeichnis

Prolog:
Nach dem Schiffbruch – zurück im Leben

Den Helder, Niederlande. 6. November 1999.

Mensch, Thom, mach doch endlich mal den Ball rein! Oh Gott, und nun das noch! Meine Fresse, Rekdal, diesen Elfer hätte ja jeder bierbäuchige Aschekicker reinballern können! Was für eine Pfeife! Tief durchatmen. Ich senkte den Kopf und sah nichts mehr. Die luftigen Daunendecken wölbten sich mächtig auf, so dass man diese plattdrücken musste, um beim Lümmeln im Bett den Fernsehbildschirm sehen zu können. Mit der Fernbedienung wurde sich zuvor durch die Kanalvielfalt gezappt. Neben etlichen niederländischen und belgischen Programmen blieben RTL und ZDF als einzige deutschsprachige Varianten übrig. Ein Blick auf die Uhr. Halb elf. Passt doch. Samstagabend. Aktuelles Sportstudio. Genau das richtige in diesem Moment. Hätten auf der Heizung nicht die nassen Fleece-Klamotten und die gelb-blauen Segelanzüge mit den

Reflektoren-Streifen gelegen, hätte man den wahren Grund des Hotelaufenthaltes prompt vergessen können. Dort aber trocknete die Offshore-Segelbekleidung, die während der letzten Tage auf stürmischer Ostsee und Nordsee verdammt gute Dienste geleistet hatte. In meinem Fall rettete die Segeljacke mit integrierter Schwimmweste sogar mein Leben.

Zwanzig Prozent. Vielleicht sogar nur zehn Prozent. So groß ist die Wahrscheinlichkeit, dass man überlebt, wenn es einen auf tosender See bei Dunkelheit auf das offene Meer verschlägt. Mann über Bord bei meterhohen Wellen an einem finsteren Novemberabend nach dem Kentern des eigenen Bootes?! Das war es dann wohl! Noch hält die sich selbst aufblasende Rettungsweste das Kinn knapp über der Wasseroberfläche, doch in absehbarer Zeit wird auch diese nichts mehr nutzen. Das kalte Meerwasser fließt in die Mundwinkel, in die Nase. Beim nächsten heran rauschenden Wellenkamm ist dann der Kopf unter der Oberfläche. Noch wenige Sekunden, ein letzter Kampf, ein letztes Aufbäumen, dann wird es noch finsterer als es jetzt schon ist. Das Ziel Olympische Spiele 2000 in Sydney vor Augen – durchgekentert vor der niederländischen Insel Vlieland bei Windstärke 9 bis 11. Mit gerade mal 26 Jahren ertrunken auf der Nordsee. Aus die Maus.

Oder auch nicht! Sämtliche verfügbaren Schutzengel leisteten Sonderschichten und verhalfen mir, dass ich nach dem Kentern und dem Überbordgehen im Wasser nicht ohnmächtig wurde oder die Orientierung verlor, sondern sofort unser rotes sich wieder aufrichtende Boot erblickte. Wie in Trance schwamm ich mit letzter Kraft ans Boot und gelangte Dank Raimars rettender Hand und der rasch ausgeklappten Badeleiter ans Deck. Der düstere Meister mit der Sense hatte bereits an meinem Schopf gekitzelt, ließ dann jedoch von mir ab und übergab mich den unsichtbaren Engeln sowie den sichtbaren Engeln in Form der niederländischen Marine, die mit einem robusten Lynx-Militärhubschrauber zirka eine halbe Stunde später – nach einem weiteren Durchkentern – uns vom arg lädierten Boot zog und zum Stützpunkt Den Helder brachte. Graças a Deus! Obrigado, Yemayá! Und vielen Dank an die holländischen Lebensretter, die bei schwerem Sturm hinausfuhren und hinausflogen, um uns aus der tosenden Wasserhölle zu holen.

+++ Schwerer Sturm auf der Nordsee, kurz vor dem Schiffbruch (1999) +++

Dehydriert und völlig erschöpft fanden mein Segelpartner Raimar und ich uns nach dem Ausfüllen einiger Formulare schätzungsweise anderthalb Stunden später in dem besagten Hotel wieder. Ausgiebig heiß geduscht. Im Hotelrestaurant versucht die Spiegeleier auf Toast mit zitternden Händen zu essen. Getrunken, sehr viel getrunken. Wasser und Saftschorle. Und dann ins gemütliche Bett. Nach Tagen des Kampfes auf tosender See die Beine ausgestreckt. Wohlige Wärme. Gerettet! Den Blick auf den Fernseher gerichtet. „Das war ein echter Brocken! Was für Wellen. Meine Fresse, fast wie beim Whitbread-Race ...", ließ Raimar neben mir verlauten. Anschließend zog das Geschehen im ZDF-Sportstudio die volle Aufmerksamkeit auf uns. Fußball? Wer denkt nach solch einem Höllenritt noch an Fußball? Wir! Die gezeigten Zusammenfassungen der Bundesligaspiele des elften Spieltags der Saison 1999/2000 brachten das Blut in freudige Wallung. Scheiße noch mal, wir leben noch! Dort kickt die Hertha bei der Frankfurter Eintracht – und wir sitzen hier in Den Helder und dürfen als quasi Auferstandene den Bericht sehen. Ihn aufsaugen. Keine Frage, das war das geilste Aktuelle Sportstudio in meinem Leben!

Und schau an, die Jungs von Hertha BSC hatten es sogar geschafft, die ersten Flüche aus meinem Mund zu entlocken. Was ist das denn? Während wir mit den beiden selbst ausgebauten acht Meter langen Booten ‚First Cash' und ‚Time for Sydney' gen Australien segeln wollten und am Nachmittag des 6. November 1999 noch irgendwo zwischen Helgoland und Holland auf der Nordsee unser Glück versuchten, ging die Alte Dame im Frankfurter Waldstadion bereits unter. Vor 28.000 Zuschauern brachte Guié-Mien die SGE schon nach gut einer Viertelstunde in Front. Weber und Fjörtoft konnten in der 22. und 28. Minute nachlegen. Nix zu holen für die Berliner an jenem Tage. Nicht vor den Eierlandschen Gronden an der holländischen Küste, nicht auf dem Geläuf der 70er-Jahre-Schüssel im

Frankfurter Forst. Als Horst Heldt kurz vor Schluss sogar noch einen Elfer zum 4:0 verwandelte, musste ich lachen. Mensch, wie hatte ich das doch vermisst. Fußball. Alltag. Emotionen.

Die Gedanken gingen zurück. Auswärtsfahrten Anfang der 90er Jahre ganz tief im Westen. Etwa dort, wo die Sonne verstaubt. Die brennende Wurstbude am H-Block beim DFB-Pokalspiel TSV Bayer 04 Leverkusen gegen 1. FC Köln. Die tobenden PSV-Fans, die unseren Sonderzug mit Leuchtkugeln beschossen hatten. Zusammenbrechende Polizeipferde, aufgeschnittene Zäune im Gelsenkirchener Parkstadion, nasskalte Fußballabende auf dem Gladbacher Bökelberg, Pimmel zeigende Rostocker im Müngersdorfer Stadion, Schneeregen und steife Brise in Duisburg, abgefuckte Tristesse im Zweitligaalltag von Hertha BSC irgendwann zwischen 1992 und 1995. Der Fast-Aufstieg des 1. FC Union Berlin im Juni 1993, gemischte Gefühle beim Pokalendspiel zwischen den Hertha-Bubis und den Pillendrehern. Salmrohr bei gefühlten 50 Grad in der Relegation beim Wuppertaler SV. Herbst 1994. Richtig fett auf die Fresse bekommen von den Leutzschern beim brisanten Regionalligaduell FC Sachsen Leipzig gegen FC Berlin. Und dann die schäumenden Feuerlöscher, welche die BFC-Hools am Leipziger Hauptbahnhof gegen die Polente einsetzte. Was für Action! Die knüppelnden Bullen in Bochum, die dem verliehenen ‚Goldenen Schlagstock' alle Ehre machten. Der pink angezogene ‚Nußbaum' im Leverkusener C-Block. Die wöchentliche Pyro im Block 13 der Dortmunder Südtribüne. Und icke mittendrin. Celtic in Köln. Was für ein geiler Nachmittag! Ein wahrer Bilderorkan fegte am Abend nach dem prekären Schiffbruch durch die Hirnwindungen und weckte nach Tagen der immensen Strapazen und Gefahren wieder die Lebenslust. Mensch, Marco: Lebbe geht wieder! Wer hat's gesagt? Stepi hat's gesagt!

Spurensuche in NRW:
Schalke, Essen, Duisburg, Wattenscheid

14 Jahre später. 21. September 2013. Schauplatz Glückauf-Kampfbahn im Herzen des Potts nahe der Schalker Meile. Die geplante Fandemo der Ultras Gelsenkirchen bot die Gelegenheit, dort vorbeizuschauen und auf Spurensuche auf geschichtsträchtigem Terrain zu gehen. Kurze Zeit zuvor fand dort das von den Ultras selbst organisierte Testspiel zwischen der U23 des FC Schalke 04 und der BSG Chemie Leipzig statt. Pyrotechnik satt und ein Fußballfest ohne etwaige Restriktionen ließen die Herzen höher schlagen. Die Bilder und Fotos meines turus.net-Compagnons in Essen bestärkten meinen Plan, mal wieder nostalgischen Fußballduft in NRW zu schnuppern. Back to the roots und ab in den Intercity gen Ruhrgebiet. Stadien und Schauplätze aufsuchen, die vor zwanzig Jahren unser damaliges Leben prägten.

Während mein Zug mit einem Defekt im Schaltschrank für einige Zeit am Bahnhof in Hamm festhing,

tickerten zahlreiche Kurznachrichten rein. Die Zeit dränge, Karsten müsse pünktlich zum Spiel VfL Bochum gegen VfR Aalen und damit ich noch vor meinem Abstecher nach Gelsenkirchen die Tasche in sein Auto packen könne, müsse ich nun endlich am Bochumer Hauptbahnhof eintrudeln. Hin und her. Dann noch ein kurzes Telefonat. Ja, der Zug rollte wieder. Dortmund in Sichtweite, zehn Minuten später schließlich Bochum. Karsten drückte mir rasch einen Fünfer in die Hand. Kleingeld für die Straßenbahn nach Gelsenkirchen. Dort hinunter und dann über Wattenscheid zirka 35 Minuten bis zur Schalker Meile.

In meinem ganzen Leben war ich noch nie auf diesem Abschnitt der Kurt-Schumacher-Straße im Gelsenkirchener Stadtteil Schalke. Anfang der 90er bin ich gewiss mit der Tram einige Male durchgefahren. Aber eine Runde gedreht? Nicht, dass ich wüsste.

+++ Schalker Fandemo gegen Polizeieinsätze (September 2013) +++

Schalke war damals für mich – wie für die meisten – das Parkstadion. Zwei Revierderbys gegen Borussia Dortmund hatte ich dort vor rund zwanzig Jahren mit Karsten mitgenommen. Einmal auf Heim-, einmal auf Gästeseite. Hinzu kamen die Spiele gegen den SV Werder Bremen und Bayer 04 Leverkusen sowie das legendäre Duell gegen den 1. FC Köln am Nikolaustag 1992, als FC-Hools den Zaun zur Haupttribüne aufschnitten und einen Angriff starteten, jedoch von behelmter Polizei zurückgedrängt wurden. Die riesige Haupttribüne, der Nieselregen, das vom Wind herübergetragene „Attacke!". Bei der Tuckelfahrt mit der Tram kamen alte Erinnerungen wieder hoch. Hinter Wattenscheid füllten sich die Waggons. Manche wollten auf der Schalker Meile einfach ein kühles Blondes trinken, andere hatten die von der Glückauf-Kampfbahn startende Fandemo als Ziel, wiederum andere fuhren jetzt bereits durch bis zur Veltins-Arena. Eingequetscht saß ich am Fenster. Viel zu warm angezogen, den Rucksack mit der Kamera auf dem Schoß. Anfang Zwanzigjährige beäugten mich aus dem Augenwinkel. Mit schwarzer Carhartt-Jacke passt man fix ins Schema, mit meinem Alter und dem wohl etwas befremdlich wirkenden Gesichtsausdruck dann jedoch auch wieder nicht. Tja, Jungs, als Papa Marco und Papa Karsten mit der Werkself einst im Jahre 1992 auswärts auf Schalke fuhren, wart ihr zum Teil noch nicht mal geboren. Faszinierend und erschreckend zugleich.

Ich möchte nichts vorweg nehmen, an späterer Stelle wird alles chronologisch aufgearbeitet. Sei nur bereits erwähnt, dass Karsten und ich – die seit geraumer Zeit gemeinsam das Onlinemagazin turus.net betreiben – uns im September 1991 in einem Wohnheim in Leverkusen-Schlebusch kennengelernt hatten. Dort waren wir mehr oder weniger als 18- bzw. 17-Jährige gestrandet. Ausbildung bei der Bayer AG. Für viele im Rheinland ein Klassiker, für mich als geborener Ostberliner so kurz nach der Wende das große Abenteuer pur. Doch halt, später dazu mehr.

Am Septembertag 2013 stieg ich an der Schalker Meile aus und lief ein erstes Mal zur Glückauf-Kampfbahn, wo einige junge Schalker Fans bereits auf der alten Tribüne saßen und einem auf dem verlegten Kunstrasen stattfindenden Nachwuchsspiel zuschauten. An der Rückseite wurde Bier in kleinen Bechern zu fairen Preisen ausgeschenkt. Aus Pappkartons heraus wurden von den Ultras in Auftrag gegebene T-Shirts mit der Aufschrift ‚Gegen Repression und Polizeigewalt' für sieben Euro das Stück an den Fan gebracht. Warme Semmeln waren im Vergleich dazu echte Ladenhüter. Die Shirts wurden wie am Fließband den Interessenten über die Schultern geworfen. Am Ende blieben nur noch die extragroßen Exemplare zum Verkauf. Daran störte sich niemand. XXL? Passt schon! Auch M-Männer griffen ohne zu Zögern zu. Gegen 14.30 Uhr hieß es schließlich: Ausverkauft! Insgesamt wurden im Vorfeld der geplanten Kundgebung tausend Shirts verkauft. Für ein einheitliches Bild wurde somit problemlos gesorgt.

Viele Worte, um die Fans zur Teilnahme am Marsch zu bewegen, mussten nicht verloren werden. Der überaus derbe Polizeieinsatz in der Nordkurve am Rande der Champions-League-Begegnung gegen PAOK Saloniki ließ das Fass überlaufen. Knüppel und Pfefferspray? Und das allein wegen eines Banners der befreundeten Ultras ‚Komiti Skopje' des mazedonischen Vereins Vardar Skopje?! Die anwesenden Fans aus Saloniki sollen sich laut der Polizei Gelsenkirchen „als Volksgruppe erheblich beleidigt und verunglimpft" gefühlt haben. Und das allein wegen des gelben ‚Sterns von Vergina' auf rotem Grund. Einer Flaggen-Variante, die von 1992 bis 1995 sogar als offizielle Landesflagge des damals bereits von Jugoslawien losgelösten Mazedoniens verwendet wurde. Der gesamte Polizeieinsatz war eine einzige Farce. Ob nun die griechischen szenekundigen Beamten Schuld dran waren oder ob es einfach mal ein Denkzettel für die aktive Schalker Szene werden sollte, blieb ungeklärt. Fakt ist, der Aufschrei war groß. Deutschlandweit. Sowohl unter den Fußballfans, als auch in großen Teilen der Medienlandschaft. Dem nordrhein-westfälischen Innenminister Ralf Jäger und dem Einsatzleiter der Gelsenkirchener Polizei Klaus Sitzer wehte tagelang ein gehöriger Gegenwind um die Ohren. Genau dort wollten die aktiven Fans aus der Schalker Nordkurve ansetzen. Den Druck erhöhen, sich Gehör verschaffen. So marschierten letztendlich rund 2.000 Fans geschlossen von der Glückauf-Kampfbahn gen Norden zur jetzigen Heimstätte des FC Schalke 04.

„Schalalala... Sitzer absetzen, absetzen, Sitzer absetzen...", ertönte es lautstark aus den ersten Reihen hinter dem Frontbanner mit der Aufschrift ‚Gegen willkürliche Polizeieinsätze in den Fankurven'. Unter der Brücke der A42 folgten ein knackiges „Sitzer raus, Sitzer raus!", ein „Wir woll'n keine Bullen in der Kurve!" sowie ein melodisches „Jäger, deine Zeit ist um..." Die lange Wegstrecke durch dünn besiedeltes Gebiet nahm der Fandemo eine Menge Kraft, doch letztendlich konnten die Fans an jenem Nachmittag ein deutliches und vor allem friedliches Zeichen setzen.

Nein, solch eine Kundgebung hätte es Anfang der 90er zur Blütezeit der Hools und Kutten ganz gewiss nicht gegeben. Allerdings hätten die polizeilichen Einsatzkräfte damals auch nicht wegen einem Stück Stoff dermaßen rabiat in der Fankurve geprügelt und Pfefferspray verteilt. Polizeiwillkür? Die gab es jedoch auch damals – und das nicht zu knapp. Auch hier gilt: Später wird ausführlich drauf eingegangen.

Am Parkplatz vor der Veltins-Arena dann der Anruf von Karsten, der direkt vom Bochum-Aalen-Spiel kam und fragte, wo genau ich zu finden sei. Heimniederlage des VfL, dazu eine sehr überschaubare Anzahl an Gästefans. Bei mir war es definitiv interessanter, doch immerhin konnte er den kraftvollen Abschluss des Fanmarsches an der 1000-Freunde-Mauer noch mitnehmen, bevor wir einen Abstecher zum Gelände des einstigen Parkstadions machten. Vor Ort an der alten Spielstätte, die von 1973 bis 2001 für den Bundesligabetrieb genutzt wurde, packte mich ein kalter Schauer. Faszination und Trauer zugleich. Es war, als stünde man an einem Grab. Zu meiner großen Überraschung befand sich unten ein makelloser Rasen mit neuen Werbebanden rings-

+++ Einstiges Parkstadion in Gelsenkirchen (2013) +++

herum. Wo einst die Nordkurve stand, türmte sich ein Kieshaufen auf. Zu beiden Seiten erheben sich die markanten Flutlichtmasten, die glücklicherweise als Landmarken erhalten bleiben. Erfreulich zudem der Anblick der weitgehend erhaltenen Gegengerade. Melancholischer indes der Blick auf die Südkurve, die aufgrund ihrer jetzigen Bepflanzung nur noch zu erahnen ist. Ja, hier in etwa muss es gewesen sein, wo die Kölner Jungs den Zaun zur Haupttribüne auftrennten und sich Zutritt verschaffen konnten. Apropos Tribüne. Im September 2013 waren noch klägliche Betonreste von jener zu sehen. Teilweise zugeschüttet mit Kohlestaub. An einer Seite ragten die rostigen Stahlgeflechte aus den einstigen Wänden und Trägern. Hellblaue Fliesen bröckelten von einer Wand. Wurden dort einst Steffen Freund, Yves Eigenrauch, Radmilo Mihajlovic und Ingo Anderbrügge vor und nach den Spielen durchgeknetet?

Während tausende Zuschauer in die moderne Arena strömten und sich auf das Bundesligamatch gegen den FC Bayern München freuten, saßen Karsten und ich wieder im Auto und düsten gen Essen. Teil eins der einwöchigen Spurensuche war erfolgt, abends sollte das weitere Programm besprochen werden.

Einen Tag später sollte es mich in ein Stadion führen, in dem ich bisher in meinem Leben nur ein allereinziges Mal verweilte. Doch der mittlerweile 21 Jahre zurückliegende Besuch hatte sich in meinem Kopf fest eingebrannt. Das Röntgen-Stadion des FC Remscheid. Für mich über viele Jahre hinweg der Inbegriff für Lethargie und Tristesse. Noch relativ frisch in der bunten Fußballwelt schaute ich mir am 4. Oktober 1992 den Auftritt von Hertha BSC bei den Remscheidern an. Von Leverkusen aus war das keine große Sache. Mit zwei Kumpels – einer aus Magdeburg, einer aus

+++ Der Gästeblock im Röntgen-Stadion des FC Remscheid +++

Frankfurt/Oder (beide machten ebenfalls ihre Lehre bei der Bayer AG) – düsten wir mit der Regionalbahn ins Bergische Land. Mein erstes ‚Auswärtsspiel' von Hertha BSC. Stolz wie Bolle. Ich war gespannt, was für eine blau-weiße Horde wohl dort eintreffen würde. Und dann die Ernüchterung auf ganzer Linie. Der Zweitligaklub aus meiner Heimstadt Berlin? Oh, meine Güte. Du ahnst es nicht! Was für ein jämmerlicher Fanhaufen. Meine beiden Kumpels und ich standen irgendwo in der Ecke des Gästebereichs. Oder gleich nebenan. Auf jeden Fall hatte sich ein abschüssiges Rasenstück fest eingeprägt, auf dem wir ausharrten und dem aus Berliner Sicht armseligen Treiben auf dem Rasen beiwohnten. Nach bereits über einem Jahr praller Bundesliga-Vielfalt von Leverkusen über Dortmund, Köln, Nürnberg bis nach Bremen und Bochum kam mir das Röntgen-Stadion mit seinen insgesamt – aus heutiger Sicht sogar recht beachtlichen – 2.500 Zuschauern vor wie die Armseligkeit der übelsten Fußballprovinz. Ich schämte mich für das traurige ‚Ha Ho He' der Berliner Allesfahrer und die Leistung der Hertha-Spieler auf dem Rasen. Es sollte nicht das letzte Mal gewesen sein, dass zu jener Zeit die Alte Dame ganz merkwürdige Gefühle in der Magengrube hervorrief. Was für ein Scheiß ist das nur, dachte ich. Aber in der Ferne liegt einem die Heimatstadt bekanntlich noch mehr am Herzen. Und Union und der FC Berlin? Irgendwo in den Niederungen der Oberliga verschwunden. Für mich als damaligen Fußballneuling schier unfassbare Zustände. Wie sollte ich so was in meiner Ausbildungsklasse in Leverkusen erklären? Für Fußball interessierten sich schließlich gefühlte 95 Prozent der Azubis.

Und wie war dein Ausflug nach Remscheid? Hö hö. Klasse! Ein tschechischer Spieler namens Roman Sedlacek brachte die Remscheider mit 2:0 in Führung. Vor Wut war ich auf diesem schmierigen Gras irgendwo in der Ecke des Röntgen-Stadions fast ausgerutscht. Theo Gries brachte zwar mit seinem Anschlusstreffer in der 86. Minute das Berliner Hoffungsfünkchen zum

Glimmen, am Ende blieb es jedoch beim völlig verdienten Sieg des Bergischen Provinzklubs. Remscheid schwebte im siebten Himmel, und ich war geerdet. Fußball ist nicht nur Spaß – das wurde mir am besagten 4. Oktober 1992 erstmals richtig bewusst.

Nun also 23 Jahre später die Rückkehr nach Remscheid. Nach dem überaus stimmungsvollen Landespokalspiel zwischen dem FCR und dem Wuppertaler SV im August 2012 lag die Vermutung nahe, dass das Landesligaduell zwischen Remscheid und dem WSV II recht gut werden könnte, zumal die erste Mannschaft bereits am Tag zuvor gespielt hatte. Es schnupperte ganz danach, dass paar Jungs vom WSV im Röntgen-Stadion vorbeischauen könnten. Rechtzeitig hatten Karsten und ich am Bahnhof Remscheid-Lennep Stellung bezogen, um zu schauen, wer so alles mit der Regionalbahn eintreffen würde. Als gegen 14 Uhr zehn WSV-Fans ebenfalls auf etwaige Nachzügler zu warten schienen und die Polizei zwei weitere Streifenwagen zum Bahnhof schickte, frohlockte das Herz. Doch Pustekuchen, die Bahn rollte ein – kein weiterer Wuppertaler stieg aus. Letztendlich waren es später insgesamt zirka 25 Personen, die offensichtlich den Gästen die Daumen drückten. Erstaunte Gesichter indes am Stadion. Geöffnet wurde nur der Haupteingang, einen separaten Einlass für Gästefans gab es dieses Mal nicht. „Dann müssen sich die Jungs eben mal zusammenreißen!", ließ ein diensthabender Polizist verlauten. Der gemeinsame Zugang sorgte für reichlich Gesprächsstoff, doch letztendlich verlief alles problemlos, da die wenigen Wuppertaler Fußballfreunde im derzeit üblichen Gästebereich stehen durften.

Meine Güte, das Röntgen-Stadion! Bei meinem ersten Besuch kam mir die 1925 errichtete Sportstätte überaus hässlich und schäbig vor, inzwischen darf sie jedoch eher als kultig und ‚old school' bezeichnet werden. Wer genug hat von modernen Arenen, der ist in Remscheid gut aufgehoben. Bis ins letzte Detail

+++ FC Remscheid gegen den WSV II im Röntgen-Stadion +++

scheint dort die Zeit stehen geblieben zu sein. Sogar die Eintrittskarten sind noch dieselben wie beim damaligen Zweitligaspiel gegen Hertha BSC. Damals von einer pinkfarbenen, gegen den WSV II von einer hellblauen Rolle. Gleiche Schrift, gleiche Werbung. Stehplatz. Preis laut Aushang. Ganz wichtig: Plätze müssen eine halbe Stunde vor Spielbeginn eingenommen sein. Karte gilt nur für eine Person – Kinder können nicht zusätzlich mitgenommen werden. Seitlich und hinten drauf die Werbung von der Druckerei. Damals ansässig in 5630 Remscheid-Lennep. Heute immerhin mit neuer Postleitzahl: 42897. Und auch im Stadion selbst befindet man sich auf einer Zeitreise. Läuft man im Innenraum eine Runde, ist es möglich die wunderschönen Details zu bewundern. So zum Beispiel die an der Dachkante der Haupttribüne befestigten Reklametafeln, die teilweise ihres gleichen suchen. Ganz außen blättert eine schwarze Schrift vom gelben Grund ab. Irgendwann in den 60ern oder 70ern muss diese befestigt worden sein. „…elzer". Mehr ist anderer Stelle gar nicht mehr zu lesen, eine Platte muss bereits eines Tages das Zeitliche gesegnet haben und auf die Aschebahn gefallen sein.

Highlight des Stadions ist jedoch die einstige Heimkurve hinter dem Tor. Eine frei stehende Stehplatzkurve mit einem Marathontor in der Mitte. Von der Rückseite aus wirkt das Ganze wie ein Verschlag, der an italienische oder lateinamerikanische Provinzstadien erinnert. Die Zeiten, dass diese ungeschützte, weit hinter dem Spielfeld befindliche Kurve das Herzstück der Remscheider Fankultur bildete, sind lange vorbei. Der harte Kern positioniert sich nun auf der überdachten Tribüne nahe der matt gläsernen, mit diversen Aufklebern verzierten Außenwand. Beim Spiel gegen Wuppertal II marschierten zwanzig Minuten nach Anpfiff 15 meist jüngere FCR-Fans geschlossen auf die Tribüne und bildeten mit den Älteren eine kleine, aber feine stimmungsvolle Truppe. „1908, die Mannschaft von der Röntgenstadt wird siegen, 1908 …", ertönte es aus der Ecke. Remscheid war anfangs auf dem Platz deutlich überlegen und ging mit 3:0 in Führung, im Anschluss kam das Wuppertaler Team – nach roter Karte in Unterzahl – kurioserweise besser ins Spiel und erzielte noch zwei Treffer. So gab es noch eine heiße, emotionale Schlussphase, in der nun auch die wenigen WSV-Fans munter pöbelten. Mit viel Einsatz konnten die Hausherren jedoch die knappe Führung über die Runden bringen und anschließend bei ihren Fans ein Freudentänzchen zelebrieren. Für die Gästefans wurde nun doch ein eigener Ausgang geöffnet. Das war auch besser so, denn die junge Remscheider Garde hatte bereits an der anderen Ecke gewartet.

Die Woche in NRW hatte noch weitaus mehr Nostalgie auf dem Programm. Schauplatz Essen. Zwar wurde dort inzwischen das alte Georg-Melches-Stadion komplett abgerissen, doch auch im neuen Stadion Essen schwebt noch immer der alte Geist der Hafenstraße. Flotte Spiele hatten Karsten und ich dort in den 90ern mitgenommen. DFB-Pokalspiele gegen Stahl Eisenhüttenstadt, Tennis Borussia Berlin und Bayer 04 Leverkusen. Zudem ein klasse Ligaspiel gegen Alemannia Aachen. Später kam noch ein Duell gegen die SG Dynamo Dresden hinzu. Pöbelei, fliegende Bierbecher, Jubelorkane. In Essen war immer was los. Keines der dort gesehenen Duelle konnte als ‚normal' abgehakt werden. Jedes Mal passierte etwas Außergewöhnliches. Die armen Eisenhüttenstädter Fans wurden verprügelt, gegen Bayer 04 Leverkusen fielen zwei Flutlichter aus und gegen Aachen und Dresden brannte schlichtweg die Luft.

Nahtlos sollte am 25. September 2013 das mit Spannung erwartete Nachbarschaftsduell gegen die SG Wattenscheid 09 an die alten Zeiten anknüpfen. Wie in Remscheid-Lennep scheint auch in Essen-Bergeborbeck die Uhr an einigen Stellen stehengeblieben zu sein. Angefangen am dortigen Bahnhof

über die Kreuzung Bottroper Straße/Hafenstraße bis hin zur alten Unterführung nahe des Stadions. An Zipfelweg und Mahlstraße weist ein Hotel auf russischer Sprache in Richtung Eingang. Abgestellte Autos ohne Nummernschilder sprechen eine deutliche Sprache. Bergeborbeck ist nicht gerade das Ausgehviertel der Stadt Essen. Wer dort jedoch zum Fußball geht, mag sicherlich diesen maroden Charme. Ein Tankstellenbier gekauft und an der Kreuzung geschaut, was so geht. Hinter den Häusern ragt das einzige stehen gelassene Flutlicht des alten Stadions empor. Vorbei an einem Fullservice, einem Autohändler und tristen Wohnhäusern erreicht man schließlich die große Fläche, auf der im September 2013 noch fleißig an einem großen Parkplatz gewerkelt wurde. Wo genau die alte Spielstätte stand, ist in der Gegenwart schwer auszumachen. Allein das besagte Flutlicht gibt Auskunft, wo sich eine Ecke des Georg-Melches-Stadions befand. ‚FUER IMMER GMS!' Weiß auf Rot steht es an einer alten Bahnüberführung geschrieben. Ansonsten wird man jedoch eher vergeblich nach Graffitis und Aufklebern suchen. Das ‚Revier markieren', das in Polen wahre Blüten treibt, scheint derzeit in Deutschland eher in östlichen Gefilden an der Tagesordnung zu stehen.

+++ Kneipe nahe des Essener Stadions +++

+++ Rot-Weiss Essen locht gegen Wattenscheid 09 ein +++

Im Stadion selbst ergab sich ein Anblick, der für den neutralen Betrachter durchaus zufriedenstellend war. Zwar blieben die Sitzplatzränge aufgrund der Live-übertragung beim Sender sport1 relativ leer, doch die jeweiligen Fanblöcke waren ordentlich gefüllt. Eine kompakte Westtribüne (die eigentlich in der anderen Himmelsrichtung steht) und immerhin 800 Gästefans unter den insgesamt 7.200 Zuschauern. Für ein Viertligaspiel unter der Woche ganz gewiss eine gute Hausnummer, zumal RWE sportlich im September 2013 seinen eigenen Erwartungen drastisch hinterherlief. Die Saison war noch relativ frisch – und doch war der mögliche Aufstiegszug bereits abgefahren. Oben an der Tabellenspitze eilten Sportfreunde Lotte, der SC Fortuna Köln und Viktoria Köln bereits davon. Entspannter konnten es die Gäste aus Wattenscheid angehen. Als Aufsteiger zählte jeder geholte Punkt gegen den Abstieg. Und genau solch ein Punkt wurde in Essen geholt! Und dabei war sogar der Sieg möglich gewesen! Nach etwas über ein Stunde schloss Canbulut nach einem gut gespielten Konter zum 2:0 aus Sicht der SGW 09 ab.

Die Ultras auf der Westtribüne hatten genug und hängten stinksauer ihre Fahnen ab. Zwar schaffte es RWE tatsächlich, noch in der Schlussphase zwei Treffer zu erzielen und somit den Ausgleich klarzumachen, doch das änderte nichts an der Wut der eingefleischten Fans. Unmut machte sich breit. Ein Tor zum Innenraum wurde kurzerhand aufgetreten. Die ersten jüngeren Ultras drängten bereits voran und schubsten einen Ordner weg. Oha, Essen wie man es einst kennengelernt hatte. Äußerst emotional und irgendwie immer am Abgrund. Nur der beherzte Einsatz des RWE-Kapitäns Vincent Wagner verhinderte einen Platzsturm. Und auch nach Abpfiff gelang es ihm, eine weitere Eskalation zu verhindern. Zahlreiche aufgebrachte Essener Fans hingen bereits am Zaun und an den Netzen und forderten vehement den Rauswurf des Trainers Waldemar Wrobel.

Es dauerte lange, bis sich die Lage auf der Westtribüne halbwegs beruhigt hatte. Eine jüngere Frau kauerte unten am Zaun und ließ ihren Tränen freien Lauf. Es schien, als sei Essen abgestiegen. Weltuntergangs-

+++ VfL Bochum II vs. Rot-Weiß Oberhausen in der Lohrheide +++

stimmung an der Hafenstraße. Vor der Tribüne gerieten noch zwei RWE-Fans aneinander. Glücklicherweise war ein Zaun dazwischen. Ein Bierbecher flog mit voller Wucht, beide sprangen gegen die Absperrung. Das Bittere am Ganzen: Einer von beiden hatte seine kleinen Kinder dabei, die erschrocken in der Ecke standen und das angerichtete Szenario ihres Vaters mit ansehen mussten. Polizisten eilten herbei und zogen die Streithähne vom Zaun. Ordner brachten die beiden sichtlich eingeschüchterten Kids in Richtung Haupttribüne. Wie im Film fuhren indes vier Autos vor. In diese wurden sämtliche relevante Fahnen und Banner der Ultras eingeladen. Mit einem frisch gezapften Bier wurde schließlich der Abend an der Essener Hafenstraße ausklingen gelassen. Schön war´s! Zumindest aus Sicht eines Fußballnostalgikers.

Der Zufall wollte es, dass nur einen Tag später das Lohrheidestadion Schauplatz des nächsten ins Auge gefassten Spiels war. Doch nicht die SG Wattenscheid 09 trat dort am kühlen Abend des 26. September 2013 als Hausherr an, sondern die U23 des Erzrivalen VfL Bochum, der die Lohrheide für seine Heimspiele in der Regionalliga West nutzt. Zu Gast ein weiterer Verein, der sportlich neben der Spur stand: Rot-Weiß Oberhausen. Nach gutem Saisonstart folgte der unerklärliche Einbruch. Kein Wunder also, dass im Lohrheidestadion, in dem Anfang der 90er Jahre Wattenscheider Erstligafußball zu sehen war, an jenem Abend ein ziemlicher Totentanz herrschte. Dass auf Heimseite fast niemand kam, war im Vorfeld bereits zu erwarten. Die aktive Bochumer Szene war vor Ort in Frankfurt, denn dort kämpfte der VfL im DFB-Pokal um den Einzug in die nächste Runde. Dass jedoch dermaßen wenige Oberhausener sich auf den Weg in die nicht wirklich weit entfernte Lohrheide machen würden, überraschte doch ein wenig. Gerade einmal 300 RWO-Fans gaben ihr Stelldichein. Klingt sogar noch recht passabel für ein Regionalligaspiel unter der Woche. Richtig, doch wenn diese sich im lang hinziehenden Gästeblock bestmöglich verteilen und sich die Ultras auf die große Sitzplatztribüne stellen und zudem einen Stimmungsboykott machen, dann hat man schnell im Innenraum das Gefühl, man könne nach zehn Minuten durchaus die Kamera einpacken und gehen. Oder zumindest in den gemütlichen Presse- und VIP-Bereich abziehen, sich ein Wienerwürstchen reinziehen und auf dem dort hängenden Flachbildschirm die Live-Spiele des DFB-Pokals gucken.

Durchhalten war jedoch die Devise. Allein deshalb, weil auch dieser Stadionbesuch eine Wiederkehr nach über zwanzig Jahren war. Am 20. August 1993 gab Bayer 04 am vierten Spieltag seine Visitenkarte in der Lohrheide ab. Nachdem in der Vorsaison bereits mit 3:1 gewonnen werden konnte, folgte nun an jenem Freitagabend ein weiterer Sieg für die Werkself. Vor immerhin 8.500 Zuschauern brachte Christian Wörns nach Vorlage von Bernd Schuster die Leverkusener bereits in der fünften Minute in Führung. Die rund 1.000 Bayer-Fans außer Rand und Band. „Hurra, hurra, der Bayer, der ist da!", „Oh Rot-Schwarz-Rot, wir saufen bis zum Tod, wir holen den U-U-E-F-A-Cup und wir werden deutscher Meister!" Carsten Wolters gelang nach einer halben Stunde der zwischenzeitliche Ausgleich für Wattenscheid, doch in der 61. Minute stellte Neuzugang Pavel Hapal nach Vorlage von Ioan Lupescu – kurz Lupo – die Führung wieder her.

Diese sollte auch nach 90 Minuten Bestand haben, Bayer 04 rückte damals vor auf Rang drei.

Beim Rundgang auf der Laufbahn versuchte ich mich an Details zu erinnern. Keine Frage, die beiden Sitzplatztribünen hatten sich fest eingeprägt und auch der Gästeblock blieb gut im Gedächtnis, doch wo zum Beispiel damals die Heimfans standen, entschwand im erinnerungstechnischen Nirvana. Während ich in Gedanken versank und einen Abstecher in die oberste Ecke der großen 80er-Jahre-Haupttribüne machte, bekam unten auf dem Spielfeld die U23 des VfL Bochum Oberwasser, konnte jedoch keine Bude klarmachen. Ganz im Gegenteil. Kurz vor dem Pausentee erzielte David Jansen mit dem Kopf die Oberhausener Führung.

Im zweiten Spielabschnitt agierte der RWO druckvoller und drängte zum 2:0, was dazu führte, dass sich etwas am äußeren Rand der Haupttribüne tat. Die anwesenden Ultras von RWO rückten zusammen und lieferten fortan einen ordentlichen Support ab. Es ist immer wieder erstaunlich, was 30 Fans alles bewegen können. Als in der 74. Minute Patrick Bauder mit einem sehenswerten Freistoß die Gästeführung ausbauen konnte, hing bei RWO der Haussegen wieder halbwegs gerade. Vorerst zumindest.

+++ RWO-Fans auf der Haupttribüne des Wattenscheider Stadions +++

Duisburg-Wedau. Teil fünf der aktuellen Spurensuche. Bereits am frühen Vormittag ging auf meinem Handy ein Anruf ein. Ich sei doch abends beim Drittligaduell MSV Duisburg gegen Hansa Rostock, oder? Im Innenraum, nicht wahr? Sehr gut! Unbedingt solle ich nicht den Gästeblock aus dem Auge lassen, denn die Gäste werden ein Geschenk mitbringen. Ende des Telefonats. Nicht mehr auf dem technischen Wege verbreiten als notwendig. Mehr Informationen benötigte ich ja auch nicht. Um was genau es sich handelte, wusste ich nicht. Wollte ich auch gar nicht wissen. Allerdings ahnten Karsten und ich, in welche Richtung es wohl gehen könnte. Sollte die Fußball-Woche im Westen einen stimmungsvollen und zugleich brisanten Abschluss finden?

Gästeblock in Duisburg. Da war doch mal was. 21 Jahre zuvor im alten windigen Wedaustadion, das die meisten Gästefans nicht wirklich gemocht hatten. Ziemlich flache Stufen, schlechte Sicht auf das Spielgeschehen und hinzukam, dass man das Gefühl hatte, dort würde ständig ein nasskalte Böe von der Regatta-

Strecke herüberziehen. Unvergessen mein Auswärtsspiel mit der Hertha am 13. November 1992. Es war – nach dem geschilderten Auftritt im Remscheider Röntgen-Stadion – mein zweites in der Ferne gesehenes Spiel der Hertha überhaupt. Wieder war die Anzahl der anwesenden Berliner recht überschaubar. In diesem Fall jedoch kein Wunder, fand dieses Zweitligaspiel an einem Freitagabend statt. Die Eintrittskarte für ermäßigte sieben Deutsche Mark gekauft und ab in den westlichen Teil der Südkurve. Gefroren, gebibbert, einen lauwarmen Glühwein mit klammen Fingern gehalten, gehofft und gebangt. Und wieder eine 1:2-Auswärtsniederlage von Hertha BSC gesehen. Mehr Spaß gemacht hatte zuvor im Februar 1992 der Auftritt von Bayer 04 Leverkusen gemacht. Zwar war es bei jenem Duell auch kalt und windig, doch die ,Macht vom Rhein' hatte 2:1 beim MSV gewinnen können. Im alten Wedaustadion folgte ein weiterer Besuch mit Bayer 04 am 22. Oktober 1994, zudem wurden Karsten und ich Augenzeuge des legendären 7:1-Auswärtssieges des 1. FC Kaiserslautern am 10. April 1994. Es war das einzige Mal, dass ich in der

Duisburger Nordkurve gestanden hatte. Die Gesichtsentgleisungen der MSV-Fans bei der unfassbaren Klatsche gegen die grandios aufspielenden Roten Teufel waren grandios. Allein Pavel Kuka traf dreimal ins Schwarze und zweimal innerhalb von acht Minuten durfte Andreas Brehme einen Foulelfmeter verwandeln.

Eine Wiederkehr nach Duisburg erfolgte am ersten Spieltag der Saison 2006/07. In der neuen Arena war TuS Koblenz zu Gast. Begeistert war ich wahrlich nicht, aber ja, die Brise vom Wasser bekam man jetzt nur noch außerhalb des Stadions zu spüren. Nun am 27. September 2013 das Drittligaduell gegen den FC Hansa. Mit einem leichten Grummeln im Bauch und der nötigen Portion Adrenalin im Blut drehte ich im Innenraum sogleich die Runde zum in der Ecke befindlichen Gästeblock. Das Motto der aktiven Rostocker Fans: ‚Alle in Schwarz'. Bereits draußen flüsterte mir ein Hansa-Fan zu: „Na, da habt ihr ja das richtige Spiel ausgesucht ..."

Alles begann an jenem Freitagabend völlig normal. Auf dem Oberrang der Nordkurve wurde eine hübsche Choreographie gezeigt. ‚Vizemeister 1964.' Auf Gästeseite rückten die rund 1.200 Fans noch enger zusammen und feuerten ihr Team lautstark an. Schals hoch, Arme hoch, Mund aufgemacht. Die Plexiglaswände gut beflaggt. Nichts, wirklich nichts wies darauf hin, dass es noch eine spezielle Aktion geben könnte. Vor insgesamt 14.271 Zuschauern hielt die Mannschaft des FC Hansa recht gut dagegen und ließ sich nicht wie zuvor in Darmstadt auf lächerliche Art und Weise vorführen, doch Duisburg bekam die Partie recht gut in den Griff und konnte letztendlich verdient mit 2:0 gewinnen.

Als eine Viertelstunde vor Abpfiff im Gästeblock fast alle Banner und Zaunfahnen entfernt und sorgsam verpackt wurden, dachten die meisten im Stadion, die Rostocker würden dies aus Protest tun. Nur zur

Hintertor-Seite hin ließen die Suptras die Banner hängen, um einen Sichtschutz zu gewähren. Als die vor dem Block postierten Ordner immer wieder an die Plexiglaswand kamen, um zu schauen, was da vor sich geht, wurden ihnen kurzerhand Becher mit Wasser oder Bier auf die Haare geschüttet. In aller Ruhe rotierten die aktiven Fans im Block, bückten sich, zogen die Kapuzen hoch oder drehten die Jacken. Argwöhnisch schauten aus der Distanz ein paar Duisburger Fans von der Hintertor-Seite durch einen Spalt. Als sie erkannten, dass die Rostocker ein dunkelblaues Stück Stoff auf den Stufen zurechtlegten, ahnten diese, was dort gleich passieren würde und gingen ab wie Schmidts Katze. Die dort postierten Ordner staunten nicht schlecht, als diese von den Duisburgern bedrängt wurden. Aufregt wurde in Richtung Rostocker Block gezeigt. Die Suptras beschleunigten nun ein wenig die Vorbereitung, nahmen sicherheitshalber auch die restlichen Zaunfahnen ab und nahmen Aufstellung für den großen Coup.

„Die Nummer eins, die Nummer eins, die Nummer eins im Pott sind wir!" Und schon wurde mit einem Ruck das zuvor in Kiel in Rostocker Hände gelangte Banner der einstigen Gruppierung ‚Inferno Duisburg' hochgehalten. Was für eine Aktion! Welch ein Aufschrei in sämtlichen Ecken des Stadions. Fassungslosigkeit und Wut vor allen Dingen bei den älteren Duisburgern, die in den 90ern gut auf Achse waren. Schwarz maskierte Rostocker hielten das Banner fest, der Rest tanzte und sang sich in einen Rausch. Pyrotechnik wurde zur optischen Untermalung gezündet. Plötzlich griffen zwei, drei Ordner herzhaft zu und versuchten das Banner in den Innenraum zu zerren. Fast wäre es ihnen sogar gelungen, wenn nicht ein paar Rostocker schnell reagiert und den Stoff mit einer bläulichen Fackel in Brand gesteckt hätten. Als sogar Leuchtkugeln auf die Ordner geschossen wurden, ließen diese verständlicherweise los. Nun war nichts mehr zu machen, das Banner ‚Inferno Duisburg' stand in Flammen. Rauch stieg auf. Ein lautstarkes, martialisches ‚Ahu, ahu!' ertönte.

Aus allen Ecken liefen indes Duisburger heran, unter ihnen echte Hauer aus der alten Garde. Im Unter- und Oberrang drängten Duisburger an die Trennwände, herbeigeeilte Polizisten und Ordner verhinderten etwaigen direkten Kontakt. Während auf dem Rasen das Spiel ausklang, wurde es in den umliegenden Bereichen des Gästebereichs hektisch. Die dortigen Rollstuhlfahrer wurden von Ordnern in Sicherheit gebracht, zugeschnürte Duisburger rannten über die Gegengerade und diskutierten mit entsetzten Zuschauern, die das ganze Chaos nicht verstehen konnten. Inzwischen brannten die traurigen Reste des Banners vor sich hin. Noch ein letzter Blick in die Runde und dann nach draußen, denn eins war klar, die Duisburger Fanszene würde in Richtung Gästeblock-Zugang drängen, um dort die Rostocker abzufangen.

Nachdem sich kurz auf dem Parkplatz an den Containern des Duisburger Fanprojektes gesammelt wurde, zog der wütende Mob einmal um das Stadion. Allerdings war die Polizei auf Zack und riegelte schnell den Zugang an der Seite zum Bertasee hin ab. An ein Herankommen an die HRO-Fans war nicht zu denken. Zu Fuß mit Polizeibegleitung und stoßweise mit zum Teil zuvor gemieteten Fahrzeugen machte sich die Rostocker Anhängerschaft auf den Heimweg. Später am Abend erreichte mich eine SMS: „Und, war gut?"

Gefallen ist relativ, aber in jedem Fall bekommt man solch eine dreiste Aktion nicht jeden Tag in einem deutschen Stadion zu sehen. Und für Karsten und mich gab es noch tief in der Nacht einiges auszuwerten. „Wenn man bedenkt, wie die Rostocker damals in Köln aufgetreten sind ..." Mit diesen Worten ließ Karsten uns noch einmal in Gedanken zurückgehen. Zum 4. April 1992, als ein eher traurig wirkender Haufen Rostocker Fans mit Kutten und schmuddeligen Jeans im Block 35 des Müngersdorfer Stadions stand und halbtrunken das Bier auf den Betonstufen verkippte. Ein Mittvierziger hatte es sogar drauf, kurzerhand den Reißverschluss seiner vom Polenmarkt gekauften Gammel-Jeans aufzuziehen, sein fettes Glied zu lüften und dieses lallend in Richtung Oberrang zu schwenken. Die Kölner Hools im damals über dem Gästeblock befindlichen Block 38 hatten über den gut bestückten Rostocker mächtig abgefeiert und bereits angedeutet, dass es draußen gut auf die Fresse geben würde. Gesagt, getan. Der naive Rostocker Haufen lief nach dem Spiel prompt in die verkehrte Richtung und bekam an der Kölner Südkurve einige blauen Augen verpasst. Tja, vor 21 Jahren tickten die Uhren mancherorts noch anders. Eine Zeitreise ist das Ganze auf jeden Fall wert. Doch damit die persönlichen Umstände und Zusammenhänge auch vom Leser verstanden werden, schlage ich den Bogen noch weiter zurück. Und zwar in die 80er Jahre, als Mauer und Stacheldraht noch unser Land teilten ...

+++ Rostocker verbrennen das Banner von Inferno Duisburg +++

+++ Straßenverkehr in Ostberlin +++

+++ Neubau der 10. POS Helene Weigel in Berlin-Mahlsdorf +++

Union oder BFC?
DDR-Erinnerungen aus den 80ern

„Union oder BFC?", lautete einer der klassischen Fragen im Osten, wenn man als Ostberliner Bengel in der Provinz unterwegs war. Mir wurde diese das erste Mal wirklich ernsthaft im Sommer 1986 in Klingenthal (Vogtland) gestellt. Von der etwas älteren Tochter von guten Freunden meiner Eltern wurde ich zu ihrer Clique zwei Neubaublocks weiter mitgeschleppt. „Hier Marco, ne Cola. Und nun sag schon! Union oder BFC?" Ich war in der Klemme. Nicht, dass ich nun auspacken und gerade stehen musste. Vielmehr hatte ich null Ahnung vom DDR-Fußball. Das runde Leder rollte für mich bis zum Fall des deutschen Raumteilers nur auf dem Fernsehbildschirm. Ganz klassisch zu Europa- und Weltmeisterschaften. Bereits im Alter von fünf Jahren stellte mir mein Vater einen kleinen Schwarz-Weiß-Fernseher ans Bett. Nicht, dass er mir was besonders gutes tun wollte. Da hätten mir die Muppet Show und die Biene Maja sicherlich besser gefallen. Vielmehr sollte ich ihm nachts, wenn er mit meiner Mum vom Kino zurückkehren würde, berichten wie das Duell Brasilien – Argentinien ausging. Das war bei der WM 78. Genauer gesagt am 18. Juni 1978. Ich hatte diese Partie in der Tat geschaut und staunte über die fremd und zugleich angenehm klingenden Spielernamen, die im Estadio Gigante de Arroyito in Rosario gegen den Ball traten. Chicão, Toninho, Émerson Leão, Batista und Edinho. Sowie Américo Gallego, Leopoldo Luqué, Ubaldo Fillol und Daniel Passarella. Flackerndes Bild, rauschender Ton. Ein Kommentator, der über eine Telefonleitung die Aktionen auf dem Rasen analysierte. Es fielen keine Tore, erschöpft fiel ich anschließend in einen tiefen Schlaf. Bis mich nachts gegen eins mein Vater weckte. Videotext gab es nicht und seine Neugier war riesig. „Und? Wie ging das Spiel aus?", „Hääää? ... Spiel? Ich weiß nicht ...", stammelte ich schlaftrunken und wusste nicht, worum es ging. „Du hattest also doch umgeschaltet! Hab ich dir nicht gesagt, du darfst nur das Fußballspiel

33

gucken?!", echauffierte sich mein Herr Papa. „Hab ich
doch geguckt ...", „Ja, und wie ging es nun aus? Hat
Brasilien gewonnen?", hakte er energisch nach. Es
half nichts. Ich war zu knülle und wusste mit meinen
fünf Jahren nicht, was er nach Mitternacht von mir
wollte.

Zur WM 1982 war ich folglich neun Jahre alt. Ver-
schwommene Gedankenbilder. An das Finale kann
ich mich grob erinnern. Rossi, Tardelli und Altobelli
schenkten dem Schumacher drei Dinger ein. Breitners
Anschlusstreffer in der 83. Minute war definitiv zu
wenig. Mein Vater war sehr enttäuscht. So sei nun mal
Fußball, erklärte er mir. Vier Jahre später war ich zutiefst betrübt. WM in Mexiko. Das denkwürdige Finale
im Aztekenstadion in Mexiko-Stadt vor 114.600 Zuschauern. Wie bereits 1982 (Arnaldo Cézar Coelho)
leitete auch am 29. Juni 1986 mit Romualdo Arppi
Filho ein brasilianischer Schiedsrichter die finale Partie.
Die 2:3-Niederlage gegen Argentinien wurmte mich.
Burruchagas Treffer in der 84. Minute war ein Schuss
ins jugendliche Herz. Schlimmer war noch, dass Klassenkamerad Marcus am nächsten Morgen mit einer
selbst gemalten argentinischen Flagge in der Schule
antanzte. Wäre er nicht so sympathisch gewesen, hätte
ich ihm am liebsten eine Maulschelle verpasst. An
diesem Tage hatte ich ihn abgrundtief gehasst. Ich
glaube, irgendwann im Laufe des Vormittages lag das
hellblau-weiße Papierfähnchen zerfetzt in einem
Mülleimer.

Das waren meine großen Fußballmomente in den
80ern. Vielmehr war da nicht. Außer, dass sich ein
paar weitere Schulepisoden für immer eingebrannt
hatten. Im Staatsbürgerkundeunterricht an der Polytechnischen Oberschule in Berlin-Mahlsdorf am Rande
der Stadt wurde eines Tages ein Mitschüler, der ge-
langweilt aus dem Fenster blickte, erbost von der
stramm-roten Lehrerin gefragt: „Sag mal, Stefan! Du
magst nicht den Sozialismus, oder?" Gespannte Stille
im Raum. Und dann der Brüller: „Nö, nur die Welt ...

und Union!" Schallendes Gelächter in der Klasse. In
zehn Jahren Schule war dies die knackigste Aussage,
die jemals aus dem Mund eines Klassenkameraden
kam. Mal abgesehen von der frechen Antwort des
frühpubertierenden Torstens, der auf die Frage der
Russischlehrerin, wie ,Werkhalle' auf Russisch heiße,
prompt antwortete: „Sex oder so ..." (auf Russisch
,Zech') Welt-Liebhaber Stefan lief indes häufig mit
einem selbst gestrickten Union-Schal in die Schule.
Die Enden schleiften fast auf dem Boden. In der Sport-
umkleide kabbelte er sich des Öfteren mit einem
Brummer aus der Parallelklasse. „Scheiß BFC!", „Drecks-
Union!" Und schon war einer von beiden im Schwitzkasten des anderen.

+++ 1988 +++

Ganz ehrlich, ich fand dieses Gehabe eher lächerlich. Vielleicht aber war ich auch ein wenig neidisch, da einige Mitschüler bereits mit Zwölf zum Fußball in den Jahn-Sportpark, ins Stadion der Weltjugend oder in das Stadion An der Alten Försterei durften. Meine Eltern legten diesbezüglich ein klares Veto ein. Nicht wegen des Fußballs als solches, sondern aufgrund der lauernden Gefahr, dass ich bei der Volkspolizei oder gar bei den Organen der MfS anecken könnte. Durchaus hatte ich manchmal eine große Klappe und mein Drang zur Freiheit in jeglicher Hinsicht wurde mir bereits abseits des Fußballs fast zum Verhängnis. Allein pilgerte ich jede Woche zur Bibliothek in der US-Botschaft, gelegen in der Neustädtischen Kirchstraße. Keine verbotene Sache, aber gewiss nicht gern gesehen. Aufgrund eines systemkritischen Gedichtes durfte ich zudem einmal im Direktorenzimmer antreten, zur Stelle waren zwei verdammt ernst dreinschauende Männer von Mielkes Ministerium. Die Ansage war deutlich. Noch ein Ding, dann könnte es bitter für mich werden. Der Direktor – ein wirklich guter Mann – legte noch einmal ein Wort für mich ein. An anderen Schulen in Ostberlin wäre ich indes fällig gewesen. Im linientreuen Hohenschönhausen zum Beispiel. Sei, wie es sei. Fußball war für mich tabu. Klar, hätte ich heimlich hingehen können. Was hatte ich nicht alles heimlich angestellt?! Allerdings war mir klar, wäre ich – und sei es nur durch einen dummen Zufall – festgenommen worden, hätte ich mir eine Pfeife anstecken können.

So blieb es für mich bei den TV-Ereignissen während der großen Turniere und bei den skurrilen Erlebnissen im Schulalltag. Rollende Tränen bei einem Kumpel, als der FC Schalke 04 am Ende der Saison 1987/88 als abgeschlagener Tabellenletzter hinter dem FC 08 Homburg in die zweite Bundesliga abstieg. Er war wirklich fertig mit der Welt und kauerte auf einer Treppe im heimischen Siedlungsgebiet. Sein bester Freund, ein glühender BVB-Anhänger, versuchte ihn aufzumuntern. Kiek mal, Dortmund war auch nicht viel besser. Nur ein Punkt vor dem Relegationsplatz, den am Ende der SV Waldhof Mannheim belegt hatte. Das war wenig Trost. Die Tränen flossen weiter. Für mich unerklärlich. Was bitte schön ist der FC Schalke 04? Und wenn wir schon beim besagten BVB-Fan sind. Sein Hausaufgabenheft zierte ein klassischer Aufkleber seines Lieblingsvereins. In einer Mathe-Stunde trat unser Klassenlehrer Winkelmann an seinen Tisch, blickte auf das Heft und fragte provokant: „BVB? Was soll das sein? Die Berliner Verkehrsbetriebe, oder was? Magst du die Berliner Verkehrsbetriebe so sehr, dass du dies auf deinem Umschlag kundtust?" Martin verzog sein Gesicht und hätte dem Lehrer in jenem Moment wohl am liebsten ins Gesicht gespuckt.

Zurück nach Klingenthal, wo ich im Sommer 1986 vor der Clique meiner Kumpeline für meinen etwaigen Berliner Verein gerade stehen sollte. Oh meine Güte. Was wusste ich? BFC Dynamo? Für den dieser Schlägertyp aus der Parallelklasse war? Er, der immer die anderen nervte und drangsalierte. Union? Da fiel mir immer nur der besagte Stefan mit dem affig wirkenden Strickschal ein. Eine Antwort musste nun aber sein. Die sächsischen Jungs, allesamt glühende Wismut-Fans, waren neugierig. „Nun lasst ihn doch, er ist der Sohn von guten Freunden. Er interessiert sich nicht für Fußball", erklärte Karin. „Lassen wir ja. Er kriegt schon keine Keile. Wissen wollen wir´s trotzdem!" So die einhellige Meinung der Truppe. Was lag im wahrsten Sinne des Wortes dichter an Berlin-Mahlsdorf und Waldesruh? Richtig! Berlin-Köpenick! Also einfach aus dem Bauch heraus die Antwort: „Union!"

Aufatmen in der ganzen Runde. „Na geht doch. Besser ist auch!" Hm, prima. Im Kopf schwirrte nun ein im Betriebsferienlager gehörtes Lied umher. „Union, Union, die Scheiße der Nation!" Und für die trat ich nun aus der Not heraus ein? Ach, egal. Hauptsache die vogtländischen Jungs waren beruhigt und ich hatte nicht auf die Fresse bekommen – auch wenn mich meine damalige Aussage bis heute ärgert. Aber okay, ich bin ehrlich und möchte nicht lügen.

Mauerfall und Ostberliner Chaos-Jahr

Die Mauer fiel. Und ich habe gepennt. Ich war am Abend des 9. November 1989 einfach früh ins Bett gegangen. Der Grund: Die Nächte zuvor war ich heimlich auf Achse und brauchte einfach mal eine Tüte Schlaf. Am nächsten Morgen staunte ich nicht schlecht, als einige Mitschüler freudestrahlend berichteten, sie seien in der Nacht bereits auf dem Ku´damm gewesen. Na dann, an Unterricht war an jenem Tage logischerweise nicht zu denken. Auf ging es mit der S-Bahn in Richtung Bahnhof Zoo. Das dortige schmuddelige Antlitz der City West riss mich nicht vom Hocker, weitaus spannender fand ich dagegen den Stadtbezirk Kreuzberg. Das wichtigste für mich: Die Welt stand nun offen. All die Dinge, von denen ich in der Bibliothek der US-Botschaft geträumt hatte, könnten nun Wirklichkeit werden. Ausgedehnte Reisen nach Nord- und Südamerika. Bahntouren quer durch ganz Europa. Trampen bis in die entlegensten Ecken des Kontinents. Und auch der

Fußballhorizont konnte nun – endlich, endlich, end-lich – erweitert werden. Zum einen war ich inzwischen 16 Jahre alt, zum anderen winkte das Berliner Olym-piastadion. Hertha BSC auf Aufstiegskurs. Dies ver-sprach das große Abenteuer vor der eigenen Haus-tür.

Vorerst an der Tagesordnung standen jedoch andere Dinge. Der totale Umbruch in der DDR war vorerst spannend genug. Der Alltag bot dermaßen viele span-nende Komponenten. An der Polytechnischen Ober-schule ,Helene Weigel' in Mahlsdorf-Süd absolvierte ich gerade die zehnte Klasse. Was für ein Spaß! Staats-bürgerkunde wurde ganz fix in Sozialkunde umge-wandelt. Stramm rote Lehrer hatte ihre liebe Mühe, einen neuen Weg zu finden. Mit selbst angefertigten Wandzeitungen provozierte ich die Lehrerschaft bis aufs Blut. Einheit jetzt! Die Lehrer waren machtlos. Allein eine Deutschlehrerin packte mich an einer

+++ Der kickende Berliner Bär an der Schönhauser Allee (1995) +++

empfindlichen Stelle. Ich solle erst mal besser Recht-schreibung und Grammatik pauken, bevor ich hier einen auf politischen Agitator mache. Das hatte gesessen. Du blöde Kuh, dachte ich, dir werde ich es zeigen. Meine Flugblätter und Wandzeitungen wur-den ab dem folgenden Tag noch derber.

Fußball stand in der Saison 1989/90 nur ein einziges Mal auf dem Programm. Im Berliner Olympiastadion gab es ein Schülerländerspiel zwischen Deutschland und England, zu dem sämtliche Schulkasse einen freien Eintritt gewährt bekamen. Mein erster Besuch in der maroden Schüssel, die selbstverständlich auch in jenem Zustand überaus beeindruckend war. Die Erinnerungen an das Spiel sind verblichen. Es müssen

um die 60.000 Zuschauer gewesen sein. Und ja, eine Frage hatte sich fest eingeprägt. Warum um Himmels-willen waren die englischen Jugendspieler allesamt einen Kopf größer als die Deutschen? Mühelos konnten die Jungs von der Insel die Partie mit 4:0 gewinnen.

Die Abschlussprüfungen an der POS sowie die Wirt-schafts- und Währungsunion zu Beginn des Sommers 1990 prägten den Alltag. Dazu eine Abschlussfahrt mit der Schulklasse. DDR-Geldscheine wurden zu Zigaretten gedreht und auf dem Zeltplatz mit jugend-licher Überheblichkeit geraucht. Unser Klassenlehrer, ein langjähriges SED-Mitglied, das einst von Erich Honecker persönlich einen Trabant überreicht bekam, ermahnte uns. Niemals dürfe man dermaßen herablassend agieren, die Zeiten können sich jederzeit ändern. Und auch wir werden eines Tages noch erfahren, welche Kehrseiten der Kapitalismus habe. Recht hatte er, doch das war uns doch damals im Juli 1990 so was von egal.

Inmitten des wirtschaftlichen Chaos der Noch-DDR begann Anfang September 1990 meine Ausbildung zum Energieelektroniker bei den Fotochemischen Werken (ORWO) in Berlin-Köpenick. Den Lehrvertrag (als Elektromonteur) hatte ich bereits im Herbst 1988 Dank meines dort arbeitenden Vaters in trockenen Tüchern gehabt. Da pro Jahr nur ein einziger Elektroniker ausgebildet wurde, erfolgte die praktische Ausbildung bei der damaligen EBAG (später von der BEWAG übernommen) am Schiffbauerdamm nahe der Friedrich-

straße. Die Berufsschule hatte am Ostbahnhof am Ufer der Spree ihren Sitz. Was für ein Einstieg in das Erwachsenen-Leben! Das folgende Jahr wurde zu DER Schule meines Lebens. Die Ausbildungsklasse war ein Haufen Irrer. Ja, ich fand dort richtig gute Kumpels, doch unter dem Strich waren irgendwie alle durchgedreht und bekloppt. Mich eingeschlossen. Was sich dort alles tummelte! Ein Funktionär der Republikaner. Ein NPD-Mitglied mit stramm gekämmtem Scheitel. Allein seine Körpergröße und sein Name waren Programm. Armin. Gefühlte zwei Meter groß. Dazu einige Jungs, die sich am Wochenende beim Fußball hübsch kloppen gingen. Mit dem FC Berlin – versteht sich. Auswärts in Greifswald. Auswärts in Rostock. Die Jungs kamen am Montagmorgen beim Drähtelöten und Metallschleifen gar nicht aus dem

+++ Schiffbauerdamm in Berlin (1991) +++

39

Schwelgen raus. Marco, musste mal mit. Hm. Ich hatte aber Angst um meine Kauleiste. Zudem fehlten mir die entsprechenden Oberarme.

Für Scheißebauen und Großalarm war ich allerdings ebenfalls ein Kandidat. BW-Stiefel gekauft und dazu eine sowjetische Tarnjacke. Hochgekrempelte Jeans. Und in dieser Kluft in den Unterricht an der Berufsschule getanzt. Auf diesem Weg bekam ich Respekt. Vor dem Ostbahnhof trat ich die Seitenscheiben abgewrackter DDR-Fahrzeuge ein. Geiles Ding, Marco! Applaus von den anderen. Später wurde mir erst bewusst, dass ich mir hätte sämtliche Sehnen und Arterien durchschneiden können. Das Ostberliner Leben zog mich in seinen Bann. Ich liebte es. Mit Aus-

nahme einer Situation. Wie der Zufall wollte, traf ich an einem Morgen auf dem Bahnsteig des S-Bahnhofs Köpenick meinen Vater, der zufällig auch bis zur Friedrichstraße fahren wollte. 30 Minuten gemeinsame Zugfahrt. Ein Albtraum. „Bist du bescheuert? Wie siehst du denn aus?", rief er über den ganzen Bahnsteig. „Krempel die Hosen runter. Aber sofort!" Ich ignorierte ihn und grummelte nur. Ich hätte im Boden versinken wollen. Die ganze S-Bahnfahrt über durfte ich mir anhören, wie peinlich ich sei. Was für ein hirnloses Benehmen ich habe. Und, und, und. Noch nie in meinem Leben hatte ich mir die Ankunft an einem Zielort dermaßen ersehnt wie an jenem Morgen.

In der Ausbildungswerkstatt war das Ganze jedoch wieder fix vergessen. Gelernt hatte ich im ersten Lehrjahr quasi nichts. Wie auch? Es wurde nur rumgeblödelt und sich gegenseitig das Werkzeug versteckt. Von der Berufsschule ganz zu schweigen. Im wahrsten Sinne des Wortes hatten die Lehrer keinen Plan. Niemand wusste, wie es überhaupt weitergehen würde. Mir wurde bereits angedroht, dass ich von der EBAG rausgeworfen werde, dann könnten die Fotochemischen Werke mal schauen, wo sie mich unterbringen.

+++ Die Fotochemischen Werke in Berlin-Köpenick (1991) +++

Irgendwann im Spätherbst 1990 weckte Hertha BSC mein Interesse. Ein erster Stadionbesuch müsse nun endlich mal sein. Der traurige Blick auf die Bundesligatabelle besagte jedoch, dass die Saison ein sportliches Fiasko wird. Hertha? Müdes Lächeln bei den Kumpels. Lieber kloppen gehen mit Union und dem BFC. Hertha sei doch nur der letzte Scheiß. Ein Testspiel gegen eine Weltauswahl bot die Möglichkeit unter der Woche hinzugehen. Flutlichtspiel. Da niemand mitkommen wollte, fuhr ich allein mit der U2 gen Olympiastadion. Ein Ticket gekauft und dann zur Einlasskontrolle. Der dortige Ordner staunte nicht schlecht, als er mich abtastete. „Aber das kriegst du

hier nicht mit rein!", lautete die kurze Ansage. „Das" war ein Militärmesser mit fester Klinge und integriertem Schleifstein an der Scheide. Ich trug dieses jederzeit am Gürtel unter der besagten Tarnjacke. Waffen bei sich zu tragen war in meiner Ausbildungsklasse Gang und Gäbe. Ein Butterfly-Messer hatte fast jeder in der Tasche. Ich zog ein klassisches Model vor. Was heute sofort mit einer Anzeige wegen unerlaubten Waffenbesitzes enden würde, wurde damals ganz unproblematisch gelöst. Der Ordner gab mir den Tipp, das Messer draußen unter Laub an einem Baum zu verstecken und es nach Spielschluss wieder abzuholen. Ich müsse mir nur genau den Baum merken, denn nach dem Spiel sei es dort stockduster. Gesagt, getan. Wenig später fand ich mich auf der Gegengerade des Olympiastadions wieder. Unten auf dem Rasen zauberte Carlos Valderrama im Team der Weltauswahl, oben neben der alten Anzeigetafel feuerten die Hertha-Frösche ihr Team an. Die Erinnerungen sind verblasst. Doch eins ist sicher: Mein neugieriger Blick haftete fast die ganzen 90 Minuten über am unüberdachten Oberrang. Dort, wo die Herthaner die Oberarme hoben und Gesänge anstimmten.

Ich bin mir sicher, in der damaligen Ausbildungsklasse hätte ich weiterhin viel Spaß gehabt, doch ein glückliches Ende hätte die Angelegenheit nicht gefunden. Eines Tages hätte ich mich gewiss einer Fußball-Wochenend-Sause angeschlossen (und vielleicht den Kopf ausgeschaltet), irgendwann hätte mich die EBAG in der Tat rausgeworfen. Der Zufall wollte es, dass die Bayer AG in Leverkusen nicht nur in Sachen Fußball auf dem ostdeutschen Markt stöberte. So wechselte nicht nur ein Andi Thom von Berlin an den Rhein, sondern auch manch ein Auszubildender in den Bereichen Chemie und Technik in einstigen maroden VEB-Betrieben wurde nach Leverkusen gelockt. Da auch bei den Fotochemischen Werken in Köpenick die Lichter auszugehen drohten, nahm ich das Angebot nach einem ersten Schnuppertag an und unterschrieb den Ausbildungsvertrag.

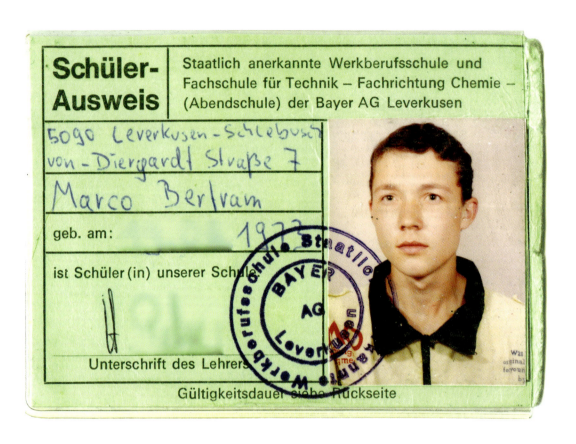

Schüler-Ausweis

Staatlich anerkannte Werkberufsschule und Fachschule für Technik – Fachrichtung Chemie – (Abendschule) der Bayer AG Leverkusen

5090 Leverkusen-Schlebusch von-Diergardt Straße 7

Marco Bertram

geb. am: 19__

ist Schüler (in) unserer Schule

Unterschrift des Lehrers

Gültigkeitsdauer siehe Rückseite

TSV Bayer 04 Leverkusen

TSV Bayer 04 Leverkusen
Ulrich-Haberland-Stadion

Bayer 04 Leverkusen

1. FC Köln

01347

Jugendl. u. Schwerbeh.
DM 8,—
einschl. MWSt.

Überdachter
Stehplatz

Block **A**

Aufbewahren und auf Verlangen vorzeigen.
Keine Haftung für Sach- und Körperschäden.
Kein Recht auf Rückerstattung.

Druckerei Julius Müller Duisburg

Knackiger Einstieg:
Brennende Wurstbude und Goldener Schlagstock

Am 1. September 1991 begann für mich somit ein neuer Lebensabschnitt. Und das mit einem lachenden und einem weinenden Auge. Den überaus neidischen Ausbildern der EBAG zeigte ich gedanklich einen ganz fetten Stinkefinger, meinem privaten Umfeld trauerte ich dagegen sehr hinterher. Nur wenige Tage nach meinem 18. Geburtstag rollte ich in Leverkusen ein und bezog das Doppelzimmer im Wohnheim in Leverkusen-Schlebusch. Mein Mitbewohner: Ein Chemnitzer, der glühender CFC-Anhänger war, nur mit einer Tasche anreiste und abends sorgsam die Handtücher faltete. Ich indes hatte mein persönliches Stück Berlin mitgebracht. Diverse Poster, eine kleine Hertha-Fahne (beim Spiel gegen die Weltauswahl erworben) und eine große Deutschlandflagge. Der Chemnitzer verdrehte nur angewidert die Augen. Dass auch meine BW-Stiefel und die sowjetische Tarnjacke dabei waren, versteht sich von selbst. Wenn gleich ich nicht in dieser Montur bei der Ausbildung auf dem Werksgelände des Chemiekonzerns antrat.

Zurück zum Fußball! Wie der Zufall wollte, gelang mir dort in NRW ein Einstieg nach Maß! Kaum drei Tage am Rhein wartete am 3. September 1991 mein erstes richtiges Pflichtspiel auf mich. In der dritten Runde der DFB-Pokalsaison 1991/92 erwartete der TSV Bayer 04 Leverkusen den Rivalen aus Köln-Müngersdorf. Hätte es einen besseren Start geben können? Wohl kaum! Ich kannte mich in meiner neuen Wahlheimat überhaupt noch nicht aus und landete nach einer Busfahrt statt am Ulrich-Haberland-Stadion auf einem großen Parkplatz nahe des Bayer-Werkes und des Flugplatzes Leverkusen. Von dort aus fuhren jedoch alle paar Minuten Pendelbusse zur Spielstätte von Bayer 04. Dort angekommen kaufte ich mir erst einmal für zwanzig Mark einen echten Jacquard-Schal mit dem Bayerkreuz an beiden Enden. Nach der kleinen Hertha-Fahne mein zweites Fanutensil in meinem Fußballleben. Da ich zumindest die nächsten zweieinhalb Jahre in Lever-

+++ Zimmer im Ausbildungswohnheim +++

+++ Polizeiwache gleich neben dem Wohnheim +++

+++ Bayer 04 vs. 1. FC Köln +++

kusen arbeiten und wohnen würde, erschien der Erwerb dieses Schals eine logische Konsequenz zu sein.

Nicht ganz sicher war ich beim Kauf der Eintrittskarte. Ein Stehplatz war rein preistechnisch ein Muss, direkt im Fanblock wollte ich jedoch noch nicht stehen. Erst mal schnuppern und das Ganze aus gewisser Distanz beobachten. Mir schien Block A eine gute Wahl. Der eigentliche Gästeblock lag gegenüber, im Block C stand der harte Kern der Heimfans. Was ich nicht bedachte hatte: Bei großen Duellen – wie gegen Borussia Dortmund, den FC Schalke 04, Borussia Mönchengladbach und natürlich erst recht gegen den 1. FC Köln – waren auch der Block A und der unüberdachte H-Block fest in der Hand der Gästefans. Mit dem Bayer-Schal um den Hals fand ich mich demzufolge im A-Block inmitten von Kölner Fans wieder. Schnell zog ich den Kragen hoch, aufgrund der gleichen Vereinsfarben fiel mein Schal nicht allzu sehr ins Auge.

Das Pokalduell im nicht ganz ausverkauften Haberland-Stadion wurde eine emotionale Angelegenheit. An der Außenlinie gaben Reinhard Saftig und Hannes Linßen die Anweisungen, auf dem Feld lieferten sich Andreas Thom, Franco Foda, Jorginho & Co. sowie Falko Götz, Frank Ordenewitz, Pierre Littbarski, Maurice Banach & Co. eine heiße Schlacht. Nach torloser erster Hälfte langte Bayer 04 in Form eines Doppelschlags in der 64. und 69. Minute zu. Andrzej Buncol und Andreas Fischer – beide nicht gerade die großen Helden unter dem Bayerkreuz – ließen mit ihren Treffern die Heimfans vor Freude toben. Wut und Aggression dagegen auf Kölner Seite. Insbesondere im H-Block, der sich etwas separat auf der offenen Seite des Haberland-Stadions befand, rissen Kölner Hools bereits bedenklich an den Zäunen. Hinter dem Block wackelte eine Würstchenbude. Minuten später stand das Büdchen in Flammen und die Feuerwehr rückte an. Ist das der Fußball, der mich die kommenden Jahre erwartete? Falls ja, eine heiße Kiste. Ich war im wahrsten Sinne des Wortes Feuer und Flamme. Am liebsten hätte ich meinen Schal hervorgeholt und im A-Block eine One-Man-Show gemacht.

Diese sollte ich an jenem Abend wirklich noch bekommen. Nach dem hitzigen Pokalfight lief ich adrenalingeschwängert durch die Straßen von Leverkusen und wusste gar nicht, welchen Bus ich nach Schlebusch nehmen musste. Prompt verlief ich mich, stieß jedoch auf den Willy-Brandt-Ring, der mich zum Wohnheim führen würde. In Gedanken versunken ließ ich den Schal locker hängen und dachte die ganze Zeit an die brennende Würstchenbude. Flotten Schrittes schlenderte ich an einer Tankstelle vorbei, an der ein paar Kölner Jungs gerade ihre Fahrzeuge betankten. „Hey, da! Schaut mal! Ein Bayer-Schwein!!" Zapfhahn eingehängt und Tempo aufgenommen. Eine ganze Meute Kölner rannte plötzlich brüllend auf mich zu. Ich als absoluter Frischling in einer noch völlig fremden Stadt. Prima Szenario. Ja, ich ging laufen. Und wie! Glücklicherweise hatte ich damals Leichtathletik trainiert und war gut zu Fuß. So schnell konnte mich kein Geißbock einholen. Ich stoppte erst gar nicht mehr und lief die letzten Kilometer bis zur von-Diergardt-Straße in Schlebusch durch. Durchgeschwitzt und vollgepumpt mit Glückshormonen jeglicher Art stürmte ich im Wohnheim geradewegs in den Gemeinschaftsraum, wo ein paar andere aus dem Osten hergezogene Auszubildende große Augen machten und fragten: „Alter, wo kommst du denn her?", „Vom Fußball – und die scheiß Kölner haben Jagd auf mich gemacht. Aber es war geil. Richtig geil! Kommende Woche wieder!"

Im DFB-Pokal stand Bayer 04 Leverkusen nach dem 2:0-Sieg gegen Köln im Achtelfinale, in der Bundesliga schnupperte die Werkself mal wieder an den oberen Plätzen. Stand der Dinge vor dem achten Spieltag der Saison 1991/92: Der FC Hansa Rostock war mit 10:4 Punkten (damals noch Zwei-Punkte-Regelung) auf Rang eins zu finden, dahinter folgten Eintracht Frankfurt, der VfB Stuttgart, der amtierende Meister 1. FC Kaiserslautern, der Hamburger SV und Bayer 04 – allesamt mit 9:5 Punkten. Am 7. September um 15.30 Uhr stand die Begegnung Bayer 04 gegen Fortuna Düsseldorf auf dem Programm. Wieder ein rheinisches Duell. Ich war gespannt und tauschte mich mit meinen Mit-Auszubildenden aus. Neben mir am Arbeitstisch saß Stephan Hanke, der ebenfalls die Lehre als Energieelektroniker in Angriff nahm und parallel dazu als junger Fußballer im erweiterten Kader der Bayer-Profis stand. Aus Schwetzingen kam er im Sommer 1991 an den Rhein, nach seiner Zeit in Leverkusen bis 1994 stand er noch beim FC St. Pauli, beim SSV Jahn Regensburg, beim Hamburger SV II, beim FC Rot-Weiß Erfurt, beim SV Darmstadt 98 und zum Ende der aktiven Karriere bei Altona 93 unter Vertrag. Immerhin 62 Erstliga- und 119 Zweitligaspiele konnte Stephan Hanke in seiner Laufbahn absolvieren. Noch vor seinem ersten Auftritt überhaupt saß er Anfang September 1991 neben mir am Tisch und lötete Platinen. „Du willst am kommenden Samstag zum Heimspiel?", fragte er. „Ich kann dir morgen eine Freikarte mitbringen!" Tatsächlich hatte er am kommenden Tag ein Ticket für die Haupttribüne dabei. Tribüne West. Aufgang F1. Reihe 10. Sitz 47. Preis 30 DM. Ein aufgedrückter Stempel auf dem orangefarbenen Papier machte die Sache rund: Ehrenkarte.

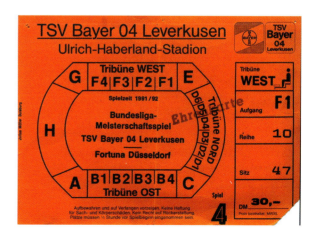

In der Überzeugung, dass es gegen die Düsseldorfer Fortuna genauso cool wie gegen Köln werden würde, zog ich am Samstag zum Stadion und nahm meinen Sitzplatz auf der Tribüne ein. Ernüchterung machte sich breit. Gerade einmal 11.000 Zuschauer füllten die Ränge spärlich. Aus Düsseldorf waren etwa 1.000 Gäste angereist. Und auch spielerisch war die Partie nicht das Gelbe vom Ei. Anthony Baffoe brachte den Tabellenletzten kurz vor der Pause in Führung, Heiko Herrlich konnte nach Vorarbeit von Jorginho in der 67. Minute immerhin einen Punkt retten. Allein der C-Block mit den rund 2.000 Bayer-Fans konnte mich überzeugen. Und nicht nur das. Er zog mich magisch an. Auf der hellgrünen Plastiksitzschale fühlte ich mich völlig fehl am Platze. Ich wollte stehen. Das Team mit anfeuern. Verbal richtig Gas geben. Hätte mich das Leben nach Duisburg oder Stuttgart verschlagen, wäre es wohl der MSV oder der VfB geworden, so aber erschien mir Bayer 04 als logische Konsequenz. Dort, wo man wohnt, muss man auch zum Fußball gehen. Ich vermutete, dass dies ein ungeschriebenes Gesetz sei. Support your local team. Ich war dabei!

Am 14. September 1991 trat die Bayer-Elf auf Schalke an, für mich noch ein Tick zu früh für die erste Auswärtsfahrt. Erst einmal wollte ich im heimischen C-Block mein Plätzchen finden. Einen Schal hatte ich ja schon. Der Rest würde sich beim kommenden Heimspiel gegen den 1. FC Dynamo Dresden (von 1990 bis 2002 mit grünem Logo, ab 2007 wieder Sportgemeinschaft) von selbst ergeben. Zwischen dem Langweiler-Spiel gegen Fortuna und dem Heimspiel gegen die Sachsen lagen zwei Wochen. Genug Zeit, um Kontakte zu knüpfen und zaghaft erste Freundschaften zu bilden. An einem Tag X kam ich abends im Wohnheim, das von einem älteren kauzigen Ehepaar mit strenger Hand geleitet wurde, mit Karsten ins Gespräch. Geboren in Waren an der Müritz und aufgewachsen in Recklinghausen verschlug es ihn auch nach Leverkusen, um bei Bayer eine Ausbildung zum Rohrschlosser zu machen. Im Bayerwerk brummten und dampften die

Kessel und auch zwischen Karsten und mir passte von Beginn an die Chemie. Schnell waren wir beim Thema Fußball. „Komm doch mit ins Stadion! Gegen Dynamo Dresden stehen wir dann im C-Block!", schlug ich vor und hatte von nun an einen festen Begleiter. Im Laufe der Jahre entstand eine feste Freundschaft, die Jahre später unter anderen im gemeinsamen Onlinemagazin turus.net mündete. Sicherlich ein witziger Zufall, dass alles mit einem Spiel gegen die dynamischen Sachsen begann.

Wieder waren es nur rund 11.000 Zuschauer, doch vom C-Block aus fühlte sich das Ganze kraftvoller und intensiver an. „In der Südkurve nachts um halb vier einen Geißbock schlachten wir, frisches Kölner Blut tut uns allen gut, in der Südkurve nachts um halb vier …" Schnell wurden die im Block gehörten Lieder aufgesogen und recht bald lautstark mitgesungen. Das Spiel gegen den 1. FC Dynamo hatte es in sich. Schiedsrichter Dr. Markus Merk zeigte bereits in der 20. Minute Heiko Herrlich wegen einer Tätlichkeit die rote Karte. Kurz vor der Pause musste auch der Dresdener Spieler Steffen Büttner mit Gelb-Rot vom Platz. Es war richtig Pfeffer im Spiel, neben Büttner sahen fünf weitere Dynamo-Kicker die gelbe Karte. Die Werkself ließ sich jedoch nicht aus dem Konzept bringen und machte die Sache mit 4:0 klar. Fischer, Lupescu, Kree und Schröder ließen uns kollektiv ausrasten. Fußballgott, du hattest es echt gut mit uns gemeint. Dass auch Karsten begeistert war, lag auf der Hand. Nun konnte das erste Auswärtsspiel kommen. Auf nach Bochum!

27. September 1991. Abendspiel im Ruhrstadion. Von Leverkusen-Mitte ging es mit dem Sonderzug ins Herz des Ruhrgebiets. Rund 1.500 Bayer-Fans begleiteten ihr Team, für die damalige Zeit bei Leverkusen eine echte Hausnummer. Im Nachhinein betrachtet hatte die Sache einen perfekten Lauf. Wie aus dem Drehbuch. Eine stimmungsvolle Ankunft in Bochum, ein Fußmarsch hinauf zum Ruhrstadion. In der Ferne er-

hellten die Flutlichter den Himmel. Und das Ambiente im Stadion selbst. Herrlich! Hinter den Toren befanden sich jeweils Stehplätze, nur an den Seiten waren Sitzschalen. Guter Support auf beiden Seiten, ein verdammt enge Kiste auf dem Rasen. Vor insgesamt 12.500 Zuschauern machten Herrlich und Thom in der Schlussphase der heiß umkämpften Partie die beiden Tore des Tages. Bayer 04 rückte vor an die Tabellenspitze. Der Torjubel in der 85. und 89. Minute fühlte sich fast an wie ein Orgasmus. Hm ja, fast? Ich wusste nicht, wann ich jemals zuvor dermaßen intensiv gejubelt hatte.

Und halt, die Geschichte ging an jenem Abend noch weiter! Jubelnd und singend verließ der Bayer-Tross das Ruhrstadion und verharrte kurz auf dem Vorplatz an der Castroper Straße. Ehe wir uns versahen kamen Bochumer Hools um die Ecke und langten ordentlich zu. Fäuste flogen. Fußtritte. Rangeleien und Kampfeinlagen ringsherum. Geschockt und zugleich fasziniert nahmen Karsten und ich das Szenario zur Kenntnis. Wie durch ein Wunder blieben wir verschont, während es links und rechts mächtig schepperte. Nach kurzer Zeit beruhigte sich wieder alles, die Bochumer

waren so schnell verschwunden, wie sie gekommen waren. Unter Polizeibegleitung wurden wir schließlich hinab zum Bochumer Hauptbahnhof geführt. Dabei durfte ich erstmals hautnah miterleben, wie locker der Schlagstock im Halfter der ruppigen Bochumer Beamten saß. Schnell wurde uns bewusst, wie unangenehm das Verhältnis zwischen den polizeilichen Einsatzkräften und den Fußballfans (vor allem bei den Auswärtsfans) sein kann. Ganz besonders die Bochumer Polizei war berühmt berüchtigt für hartes Vorgehen gegenüber anreisenden Fans. Sowohl im Stadion, als auch im Umfeld der Spielstätten. Teilweise erhebliche Probleme gab es nicht nur bei Heimspielen des VfL Bochum, sondern auch bei den Spielen des damaligen Bundesligisten SG Wattenscheid 09 im Lohrheide-Stadion. So wurden etliche Bayer 04-Fans beim Auswärtsspiel bei der SGW 09 am 9. August 1991 bei Übergriffen verletzt. Forsche, prügelfreudige Beamte in der Ruhr-Metropole. Das sahen auch mehr als 50 Redakteure unabhängiger Fanzines so, die sich im Juli 1991 beim sechsten bundesweiten DFZV in Bonn zusammensetzten und den aktuellen Stand der Dinge auswerteten. Nach langen Gesprächen stand schließlich fest: Mit knappem Vorsprung auf ihre

+++ Bochumer Ruhrstadion, Anfang der 90er Jahre +++

Kollegen in München und Mönchengladbach belegte die Bochumer Polizei den Spitzenplatz in der aufgestellten Rangliste. Die Polizei in Bochum wurde somit der Adressat für den erstmals verliehenen ,Goldenen Schlagstock'. In der Pressemitteilung des DFZV hieß es damals: „Die Auszeichnung ... soll die besondere Willkür und Schikane bezeichnen, mit der die Polizei Bochum während ihrer Einsätze bei Bundesligaspielen gegen angereiste Gästefans vorgeht."

Die Wellen schlugen hoch und auch der Stadionkurier von Bayer 04 berichtete im Herbst 1991 von dieser Verleihung. Der Grund: Die Bochumer Staatsanwaltschaft ermittelte gegen die dortige Polizei wegen möglicher Fehler in deren Einsatzverhalten und eventueller Übergriffe zum Nachteil der Fans. Geschädigte und Augenzeugen wurden dringend dazu gebeten, sich beim damaligen Bayer 04-Fanbeauftragten Peter Bode telefonisch zu melden.

Der Spielplan ermöglichte es, dass ich zum zweiten Mal innerhalb eines Monats das Rheinische Duell zwischen Leverkusen und Köln sehen durfte. Am 5. Oktober 1991 fanden sich 21.762 Zuschauer im Haberland-Stadion ein, die Stimmung war jedoch bei weitem nicht so knisternd wie beim Pokalspiel Anfang September. Martin Kree sicherte mit seinem Treffer einen Punkt für Bayer 04 und Karsten und mir ein

+++ Blockfahne im Block C der Bayer-Fans (1991/92) +++

recht gelungenes Wochenende. Als in der Woche darauf das Auswärtsspiel auf dem Betzenberg anstand, nutzte ich die Gelegenheit nach Berlin zu düsen. Freunde treffen und einen Nachmittag mit meinem damals viereinhalb Jahre alten Bruder verbringen. Abends in den Prenzlauer Berg oder nach Mitte fahren, um dort in einem der abgefahrenen Klubs und Kneipen ein Bier in vertrauter Runde zu trinken. So wohl ich mich in meiner neuen Heimat am Rhein auch fühlen mochte, so sehr vermisste ich jedoch mein privates Umfeld. Mitunter erlebte ich extreme Stimmungsschwankungen und ein recht hohes Maß an Unsicherheit. Wer war ich überhaupt? Wo würde mein Leben hinführen? Von Herbst 1989 bis zum Winter 1991 rauschte alles vorbei wie im D-Zug. Unfassbare Veränderungen, unglaublich viele neue Eindrücke. Eine Frau an meiner Seite gab es zu jener Zeit nicht, meine Jugendliebe aus Waldesruher Zeiten zog in den Süden des Landes. Kontakt bestand ab nun nur noch in Form von wöchentlichen Briefen. Als sie mir eines Tages schrieb, dass sie eine neue Liebe gefunden habe, kurvte ich noch mehr durch mein noch junges Leben. Halt gaben mir allein die Ausbildung, die in Leverkusen und im Bergischen Land gefundenen neuen Kumpels – und der Fußball!

So bunt und aufregend das Leben im Rheinland phasenweise auch war – es gab auch eine andere Seite. Eine Seite voller Tristesse, Melancholie und Einsamkeit. Noch waren die dort einheimischen Kumpels keine festen Freunde, mit denen man am Wochenende um die Ecken zog. Und nicht das ganze Wochenende bestand aus Fußball. Noch nicht. Meist fuhr die Mehrheit der im Wohnheim lebenden Auszubildenden am Freitagnachmittag nach Hause zu ihren Familien. Einige hatte es nicht weit. Manch einer kam aus Trier, aus dem Sauerland und aus dem Ruhrgebiet. Um zwei-, dreimal im Monat mit dem Zug nach Berlin zu fahren – dafür fehlte schlichtweg das Geld. Und die Fahrgemeinschaften der aus dem Osten stammenden Azubis tat ich mir nicht mehr an. Sich zu fünf in einem kleinen Fiat eingequetscht die A2 entlang zu quälen, war mir unter dem Strich zu nerventötend. Zumal auf gesamter Länge der Autobahn gebaut, gebaut und nochmals gebaut wurde. Neue Spuren, neue Brücken – für Pendler ein wahrer Alptraum.

So kam es schon mal vor, dass ich mich mit wenigen Gesellen am Ende der Woche im Wohnheim wiederfand. Mit etwas Pech blieben die unsympathischsten Typen, mit denen ich weiß Gott nichts am Hut haben wollte, zurück. Heimspiele von Bayer 04 gegen den Hamburger SV, den 1. FC Nürnberg und Borussia Dortmund – die restliche Zeit des Wochenendes musste mit Briefeschreiben, Bücherlesen und Radfahren in näherer Umgebung überbrückt werden. Kam es übel, saß ein Vollspast im Gemeinschaftsraum und blockierte mit einem frechen Grinsen den großen Farbfernseher, um irgendeine dämliche Serie zu glotzen. Dann mussten ,Anpfiff' oder das ZDF-Sportstudio im eigenen Zimmer auf dem mitgebrachten Mini-Schwarzweiß-Fernseher geschaut werden. Man glaubt es kaum, aber die Heimleitung führte sich auf wie in einem streng katholischen Mädchen-Internat. In der Woche um 22 Uhr und am Wochenende um 23 Uhr mussten die eigenen Zimmer aufgesucht werden. Der Besuch in anderen Zimmern war danach streng verboten. Wer über 18 Jahre alt war, durfte immerhin zu jeder Zeit das Wohnheim verlassen. Für die Jüngeren war dann im wahrsten Sinne des Wortes Schicht. Bereits nach wenigen Tagen wurden aufmüpfige, aus dem Osten stammende Bewohner in ein anderes Wohnheim nach Dormagen verlegt. Nun fällt es sicherlich nicht allzu schwer, sich auszumalen, dass ich anfangs auch ein heißer Kandidat für einen Zwangsumzug (der im Frühjahr 1994 auch erfolgen sollte) war. Allein mein freundliches, unproblematisches Auftreten in der Ausbildungsklasse hatte dies vorerst verhindert.

390 Deutsche Mark mussten für ein Bett im Doppelzimmer hingeblättert werden. Frühstück inklusive. Unter der Woche Brötchen, Wurst, Käse und Nutella im gemeinschaftlichen Speiseraum. Für das Wochenende durfte man sich bei der Heimleitung eine weiße Papiertüte abholen. Mischbrot, abgepackter Scheibenkäse und Schmierwurst. Ganz großes Programm. Ich wurde gewiss von meinen Eltern nicht verwöhnt und es wurde in meiner Kindheit stets gegessen, was auf den Tisch kam, doch dieser in der traurigen Tüte befindliche Industriefraß war mir echt zu derb. Ab in die Tonne damit und selbst was eingekauft.

+++ Pyrotechnik in Block C des Haberland-Stadions +++

29. November 1991. Meine zweite Auswärtsfahrt mit Bayer 04. Das Ziel: Der Gladbacher Bökelberg. Mit dem Sonderzug ging es von Leverkusen-Mitte über Köln nach Mönchengladbach. Eine Fahrt, die sich hinzog wie Kaugummi. Immer wieder hielt der Zug mit seinen muffigen Abteilen auf offener Strecke. Während eines Halts flogen dann schon mal abgetretene Kopfstützen und Armlehnen auf die Gleise. Dass auch bei hohem Tempo stets die Fenster weit unten waren, versteht sich von selbst. Müll wurde bei voller Fahrt mit einem Schwung entsorgt, bei der nächsten Bahnhofsfahrt wurde ein kraftvolles „Hurra, hurra, der Bayer, der ist da!" gegrölt. Brachial wirkte auf mich die Ankunft am Bahnhof. Als Gemeinschaft laut singend durch die Unterführungen – das sorgte für einen auf Anschlag befindlichen Adrenalinpegel. Ich hatte das Gefühl, mit tausenden unterwegs zu sein.

+++ Abschied vom Gladbacher Bökelberg (Mai 2004) +++

Letztendlich befanden sich gerade einmal knapp 500 Leverkusener auf der Südkurve des Bökelbergs. 50 von ihnen hatten sogar eine Freikarte vom Mönchengladbacher Fanbeauftragten Holger Spiecker erhalten. Nun ja, stand man bei dem nasskalten Wetter auf der verdammt steilen Tribüne inmitten der Fans, dachte man schnell: Was für ein geiler Auswärtsmob. Betrachtete man das Grüppchen nach dem Gang zum Klo aus der Distanz, relativierte sich das ganz fix. Warum waren es nicht 1.500 wie im Bochumer Ruhrstadion? Ich zermarterte mein Hirn, kam jedoch zu keiner Erkenntnis.

Grandios fand ich die Atmosphäre im Stadion. Die drei steilen, nicht überdachten, dicht am Spielfeld befindlichen Stehtribünen und die überdachte Haupttribüne, welche den Fangesang der Gladbacher Fans als Echo zurück in den Abendhimmel warf. Die Fahnen wehten im Wind – und das ist in diesem Fall keine Floskel. Manolos Trommel ertönte, die Fans brüllten. „VfL!!! VfL!!!" Noch heute werden meine Augen feucht, wenn ich mir in Gedanken die einzigartige Atmosphäre am Bökelberg ausmale. Nicht, dass es zu jener Zeit das schönste Stadion war. Doch das dortige Gesamterlebnis war vor allen Dingen bei Abendspielen einzigartig. Tobte das Publikum nach einem Gladbacher Treffer vor Freude, fühlte man sich auf den regennassen Stufen des Gästeblocks allein. Verdammt allein. Als jedoch Andi Thom zweimal in das Gladbacher Gehäuse traf, fiel man bei dem orgiastischem Jubelgeschrei fast die gefährlichen Stufen hinunter. Und wenn schon, der nächste Wellenbrecher kam ganz bestimmt.

Zweites Auswärtsspiel – und schon wieder Zwischenfälle nach dem Spiel. Zuerst zog ein Gladbacher meinen nicht verknoteten Schal, im Anschluss trieb auch die Gladbacher Polizei das ‚Knüppel-aus-dem-Sack-Spiel'. Grundlos trieben uns die behelmten Polizisten wie Vieh in Richtung Bahnhof. Als ich plötzlich den Schlagstock auf meinem Rücken spürte, war ich für Sekunden gelähmt. Es war wie ein Stromschlag. Noch nie zuvor in meinem Leben hatte ich diese Form von Schmerz gespürt. Nach kurzem Durchatmen klinkte es bei mir aus. „Dreckspack! Spinnt ihr? Was soll diese Scheiße?", brüllte ich die Polizisten an und erntete dafür nur ein hämisches Grinsen. „Lacht nur! Kommt doch mal nach Berlin! Dann werden ihr sehen, was dort läuft! Dann kriegt ihr mal richtig auf die Fresse! So eine Scheiße hier!" Die Knüppel hoben sich, ich zog mich zurück und reihte mich wieder im zum Bahnhof ziehenden Tross ein. Meine Wut ließ auch während der Rückfahrt im Sonderzug nicht nach. Es grummelte und rumorte. Ich wünschte den Gladbacher Beamten den Schwarzen Block aus Berlin-Kreuzberg oder der Mainzer Straße an den Hals, der diese Knüppel-Schwinger mal so richtig vermöbeln würde. Ich hatte bis zu jenem Abend nicht vermutet, dass man einfach so von der Polizei vertrimmt werden kann. Das Vertrauen zur bundesdeutschen Ordnungsmacht war erschüttert. Nie zuvor hatte ich mit der Polizei etwas am Hut gehabt. Das in Bochum und Mönchengladbach Erlebte genügte, um die Sache fortan aus einem bestimmten Blickwinkel zu beobachten. Die in Fanmagazinen geschilderten Anekdoten erhielten nun einen ganz anderen Stellenwert. Ich ahnte jetzt, wovon mitunter die Rede war.

++ Heimblock des Bökelberg-Stadions in Mönchengladbach +++

+++ Freude pur beim Auswärtssieg des BFC Dynamo in Greifswald (2013) +++

Zwischenblende Herbst 2013:
1. FC Magdeburg und BFC Dynamo auf Tour

„The bats are in the belfry, the dew is on the moor, where are the arms that hold me and pledged her love before …", ertönt es aus den kleinen Lautsprechern. Tom Waits? Tom Waits! Berlin-Neukölln. Am Abend des 20. Oktober 2013. Mit meinem langjährigen Freund Jan, der einst im Herbst 1983 in meine damalige Schulklasse kam, sitze ich im ‚Friseursalon' in alten Polstersesseln, trinke Berliner Pilsner aus der Flasche und horche bei den Klängen auf. Waits' rauchige, markante Stimme hinterlässt Gänsehaut. Wenn es ein Lied gibt, das für mich ganz persönlich die Zeit der 90er wiederaufleben lässt, ist es ‚Innocent when you dream'. Berlin-Friedrichshain Mitte zwischen 1994 und 1997. Privater Umbruch nach den drei Jahren in Leverkusen. Unbeschwerte Weinabende in der Schreinerstraße und Rigaer Straße. Flaschenbier in authentischen, muffigen, schlicht eingerichteten Kneipen wie der ‚Friseursalon', der im mittlerweile aufstrebenden Neukölln-Rixdorf genau an jene Zeit anzu-

knüpfen vermag. Oh, mein Gott, wo sind nur all die Jahre geblieben? Kann ich glücklich auf mein bisheriges Leben blicken? Sei ehrlich, Marco! Ja, kann ich. Und trotzdem kommen bei solch einem Lied Schwermut und Melancholie auf. Mein Leben war geprägt von kuriosen Abenteuern, außergewöhnlichen Reisen und zahlreichen Veränderungen. Über zehnmal umgezogen. Von der Ausbildung in Leverkusen ins Abitur auf dem zweiten Bildungsweg am VHS Kolleg in Berlin-Schöneberg geschlittert. Nach dem Reparieren von Schaltschränken irgendwo in den Tiefen des Bayerwerks nun wieder Bio und Mathe büffeln. Sieben Wochen quer durch Brasilien gereist, dort dreimal überfallen worden, meine damalige große Liebe des Lebens an der Copacabana aufblühen sehen, das ‚Saudade-Gefühl' tief im Herzen verankert. Auf ewig. Die Mischung aus Fernweh, Heimweh und genereller Sehnsucht. So bezeichnen es die Brasileiros und auch die Portugiesen. Mit drei Freunden – unter ihnen auch Jan – von 1995 bis 1999 zwei acht Meter lange Segelboote in einer Scheune am Rande Berlins ausgebaut. Nach dem Schleifen, Laminieren und Schrauben gemeinsam in die große bunte Stadt gedüst. Immer und immer wieder. In den legendären ‚Eimer' nach Mitte oder in einen Kellerclub irgendwo in den Straßen Friedrichshains. Mit dem Auto an einem Herbsttag '97 auf regennasser Fahrbahn mit 80 Sachen überschlagen. Mit dem Dach gegen eine alte Eiche geknallt. Zuvor einen kompletten Maschendrahtzaun umgemäht. Unverletzt überlebt. Fünf wachsame Schutzengel für alle fünf Insassen.

Zwei Jahre später das Leben in Berlin aufgegeben. Vorerst zumindest. Das Ziel Olympische Spiele 2000 in Sydney vor Augen. Geackert bis an die Schmerzgrenze. Beim Ausbau der Boote das körperliche Limit erleben dürfen. Später dann auf stürmischer Ost- und Nordsee dann sowieso. Um uns herum die schwarzen, schäumenden Wassermassen. Showdown vor den westfriesischen Inseln Texel und Vlieland. Gerettet von der niederländischen KNRM (ähnlich der DGzRS) und der Marine/Küstenwache. Zurück auf Null. Schneller zurück in Berlin als jemals zuvor gedacht. Mit zwei arg beschädigten Booten, dem Seesack sowie der Erkenntnis, dass sämtliche zur Verfügung stehende Schutzgeister allzu oft Schwerstarbeit leisten mussten. Ist das Limit erreicht? Was folgt nun?

+++ Tucholskystraße in Berlin-Mitte, Mitte der 90er +++

Ganz einfach: WG in Treptow. Eingezogen mit einem geschenkt bekommenen Futon, einem klassischen Tapeziertisch aus dem Baumarkt, der als Schreibtisch diente, einem alten PC und paar Kisten. Durchatmen, Fuß fassen. Und: Weitere Abenteuer lockten. Nur ein Jahr nach dem Schiffbruch auf der infernalen Nordsee fuhr ich mit der Transsibirischen Eisenbahn von Moskau nach Vladivostok, Ulaan Baatar und Peking. Die auf dieser Tour gemachten Dias ermöglichten in der Folgezeit einen beruflichen Neustart. In Berlin fand indes eine kroatische Frau in mein Leben. Keine WG mehr, sondern eine Lebensgemeinschaft. Das Leben schien Struktur zu bekommen. Na los dann: Studium an der Humboldt Universität zu Berlin. Rein ins kalte Wasser – dieses Mal in Form von Linguistik- und Geographie-Seminaren. Manch eine Vorlesung erweiterte in der Tat meinen Horizont, doch an bestimmten Nachmittagen verstand ich die Welt nicht mehr. Wo bin ich gelandet? X-Bar-Schema mit Phrasenstrukturen und Zwischenebenen? Sprachwandeltheorien von Chomsky und Popper? Während der vier, fünf aktiven Semester fand ich einen festen Freund. Mit Silvio saß ich das ein fürs andere Mal beim Kaffee und marterte das Hirn. Weitermachen oder Reißleine? Wenigstens noch die Zwischenprüfung abschließen? Im Februar 2004 folgte der Entschluss: Selbständig machen als Autor und Fotojournalist. Irgendwie. Einen Business-Plan hatte ich ganz gewiss nicht. Gemeinsam mit dem in Leverkusen kennengelernten Karsten wanderte ich zuvor im Sommer 2003 die gesamte ehemalige deutsch-deutsche Grenze ab. Spurensuche am einstigen Eisernen Vorhang. Von Prex nach Priwall. Später dann ging es mit dem Fahrrad von Ostsee bis zum Schwarzen Meer. Quer durch den Balkan. Mit der Frau, die von eben diesen stammt, war ich inzwischen nicht mehr zusammen. Mitunter glich das Leben wie eine Flucht nach vorn. Diavorträge, eine Wanderausstellung, ein Radwanderführer – und selbst ein Filmprojekt nahm ich in Angriff. Und parallel dazu? Immer wieder Fußball, Fußball und Fußball. Die drei Jahre während des Bootsbaus Ende der 90er Jahre mal weitgehend ausgenommen.

Meine Konstanten im Leben? Die Freunde, das Ausleben der Kreativität, der Fußball – und seit März 2010 unser Söhnchen. Im Frühjahr 2013 wieder einmal der Reset-Knopf. Das hätte ich echt nicht für möglich gehalten. Wieder ein Umzug – und zwar allein. Ein bitterer Moment in meinem Leben. Es kriselte in der Beziehung mit meiner polnischen Partnerin und damit diese nicht total den Bach runtergeht und unser Kind drunter leidet, entschieden wir uns für eine Auszeit. Also wieder in eine WG. Vorerst zumindest. Übergangsweise. Kurioserweise mit einem Kumpel, mit dem ich bereits Anfang 1998 im Friedrichshain für paar Monate zusammengewohnt hatte. Verrückt. Ja, und auch traurig. Freunde, der kleine Sohn und nicht zuletzt mein Job gaben und geben mir festen Rückhalt – und halten das im Innern wild und manchmal verdammt wüst brennende Feuer im Zaum.

Womit wir wieder beim eigentlichen Thema wären. Zwei Fußballspiele im Oktober 2013 änderten den zuvor gefassten Ablaufplan beim Verfassen dieses Buches. Es schreibt sich phasenweise wie von selbst. Aktuelle Ereignisse schreien regelrecht danach, nicht chronologisch eingeordnet, sondern bereits hier an dieser Stelle zum Besten gegeben zu werden.

Nach dem melancholischen, nostalgischen Abend im Neuköllner ‚Friseursalon' und dem tief in der Nacht zigmal auf dem Bett mit nicht nur angefeuchteten Augen gehörten Song ‚Innocent when you dream' stand am nächsten Tag das Regionalliga-Duell FC Viktoria 1889 Berlin gegen 1. FC Magdeburg im Stadion Lichterfelde auf dem Programm. Ist das verrückt. Wie im Film. Jeans, ein Lieblings-Poloshirt und festes Schuhwerk an. Vor zwanzig Jahren hatte ich mir den Schal und manchmal auch eine Fahne geschnappt, heute ist es der Rucksack mit der Fotoausrüstung und dem Notizblock. Das Gefühl ist dem von damals ziemlich ähnlich. Wie wird der heutige Tag? Wie viele Gästefans werden wohl den Weg ins Stadion finden? Ob es problematisch wird? Pyrotechnik? Hoffentlich kein ödes 0:0. Wo stoße ich am besten bei der Ankunft der Gästefans dazu? Damals war es die reine Neugier. Heute ist es der Wille, alles möglichst gut einzufangen und zu dokumentieren – und die Neugier. Auch nach 600, 700 oder auch 800 gesehenen Fußballpartien kribbelt es hübsch in der Magengegend, wenn ein interessantes Spiel ansteht. 1. FC Magdeburg? Ganz gewiss, immer einen Bericht wert, wenn gleich am heutigen Tag der Gegner nicht 1. FC Lokomotive Leipzig oder FSV Zwickau, sondern nur FC Viktoria 1889 Berlin hieß. Allerdings machte mich der noch mit Bauzäunen provisorisch abgetrennte Gästebereich des Stadions Lichterfelde neugierig. Kann das gut gehen? Wenn gleich ich die Magdeburger in letzter Zeit ziemlich friedlich erlebt hatte.

Wie erhofft stieg ich am Bahnhof Berlin-Südkreuz in den vom Hauptbahnhof kommenden Regionalexpress, in dem sich rund einhundert Magdeburger Fans – begleitet von einigen Bundespolizisten – befanden und das Ziel Lichterfelde-Ost hatten. Nach Ankunft erfolgte das übliche Prozedere. Sammeln auf dem Bahnsteig und anschließend geschlossen durch die Unterführung auf den Bahnhofsvorplatz laufen. Erstaunlich ruhig und gelassen trabte die blau-weiße Reisegesellschaft und nahm vor dem Haupteingang Aufstellung. Die polizeilichen Einsatzkräfte hatten gewiss mehr Enthusiasmus erwartet. Ein wenig überrascht fragte ein Beamter einen der wartenden Magdeburger: „Gibt's hier bei euch nen Ansprechpartner?" Erstaunte Blicke. Nicht wirklich. Es war schließlich kein Bannermarsch nach Probstheida, sondern nur ein Pflichtausflug beim frischen Regionalligisten Viktoria 1889. Leise murmelnd zogen die FCM-Fans durch das gutbürgerliche Viertel in Richtung Stadion. „Capo? Hab da einfach irgendjemanden angequatscht ...", erklärte der Polizist später einem Kollegen. So unterschiedlich kann Fußball sein. Da war der Marsch der Magdeburger zum Jahn-Sportpark vor gut einem Jahr gewiss um einiges knackiger. Am heutigen Tag erinnerte anfangs eher alles an eine Kaffeetour. Apropos Kaffee! Gutes Stichwort! Viktoria glänzte wieder als guter Gastgeber und hatte am Rande der Haupttribüne ein grandioses Kuchenbuffet aufgebaut und auch im neu erbauten Stadioncasino ließ es sich durchaus aushalten. Hätte ich mich zu Leverkusener Zeiten als Vision zwanzig Jahre später mit Notizblock und einem Kuchenteller zu Tisch in der Vereinskneipe sehen können – ich hätte gewiss gut abgefeiert. Aber halt! Statt einer Tasse Oma-Kaffee, den es für die Presse sogar umsonst gab, kaufte ich lieber einen großen Becher kühles Blondes. Gut, wenn man (gemeinsam mit Karsten) der eigene Chef beim Medium ist. Allerdings sei hier angemerkt, dass es generell ein No-Go ist, vor dem Fotoeinsatz in einem Stadion-Innenraum eines höherklassigen Vereins eine Pilsette zu zischen.

Ganz andere Sorgen hatten die Magdeburger an jenem Tag. Und da sind nicht der Bauzaun und die Enge des Gästeblocks gemeint, sondern die Tatsache, dass die Mannschaft ohne ihren Trainer Andreas Petersen auskommen musste. Beim Heimspiel zuvor gegen Wacker Nordhausen lagen bei ihm die Nerven blank. Die Konsequenz: Bei Viktoria musste er auf der Tribüne platznehmen und durfte auch von dort aus keinerlei Anweisungen geben. Seine Tätigkeit übernehmen musste Co-Trainer Danny König. Insgesamt 1.505 Zuschauer hatten den Weg ins Stadion gefunden, unter ihnen rund 700 Gäste aus der Börde, die punktuell für recht ordentliche Stimmung sorgten. Die in den Stadtfarben rot und grün spielenden Magdeburger fanden jedoch schwer ins Spiel und mussten nach knapp einer halben Stunde den 0:1-Rückstand hinnehmen. Verständlicher Ärger bei den Jungs vom Block U. „Los, reißt euch den Arsch auf!", „Spielt endlich Fußball, verdammt noch mal!" Nach der Ansage ließ man es sich nehmen, die Mannschaft in gewohnter Form anzufeuern. „... noch ist Magdeburg nicht verloren ... noch sind wir die Größten der Welt ..." Nachdem jedoch nicht laut genug supportet wurde, gab es vom Capo ein deutliches „Maul auf jetzt!" Und weiter ging´s. „... wir hassen den BFC. Wir holen denn FDGB-Pokal und wir scheißen auf den Meister!"

Der FCM, der unbedingt den Anschluss an die Tabellenspitze herstellen wollte – ja musste, spielte nun etwas besser und hatte vor dem Pausentee seine beste spielerische Phase. Zu Beginn des zweiten Spielabschnitts war Viktoria wieder besser am Ball. Die logische Konsequenz: Das 2:0 für den deutschen Altmeister von 1894 (inoffiziell) sowie 1908 und 1911. Dass die Magdeburger Fans bedient waren, lag auf der Hand. Der erste knüpfte bereits ein Schleifchen eines Banners auf, doch noch blieben die Fahnen hängen. Gut so, denn in der Schlussviertelstunde nahm der FCM noch mal Fahrt auf und erzielte zuerst den Anschlusstreffer und in der dritten Minute der Nachspielzeit sogar den Ausgleich. Gestocher im Viktoria-Strafraum, sogar FCM-Keeper Matthias Tischer war mit vorn, und dann haute Telmo Rebelo Teixeiro aus dem Getümmel heraus den Ball in die Maschen.

Mein ostdeutsches Herz hüpfte vor Freude. Im Zweifel immer für die ostdeutschen Traditionsvereine! Ich ballte die Faust, sprang kurz auf der Tartanbahn und machte anschließend Fotos von den zum Gästeblock

eilenden Spielern. Der MDR filmte das Szenario und ich eierte im Hintergrund umher. Meine Güte, mit wie vielen Vereinen hatte ich seit 1990 bereits mitgelitten?! Mal von den zwei, drei Klubs, die richtig am Herzen liegen, mal abgesehen. Den Osten einmal durch. Energie Cottbus mehr oder weniger ausgenommen. Okay – und meine Einstellung zum Rasen-Ballsport Leipzig dürfte sich von selbst erklären. Aber sonst? Von Rostock bis Dresden, vom weinroten Berlin bis hin nach Magdeburg. Klingt ein wenig absurd, ist aber so. Zum einen ist es die Verbundenheit zur Region Nordost, zum anderen ist es einfach der Wunsch, auch in Zukunft knackige Spiele dieser Vereine in angemessenen Ligen sehen zu können. Für mich die nötige Portion Adrenalin, für unser Onlinemagazin einen packenden Bericht.

Adrenalinausstöße gab es eine Woche später en masse. Die Fahrt mit dem Sonderzug nach Greifswald stand an. Zu einem späteren Zeitpunkt wird in diesem Buch nochmals die Uhr zurückgedreht – und zwar in den Herbst 1994, als ich das allererste Mal mit dem BFC

+++ Der 1. FC Magdeburg zu Gast beim FC Viktoria 1889 Berlin +++

Dynamo (damals FC Berlin) auswärts unterwegs war. Die Partie beim FC Sachsen Leipzig im Alfred-Kunze-Sportpark war für mich eine Art Feuertaufe. Zum einen bekam ich dort das erste Mal in meinem Leben richtig auf die Fresse – und das vor den Stadiontoren von drei Sachsen, die mich bereits erwartet hatten –, zum anderen nahm dort für mich alles seinen Anfang, was den einstigen DDR-Serienmeister betrifft. Um es vorweg zu nehmen: Bayer 04, der 1. FC Köln, Hertha BSC, Union Berlin, der BFC Dynamo, der FC Hansa Rostock, Manchester United und der Celtic FC haben meinem bisherigen Fußballleben den deutlichsten Stempel aufgedrückt. Die emotionalsten Momente. Die härtesten Zwischenfälle.

Die letzte Fahrt mit einem organisierten Sonderzug des BFC Dynamo hatte ich am 13. März 2010 verpasst. In der damaligen hoffnungsvollen Saison mit Patschinski, Spork & Co. hatten sich insgesamt 2.000 BFC-Fans auf den Weg zum Stadion der Freundschaft gemacht. Beim Spitzenspiel beim FC Energie Cottbus II sollten die Weichen für den ersehnten Aufstieg in die Regionalliga gestellt werden. Es wurde ein Tag der Tränen. Die einen bekamen feuchte Augen vor Enttäuschung, weil der BFC sang- und klanglos die Partie mit 0:2 verloren hatte. Ich dagegen hatte Tränen in den Augen vor Freude und Rührung. Während die Hohenschönhausener in der Lausitz um die Tabellenführung spielten, erblickte im Klinikum Neukölln unser Sohn Dominik das Licht der Welt. Genau am vom Frauenarzt errechneten Stichtag! Was wurde im Vorfeld bei den Freunden gefeixt. Solch ein wichtiges Spiel am 13. März. Ich hoffte einfach nur, dass das Baby so nett sei und entweder vorher oder noch besser paar Tage später ganz softe auf die Welt käme. Und ja, es schaute sogar richtig gut aus! Magdalena, darf ich wirklich fahren? Geht es dir wirklich gut? Falls was ist, ich komme sofort! Cottbus ist nicht weit. Am Tag zuvor fühlte sie sich blendend und auch der Arzt sagte: Das Baby kommt nicht vor Montag!

Pustekuchen! Ich schlief auf der Couch im Wohnzimmer, Kamera und Zugticket lagen griffbereit auf dem Tisch. Kurz vor eins stand schließlich Magdalena vor mir. „Marco, wir müssen ins Krankenhaus! Die Fruchtblase ist geplatzt!" Fix ein Taxi gerufen. Und, ähm, das Zugticket sicherheitshalber mit eingesteckt. Man weiß ja nie, was der Tag so bringt. Vielleicht befinden sich Mama und Baby gegen sechs Uhr morgens bereits im verdienten Erholungsschlaf – und da würde der frisch gebackene Papa eh nur stören. Was würde da besser passen, als mit meinem Bruder und den Kumpels im Sonderzug feucht fröhlich anzustoßen? Bübchen hatte jedoch etwas dagegen und lag erst gegen 17 Uhr nach beschwerlichem Kampf mit seinen ersten Windeln in unseren Armen. Das Spiel in Cottbus war gelaufen – und ich war überglücklich.

Dieses Mal würde kein Baby kommen und auch keine Grippe oder ein verknackstes Bein sollte einen Strich durch die Rechnung machen. Pünktlich gegen neun Uhr stand ich am 27. Oktober 2013 vor dem Bahnhof Berlin-Lichtenberg und traf die ersten Kumpels, denen allesamt die Vorfreude breit, ganz breit im Gesicht stand. Sonderzug? Was bei Rostock, Köln, Karlsruhe oder Frankfurt ein müdes Lächeln weckt, ist für die Jungs aus Berlin-Hohenschönhausen ein großes Ding. Schließlich ist es erst der zweite organisierte Sonderzug des BFC Dynamo seit Menschengedenken. Irgendwann nach dem Mauerfall soll es mal einen gegeben haben. So ganz genau können sich die meisten nicht mehr dran erinnern. Dass die Sause nach Cottbus als solches ‚eine geile Sache' war, behauptet jeder, der am besagten 13. März 2010 mit dabei war. Nun jedoch das große ‚Aber'. Was, wenn es nun beim FC Pommern Greifswald – immerhin Tabellenzweiter der NOFV-Oberliga Nord – wieder einen Knacks gibt? Wieder eine Niederlage wie damals bei Cottbus II, mit der Folge, dass der anschließende Saisonverlauf so richtig schön verkackt wird. Von platzenden Aufstiegstraumblasen hat man bekanntlich beim BFC genug. Doch fix wurden beim Besteigen des bereitgestellten Doppelstockzuges solche Gedankengänge im Geiste weggewischt. Wichtiger war nun die Frage: Wer sitzt mit wem? Wo sitzt wer? Welcher Waggon ist wohl der beste? Klassenfahratmosphäre machte sich breit. Letztendlich fand jeder sein Plätzchen und ließ es mehr oder weniger kräftig laufen. In jedem Wagen ein aufgebautes Catering. Ein 0,5er Bier für zwei Euro, eine Bulette für 2,50. Lockere Gespräche machten die etwa zweistündige Fahrt kurzweilig. Ein Kumpel brachte mir gleich zweimal einen Becher mit und ich ahnte, wie der Tag noch enden könnte. Hauptsache beim Spiel noch halbwegs nüchtern sein. Was auf der Rückfahrt dann passiert, kann egal sein.

Wer einmal von Berlin aus mit einem regulären Regionalexpress nach Greifswald oder Stralsund getuckert ist, weiß, wie sehr sich diese Fahrt hinzieht. Kein Wunder also, dass bei Ankunft am Bahnhof Greifswald-Süd die meisten Reisenden ein Weilchen brauchten. Was, schon da? Das hatte ich aber anders in Erinnerung. Bei Sonderzugfahrten, die ich erleben durfte, war die Ankunft stets das Beste. Bereits beim Einrollen die pochenden Halsadern spüren. Nach Möglichkeit die Fenster weit runter. Dann die Türen auf und kraftvoll auf den Bahnsteig gesprungen. Ach herrlich, in jenen Momenten hätte ich Anfang der 90er jeden umboxen können. Gefühlt zumindest. Mit dem aussteigenden Mob bildete man sich ein, man sei unschlagbar.

Gemütliches Aussteigen indes in Greifswald-Süd. Okay, so geht's natürlich auch. Als jedoch all die wartenden Polizisten vor dem Bahnhof gesichtet wurden, war einem klar: Die Einsatzkräfte sahen die Ankunft des BFC Dynamo nicht als Kaffeetour, sondern als Situation mit stark erhöhtem Gefahrenpotential. Kein Wunder, dass anfangs die Polizeikette nur einen Meter vor dem Frontbanner des geplanten Fanmarsches stand. Dichter ging es nun wirklich nicht.

Eine gewisse – in diesem Fall unnötige – Nervosität machte sich auf beiden Seiten breit. Die Fans in den vorderen Reihen fühlten sich von der Nähe der Polizisten provoziert, jene wirkten dagegen gereizt und rückten zunächst nicht ab. Ein paar alte BFCer aus der 79er-Fraktion sprachen mit den Beamten. Die anwesenden Fotografen – mich eingeschlossen – taten dies auch. Wir wollten Aufnahmen vom Start des Fanmarsches machen und überall trat man quasi den Polizisten auf die Füße. Mein Blutdruck erhöhte sich merklich, als ich schweres Gerät auf dem Rücken des einen Beamten sichtete. Meine Fresse, was ist denn das? Muss das sein? Gehört das echt hierher? Wie sich später herausstellte, hatte die Einsatzkraft eine HK69 geschultert. Klingt krass. Ist es auch! Ein Granatwerfer von Heckler & Koch (40 Millimeter), mit dem man so ziemlich alles abfeuern kann. Vom Tränengas bis zu Gummischrot. Die ganze Palette, die man beim anstehenden Bürgerkrieg benötigt. Allerdings wollten die rund 700 BFC-Fans nicht zum Taksim-Platz oder Tahrir-Platz ziehen, sondern einfach nur zum Volksstadion. Istanbul, Kairo, Greifswald. Was macht da schon den Unterschied? Ich hatte einen dicken Hals und fragte, ob diese Knarre überhaupt erlaubt sei bei solchen banalen Einsätzen. Und als ich weiterhin nachbohrte und meinte, ein bisschen mehr Abstand könnte die Situation entschärfen, wurde kurzerhand mit Gewahrsam gedroht.

+++ Granatwerfer der Polizei wird in Augenschein genommen +++

+++ Fanmarsch des BFC Dynamo in Greifswald (2013) +++

Kurze Flashbacks: Bochum, Gladbach. 1991/92. Goldener Schlagstock. Die Fuck-Chirac-Demos in Berlin im Jahre 1995. Die Aufmärsche am 1. Mai. Diverse Hausräumungen. Nicht zuletzt der massive Polizeieinsatz beim Oberligaspiel Tennis Borussia Berlin gegen den BFC im Dezember 2008, als mir gezielt Pfefferspray in die Augen gesprüht wurde. Verbal war ich nie ein Kind von Traurigkeit. Egal, ob damals mit 18 oder jetzt mit 40 – die innere Flamme brennt und kann in Sekundenschnelle eine Eruption auslösen. Damit es erst gar nicht so weit kommt, zog ich es in Greifswald vor, ab nun die Klappe zu halten und mich auf das Wesentliche zu konzentrieren. Zu Fotogra-

fieren gab es schließlich genug. An einer Straßenecke wurde im vorderen Bereich des Fanmarschs eine Portion Pyrotechnik gezündet. Glücklicherweise zog dies keine polizeilichen Maßnahmen nach sich. Während ich im Augenwinkel sah, wie kleine Grüppchen örtlicher Späher schauten, wer wohl alles anmarschiert, bemerkte ich, wie an der linken Fußsohle Bewegung reinkam. Irgendjemand muss mir von hinten in den Wanderschuh getreten sein, die untere Sohle mit dem ausgeprägten Profil klappte hinten ab und erschwerte das Gehen immens. Und nicht nur das. Ich kam mir vor wie ein Vollidiot. Was für ein Foto-Assi. Nicht mal richtige Schuhe an. Ist das nicht der von turus? Prima. Als sogar Kumpel Philipp kurz vorbeikam und meinte: „Sag mal, dein Schuh ist kaputt!" wusste ich, dass die sich immer mehr lösende Sohle kaum zu verbergen war. Ich schlurfte über die Gehwegplatten, hob beim Gehen kaum die Füße und fühlte mich als Trottel. An einem Club und auf einem Parkplatz suchten örtliche Hansa-Fans und ein paar weinrote Freunde der dritten Halbzeit zaghaft den ersten Kontakt und ich quälte mich am Rande des Fanmarsches voran. Genug! Ab ins Gebüsch. Ich riss an der Sohle, wollte sie komplett entfernen und machte dadurch alles nur noch viel schlimmer. Hätte ich sie abbekommen, wäre das Problem gelöst, denn auch die Schicht darunter war dick genug, um vernünftig laufen zu können. Als hinter mir die nächsten Fans mit Harndrang ins Gehölz kamen, stoppte ich den Abreißversuch und verfluchte die miese Qualität der Schuhe, die einst richtig Knete gekostet hatten. Ich malte mir bereits aus, wie ich als Vollhonk auf der Tartanbahn umherschlurfe. Später auf der Stadiontoilette gelang es mir jedoch, die Gummisohle endgültig abzuziehen und im Rucksack zu verstauen. Der Nachmittag war gerettet. Nun konnte kommen, was wolle – nur bitte keine Niederlage!

Während Windböen das Herbstlaub durch das Stadion wirbelten, freuten sich insgesamt über 2.600 Zuschauer auf das Oberliga-Spitzenspiel. Aus Berlin waren schätzungsweise rund 1.200 vor Ort auf der langen Gegengerade. Etwas abseits hatte sich auf Heimseite die ‚Greifen Brigade' ihr Plätzchen mit Banner und Trommel gesucht. Gegen die stimmgewaltige Übermacht der Gästefans konnten diese jedoch nichts ausrichten. Es war im Prinzip ein Heimspiel des Aufstiegsfavoriten aus dem Berliner Sportforum, und auch auf dem Platz ließ die von Trainer Volkan Uluc hervorragend eingestellte Mannschaft – wie bereits in den neun Saisonspielen zuvor – keine Zweifel aufkommen, wer hier heute die Punkte einfahren wird. Wenn gleich der FC Pommern in der Anfangsphase gut mitspielte und in der 22. Minute fast das 1:0

machte. Anders als damals in Cottbus nutzte dieses Mal die BFC-Mannschaft die Gunst der Stunde, die Tabellenführung kräftig auszubauen. Als Denis Novacic die Führung erzielte, gab es bei Spielern und Fans kein Halten mehr. Eine emotionale Entladung par excellence. Manch einen hielt es nicht mehr hinter den Werbebanden, mit einem Sprung auf die Tartanbahn wurde der Freude noch mehr Ausdruck verliehen. Als schließlich eine Viertelstunde vor Abpfiff der Auswärtssieg mit dem Treffer zum 2:0 in trockene Tücher gebracht wurde, konnte eine dufte Vor-Aufstiegsparty gefeiert werden. Ein Fan mit nacktem Oberkörper sprang einem verdutzten Ordner in die Arme, BFC-Urgestein Clasen stimmt eine erste Uffta an. Der Vorsprung auf die Verfolger betrug nun bereits acht Punkte, so langsam aber sicher durfte man sich auf die Auswärtsspiele in Magdeburg, Jena und Zwigge freuen.

Allerdings darf bei jenen brisanten Spielen in Zukunft nicht so gemütlich zum Bahnhof geschlendert werden wie in Greifswald. Dass der BFC Dynamo in der Region Nordost generell wieder mehr in den Fokus der jeweiligen Szenen rückte, war unter anderen auf der Rückfahrt nach Berlin-Lichtenberg zu sehen, als unbekannte Täter Gegenstände auf den vorbeifahrenden Sonderzug warfen bzw. schossen. Zwei Scheiben wurden von Stahlkugeln durchschlagen. Glücklicherweise wurde niemand verletzt. Blaue Farbspuren an der Außenseite der Waggons deuteten darauf hin, dass die Übeltäter mit dem FC Hansa Rostock sympathisieren. Auf einen Sonderzug fliegende Gegenstände? In diesem Zusammenhang fällt mir immer eine Fahrt mit Bayer 04 Leverkusen zum PSV Eindhoven ein, als im Herbst 1994 bei der Rückfahrt der Zug auf einem Vorortbahnhof von niederländischen Hooligans mit Steinen und Leuchtkugeln angegriffen wurde. Womit wir wieder hervorragend den Bogen zurück in die 90er Jahre schlagen können ...

1991/92:
Spannender Fußballalltag in NRW

6:1 gegen die SG Wattenscheid 09 und 3:1 gegen die Stuttgarter Kickers. Die Pillendreher aus Leverkusen ließen es im Dezember 1991 kurz vor dem Jahresabschluss vor jeweils knapp über 8.000 Zuschauern noch einmal richtig krachen. Allein „Oh la la, wie haben einen Kirsten, oh la la, Kirsten wunderbar" konnte vier Buden machen. Sechs Tage vor Heiligabend trat zudem die deutsche Nationalmannschaft im Ulrich-Haberland-Stadion zum EM-Qualifikationsspiel gegen Luxemburg an. 17,50 Deutsche Mark mussten für einen Stehplatz im Block G hingeblättert werden, 50 Pfennige gingen direkt an die Sepp-Herberger-Stiftung. Fritzchen mit Ball und Tintenklecks zeigte auf der hellgrünen Eintrittskarte an: Fair play bitte! Interessant auch die Information auf der Rückseite. Ohne zusätzliche Mehrkosten genoss man als Fußballfan vom Betreten bis zum Verlassen des Stadions einen doppelten Versicherungsschutz einer Hamburger Versicherungsgruppe. Hätte einen ein Hooligan zum

Vollinvaliden getreten, wären bis zu 40.000 DM Versicherungssumme möglich gewesen. Im Todesfall hätte die Versicherung 10.000 DM an die Verbliebenen gezahlt. Parallel dazu hatte der Stadionbesucher automatisch eine Rechtsschutz-Versicherung. Rechtskosten bis zu 50.000 DM zur „kostenlosen Durchsetzung Ihrer Schadensersatzansprüche, zum Beispiel gegen Rowdies" waren in dieser abgedeckt. Apropos. Gleiches galt damals im Rahmen der DFB-Pokalendspiele.

Matthäus & Co. ließen indes gegen Luxemburg nichts anbrennen und gewannen locker mit 4:0. Buchwald, Hässler, Matthäus und Riedle machten die Tore, die Teilnahme an der Europameisterschaft 1992 in Schweden war gesichert. Da Bayer 04 mit 25:19 Punkten in der Bundesliga mit fünf Punkten Rückstand auf Tabellenführer Borussia Dortmund noch ganz gut im Titelrennen war, konnte ich also entspannt in den Weihnachtsurlaub nach Berlin düsen. Wobei der

Begriff ‚düsen' nicht angebracht war. Was für eine Katastrophe auf der Autobahn! Warum ließ ich mich dazu überreden, mit in diesen kleinen Fiat zu steigen? Baustelle an Baustelle. Stau ohne Ende. Irgendwann gegen drei Uhr Nacht erreichten wir die Hauptstadt. Weihnachten mit der Familie, den Rest der Tage mit den Freunden. Inklusive einer ausschweifenden Silvesterparty, bei der ich Raketen nicht in die Luft, sondern quer über die Straßen abfeuerte. Ich fühlte mich euphorisch und hieß das Jahr 1992 herzlich willkommen!

Nach einem Hoch folgt bekanntlich in der Regel ein Tief. Das Loch, in das ich zum Jahresbeginn fiel, war tief. Typisch Rheinländisches Schmuddelwetter, eine permanent Stress verursachende Wohnheimleitung und kein Fußball bis zum 9. Februar. Zudem war in der Ausbildung ordentlich Alarm angesagt. Da ich im ersten Lehrjahr in der Chaotentruppe in Berlin so gut wie gar nichts gelernt hatte, was auch nur irgendwie mit Platinen und elektrischen Schaltungen zu tun hat, musste ich in den Ausbildungsräumen der Bayer AG ordentlich ranklotzen und Stoff nachholen. Die Ausbilder hatten anfangs reichlich Geduld und setzten mich ab und an in einen separaten Raum, in dem ich Hefter und Bücher studieren konnte, während die anderen Azubis schon mal fleißig die Patinen mit Widerständen und Kondensatoren bestückten. Es kam jedoch der Tag X, an dem mir klar gesagt wurde, dass ich ab nun keinen Welpenschutz mehr genießen würde. Mit gemischten Gefühlen stieg ich morgens in Schlebusch in den 208er Bus. Nebel und Nieselregen. Am Ende der Hauptstraße tauchte das riesige Bayerkreuz in der grauen Suppe auf. Blaumann und Sicherheitsschuhe an. Ran ans Tageswerk. Zum Frühstück an einen Imbisswagen. Müller-Schokomilch und Mett-Brötchen waren bei den Azubis der Renner. Hinein in den schmuddeligen Aufenthaltsraum mit den langen Glasfassaden, den Müll vom Vorgänger vom Tisch geschoben, die Beine hochgelegt und die erstbeste rumliegende BILD oder Express gegriffen.

Sportteil auf, der Rest war eh nur Quark. Wie schaut's aus unter dem Kreuz und am Geißbockheim? Die Mehrheit drückte ganz klar dem FC die Daumen. Dass ich als Berliner sogleich in den C-Block marschierte, blieb bei den neuen Kumpels nicht unkommentiert.

+++ Leverkusener vor dem Frankenstadion (1992) +++

Die verbleibenden Tage bis zum Auswärtsspiel im Wedau-Stadion wurden heruntergezählt. Als es am Nachmittag des 9. Februar 1992 endlich mit dem Sonderzug von Leverkusen-Mitte aus losging, war die Welt wieder in Ordnung. Die ersten beiden Touren nach Bochum und Gladbach hatten Lust auf mehr gemacht – von den Knüppelschlägen und dem gezogenen Schal mal abgesehen. Beim Auftritt in Duisburg handelte es sich am Sonntag um die letzte Partie des 23. Spieltages der aufgrund der Aufstockung durch Hansa Rostock und Dynamo Dresden überdurchschnittlich langen Saison. Frankfurt, Dortmund und Kaiserslautern hatten allesamt remis gespielt und somit konnte Bayer 04 Boden gutmachen und das Feld von hinten aufrollen. Am Rande: Der FC Bayern München spielte eine üble Saison, geriet fast in Abstiegsgefahr und war zu jener Zeit nur auf Rang elf zu finden.

Schätzungsweise rund 500 Gästefans hatten sich zum Anpfiff um 18 Uhr im windigen Wedau-Stadion eingefunden. Insgesamt 18.000 Zuschauer sorgten für eine durchaus eine passable Kulisse. Bemerkenswert fand ich, dass im Duisburger Stadion – wie auch auf dem Bökelberg – meist die Fahnen nur hoch gehalten werden mussten. Die Brise sorgte dafür, dass diese hübsch flatterten, ja manchmal im Wind zu stehen schienen. Wie die weltberühmte US-Flagge auf dem Mond. Dazu der Fangesang der Heimkurve, der vom wechselnden Wind in unterschiedlicher Intensität über das Spielfeld getragen wurde. Die krächzende Stimme des Stadionsprechers, die penetrante „Käääärcher"-Werbung, das „Zebrastreifen weiß und blau, ein jeder weiß es ganz genau: Das ist der M-S-V!" sowie die flache, zugige Gästekurve – unter dem Strich ist dies die Essenz des Spiels, das 22 Jahre zurückliegt. Nicht einmal der Jubel blieb in Erinnerung. Vom Spielgeschehen ganz zu schweigen. Thom und Jorginho hatten zwei Tore gemacht, der zwischenzeitliche Ausgleich von Nijhuis war aus Heimsicht zu wenig. Bayers Rückstand auf die Dortmunder Borussen: Nun nur noch vier Punkte. Karsten und ich waren im Meisterfieber. Alles oder nichts. Es schien, als würde es nur diese eine Saison geben. Das nächste Heimspiel gegen den Karlsruher SC war eh gebongt, doch auch beim Auswärtsspiel in Bremen wollten wir unbedingt dabei sein. Beim Heimspiel gegen den KSC besorgten wir uns am C-Block beim damaligen Fanbeauftragten Peter Bode die Tickets für den geplanten Sonderbus. Doch bevor an der Weser die Punkte eingefahren werden sollten, galt es Karlsruhe zu schlagen. Und die Jungs von Trainer Winnie Schäfer erwiesen sich als zäher Gegner. Auf dem Rasen ging es gut zur Sache, lange konnte der KSC ein Gegentor verhindern. Als in der 61. Minute der KSC-Spieler Srecko Bogdan mit Rot vom Platz musste, war Winnie kaum noch zu halten. Er tobte und tanzte wie ein Rumpelstielzchen und auch der heimische C-Block war außer Rand und Band. Wenig später rannte Winnie quer über den Platz, weil ein Karlsruher nach einem Gerangel am Boden liegen blieb. Direkt vor dem Block der Bayer-Fans. „Schäfer raus! Schäfer raus!" Der KSC-Trainer wurde in jenem Moment zum roten Tuch. Mittmachquote im C-Block:

Fast 100 Prozent. Der Mob tobte, war außer sich. Das „Schäfer raus!" war einer der emotionalsten und zugleich hasserfülltesten Schlachtrufe, welchen ich all die Jahre in einem Stadion gehört hatte. Nicht dass es zehntausende gebrüllt haben, doch die Intensität war einfach der Hammer. Aufgeputscht. In Gedanken bereit, dem Typen mit der Löwenmähne und der albernen hellen Jacke paar vor den Latz zu hauen. Winnie Schäfer musste selbst überrascht gewesen, wie der C-Block abging. Und das in einem Stadion, in dem sich gerade mal knapp 9.000 Zuschauer verloren. Er zeigte den Fans einen Vogel und machte kehrt. Die Zornesadern manch eines Fans drohten nun zu platzen. Meine ganz gewiss auch. Macht ihn fertig, diese Sau! Eine martialisch tobende Meute, die dem Publikum im alten Rom alle Ehre gemacht hätte. Daumen nach unten. „Schäfer, du Arschloch!", hallte es nun über den Platz.

Dem KSC musste nun der Dolchstoß verpasst werden. Allein des Trainers wegen. Und der Fußballgott hatte es gut gemeint mit dem Bayer-Volk. Ulf Kirsten mit einem Doppelschlag in der 71. und 75. Minute. Was für eine Genugtuung! Einfach im siebten Himmel. Die Stimme war weg, die Haare waren schweißnass. Rein in den Bus, ab ins Wohnheim und im Gemeinschaftsraum die Zusammenfassungen geguckt.

+++ Kontrolliertes Abbrennen im C-Block +++

Auf nach Bremen! Am Freitag etwas früher Schluss gemacht und fix zum vereinbarten Treffpunkt gegenüber des Stadions auf dem Parkplatz an der Wilhelm-Dopatka-Halle gedüst. Überaus ernüchternd war, dass wirklich nur ein einziger Reisebus gechartert wurde. Zusammen mit den Autofahrern verloren sich gerade einmal einhundert Bayer-04-Anhänger im Gästebereich des Weserstadions. Da jedoch dieser kurzfristig vom SV Werder in Richtung Gegengerade verlegt wurde, mussten die beiden mitgereisten Fan-Polizisten (ja, so etwas gab es damals) helfen und die Ankömmlinge zum richtigen Eingang führen. Das Spiel lief bereits, als ich endlich mit Karsten den Blick in das weite Rund werfen konnte. Die Augen schweiften noch neugierig die Ränge entlang, als rings um uns herum die Zuschauer aufsprangen. 1:0 für Werder nach zehn Minuten, erzielt von Thorsten Legat. Inmitten der eh schon wenigen Gästefans fühlte man sich nun noch einsamer. Die Flutlichtmasten, der dunkle Abendhimmel, die fremde Umgebung, der Torjubel. Nur sieben Minuten später war jedoch Ulf Kirsten zur Stelle, der nach Vorarbeit durch Kumpel Andy Thom den Ausgleich klarmachte. Und wieder solch eine emotionale Eruption! Gesprungen, gejubelt, sich nicht mehr eingekriegt. Am Ende konnte der eine Punkt von der Weser mitgenommen werden, Bayer 04 blieb im Meisterschaftsrennen.

Den Februar 1992 abrunden sollte das Heimspiel gegen den FC Hansa Rostock. Gegen den Bundesliga-Frischling kamen mehr Zuschauer als zuletzt gegen Karlsruhe, Wattenscheid und die Stuttgarter Kickers und für reges Interesse sorgten im Sitzplatzbereich hinter dem Tor ein paar neue Gesichter. Eine Gruppe BFC-Fans war aus Berlin angereist, um gemeinsam mit den sportlich motivierten Leverkusener Jungs zu feiern und das Duell gegen den einstigen DDR-Oberliga-Kontrahenten zu sehen. Mitte der ersten Halbzeit nahmen sie zusammen Aufstellung, hoben die Arme und ließen ein kraftvolles „Hoo-liii-gaans!" verlauten. Pfiffe aus dem C-Block. Fragende Blicke. Die meisten

wussten nicht, was für Typen dort mit den heimischen Hools zugange waren. „Wir woll'n keine Hooligans!", rief der aktive Kern der Bayer-Fanszene den sportlich Gekleideten nebenan im Sitzplatzbereich zu. Ich enthielt mich der Stimme und freute mich stattdessen über den aufregenden Besuch aus meiner Heimatstadt. FC Berlin bzw. BFC Dynamo?! Muss ich unbedingt mal hin, wenn ich an einem Wochenende zu Hause bin!

Und das Spiel? Der FC Hansa Rostock hatte an jenem Tag nicht viel zu melden. Foda, Kirsten und Thom lochten ein – am Ende war ein 3:0 auf der Anzeigetafel zu lesen. Nur noch drei Punkte Rückstand auf den Tabellenführer aus dem Westfalenstadion.

Nach den zwei Siegen gegen den FC Schalke 04 und den VfL Bochum sollte es richtig knackig werden. Innerhalb von vier Tagen standen die Auswärtsspiele in Köln-Müngersdorf und auf dem Bökelberg (DFB-Pokalhalbfinale) auf dem Programm. „Mehr als 2.000 Schlachtenbummler unterstützten die Profis mit Herz in Köln ..." So war es später im Stadionkurier zu lesen. Über das ‚Profis mit Herz' hatten Karsten und ich damals gut abgefeiert. Zwar waren wir zu jener Zeit dem Werksverein völlig verfallen, doch solch ein Bullshit-Begriff wirkte einfach albern und passte überhaupt nicht in die ansonsten eher rau daherkommende Fußballwelt der 90er Jahre. Allerdings sei fairerweise an dieser Stelle betont, dass einige Spieler des damaligen Lizenzkaders in der Tat überaus sympathisch waren. Jorginho, Thom, Kirsten, Nehl und Vollborn. Dass jedoch nur mit Herz gespielt wurde, erschien mir unlogisch. Die Knete war auch unter dem Bayerkreuz die Haupttriebfeder. Über die hohen Gehälter der Fußballer konnte ich einfach nur staunen. Vor allem, wenn ich im Vergleich dazu im Wohnheim am Freitagabend in die bereits erwähnte traurige Fresstüte für das kommende Wochenende schaute. Nach Abzug der recht hohen Miete, des Monatstikkets, der Essensmarken für die Bayer-Kantine und den Kosten für eine Heimfahrt im Monat blieb vom im Prinzip recht üppigen Ausbildungsgehalt nicht allzu viel übrig. Fertigsuppen, Nudeln und löslicher Krümeltee vom Discounter ergänzten den Speiseplan.

Sei, wie es sei. Für die eine oder andere Fußballtour war stets das nötige Kleingeld übrig, zumal die damaligen Eintrittspreise wirklich erschwinglich waren! Gerade einmal fünf Deutsche Mark kostete das ermäßigte Ticket im Gästebereich des Müngersdorfer Stadions. Hätte ich am 4. April 1992 ahnen können, dass ich im Laufe der kommenden zwei, drei Jahre geschätzte zwanzig Mal im Gästeblock stehen würde? Die volle Palette von Gladbach und Dortmund bis hin zu Schalke und Bayern München. Ich glaube, ich habe sie alle gesehen. Die ganzen Bundesligisten mit ihren Auswärtsfans in Köln. Nein, konnte ich nicht ahnen. Wie auch? Der Blick über den Tellerrand nahm erst in der kommenden Saison an Reichweite zu, der entscheidende Knackpunkt folgte erst nach den beiden Partien in Köln und Gladbach.

Faszination Köln-Müngersdorf. Die Betonschüssel mit zwei Rängen, einer Rundlaufbahn, wuchtigen Flutlichtmasten und einem Graben. Eine Südkurve, in der die ‚normalen‘ Kölner Fans standen. Der Block 38 schräg über dem Gästebereich, in dem die wirklich beachtliche Kölner Hool-Fraktion zu finden war. Und nicht zu vergessen die ‚Boxwiese‘, über die man bekanntlich heute noch zur Straßenbahn läuft. Köln war anders, Köln war geil. Auch wenn ich den Verein zu jenem Zeitpunkt hasste wie die Pest. Egal! Umso besser! Optimale Voraussetzungen für einen aufregenden Fußballnachmittag! 23.000 Zuschauer wollten das Rheinische Duell am 4. April 1992 sehen. Die FC-Fans trieben ihr Team nach vorn. Mitunter konnte es in der Schüssel richtig laut werden. Bereits nach nicht einmal zehn Minuten schlug der von Giske geschossene Ball im Tor von Vollborn ein. Das Desaster drohte. Köln machte richtig Alarm und ich fragte mich allen Ernstes, wie man hier als Gastmannschaft bestehen

könne. Eine derbe Klatsche war in meinen Augen nur die allzu logische Konsequenz des Ganzen. Ordenewitz, Fuchs, Steinmann, Greiner und Trulsen ließen sich von den Fans nach vorn tragen. Aus dem dortigen tiefen Blickwinkel wirkte ein Spiel in Müngersdorf schneller als anderswo. Wirkte. Genau! Bayer 04 spielte nämlich auch noch mit und machte Dank Jupp Nehl in der 70. Minute den Ausgleich klar. Dass ‚Otze‘ zehn Minuten zuvor mit Gelb-Rot vom Platz musste, machte die Sache aus Sicht der Pillendreher rund.

+++ Im Gästeblock des Müngersdorfer Stadions +++

Wir sind gerade im Jahr 1992 und bis 2014 sind es noch viele Buchseiten. Und trotzdem sind wir beim für mich bittersten Fußballspiel meines Lebens. Rein sportlich betrachtet. Und jenes war: Das DFB-Pokal-halbfinale auf dem Bökelberg am Abend des 4. April 1992. Ein schwere Aufgabe, aber sicherlich machbar. 4.500 Bayer-Fans hatten sich im Vorfeld der Partie mit einem Ticket versorgt. Anspannung und Vorfreude waren kaum auszuhalten. Noch ein Sieg, dann würde Bayer 04 in Berlin spielen. In meiner Heimatstadt! Ich malte mir aus, wie ich all meine Freunde mit Final-Karten eindecken würde. Wie ich mit ihnen auf dem Ku'damm den möglichen Erfolg feiern werde.

Eingesetzt wurde wieder ein Sonderzug, in dem rund 1.000 Fans Platz hatten. Der Rest kam mit den regulären Nahverkehrszügen und mit dem Auto. Da nach dem Ausbildungsunterricht alles fix gehen musste, wurden Fahne und Schal bereits morgens in den Spind gepackt. Meine Kumpels feixten ordentlich, als sie das Stück Stoff mit dem Bayer-Kreuz sahen. „Na, lass mal gut sein! Viel Glück heut Abend!", gab es dann doch mit auf den Weg.

Die Stimmung kochte im mit 34.000 Zuschauern restlos ausverkauften Stadion. Mist, wieder das gleiche Gefühl wie in Köln. Wie soll man hier bestehen? Der dieses Mal prächtig gefüllte Gästebereich machte jedoch Hoffnung. Und siehe da, in der 51. Minute schien Ulf Kirsten den Weg nach Berlin zu ebnen. Nur neun Minuten später die Ernüchterung. Thomas Kastenmaier erzielte den Ausgleich und ließ die VfL-Fans kollektiv vor Freude ausrasten. Oh meine Güte, und dann das noch! Kaum den Ausgleich hingenommen, da sah Franco Foda seine zweite gelbe Karte der Partie. Shit, das war's dann wohl. Zumal Gladbach beflügelt vom brodelnden Hexenkessel nun nach vorne stürmte und die Entscheidung noch vor Ablauf der regulären Spielzeit suchte. Bayer konnte jedoch das 1:1 in die Verlängerung bringen. Kaum fing diese an, schoss Hans-Jörg Kriens prompt die Gladbacher in den

siebten Himmel. Leverkusen verkaufte sich allerdings gut und spielte in Unterzahl hervorragend mit. Ein offener Schlagabtausch in der Schlussphase der hochspannenden Partie. Hoffen, bibbern, schreien, klatschen! Ja, auch beten. Mit Erfolg. In der 119. Minute konnte Andreas Thom den Ball im Gehäuse von Uwe Kamps unterbringen. Es wäre müßig, diese Jubelorgie zu beschreiben. Außer sich vor Freude taumelten die Fans die steilen Stufen hinab. Was für ein Wechselbad der Gefühle, welches nun im Elfmeterschießen ein desaströses Ende fand. Um es kurz zu fassen: Kein einziger Leverkusener Schuss fand beim Elfmeterschießen den Weg in die Maschen. Jorginho, Herrlich, Lupescu und Kree – allesamt fanden bei Uwe Kamps ihren Meister. Zwei Schüsse ins Schwarze genügten den Gladbachern im Elfmeterschießen, um ein zig tausendfaches „Berlin, Berlin, wir fahren nach Berlin!" ertönen zu lassen. Man hätte heulen können. Und ja, ich hatte geheult. Wenn auch innerlich.

Nach den Bundesligaspielen gegen den 1. FC Kaiserslautern (3:0) und Eintracht Frankfurt (1:3) vor jeweils passabler Kulisse ging es am 1. Mai 1992 nach Nürnberg. Tabellensechster gegen Tabellenvierter – ein rappelvolles ‚Schmuckkästchen' namens Frankenstadion war garantiert. Durchaus heiß auf diese Partie waren auch die Bayer-Fans, doch bei dem auf Freitagabend gelegten Spiel war klar, dass sich nicht allzu viele Leverkusener auf den 420 Kilometer langen Weg machen würden. Zwei große Reisebusse wurden gechartert, dazu ein Minibus. Auf dem Parkplatz vor der Dopatka-Halle rollten jedoch nur ein Bus und der Minibus vor. Der zweite würde gewiss gleich kommen, ließ der damalige Fanbeauftragte verlauten. Gewiss gleich kommen? Mit dem Herrn hatten wir bereits ein paar Erfahrungen gemacht, also fackelten Karsten und ich nicht lange und drängten in den großen Bus. Das kleine Fahrzeug stand nur persönlichen Freunden zur Verfügung. Die restlichen Fans blieben auf dem Parkplatz stehen und hatten an diesem Tag nicht mehr das Frankenstadion zu Gesicht bekommen. Vom zwei-

ten Bus war keine Spur. Man munkelte, er wurde erst gar nicht gebucht. Und der Bus, in dem wir saßen? Dieser spottete jeder Beschreibung. Scheinbar soeben vom Schrottplatz geholt und für diesen Fußballtrip reaktiviert. Als Fußballfan der frühen 90er war man ziemlich schmerzfrei, was Sonderzüge und Fanbusse betraf, doch dieses Vehikel ließ selbst die unerschrockenen Allesfahrer die Augenbrauen hochziehen. Klappernd, stinkend und mit mäßigem Tempo tuckerte der Bus die A3 entlang. Die hintere Scheibe war nicht mehr vorhanden, so zog es im Innern folglich wie Hechtsuppe. Um die Fahrt ein wenig erträglicher zu machen, spannten ein paar ältere Haudegen ihre Fanclubfahne über die klaffende Öffnung. Von außen betrachtet bot sich nun ein Anblick, der jedem Streifen à la ,Football Factory' alle Ehre machen würde. Jede Anfahrt auf einem Rastplatz oder einer Tankstelle (gefühlt waren es mehr als zehn) wurde zum Erlebnis für sich. Erschrockene und erstaunte Gesichter an jeder Ecke. Dank der arg eingeschränkten Höchstgeschwindigkeit wurde das Nürnberger Frankenstadion erst kurz vor Anpfiff erreicht.

Während wir noch im Bus saßen und auf Anweisungen warteten, brodelte es bereits auf den Rängen. In der Magengegend rumorte es gewaltig. Vorfreude und Ungewissheit. Sportlich stand schließlich einiges auf dem Spiel. Irritierte Gesichter bei den Leverkusener Schlachtenbummlern beim Betreten des ,Gästebereichs'. Das Spiel sollte in fünf Minuten beginnen und man konnte diesen Block einfach nicht betreten. Er war rappelvoll – und zwar mit Fans des 1. FC Nürnberg. Ein Blick auf das Ticket. Ein Blick auf den Blockzugang. Theoretisch hatte alles seine Richtigkeit. Nur mit Mühe war es möglich, zwischen all den Franken ein Stehplätzchen zu finden. Hierbei muss betont werden, dass vor zwanzig Jahren eine weitaus größere Dichte auf den Stehrängen herrschte. Zum einen wurden mehr Zuschauer zugelassen, zum anderen hatte man des Öfteren das Gefühl, dass bei Spitzenspielen schon mal ein Auge zugedrückt wurde.

+++ Pyroshow im Nürnberger Frankenstadion (1992) +++

„Leeee-veeer-kuuuuusen!" Zwischen all den Glubb-Fans versuchten ein paar Unerschrockene ein Liedchen anzustimmen. Völlig absurd. Es war, als würde in einer Maschinenhalle von MAN eine Pille auf den Boden fallen. Kaum hatte man eine Nische zum Stehen gefunden, liefen die beiden Mannschaften ein und gegenüber vor der Nürnberger Fankurve wurden zahlreiche Bengalische Fackeln gezündet. Kontrolliert, genehmigt – und einfach hübsch anzusehen. Rund zwanzig rote Fackeln in einer Reihe läuteten den Kampf um die vorderen Plätze der Bundesliga ein.

Ein enormer Lärmpegel machte das Stadion zum Tollhaus. Die Werkself erstarrte wie ein Kaninchen vor der Schlange und spielte gelähmt. Ulf Kirsten, Andreas Thom, Ioan Lupescu, Jupp Nehl, Andrzej Buncol, Markus Happe, Martin Kree, Jürgen Radschuweit, Christian Wörns und auch Jorginho konnten nicht in gewohnter Form auflaufen. Allein Torhüter Rüdiger Vollborn zeigte Normalform und bewahrte sein Team lange Zeit vor einem Rückstand. Machtlos war er schließlich in der 57. Minute, als Martin Wagner den Treffer des Tages erzielte. Das mit dem sicheren Stadionerlebnis war nun so eine Sache, denn der Mob war außer sich vor Freude. Tausende jubelnde Fans. Auch im eigentlichen Gästeblock. Wie Wellenbrecher inmitten der Pulks verharrten reglos die rund zweihundert mit Bus und eigenem PKW angereisten Bayer-Fans. Eine schmerzliche Erfahrung, die tosende Freude nur Zentimeter entfernt rings um sich herum fühlen zu müssen.

Zeit für einen frustgeladenen Amoklauf? Eher machten sich Hilflosigkeit und pure Enttäuschung breit. Nürnberg brachte das 1:0 über die Zeit und rückte zu Leverkusen auf.

Nach der Rückkehr im Ausbildungswohnheim in Leverkusen-Schlebusch wurde das weinrotfarbene Büchlein aus der Schublade geholt und in jenes das Ergebnis im Nürnberger Frankenstadion notiert. Das Notizbuch mit dem Kunstleder-Einband hatte ich am ersten Tag meiner Ausbildung erhalten. Auf der Innenseite steht fett geschrieben: ‚Bayer AG, Lagernummer 9862160'. Die ersten Einträge: Arbeitszeiten, Unterrichtszeiten an der Berufsschule, wichtige Telefonnummern und Personalnummern. So endete damals die Arbeitszeit

in der Lehrwerkstatt pünktlich um 16.10 Uhr. Was folgte war der Kehrdienst. Fiel viel Schmutz an, so begann der Kehrdienst bereits um 16.05 Uhr. Um 16.25 Uhr wurde eingepackt, fünf Minuten später ging's ab nach Hause. Alles wurde fein säuberlich notiert. So mussten in der ersten Woche noch ein Vorhängeschloss für den Spind und zwei Druckbleistifte gekauft werden. HB und 2H. Nach drei Wochen endeten die ausbildungsbezogenen Einträge, stattdessen wurde alles festgehalten, was mit Fußball und dem ganzen Drumherum zu tun hatte. Mit der Auswärtsfahrt nach Bochum begann alles. Zudem wurden von mir die aktuellen Spielergebnisse aus der Heimat notiert. Was tut sich in Berlin? Was geht in Sachen Aufstieg? Und ich war erfreut. Ende September 1991 war Blau-Weiß

90 Berlin an der Tabellenspitze der zweiten Bundesliga Nord zu finden, gefolgt von Bayer 05 Uerdingen, Hannover 96 und Hertha BSC.

Am 7. Oktober 1991 ging es auf Klassenfahrt nach Düsseldorf. Keine Ahnung, was wir uns da angeschaut hatten. Um acht Uhr war Treffpunkt an der S-Bahnstation Bayerwerk. Für sechs DM hin, für sechs DM zurück. Die Sache wurde im weinroten Heftchen notiert. Dazu eine gemalte DDR-Fahne. „42 Jahre DDR. Ho ho ho". Auf der nächsten Seite kurioserweise ein „Cologne Hooligans", umringt von Machete, Baseballschläger, Pistole und Kette. Die Phantasie des Fußball-Frischlings wurde langsam aber sicher angeregt. Und dass bereits der Blick über den Tellerrand im Oktober 1991 geworfen wurde, beweisen die Notizen. „Basketball. Die Riesen vom Rhein besiegen Sofia. Gute Stimmung. Bayer 04 ist in der Europaliga." Eine prima

Angelegenheit war im Dezember jenes Jahres das Basketball-Duell Bayer 04 gegen Partizan Belgrad. Die mit 3.700 Zuschauern ordentlich gefüllte Dopatka-Halle kochte, die Leverkusener konnten gegen die Serben mit 80:73 die Oberhand halten. Noch war die Ära der riesigen, modernen Multifunktionsarenen noch nicht angebrochen. Die Halle von Bayer 04 gegenüber des Haberland-Stadions war damals eine echte Hausnummer. Und richtig die Post ab ging Mitte Januar 1992 beim EL-Match gegen Saloniki. Mit 126:80 wurden die Griechen abgekocht, die 4.500 Zuschauer waren aus dem Häuschen. Der Zuschauerrekord wurde am 20. Februar 1992 aufgestellt – und ich war dabei. Gegen Badalona drängten sich rund 5.000 Fans in die 70er-Jahre-Halle und feuerten die Jungs auf dem Parkett an. Von Stimmung durfte durchaus gesprochen werden. Kein Vergleich zu heute. Das war damals – zumindest im europäischen Wett-

+++ Ehemalige Dopatka-Halle in Leverkusen +++

bewerb – eine dufte Angelegenheit. Vom Basketball waren Karsten und ich dermaßen angetan, dass wir sogleich den Entschluss fassten, selber bei einem Verein zu trainieren. Sich fix umgehört und dann nichts wie hin mit dem Bus zu Fast Break Leverkusen. Die hatten damals noch Spieler gesucht und somit durften wir bei der B-Jugend auf Probe mit trainieren. Vorher noch schnell für 99 Deutsche Mark ein paar weiße Basketballschuhe von Adidas gekauft – und los ging's. Was für eine Idee! Zu DDR-Zeiten hatten wir an der POS nur Fußball, Handball und Brennball gespielt. Woher sollte ich daher das Talent haben, den Korb zu treffen? Hatte ich auch nicht. Aufgrund meiner Schnelligkeit und guten Fitness konnte ich das Desaster während des ersten und zweiten Trainings noch ganz gut kompensieren und überspielen. „Mensch, der hat ja echt einen guten Antritt!", ließ der Trainer verlauten. Und richtig, ich war der Schnellste beim Sprint in der Halle. Das war's dann aber auch. Bei den Trainingsübungen mit dem Ball verlor ich sofort den Überblick. Hier um die Kegel, dann zuspielen, Ball zurück, dribbeln, einmal quer und dann softe reinlegen. Ich verstand nur Bahnhof und verabschiedete mich sehr bald vom Traum eines Basketballprofis, der aus dem Nichts emporstieg. Bei Karsten ein ähnliches Szenario. Egal, die Adidas-Schuhe machten sich auch prima bei den Fußball-Auswärtsfahrten. Wenigstens nicht mehr die letzten Botten, sondern echte Markenschuhe. Zwar knöchelhoch, aber das juckte damals niemanden. Hosen drüber und gut war.

Eine weitere Sportart weckte mein Interesse. Während eines Heimataufenthalts in Berlin meinte mein früherer Schulfreund Nico zu mir: „Komm mal mit zum EHC Dynamo! Dort ist die Stimmung noch viel besser als beim Fußball! Wirste sehen!" Der EHC spielte 1991/92 in der zweiten Bundesliga und war auf dem besten Wege, ins Eishockey-Oberhaus aufzusteigen. Nico und seine Kumpels nahmen mich mit zum Heimspiel gegen Grefrath in den Wellblechpalast, der zu jener Zeit noch mehr Stehplätze hatte als zu späteren

DEL-Zeiten. Und Nico hatte recht, die Atmosphäre war grandios. Zwar war gegen Grefrath der ‚Welli' nicht voll, doch die rund 2.000 Fans sorgten für ordentliche Stimmung. Damals durfte noch auf den Rängen geraucht werden und die Typen mit den Dynamo-Schals spielten in einer eigenen Liga. Ich zeigte mich zwar äußerlich unbeeindruckt und meinte nur: „Yow, ist schon nicht schlecht, doch beim Fußball geht's mehr ab!", doch innerlich war ich Feuer und Flamme. „Dy-na-mo!" Was für ein geiler Scheiß! Als tausendfach der Schlachtruf in der Wellblechhütte ertönte, kroch ein erstes Tränchen aus den Augenwinkeln. Es sollte nicht das einzige Mal sein, dass beim Eishockey und vor allem beim Fußball die Augen feucht wurden. Wird die Stimmung brachial, muss ich vor Rührung und Faszination heulen. Das ist noch heute so, wenn gleich es seltener vorkommt. Die Partie gegen Grefrath konnte locker gewonnen werden, ein weiterer Schritt in Richtung Aufstieg wurde getan. Am Ende der Saison stieg der EHC Dynamo in der Tat in die erste Liga auf und spielte dort fortan als EHC Eisbären Berlin.

+++ Wegweiser in Leverkusen +++

Zurück zum weinroten Heftchen. Zum Ende der Saison 1991/92, das zugleich mein erstes Jahr im Rheinland war, war dieses gefüllt mit Einträgen über Berlin-Fahrten, Fußballspiele und andere Randepisoden. Das eine oder andere wehmütige Sätzchen wurde auch für meine beste Schulfreundin, die zugleich meine erste große Liebe war, verfasst. Während ich von

Ostberlin nach Leverkusen zog, hatte sie ihr neues Quartier im Süden des Landes aufgeschlagen. Sich in Berlin zu sehen, war ab nun fast nur noch zu den großen Feiertagen möglich. Ein Ferntelefonat kostete mal schnell um die zehn Mark, einen E-Mail-Verkehr gab es bekanntlich noch nicht, und somit blieb praktisch nur das Briefeschreiben. Und hier galt: Die Deutsche Post war damals noch nicht ganz so schnell wie heute. Zu einer einsamen Abendstunde, wenn das Adrenalin der letzten Sportveranstaltung langsam abgebaut wurde und wieder Ruhe im Körper einkehrte, musste das Heft für den einen oder anderen melancholischen Satz herhalten.

+++ Im Gästeblock des Müngersdorfer Stadions +++

Kurz und knapp wurde indes das Fußballspiel 1. FC Köln gegen FC Hansa Rostock festgehalten. „3:1. Viele Faxen. Spaßig." Mehr als zwei Zahlen und drei Wörter war diese Bundesligapartie durchaus wert. Kaum ein Spiel aus jener Zeit hatte sich so fest eingebrannt wie jener Auftritt des letzten Meisters der DDR-Oberliga im Müngersdorfer Stadion. Karsten und ich kauften an der Kasse für jeweils fünf Deutsche Mark eine ermäßigte Karte und fanden uns kurz vor Spielbeginn im Gästeblock wieder. Wie viele Rostocker vor Ort waren, ist schwer zu sagen. Der Grund: Der Gästebereich der Kölner Betonschüssel war sehr langgezogen. So machte es optisch kaum einen Unterschied, ob dort 150 oder 250 verteilt standen. Fest steht, groß war der Rostocker Haufen nicht. Generell wurde man damals in der Bundesliga von den angereisten Fans aus Dresden und Rostock enttäuscht. Viele hatten sich nicht auf den Weg gemacht und man mochte es kaum glauben, dass es sich hierbei um Klubs mit großer, leidenschaftlicher Anhängerschaft handelte. Später wendete sich bekanntlich das Blatt und beide Vereine wurden berühmt berüchtigt für ihre knackige, gesang- und pyrofreudige Reisegesellschaft. Beim Rostocker Auswärtsspiel am 2. Mai 1992 waren vor allem Allesfahrer und angetrunkene Kuttenträger am Start. Schmuddeliger Jeansstoff so weit das Auge reichte. Die Hose hübsch auf Anschlag hochgezogen. Gut möglich, dass paar Hanseaten auch die extrem kurz geschnittenen DDR-Jeansshorts anhatten. Genau jene, die manch ein Papa auf dem Zeltplatz anhatte. Ja, genau jene, an denen seitlich die Eier halb raushingen. Dass in Bezug auf die Rostocker Fans vor allem die Kleidung im Geiste fest verankert blieb, hatte seinen guten Grund. Der ordentlich angetrunkene Rostocker Mob feierte im Gästeblock ordentlich ab und provozierte die im Block 38 sitzenden Kölner Hools auf Teufel komm raus. So, als wenn es kein Morgen geben würde. Oder besser gesagt: Kein Stelldichein nach dem Spiel. Der berühmte Block 38 befand sich direkt über dem Gästeblock, eine Trennung vor dem Stadion fand nicht statt. Erst später mussten die Kölner Jungs oben ein Stück weiter rücken, und ein Trennzaun sorgte für etwas mehr Sicherheit. Den Rostockern schien die Anwesenheit der Kölner old-school-Garde kein Grund für Besorgnis zu sein. In einer Tour wurde nach oben gewunken, der Stinkefinger gezeigt und munter gepöbelt. Auf dem Oberrang quittierte man das Ganze mit einem Grinsen und eindeutigen Gesten. Nach dem Spiel würde es hübsch auf die Fresse geben – das war eigentlich jedem im Stadion klar. Nur den Hansa-Fans nicht. Ihr Team verlor auf dem Rasen 1:3, in Folge dessen wurde noch ein Schippchen draufgelegt. Ein Rostocker im mittleren Alter zog seine Jeans runter und zeigte den Kölner Hools mal eben sein bestes Stück. Wie in einem schlechten Film wedelte er mit seiner Fleischpeitsche und brachte den Block zum Jodeln. Ich war ein wenig irritiert über so viel Dreistigkeit. In der Magengegend grummelte es zunehmend. Das konnte draußen nur ein böses Ende geben. Auf die kurze Distanz zwischen Block 38 und Unterrang konnte man die Gesichter genau erkennen und die Kölner schienen sich bereits, einzelne im Gästeblock stehende Fans gezielt auszusuchen.

Mit überaus mulmigem Gefühl verließen wir gemeinsam mit den anderen Rostockern das Stadion. Dass dort bereits die Kölner Jungs standen, versteht sich von selbst. Noch grinsten sie den Gästefans zu und nickten leicht mit den Köpfen. Karsten und ich trennten uns von der Rostocker Reisegruppe und liefen über die sogenannte Boxwiese in Richtung Straßenbahn. Die Rostocker drehten am Stadion leicht orientierungslos eine Runde am Müngersdorfer Stadion und liefen direkt an der Kölner Südkurve vorbei. Wie uns am nächsten Morgen in der Ausbildungswerkstatt zugetragen wurde, gab es dort für die Rostocker noch mächtig vor die Kiemen.

Das nächste Highlight und zugleich nächste Aha-Erlebnis ließ nicht lange auf sich warten. Nachdem unter der Woche Bayer 04 den FC Bayern München,

der 1991/92 eine miserable Saison gespielt hatte, vor rund 19.000 Zuschauern problemlos mit 2:1 schlagen konnte, stand am Samstag, den 9. Mai 1992 das Auswärtsspiel bei Borussia Dortmund auf dem Programm. Von Leverkusen Mitte aus ging es mit dem Sonderzug direkt zum Westfalenstadion. Sicherlich waren es über 1.000 Leverkusener, welche die Werkself unterstützten, doch gingen diese zwischen den 54.000 Zuschauern völlig unter. Zumal für die Gästefans auf der Nordtribüne kein eigener Block freigehalten wurde. Bayer-Fans standen dort gemeinsam mit Dortmundern. Ein Zustand, der nicht gerade förderlich für die Stimmung beim Gästeanhang war. Man fühlte sich von den schwarz-gelben Massen ringsherum förmlich erschlagen. Der eigene Support wurde im Keim erstickt. Das „Bayer! Bayer!" konnte man sich an jenem Nachmittag wirklich knicken. Das Dortmunder Publikum war im Meisterfieber. Der Titel war in Reichweite, und nicht nur die Südtribüne war in Wallung. Bereits bei Anpfiff erreichte die Stimmung ihren ersten Siedepunkt. Bengalos wurden gezündet, ein tausendfaches „Heja BVB!" schallte durch das Stadion. Gänsehaut auf meinem Rücken, ich senkte die mitgebrachte Bayer-Fahne. Ich war fasziniert und deprimiert zugleich. Der BVB 09 brannte nicht nur auf den Rängen, sondern auch auf dem Rasen ein Feuerwerk ab. Mit Leidenschaft wurden die Pillendreher in den eigenen Strafraum gedrängt. Frust machte sich unter den Leverkusener Fußballfans breit.

+++ Dortmunder Südtribüne (1992) +++

Manche beschimpften die feiernden Dortmunder in ihrem Umkreis, andere kriegten sich untereinander in die Haare. Ein Bayer-Fan mit runder Nickelbrille, der von den anderen Johnnie Walker genannt wurde, bekam von einem seiner Kumpels eine blutige Nase verpasst. Völlig verstört sackte Johnnie zusammen und hielt mit seinen Händen das laufende Blut auf. Was für ein kranker Mist, dachte ich. Stehe ich überhaupt noch richtig? Ja, auch ich war zutiefst frustriert. Mit 1:3 ging das Spiel verloren. Stéphane Chapuisat, Knut Reinhardt und Flemming Povlsen hatten für eine Borussen-Party gesorgt, Jorginhos Anschlusstreffer in der 88. Minute war nur noch reine Ergebniskosmetik. Trotz des sportlich überaus enttäuschenden Nachmittags zog ich jedoch auch ein positives Fazit. Ich nahm mir vor, in der kommenden Saison das Ganze mal von der anderen Richtung aus anzuschauen. Die brodelnde Südtribüne hatte mein Interesse geweckt – und genau dort wollte ich einmal stehen. Im Block 13.

Saisonfinale. 9. Mai 1992. Während die Frankfurter Eintracht im Rostocker Ostseestadion und Borussia Dortmund im Duisburger Wedaustadion antreten mussten, lief der dritte Titelkandidat VfB Stuttgart beim TSV Bayer 04 auf. Ausverkauftes Ulrich-Haberland-Stadion, herrliches Sommerwetter, rund 10.000 VfB-Fans waren vor Ort und hofften darauf, dass ihre Mannschaft gewinnen und Frankfurt in Rostock Federn lassen möge. Dortmund musste indes darauf hoffen, dass Frankfurt und Stuttgart patzen. Allein die Eintracht konnte aus eigener Kraft die Meisterschaft gewinnen. Ein Sieg beim feststehenden Absteiger FC Hansa und alles wäre paletti. Für Bayer 04 war die Saison auch noch nicht gelaufen. Mit einem Sieg würde der UEFA-Cup-Platz im Fernduell mit dem 1. FC Köln gesichert werden. Und es schaute anfangs gut aus. In der 20. Minute erzielte Martin Kree per Strafstoß das 1:0 für die Werkself. Ernüchterung kurz vor der Pause. Wieder zeigte Schiedsrichter Hans-Peter Dellwing auf den Punkt. Dieses Mal für die

Gäste aus Schwaben. Fritz Walter nutzte die Gunst der Stunde und lochte zum 1:1 ein.

Frohlocken bei den Fans von Borussia Dortmund, die an jenem Tage die Däumchen den Leverkusenern und Rostockern drückten. Ende der zweiten Halbzeit war der BVB 09 noch Meister. Sowohl in Rostock, als auch in Leverkusen stand es 1:1, die Dortmunder führten indes beim MSV. Und dann kam die Schlussphase dieses denkwürdigen Spieltages. Im Rostocker Ostseestadion machte Stefan Böger vor 25.000 Zuschauern das 2:1 für den FC Hansa klar. Kollektives Entsetzen bei den Frankfurtern. Das war's! Und in Leverkusen? Fast zeitgleich setzte Abwehrspieler Guido Buchwald zum Kopfball an und lochte zum 2:1 für Stuttgart ein. Kaum ein anderes Tor blieb so fest im Gedächtnis verankert wie jenes, das nun bereits 22 Jahre zurückliegt. Die Spielszene hat sich im Kopf eingebrannt. Ich könnte genau aufmalen, wie die Situation bei Buchwalds Treffer aussah. Ein Treffer ganz tief ins Mark. Ins Mark der Bayer-Fans, ins Mark der BVB-Fans. Die Frankfurter hatten sich ihre Sache selbst eingebrockt. Bei den Dortmundern hatte Leverkusen nun endgültig verkackt. Auf Schützenhilfe war einfach nicht Verlass. Keine Eier haben die vom Plastikklub. Ließen einen Abwehrspieler kurz vor dem Spielende einfach so einnetzen.

Es war ein mieser Nachmittag. Tausende VfB-Fans strömten nach Abpfiff auf den Rasen und feierten den Meistertitel. Immerhin etwas. Gleich im ersten Fußballjahr eine Meisterfeier hautnah mitzuerleben, hat schließlich auch viel Schönes. Kurzerhand riss ich ein Stück vom Rasen aus und nahm diesen mit auf mein Zimmer im Wohnheim. Dort pflanzte ich ihn in eine Blechschüssel, goss ihn jeden Abend und roch am satten Grün. Beim Ausreißen des Rasens musste ich meine Monatskarte verloren haben. Wenige Tage später lag diese im Briefkasten. Ein Stuttgarter hatte diese auf dem Platz gefunden und mir per Post zugeschickt. Mit beigelegt hatte er einen Zettel mit ein paar netten Worten. Er bedankte sich für die Gastfreundschaft und das gemeinsame Feiern der Meisterschaft. Nicht zu vergessen, zwischen den Fans des VfB und von Bayer 04 bestand damals eine recht feste Freundschaft. Diese war mir ziemlich schnurz, doch über diesen Brief zeigte ich mich dann doch sehr erfreut. Weniger erfreute mich die Tatsache, dass Jorginho am Ende der Saison Leverkusen verließ – und das, obwohl Reiner Calmund noch einmal seine berühmte Schatulle geöffnet und sein Angebot erhöht hatte. „Jorginho geht zu einem anderen Verein. Leider. 1,5

Millionen pro Jahr haben ihm nicht gereicht!", lautete mein trockener Kommentar in meinem Heftchen.

Eine Woche nach dem packenden Bundesligafinale wurde Hannover 96 im Berliner Olympiastadion DFB-Pokalsieger. Ein Spiel, das ich gemeinsam mit Karsten im Fernsehraum des Wohnheims anschaute. Er war für Hannover, ich für Gladbach. Allein deshalb, weil ich die Stimmung auf dem Bökelberg bewunderte. Mit Hannover konnte ich weiß Gott überhaupt nichts anfangen.

+++ Leverkusen zu Gast in Köln (1995/96) +++

AUFSTIEGSRUNDE · 2. BUNDESLIGA
GRUPPE 2

FC BERLIN
FSV ZWICKAU
VfL WOLFSBURG
1. FC UNION BERLIN

Blick über den Tellerrand:
Alte Försterei, Stadion am Zoo und Grüne Insel

Wiederum eine Woche später wurde ein neues Kapitel aufgeschlagen, das da heißt: Amateurfußball. Während in der ersten und zweiten Bundesliga alle Messen gelesen waren, wurden eine Etage tiefer noch die Aufstiegsrunden zur zweiten Bundesliga ausgetragen. In vier Gruppen traten jeweils drei Oberligameister an. In der Gruppe 2 (Region Nordost und Nord) waren es vier. Die Gruppenersten durften schließlich in die zweite Liga aufsteigen. Während in der Gruppe 4 der SSV Reutlingen, die SpVgg Unterhaching und Viktoria Aschaffenburg und in der Gruppe 1 der SC Fortuna Köln, der TSV Havelse und der TSV 1860 München um Rang eins rangelten, hatte es in der Gruppe 3 der Wuppertaler SV mit dem SC Preußen Münster und dem FSV Salmrohr zu tun. In der Gruppe 2 hatte der VfL Wolfsburg mit den Ostklubs FSV Zwickau, FC Berlin (BFC Dynamo) und dem 1. FC Union ein stimmungsvolles Stelldichein. Am 31. Mai 1992 hatte ich mich auf den Weg gemacht, um das Duell zwischen dem Wuppertaler SV und dem FSV Salmrohr zu begutachten. Ich hatte nicht viel erwartet, wurde jedoch überaus positiv überrascht. Volle Ränge im völlig maroden Stadion am Zoo. Blau-rote Fahnen und Schals soweit das Auge reichte. Der WSV konnte das Spiel mit 1:0 für sich entscheiden und die Begeisterung kannte keine Grenzen mehr. Würde der WSV aufsteigen, so wäre das eine oder andere Zweitligaspiel auf der Liste.

Sechs Tage später ging es heimwärts. Die Heimat rief und endlich stand auf dem Programm, was zu DDR-Zeiten für mich strikt verboten war: Heimspiel des 1. FC Union Berlin. Die Partie gegen den VfL Wolfsburg bot eine prima Möglichkeit. Schade nur, dass die Eisernen nach den ersten vier absolvierten Partien als Schlusslicht der Gruppe 2 ins Spiel gegen die Wölfe gingen. Theoretisch ging jedoch noch was. Ein Sieg gegen Wolfsburg, zeitgleich ein Sieg des FSV Zwickau beim einstigen DDR-Serienmeister BFC Dynamo, der nun mit neuem Vereinsemblem und neuen Vereinsfarben als FC Berlin auflief. Am letzten Spieltag müsste der FC Berlin in Wolfsburg gewinnen, dann könnte der 1. FC Union Berlin mit einem hohen Sieg beim FSV Zwickau im Georgie-Dimitroff-Stadion alles klar machen. Soweit die Theorie. Nach den beiden bitteren Derby-Pleiten (0:3 und 0:4) gegen den Erzrivalen aus Hohenschönhausen glaubte kaum ein Unioner noch an ein Eisernes Wunder. Zumal das Hinspiel in Wolfsburg deutlich mit 0:4 verloren wurde. Sei wie es sei, im Stadionheft des 1. FC Union erklärte Mario Maek: „Wir haben sicher einiges gutzumachen. Die beiden Auswärtsniederlagen müssen wir einfach korrigieren. Sicher sind unsere Aufstiegschancen inzwischen auf ein Minimum gesunken. Aber wir werden alles geben, um vielleicht diese kleine uns noch verblieben Möglichkeit zu nutzen."

Blättert man durch das besagte Programmheft, so wird man zudem auf eine ganz andere Sache aufmerksam. In der Statistik des Aufstiegsspiels 1. FC

Union Berlin gegen FC Berlin am 3. Juni 1992 wurde neben der Zuschauerzahl (2.500) und Tore (0:4) noch zwei Zehnminutenstrafen vermerkt. Ab der 28. Minute für Matthias Zimmerling, ab der 35. Minute für Frank Vogel. Ich kann mich an ziemlich viele Dinge beim Fußball erinnern, jedoch in keiner Weise an diese damaligen Zehnminutenstrafen. Erstaunlich war außerdem der Fakt, dass nach den beiden üblen Derby-Klatschen am 7. Juni überhaupt noch 1.500 Zuschauer den Weg ins Stadion An die Alte Försterei fanden. Vielleicht waren es die Neugier und die Freude über die Tatsache, endlich mal wieder ein Team aus dem Westen begrüßen zu können. Und die Wolfsburger hatten einige Hochkaräter in ihren Reihen. Bruno Akrapovic zum Beispiel und allen voran der Torjäger Siegfried ‚Siggi‘ Reich.

Ich nahm an jenem Tag Nico, der mich zum Eishockey-Duell EHC Dynamo gegen Grefrath geschleppt hatte, mit in die Alte Försterei. Dass Fußball von der Stimmung her besser sei als Eishockey, war an jenem Nachmittag denkbar schwer vermittelbar. „Was für

+++ Stadion An der Alten Försterei (Anfang 90er) +++

Vollpfosten sind das denn hier?", fragte Nico und zeigte sich wenig begeistert vom Treiben auf den Rängen. Mit ‚Vollpfosten' waren vor allen Dingen uns bekannte Gesichter gemeint. Typen, die man aus Schulzeiten an der POS vom Sehen her kannte und mit denen man nicht gerade auf dick Kumpel war. Und es kam noch besser! Weshalb der FC Berlin sein Heimspiel gegen den FSV Zwickau zeitversetzt hatte, verstand kein Mensch. So kursierte schnell das Gerücht, dass BFC-Hools geradewegs von Hohenschönhausen nach Köpenick kämen, um dort im Stadion für Unruhe zu sorgen. Einen richtigen Gästeblock gab es im Juni 1992 scheinbar immer noch nicht. Die wenigen mit Fahnen und Trommel angereisten VfL-Fans standen auf der Gegengerade auf Höhe der Mittellinie und unterstützten von dort aus zaghaft ihr Team auf dem Rasen. Mitte der zweiten Halbzeit mussten diese gedacht haben, sie seien im falschen Film. An dem Gerücht der anreisenden BFCer war in der Tat was dran, denn immer mehr stromerten nun im ganzen Stadion herum und hielten Ausschau. Unter den BFCern waren auch einige bekannte Gesichter. Unter anderen der Mike aus der Parallelklasse, der einst immer die Mitschüler mit den Worten „Scheiß Union!" in den Schwitzkasten genommen hatte. Alles nur Spaß, wie er meinte. Blaue Flecken blieben trotzdem.

Der VfL Wolfsburg gewann an jenem Nachmittag mit 2:1 und ebnete somit den Weg in Richtung zweite Bundesliga. Die BFCer feierten mit den Wolfsburgern und zeigten sich sehr erfreut, dass Eisern Union ebenfalls in der Drittklassigkeit bleiben würde.

Mit der für mich nicht wirklich überraschenden Feststellung, dass im Osten die Uhren anders ticken, kehrte ich nach ein paar Tagen Berlin-Aufenthalt zurück ins Rheinland. Was tun, wenn fußballtechnisch so gut wie gar nichts geht? Man findet sich am 13. Juni 1992 bei einem Pokalspiel der A-Jugend wieder. Bayer 04 empfing TuS Paderborn und schickte diese mit einer 0:5-Klatsche wieder heim ins West-

fälische. Glotze statt Stadion. Die kommenden Tage wurde vor dem Fernseher das Geschehen bei der Fußballeuropameisterschaft in Schweden verfolgt. Hängen blieb ein grottenschlechtes 0:0 zwischen Frankreich und England. Unvergessen die Worte von Michel Platini nach dem Spiel. Die Fans sollen sich mal nicht so aufregen, man sei diesen schließlich nichts schuldig. Ein Länderspiel als lästige Pflichtaufgabe. Ganz bittere Angelegenheit. Immerhin mehr Herzblut zeigten bei der EM '92 die Teams aus Schottland, Schweden und Dänemark. Und die deutsche Nationalelf? Berti Vogts saß am Ruder und sollte die Mannschaft zu den nächsten Titeln führen. Schließlich sei Deutschland aufgrund der Wiedervereinigung auf Jahrzehnte hinweg quasi unschlagbar. Der Westen holte 1990 den WM-Titel und auch die DDR-Auswahl war nicht von schlechten Eltern. Das letzte Spiel wurde mal eben gegen Belgien gewonnen. Gemeinsam mit Sammer, Kirsten, Doll, Thom und Co. würde da nichts mehr anbrennen können. So war der Titel in Schweden fest eingeplant. So auch bei Karsten und mir. Immer wieder schwärmte ich ihm vor, wie großartig und emotional die Party auf dem Ku'damm nach dem Sieg gegen Argentinien im Juni 1990 war. Um wieder bei einer großen Party dabei sein zu können, beschlossen wir das Endspiel gegen Dänemark in der Kölner Innenstadt zu schauen. Erst der Sieg, dann die Fiesta auf dem Ring und in der Altstadt. Der Abend verlief jedoch völlig anders als geplant. Zuerst war keine vernünftige Kneipe auffindbar. Damals wurde Public Viewing noch nicht wirklich großgeschrieben. Und als wir endlich eine Bar mit Glotze gefunden hatten, mussten wir mit ansehen, wie die deutsche Nationalelf gegen Dänemark, das mal eben für Jugoslawien eingesprungen war, sang- und klanglos mit 0:2 verloren hatte. John Jensen und Kim Vilfort ließen das ‚Danish Dynamite' explodieren und die Deutschen schauten in die Röhre. Karsten und ich waren bedient. Berti Vogts war komplett durch. Da änderte sich auch nichts mehr dran. Selbst nach dem EM-Titel 1996 nicht.

Sommer 1992. Zeit, um einmal durchzuschnaufen und alles zu verarbeiten. Was bot sich mehr an als eine zweiwöchige Gruppenfahrt der Jungen Gemeinde nach Irland? Auch wenn ich nicht mehr in Berlin wohnte, so durfte ich trotzdem mit den mir allesamt bekannten Leuten auf die Grüne Insel fahren. Der einzige kleine Haken: Ich musste früh morgens in Dortmund in den Reisebus zusteigen, und da es so früh keine Zugverbindung von Leverkusen ins Ruhrgebiet gab, musste ich wohl oder übel auf dem Dortmunder Hauptbahnhof nächtigen. Es sollte nicht die einzige Nacht auf einem der Bahnhöfe der Welt werden, in den 90ern gab es noch die eine oder andere skurrile kostengünstige Übernachtung in dreckigen Bahnhofshallen, windigen Busbahnhöfen, nie zur Ruhe kommenden Flughäfen, halb verwilderten Parkanlagen und gruseligen Bauruinen. Manch wirklich abtörnendes Erlebnis war dabei. An Erholung war selten zu denken. Auch nicht in der Nacht in Dortmund. Reinigungskräfte und Sicherheitspersonal hatten mich in Ruhe gelassen, doch die scheppernden Waggons der umrangierten Güterzüge ließen an Schlafen nicht denken. Ich hatte mir eine Bank am äußersten Rand eines Bahnsteiges gesucht, in der Hoffnung, dass mir dort kein betrunkener Depp in die Quere kommen würde, doch genau auf Höhe dieses Bahnsteigendes wurden paar Gleise weiter die Waggons an- und abgekoppelt. Im wahrsten Sinne des Wortes gerädert stieg ich im Morgengrauen in den Bus zu und begrüßte all meine Berliner Kumpels und Freunde von der Jungen Gemeinde. Die Fahrt zum Lough Ree im Herzen Irlands zog sich hin wie feinster Kaugummi. Erst nach Holland, dann langes Warten, dann die erste Fährfahrt. Anschließend etliche Stunden quer durch England, bevor es mit einer weiteren Fähre hinüber nach Irland ging. Nach weiteren drei, vier Stunden wurde schließlich das Ziel der Reise erreicht. Mit 19 steckte man solche Strapazen noch locker weg, die Freude über diese Tour überwog. Abendliche Pub-Besuche, dabei ab und an den Blick an die hängenden Fernseher gerichtet. Rugby, Gaelic Football und natürlich die Spiele der englischen Premier

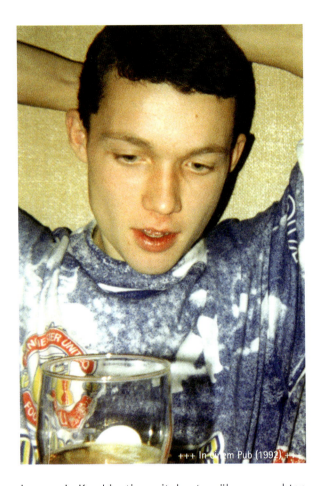

+++ In einem Pub (1992) +++

League. In Kombination mit den tagsüber gemachten Touren wurde diese Gruppenreise ein einprägsames Erlebnis. Und nicht zu vergessen die Abstecher in die Sportgeschäfte der irischen Städte, in denen es gab, was das Herz begehrte. Die Diskrepanz einer Sportabteilung von Kaufhof oder Karstadt und solchen prall gefüllten Shops war einfach gigantisch. Und ja, die Lücke konnte auch in der Gegenwart noch nicht geschlossen werden. Fakt ist, ich kaufte dort mein erstes Shirt von Manchester United. Auch wenn mich dort bereits ein ehemaliger Mitschüler (der ein Liverpool-Trikot kaufte) foppte und vollquakte, dass ManU ja jeder Idiot trage, so bin ich es nicht leid, festzuhalten, dass beim Kauf jenes Shirts der Klub seit 1967 nicht mehr englischer Meister war und die große Ära erst im Jahr darauf begann. Es war ein intuitiver Kauf. Schlichtweg aus dem Bauch heraus. Ich hatte paar Ausschnitte im irischen bzw. englischen Fernsehen gesehen. Ich mochte das Stadion und vor allem diesen charismatischen Trainer, der damals noch nicht wirklich über die Landesgrenzen hinaus bekannt war. Dazu das Logo, der Klang des Namens, die schreckliche Flugzeugtragödie von 1958 sowie die legendären Busby Babes. Nicht Liverpool, nicht Arsenal, nicht Aston Villa – es sollte Manchester United sein. Mein Plan war es, so schnell wie möglich zu diesem Verein zu fliegen, um dort in Kürze ein Heimspiel zu besuchen. Dann würde sich zeigen, ob mein Bauchgefühl recht hatte oder nicht. Ein Plan, der wenige Monate später in die Tat umgesetzt wurde. London – da konnte jeder hinfliegen. Aber Manchester?! Das hatte doch was!

Energie getankt, den Kopf in der frischen irischen Luft freibekommen. Bereit für die kommende Fußballsaison. Ich war heiß, ich wollte noch mehr Spiele sehen, ich wollte den Horizont erweitern. Der Gedanke

ans Groundhopping kam mir nicht – ich war einfach geil auf Fußball. In den schlimmsten Momenten musste eben der Fußball auch mal die Traurigkeit und die Langeweile vertreiben. Bei diesen Fällen war es mit der Geilheit nicht allzu weit her, doch unter dem Strich war der Spaßfaktor stets am oberen Limit. Bevor es in der ersten Bundesliga ernst wurde, begann um einige Wochen gezogen der Zweitligaalltag. In meinem Fall mit dem Freitagabendspiel SC Fortuna Köln gegen SV Waldhof Mannheim sowie der Partie Fortuna Düsseldorf gegen Chemnitzer FC. Bei dem zweiten Spiel musste ich an meinen ehemaligen Mitbewohner im Ausbildungswohnheim denken, der immer so penetrant seine Handtücher gefaltet hatte und so widerlich nach linientreuer Erziehung gemüffelt hatte. Allein deshalb drückte ich der Fortuna fest die Daumen. Am Ende trennten sich die Vereine vor rund 8.000 Zuschauern in der trostlosen Betonschüssel mit dem klangvollen Namen Rheinstadion 1:1. Exakt halb so viele wohnten am Tag zuvor dem Duell Fortuna Köln gegen Waldhof Mannheim bei. Der in Pirna geborene Tom Stohn erzielte in der 75. Minute den Treffer des

LEBENSLÄNGLICH FORTUNA KÖLN
schäng gäng
IM AUFTRAG DES HERRN
+++ Gegengerade bei Fortuna Köln +++

+++ Stadion am Zoo des Wuppertaler SV (1992) +++

Tages für die Waldhof-Buben. Das hatte sich Jean Löring – genannt De Schäng – ganz gewiss anders vorgestellt. Ich mir auch, denn das Spiel war ein langweiliger Kick an einem lauen Sommerabend. Während andere mit einem Mädel einen Cocktail trinken gingen, stand ich allein unter Fortuna-Fans im Kölner Südstadion. Gewisse Zweifel kamen punktuell schon mal auf, aber eben nur gewisse. Einen Tag später stellte ich mich in den Fanblock der Düsseldorfer Fortuna und wiederum am Tag darauf setzte ich dem Fußballwochenende ein Krönchen auf, in dem ich mir das B-Jugendmeisterschaftsspiel zwischen Bayer 04 Leverkusen und Borussia Mönchengladbach anschaute. 7:6 nach Elfmeterschießen. Der Nachwuchs stellte sich definitiv besser an als die Profis beim Halbfinale auf dem Bökelberg.

Während Kumpel Karsten noch im Urlaub war, machte ich mich am 18. Juli auf den Weg nach Wuppertal. Die volle Kulisse beim Aufstiegsrundenspiel gegen Salmrohr hatte es mir angetan und ich war gespannt, wie dort das zweite Saisonheimspiel der zweiten

Bundesliga verlaufen würde. Leider war ein Verein zu Gast, der damals für Zweitligatristesse schlechthin stand. Fortuna Köln, 1. FSV Mainz 05 und SV Meppen – diese Klubs galten damals als langweilig, öde und extrem unattraktiv. Und 22 Jahre später? Meppen belebt neben dem VfB Oldenburg die Regionalliga Nord, die Mainzer sorgen in der ersten Bundesliga durchaus für Furore und der SC Fortuna Köln dürfte derzeit als das TeBe der Rheinmetropole bezeichnet werden. Eine kleine aber feine Fanszene. Viel Raum für Subkulturen. Ein Verein mit Kultcharakter, der gerade den Weg in Liga drei geebnet hat. Der Wuppertaler SV ist derzeit in der Oberliga zu finden. Auch wenn die derzeitige Fanszene des WSV durchaus aktiv ist, so sind die großen Zeiten längst vorbei. Damals im Juli 1992 strömten über 9.000 Fans ins Stadion am Zoo. In einer Zeit, in der die zweite Bundesliga längst noch nicht so attraktiv war wie in der Gegenwart. Die Zuschauerzahl war eine echte Hausnummer und die Stimmung auf den kuriosen Rängen oberhalb der alten Radrennbahn aus Beton war echt genial. Leider erwischte die WSV-Elf gegen Meppen keinen allzu guten Tag, die Partie ging 0:1 verloren, der orgiastische Torschrei blieb aus. Das Nordlicht Robert Thoben schoss die ‚Jungs in Gummistiefel', wie sie damals gern bezeichnet wurden, in der 77. Spielminute ins Glück. Und ach ja, zuvor beim ersten Heimspiel gegen Mainz kamen sogar sage und schreibe 13.000 Zuschauer ins Stadion. Die Mainzelmännchen wurden mit 3:1 abgefrühstückt, Jürgen Klopp gelang in der letzten Minute nur noch der Anschlusstreffer. Nachdem anschließend 1:2 beim MSV Duisburg verloren wurde, erfolgte nun gegen Meppen der zweite Rückschlag. Die Kurve kriegte der WSV am fünften Spieltag, als vor 10.000 Zuschauern der FC St. Pauli mit 3:0 geschlagen werden konnte.

Die Zeit bis zum sehnsüchtig erwarteten Start der ersten Bundesliga wurde Ende Juli 1992 mit dem Finale der B-Jugendmeisterschaft zwischen Bayer 04 Leverkusen und dem 1. FC Kaiserslautern sowie zwei Testspielen in Köln und Leverkusen überbrückt. Am 26. Juli fanden immerhin 5.500 Fußballfreunde den Weg ins Ulrich-Haberland-Stadion, um das B-Jugend-Finale zu sehen. In Anbetracht dessen, dass in der ersten Liga damals gegen Wattenscheid 09 oder die Stuttgarter Kickers auch nicht mehr als 9.000 Zuschauer kamen, keine schlechte Kulisse. Nach torloser erster Hälfte brachten Enis Brcvak und Markus Skamrahl die Leverkusener in Führung, der Anschlusstreffer von Mischa Lautenschläger in der 77. Minute war zu wenig. Bayer 04 durfte die Meisterschaft, wenn auch nur die der B-Jugend, feiern. Schaut man in die Aufstellung der beiden Teams, so erkennt man, dass nur zwei Spieler im Profigeschäft groß rauskamen. Zum einen der Bayer-Torwart Daniel Ischdonat, der nach seiner Zeit in Leverkusen bei Eintracht Trier, dem 1. FSV Mainz 05, dem FSV Frankfurt und beim SV Sandhausen unter Vertrag stand. Zum anderen Thomas Riedl, der unter anderen von 1994 bis 1999 sowie von 2001 bis 2006 bei den Profis des 1. FC Kaiserslautern und von 1999 bis 2001 beim TSV 1860 München seine Fußballschuhe schnürte. All die anderen schafften nicht

den Sprung ins große Geschäft. Immerhin gelang es René Hahn, 21 Spiele in der zweiten Bundesliga bei Fortuna Köln und Alemannia Aachen zu absolvieren. Gewisse Teilerfolge erzielten zudem die einstigen Leverkusener B-Jugendspieler Daniel Addo und Sebastian Barnes. Der Rest verschwand mehr oder weniger in der Versenkung, was nicht heißen soll, dass diese Spieler in anderen Bereichen Erfolge aufzuweisen haben.

+++ Deutscher B-Jugend-Meister (1992) +++

Während dieses B-Jugend-Finale durchaus unterhaltsam war, so waren die Testspiele 1. FC Köln gegen Steaua Bukarest und Bayer 04 gegen Lazio Rom echte Langweiler. Im Kölner Müngersdorfer Stadion war nur die Südkurve geöffnet, mit gemischten Gefühlen stellte ich mich unter die wenigen Eff-Zäh-Fans und suchte vergeblich nach möglichen Gästefans. Tote Hose in Müngersdorf. Dass Freundschaftsspiele in den meisten Fällen nicht rocken, war mir spätestens beim Duell Bayer 04 gegen Lazio klar. Ich erhoffte einen prall gefüllten Gästeblock und kaufte mit solidarisch schon mal am erstbesten Fanartikelstand einen hellblauen Lazio-Schal für zwanzig D-Mark. Da im Rheinland und Ruhrgebiet überdurchschnittlich viele Italiener wohnen, war eine blau-weiße Flut die logische Folge. Schließlich müsse es neben all den Milan- und Juve-Fans auch zahlreiche Lazio-Tifosi in Köln, Leverkusen, Düsseldorf und dem Bergischen Land geben. Die Gesamtzuschauerzahl war sogar halbwegs okay, doch von südländischer Atmosphäre im Block G war keine Spur. Ein öder Kick, den man schnell abhaken konnte.

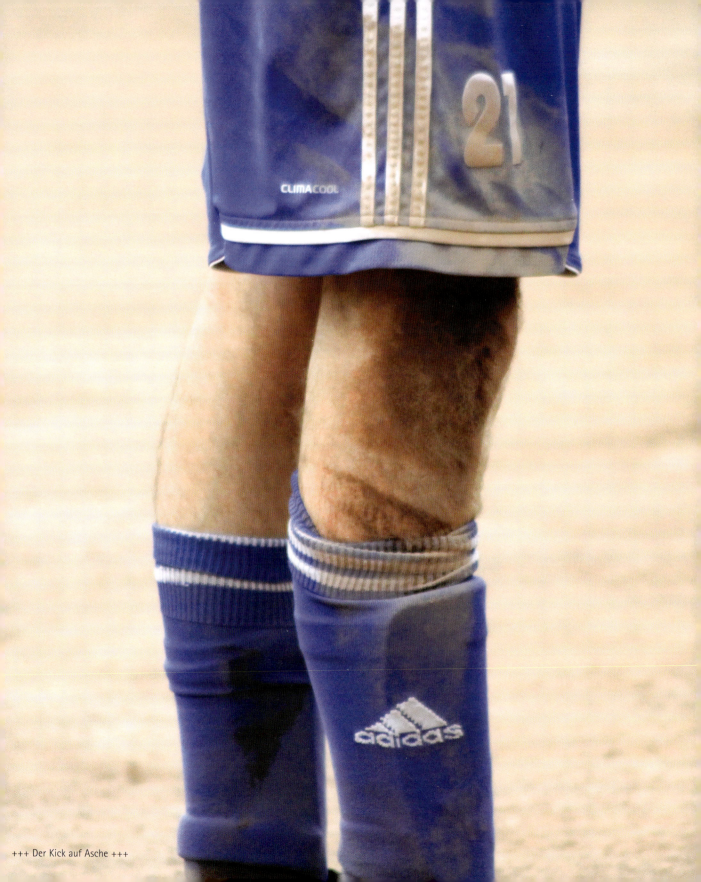

Albanische ‚Freunde' im Fußballkäfig

Fußball war in meiner Zeit im Rheinland wirklich der elementare Bestandteil. Das ist keineswegs übertrieben. Über den Fußball lernte ich dort sämtliche Freunde kennen – von den Kumpels in meiner Ausbildungsklasse mal abgesehen. Der Rhythmus war immer gleich. Die ganze Woche über wurde vom kommenden Wochenende geträumt. Welche Spiele neben der Partie von Bayer 04 standen an? Auf welches Pferd würde man setzen? Was sagte die Geldbörse? War eine längere Auswärtsfahrt mit der Werkself möglich? Die Knete war immer knapp. Zwar stimmte das Ausbildungsgehalt, doch ein Großteil des Einkommens ging für Miete, Essensmarken, Monatskarte und die regelmäßigen Fahrten nach Berlin drauf. Da es glücklicherweise noch eine Aufstockung Dank der Berufsausbildungshilfe (BAB) gab, war die eine oder andere Tour möglich. Damit unter der Woche die Laune auch stabil blieb, spielte ich mit den neu gewonnenen Freunden Fußball auf einem nahe gelegenen Ascheplatz. Karsten und

ich, nach kurzer Zeit kam auch der aus Frankfurt an der Oder stammende Jan hinzu. Angefangen hatte alles mit einem gelben Gummiball, wenig später brachte Karsten einen alten Lederball mit, der unter Einfluss von Feuchtigkeit hart wie ein Stein wurde. Da mit beiden Spielgeräten kein vernünftiger Schuss aufs Tor möglich war, führte der Weg recht bald in die Sportabteilung eines örtlichen Kaufhauses. Her mit einem professionellen Adidas-Ball! Dafür legte ich gern ordentlich Geld auf den Ladentisch. Und auch in Sachen Schuhwerk, Trikot und Stutzen wurde nicht gespart. Das aus Irland mitgebrachte ManU-Shirt, das vom Design her seiner Zeit weit voraus war und durchaus stylish wirkte, war beim Kick auf der Asche Pflicht. Kumpel Jan setzte indes eher auf das, was der Kleiderschrank so hergab. War auch egal, er musste bzw. wollte eh meist ins Tor – und in diesem war man recht fix verstaubt oder mit rötlichem Schlamm besudelt. Die entstehenden Pfützen vor der Torlinie wurden schon bald legendär. Waren diese im Herbst besonders arg, wurde mal ein bisschen abgerissenes Kraut hineingeworfen, damit die scharf geschossenen Aufsetzer nicht eine infernale Wasserflut verbreiteten. Gespielt wurde nach Möglichkeit zu jeder Zeit. Ohne wenn und aber. Bei brütender Hitze und Staub, bei zwei Grad plus und Nieselregen und auch bei einsetzender Dämmerung. Das größere Problem war eher ein unbesetztes Tor zu bekommen. Immer wieder liefen wir zu dritt die Von-Diergardt-Straße hinunter und hofften, dass eine Seite des Platzes noch frei war. Waren wir die ersten, durften andere gern fragen und mitspielen. Andersherum gestaltete sich die Sache meist komplizierter. Im Grunde genommen wollten wir nur unser eigenes Ding machen und nahmen lieber zur Aufstockung noch paar Leute aus dem Wohnheim

mit. Auch ein Franzose mit zwei linken Füßen wurde eines Tages ‚gezwungen' sein Glück zu versuchen. „Allez, JiPéPé, allez!" Stundenlang wurde auf das Tor gedroschen. So lange, bis die Fußsohlen schmerzten. Ab und zu stellte ich mich auch zwischen die Pfosten. Die Spuren einer üblen Schürfwunde sind bis heute am Hintern erkennbar.

Waren beide Tore des Hauptplatzes des SV Schlebusch belegt, gingen wir notgedrungen in den Käfig und ließen dort den Ball gegen die Gitter knallen. Da ich mehr der ‚mit-voller-Wucht-aufs-Tor-Typ' und nicht der Techniker war, fühlte ich mich in dem kleinen mit Tartan belegten Spielfeld nicht allzu wohl. Hinzu kam, dass dort in der Regel die Jungs aus dem nahen Asylbewerberheim spielten und sich immer wieder

+++ Fußballplatz in Leverkusen-Schlebusch (1992) +++

aufdrängten, ein Match auszurichten. An einem Tag X ließen Jan, Karsten und ich sowie zwei andere Jungs uns so lange bequatschen, bis wir eine Partie gegen fünf Kosovo-Albaner ausrichteten. Na dann mal los. Die Albaner waren durchaus fit und es ging gut zur Sache. Es wurde gehakelt, in die Hosen gegriffen, am Shirt gezerrt. Es nutzte ihnen nichts, wir hatten einen guten Tag und konnten das Spiel für uns entscheiden. Schon bald brach die südländische Mentalität bei denen völlig raus. Es wurde geflucht, gezerrt und getreten, so dass wir recht bald die Schnauze voll hatten. Da es mein Ball war, konnten wir nicht einfach gehen. „So, wir müssen los. Gebt mal den Ball her! Hat Spaß gemacht mit euch. Nächstes Mal gern wieder!", ließ ich auf diplomatischen Wege den Rückzug verkünden. „Na komm, du! Noch zehn Minuten. Bis die ersten fünf Tore haben, ja ey?" Die Albaner dachten nicht an ein baldiges Spielende und wollten den Ball nicht hergeben. Unsere beiden Mitspieler hatten sich bereits heimlich aus dem Staub gemacht. Prima Situation. So stellt man sich das vor! Mir wurde das Theater zu bunt, schnappte den Ball und verließ mit Jan und Karsten den Käfig. Die Jungs aus dem Kosovo ließen nicht locker, wurden jetzt richtig aggressiv und bedrängten uns. Meine Fresse, lasst ab, auf eine Schlägerei hatten wir überhaupt keinen Bock. Zumal ganz fix zehn weitere Kids mit Migrationshintergrund angesaust kämen. Und mit weiterer Bolzerei auf dem dortigen Platz wäre dann auf absehbare Zeit auch erst mal Ritze gewesen. Ich bahnte mir den Weg durch die Kerle und wollte einfach nur weg, da sprang mir ein Typ auf den Rücken. Ehe er sich versah, warf ich ihn ab und wir rollten uns kurz am Boden. Dabei muss wohl seine Jacke zerrissen sein. Mir war das auch völlig egal. Ich keifte diesen Blödmann an und ging nun endgültig mit den anderen beiden in Richtung Wohnheim.

Blöderweise lag unser Wohnheim nicht weit entfernt vom Sportplatz mit dem dortigen angrenzenden Asylbewerberheim. So blieb es nicht aus, dass man den ‚neuen Freunden' immer wieder über den Weg lief. An der Bushaltestelle, direkt vor dem Wohnheim oder in der nahen Videothek. Bereits am nächsten Tag erhielt ich eine Ansage: „Ey, du musst 150 Mark geben. Du hast die Jacke von meinem Bruder zerrissen, ey! Du verstehst, ey?" Die Typen ließen die kommenden Tage nicht locker, immer wieder drohten sie und forderten das Geld ein. Ich dachte nicht im Traum dran, denen auch nur eine Mark zu geben. Allerdings kam mir schon die Muffe bei der Vorstellung, von einer Gruppe Albaner abends aufgelauert zu werden. Was tun, wenn die größeren Brüder mal auf ein ‚Gespräch' vorbeischauen würden? Und tatsächlich, es kam der Tag, an dem ein ganzer Haufen Albaner uns über den Weg lief. Karsten und ich suchten in einer Videothek gerade nach einem guten Streifen, als sich draußen vor der Tür eine beachtliche Gruppe einfand. Zwei von denen kamen hinein und gaben uns zu verstehen, dass es draußen ungemütlich werden könnte. Das wirklich Blöde: Die meisten von denen waren in der Tat die größeren Brüder. Unangenehme Typen, paar Jahre älter als wir. Zudem mit doppeltem Armumfang. Ich konnte zwar ne große Fresse haben und war durchaus drahtig, doch für eine herzhafte Keilerei fehlten mir schlichtweg ordentliche Muskelpakete an den Armen.

Ein Szenario wie in einem Film. Gefangen in so einer Kaschemme, die sich Videothek nannte. Hinterausgang? Fehlanzeige. Draußen ein albanischer Mob, der den beiden Deutschen gleich hübsch die Fresse polieren würde. Ja, wir hatten Schiss. Richtig die Buchsen voll. Wir blieben einfach drin und saßen – oder besser gesagt standen – das Ganze aus. Notfalls, bis dieser Laden schließen würde. Keine Ahnung, wie lange wir zwischen den mit Videokassetten vollgestopften Regalen verharrten. Ein banger Blick nach draußen, der Mob stand noch immer vor der Tür. Und plötzlich waren sie weg. Spurlos verschwunden. Wir trauten dem Braten nicht. Sicherlich würden sie an der nächsten Ecke warten und dann könnten wir zu unseren

+++ Völlig fertig nach einem Match (1993) +++

funktionierenden Kauleisten adieu sagen. Nach einer weiteren Viertelstunde wagten wir es dann doch. Der Schritt vor die Tür und anschließend der Weg zum Wohnheim. Erstaunlicherweise passierte nichts. Und auch an den kommenden Tagen hatte sich das Problem völlig in Luft aufgelöst. Zwar gab es manchmal noch blöde Blicke, doch angesprochen wurden wir nicht mehr.

Egal, ob sich da was aufgelöst hatte oder nicht. Eine Waffe sollte her. Manch einer im Wohnheim hatte sich bereits eine Schreckschusspistole zugelegt. Allen voran die Ossis, die über die Freizügigkeit beim Erwerb einer Knarre überaus erstaunt waren. Rein ins Geschäft, kurz den Ausweis vorgelegt und schon konnte sich das gewünschte Modell ausgesucht werden. Ein Revolver sollte es sein. Vielleicht kamen da bei mir alte Western-Träume hoch. Manch ein Kumpel setzte indes lieber auf eine Automatik. Die Patronen einzeln in die Trommel

hineinschieben, das war mein Ding. Zum Revolver wurden mal gleich ein paar Pakete Schreckschuss- und Gaspatronen gekauft. Acht Millimeter. Hundertfach. Zum Üben ging es meist in ein nahes Waldstück. Feuer frei. Die Ossis drehten durch. Gordon aus Rathenow, Michael aus Magdeburg und ich ganz vorne weg. Recht bald rüsteten wir auf. Anschraubbare Aufsätze, Leuchtkugeln und Waffenöl. Alles hübsch eingeschmiert und dann ging es wieder in den Wald. Am dortigen Bach zielten wir mit den Leuchtkugeln auf Bäume. Allerdings nur, wenn es feucht war. Pam, pam. Damals konnten die Leuchtkugeln noch waagerecht abgeschossen werden, später zündeten sie nur, wenn man die Waffe schräg nach oben hielt. Voller Neugier probierten der Magdeburger, der Rathenower und ich die CS-Gas-Patronen aus. Volle Ladung in den Wald. Da wir nicht bedachten, dass ein leichter Gegenwind herrschte, staunten wir nicht schlecht, als uns plötzlich die Augen brannten und die Spucke weg blieb.

Was für Teufelszeug. Derlei massive Auswirkungen hatten wir nicht vermutet. Mit tränenden Augen ging es zurück ins Wohnheim. Ein anderes Mal ballerten wir in dem Waldstück am Bach dermaßen wild herum, dass plötzlich aus allen Richtungen die Blaulichter von Polizeifahrzeugen auftauchten. Odenthal und Schlebusch im Ausnahmezustand. Der Magdeburger machte sich fast in die Hose, der Rathenower und ich behielten einen klaren Kopf. Ruhig verhalten und im dunklen Wald bleiben. Was soll dann schon groß passieren? Und richtig. Schon bald war die örtliche Polente wieder abgedüst.

Solche Aktionen konnten süchtig machen. Schon bald knatterten wir zu dritt auf einer vom Rathenower ins Rheinland mitgebrachten Simson (DDR-Moped) abends im Dunkeln durch die Gegend. Die Geh- und Radwege entlang. Querfeldein. Die Pistolen und Revolver natürlich mit dabei. Wir ballerten in verwaiste Unterführungen und erhellten mit den Leuchtkugeln so manch ein brachliegendes Gelände. Mitunter hakte es auch völlig aus. Nur aus Jux und Dallerei feuerten wir ein paar Leuchtkugeln auf dem nahegelegenen Sportplatz ab. Sekunden später rannten die ersten Bewohner des Asylbewerberheims, bewaffnet mit Knüppeln und anderen Gegenständen, auf uns zu. Rauf auf die Simson und nichts wie weg. Hätte der Anlasser versagt, wären wir dran gewesen. Hätte uns die Polizei geschnappt, hätten wir uns ebenso ein Pfeifchen anstecken können. Leuchtkugeln abfeuern in unmittelbarer Nähe eines Asylbewerberheims? Wie schwachsinnig konnten wir nur sein?! Das erklär mal vor Gericht. Aus Ostdeutschland stammende 20-Jährige, die auch häufig bei brisanten Fußballspielen gesichtet wurden, treiben am späten Abend mit Knarren ihr Unwesen. Da hätte alles gepasst. Da wäre es verdammt schwer gewesen, überzeugend klarzumachen, dass man nicht groß nachgedacht hatte, nur ein bisschen Spaß haben wollte, und auch generell jeder Auseinandersetzung aus dem Wege gehen würde.

+++ Waffen angelegt! Im Wohnheim (1993) +++

+++ Revierderby im Gelsenkirchener Parkstadion (1993) +++

Celtic-Party in Köln, zu Gast im Dortmunder Block 13

August 1992. Die erste Bundesliga startete wieder. Bei uns den Auftakt bildeten die Partien Werder Bremen gegen Bayer 04 Leverkusen (1:1) und Borussia Mönchengladbach gegen Bayer 05 Uerdingen. Letztere konnte die Uerdinger Werkself völlig überraschend mit 4:0 gewinnen. Die Zuschauer auf dem Bökelberg trauten ihren Augen nicht und pfiffen am Ende ihre Elf gnadenlos aus. Das kleine Häufchen 05-Fans zelebrierte dagegen eine kleine Party. Ende des Monats verschlug es mich wieder nach Köln. Der Hamburger SV war zu Gast im Müngersdorfer Stadion. Was nach einem 0815-Spiel klang, stellte sich während der 90 Minuten als überaus stimmungsvolles Fußballfest heraus. Zwar verloren sich gerade einmal 16.000 Zuschauer im weiten Rund, doch die recht zahlreich angereisten HSV-Fans wussten die akustischen Vorteile zu nutzen und schmetterten einen Song nach dem anderen. Unvergessen das HSV-Lied, welches zur Melodie von „What shall we do with the drunken

sailor?" zum Besten gegeben wurde. Köln hatte in jenem Spiel vorgelegt, die Hamburger erkämpften am Ende noch ein 2:2, was von den Fans überaus frenetisch gefeiert wurde. Immer wieder riefen sie lautstark den Namen des Trainers. Dieser zeigte sich gerührt und kam mit feuchten Augen an den Zaun. Egon Cordes ballte die Faust und winkte den Anhängern zu. Ein Bild, das sich fest eingebrannt hatte. Ich konnte mit Cordes generell herzlich wenig anfangen, doch diese Freude und der Kampfgeist in seinem Gesicht machten ihn an jenem Nachmittag sehr sympathisch. Er wirkte nicht so unterkühlt und abgeklärt wie manch anderer Trainerkollege – und das gefiel mir außerordentlich. Ich mag Menschen, die ihren Emotionen auch mal freien Lauf lassen und nicht bei Sieg oder Niederlage den gleichen Gesichtsausdruck aufsetzen und immer die gleichen Floskeln in die Mikrofone der Reporter blöken. Aber okay, wer mag diese Typen nicht?

95

Zweieinhalb Wochen später ging es wieder Richtung Müngersdorf. Karsten und ich hätten uns eine Dauerkarte kaufen können – und zwar für den Gästeblock. Am 16. September 1992 stand das UEFA-Cup-Spiel gegen den Celtic FC auf dem Programm. Nach meiner Irland-Reise wusste ich, dass das Stelldichein der Iren und Schotten einfach ein Muss ist. Es war klar, dass zwei-, dreitausend den Weg ins Stadion finden und dort ihre Sangeskunst zum Besten geben würden. Nichts wie hin. Direkt nach dem Ausbildungsunterricht fuhr ich in die Kölner Altstadt, um in den dortigen Pubs ein erstes Bier zu trinken und nach den Celtic-Fans Ausschau zu halten. Später vor dem Gästeblock würde ich Karsten treffen, der an jenem Tag länger arbeiten musste. Auf der Kölner Domplatte wurden meine Augen das erste Mal feucht vor Freude. So hatte ich mir das vorgestellt! Ach was, das sah noch besser aus als erhofft! Das Bier floss, ein Lied nach dem anderen wurde geschmettert. Die Jungs mit dem vierblättrigen

Kleeblatt auf der Brust waren in bester Laune. Singend, saufend, wippend ging es mit der Straßenbahn nach Müngersdorf. „We are Celtic-Supporters ..." und das berühmte „We shall not, we shall not be moved, not for he Hearts, the Hibs or the Rangers ..." ertönten ein aufs andere Mal. Jetzt noch ein Sieg auf dem Rasen und dann wäre der Abend perfekt. Den Geißböcken mal richtig ein paar einheizen. An der Straßenbahnhaltestelle in Köln-Müngersdorf drohte die Stimmung kurzzeitig zu kippen. Kölner Hools provozierten die ankommenden Celtic-Fans mit hochgehaltenen England-Flaggen. Ehe man sich versah flogen die ersten Bierbüchsen und Flaschen. Einfach alles, was die Celtics gerade in der Hand hielten. „You fucking bastards!" Es war der Hammer, wie schnell sich die gute Laune in Hass umwandeln konnte. Glücklicherweise beruhigte sich die Situation wieder schnell. Die Hools ließen von den Celtic-Fans ab und diese strömten nun in den Gästeblock. Gefüllt wurde der eigentliche Stehplatz-

+++ Celtic FC zu Gast beim 1. FC Köln (September 1992) +++

bereich im Unterrang sowie zahlreiche Plätze auf dem darüber befindlichen Oberrang. Ein herrlicher grünweißer Anblick. Dazwischen noch der eine oder andere orange Farbtupfer.

Was folgte, war 90-minütiger Support vom feinsten. Plus eine gute Viertelstunde nach dem Abpfiff. Und das trotz der bescheidenen Leistung auf dem Platz. Der 1. FC Köln war klar besser und gewann das Hinspiel verdient mit 2:0. Jann Jensen (25. Minute) und Frank ‚Otze' Ordenewitz (82. Minute) erzielten die Kölner Treffer. Celtic kam selten zu Möglichkeiten, aber wenn die Gäste mal gefährlich vor das gegnerische Gehäuse stürmten, brandete ein Orkan bei der irisch-farbenen Anhängerschaft auf. Jede kleinste Tormöglichkeit ließ den Gästebereich völlig ausrasten. Nun noch ein Tor und das Stadion hätte bis in seine Fundamente gebebt. Die Kölner Südkurve konnte an jenen Tag komplett einpacken. Sie hatte schlichtweg nichts dagegenzusetzen und konnte trotz der beiden Kölner Treffer die Celtic-Kurve nicht übertönen. Ab und an kam es im Block 38 zu kleineren Provokationen, die mit einem erneuten „Fucking bastards!" quittiert wurden. Die ganz große Lippe wollten die Kölner Jungs nicht riskieren, bei der angetrunkenen Meute wusste man nie, wie die Stimmung nach dem Spiel hätte nochmals kippen können. Kein Auswärtstor erzielt, zwei Gegentreffer kassiert, die Ausgangslage für das Rückspiel im Celtic Park war nicht die beste. Und trotzdem feierten die Fans ihre Mannschaft dermaßen frenetisch, als hätte sie zumindest ein Unentschieden geholt. Ahnten sie bereits, dass ihr Team durchaus in der Lage war, zwei Wochen später die Sache zu drehen? Und tatsächlich! Im Rückspiel mussten die Geißböcke eine 0:3-Klatsche hinnehmen. Vor 30.747 Zuschauern leisteten Gerry Creaney, John Collins und Paul McStay ganze Arbeit und brachten das Stadion zum Toben. Celtic hatte es gepackt und zog in die nächste Runde ein. Karsten und ich waren außer uns vor Freude. Und eine neue Fußballliebe haben wir zudem auch gefunden. Support your local

team – das gilt bei uns bis heute. Doch ein Eckchen im Herzen wird für die Boys in Green auf immer und ewig freibleiben. Spätere Reisen nach Irland bzw. Schottland sowie weitere gesehene Spiele des Celtic FC haben diese Leidenschaft und Zuneigung gefestigt.

+++ Lockerer Gebrauch von Pyrotechnik (1992) +++

Das erste gesehene Europapokalspiel machte Lust auf mehr. „Komm doch mal mit zum BVB!", schlug ein älterer Bewohner des Wohnheims vor. Er war Dortmund-Fan und fuhr bei jedem Heimspiel mit dem Auto von Leverkusen aus zum Westfalenstadion, um seine Jungs in Schwarz-Gelb zu unterstützen. „Cool, und wo steht ihr dort? Ich komme gerne mit!", „Na, im Block 13! Mittendrin! Kannst jederzeit dabei sein. Musst mir nur rechtzeitig genug Bescheid geben!" Das Schicksal meinte es gut mit mir. Schneller als gedacht würde ich nun dort auf der Dortmunder Südtribüne echten Pott-Fußball schnuppern. Beim Auswärtsspiel von Bayer 04 schaute ich noch neidisch und sehnsüchtig auf die brodelnde Masse im Block 13 und ringsherum, nur wenige Monate später erhielt ich die Möglichkeit, gemeinsam mit den BVB-Fans das erste Heimspiel von der Südtribüne aus zu verfolgen. Zwar war das UEFA-Cup-Spiel gegen den FC Floriana (Malta) nicht gerade ein Leckerbissen, doch für einen Schnupperbesuch bot sich diese Partie durchaus an. Gerade einmal 11.800 Zuschauer hatten sich im Westfalenstadion eingefunden, rund 10.000 von ihnen standen auf der Südtribüne. Bei weitem nicht ganz so dicht gedrängt wie sonst, doch eine recht ordentliche Atmosphäre herrschte auch beim Duell mit den Maltesern. Zumindest im zweiten Spielabschnitt. Am Ende der ersten Halbzeit ertönte noch ein gellendes Pfeifkonzert, das Starensemble des BVB 09 ließ zwei Gegentore zu. Der Spielstand: 2:2. An Peinlichkeit kaum zu überbieten. Nach der 1:0-Führung von Michael Zorc konnte Crawley mit seinen beiden Treffern in der 11. und 18. Minute das Spiel drehen. Nur Dank des Eigentores von Delia stand es überhaupt 2:2. In der zweiten Halbzeit wurde dann ein Gang zugelegt. Rackizacki wurde nun fünfmal im Tor des FC Floriana eingenetzt und somit ein standesgemäßes Ergebnis erzielt. Frank Mill machte dabei zwischen der 72. und 90. Minute einen lupenreinen Hattrick. Auf die Frage des Dortmunder Kumpels, ob es mir denn gefallen habe, kam von mir ein klares Ja. Gern jederzeit wieder. Die Fußballwelt bestand schließlich nicht nur aus Bayer 04. „Prima, dann schau doch auch mal auswärts vorbei! Am dritten Oktober bei Wattenscheid 09!" empfahl mein neuer Dortmunder Kumpel.

+++ Ankunft mit dem Sonderzug (1992) +++

Eine gute Idee, die am Tag der Deutschen Einheit in die Realität umgesetzt wurde. 1990 stand ich mit meinem Dad vor dem Reichstag und sah die deutsche Fahne am Mast empor gleiten. Exakt zwei Jahre

später stand ich mit Karsten und tausenden BVB-Fans auf der Gästetribüne des Bochumer Ruhrstadions. Die Wattenscheider standen dort, wo eigentlich die Anhänger des Rivalen VfL Bochum ihren Platz haben. Bei großen Duellen musste die SGW 09 von der Lohrheide an die Castroper Straße umziehen. Bei einer Zuschauerzahl von 25.000 wie gegen den BVB 09 erschien dies auch durchaus angebracht. Rund 15.000 drückten den Borussen die Daumen, der Rest war Wattenscheid oder einfach nur neutral. Ein Auswärtsspiel als Heimspiel – da sollte man ordentlich Dampf machen. Taten die Dortmunder auch. Stéphane Chapuisat in der fünften Minute und Frank Mill nur Sekunden danach – 2:0 für Borussia Dortmund. Das rockte wirklich gut. Nach knapp einer halben Stunde unterlief BVB-Keeper Stefan Klos ein Eigentor, Anschlusstreffer für die SG Wattenscheid 09. ‚Stoffel' merzte seinen Fehler jedoch wieder aus, in dem er in der 36. Minute einen Elfmeter von Souleyman Sané hielt. Als der Dortmunder Publikumsliebling Chapuisat in der 66. Minute nach Vorarbeit von Zorc zum 3:1 aus Sicht des BVB 09 vollenden konnte, kannte der Jubel beim schwarz-gelben Anhang keine Grenzen mehr.

Das nächste Heimspiel der Borussia war nach diesem großartigen Auftritt im Bochumer Ruhrstadion gebongt. Rein ins Auto und nichts wie hin zum Dortmunder Westfalenstadion! Im Parkhaus noch eine gemeinschaftliche Büchse Bier und dann hinein in die gute Stube. Und ich wurde nicht enttäuscht. Im Gegensatz zum Europapokalspiel gegen den FC Floriana herrschte beim Heimspiel gegen den Hamburger SV im Block 13 und in den Nachbarblöcken richtiges Gedränge. Nichts für Leute mit Platzangst. Beim Einlaufen der Mannschaften ging die Post ab. Die Stufen bebten, als tausende Dortmunder das „Heja BVB!" oder ein „Chapi, Chapi, Chapi, Chapuisat!" anstimmten. Konfetti, Bierdeckel, Pilsdeckchen, Fahnen, Schals – alles flog und wehte kreuz und quer. Ehe man sich versah, zündete direkt vor einem jemand ein Bengalo oder einen Feuerregen. Niemand störte sich

daran, alles war so hübsch chaotisch und unorganisiert. Geplante Pyro-Aktionen gab es meist nicht. Jeder zündete sein Zeug, wann es ihn beliebte. Meistens zu Beginn des Spiels, bei einem Tor oder aber mal völlig aus der Kalten. Das Spektakel war für einen Neuling faszinierend und beängstigend zugleich. Erwischte einen ein Heimtreffer aus dem Nichts, weil man nicht den entsprechenden Spielzug gesehen, sondern nur die Fans rings um einen herum beobachtet hatte, stolperte man beim Jubel locker zehn Stufen hinunter und fand sich an ganz anderer Stelle wieder. Mögen fliegende Bierbecher auch in der Gegenwart noch vorkommen, doch suchten die Bierduschen im Dortmunder Block 13 ihres gleichen. Tor von Flemming Povlsen?! Hoch die Arme, weg das Bier! Kuttenträger mit aufgerissenen Augen stürzten die Treppen hinab, als gäbe es kein Morgen mehr. Glückseligkeit in Vollendung. Kein Wunder, dass viele Fußballspieler und Fans der Meinung sind, ein entscheidendes Tor sei geiler als jeder Orgasmus. Wenn man die sich umarmenden und abknutschenden Männer sah, fiel einem das nicht schwer zu glauben. Ach ja, wie das Spiel gegen den HSV damals ausging? 3:1! Also dreimal pogen, dreimal um die körperliche Unversehrtheit bangen, dreimal Adrenalinausschüttung. Und das nach einem Rückstand! Harald ‚Lumpi' Spörl sorgte nach gut einer halben Stunde für die Hamburger Führung, in den zweiten 45 Minuten dann die brachialen emotionalen Entladungen Dank Michael Rummenigge, Povlsen und Chapuisat.

Generell galt zu jener Zeit bei Borussia Dortmund: Jedes Spiel war eine Schlacht. Und Michael Schulz (gegen den HSV allerdings nicht im Aufgebot) war der Kämpfer in der ersten Reihe. Bei den gegnerischen Fans hieß er nur „Schulz, du Sau!", bei den Dortmunder Fans war er ein Held, der stets mit „Schuuulz, Schuuulz, Michael Schulz!" angefeuert wurde. Selbst 23 Jahre später lesen sich die damaligen Mannschaftsaufstellungen des BVB großartig: Frank Mill, Michael Schulz, Michael Zorc, Knut Reinhardt und nicht zu vergessen Günter Kutowski. Das waren Spieler, die auch mal richtig draufgehen konnten. Eine prima Mischung aus Spielkultur und Kampf. Leider hatte es damals nicht für einen Meistertitel gereicht. Erst als Michael Schulz in Bremen und Frank Mill in Düsseldorf spielten, konnte der BVB im Mai 1995 die erste Meisterschaft nach 32 Jahren gewinnen. Aber auch ohne Titelfeier hatte ich in Dortmund eine richtig gute Zeit erlebt. Unvergessen zum Beispiel das Heimspiel gegen den 1. FC Nürnberg am 28. November 1992. Zweimal ging der Club in Führung, in der letzten Viertelstunde drehte Dortmund die Partie. Zuerst sorgte Zorc in der 75. Minute per Elfer für den Ausgleich, dann ließen Reinhardt und Chapuisat in der 89. und 90. Minute den schwarz-gelben Mob vor

Freude kollektiv ausrasten und abfeiern. Es wäre interessant zu wissen, wie viele umgeknickte Beine, blaue Flecken und Prellungen es auf der Südtribüne bei solch einem Spiel gegeben hatte. Und was noch hängen blieb von meinen Besuchen in Dortmund? Der gerufene Schlachtruf „Wempe-Zeit, Wempe-Zeit!" (der Juwelier Wempe präsentierte damals die verbleibende Zeit, oder war es der Spielstand?) und die elendig lange Wartezeit im Parkhaus nach dem Spiel. Allein dieser Fakt hielt mich davon ab, in den kommenden Monaten weiterhin mit dem Mitbewohner im Auto nach Dortmund zu fahren. Lieber düste ich mit dem Zug durch NRW und stattete dem einen oder anderen Heimspiel einen Besuch ab.

Am 19. Oktober 1992 gab es für Karsten und mich ein denkwürdiges Spiel. Nach der Partie in Köln konnten wir nun wieder einen Auftritt des Celtic FC sehen. Die ‚Boys in Green' zu Gast im Westfalenstadion. Auch bei diesem Duell standen wir im Gästeblock, doch war jenes Spiel, das die Borussia Dank eines Treffers von Chapuisat mit 1:0 für sich entscheiden konnte, bei weitem nicht so aufregend wie das in Müngersdorf. Nachdem Dortmund auch in Glasgow gewinnen konnte (2:1), durfte in der nächsten Runde Real Saragossa begrüßt werden. Von der Südtribüne aus feierten wir einen 3:1-Erfolg gegen das spanische Team, bei dem Andi Brehme mit auf dem Platz stand. Im Viertelfinale gegen die Roma war es nicht mehr möglich, an Karten zu kommen, gleiches galt für das Halbfinale gegen Auxerre. In den beiden Finalpartien – damals wurde das Finale des UEFA-Cups noch mit Hin- und Rückspiel ausgetragen – war schließlich Juventus Turin eine Nummer zu groß. Die Begegnungen wurden mit 1:3 und 0:3 verloren. Die Revanche erfolgte vier Jahre später im Finale der Champions League.

+++ Beim BVB (1992) +++

+++ Borussia Dortmund vs. Eintracht Frankfurt (1992/93) +++

Heißer Herbst 1992:
Weitere Kracher im tiefen Westen

Zurück zum Herbst 1992. Neben denen von Borussia Dortmund gab es noch ganz andere Spiele, die eine Erwähnung wert sind. Der Auftritt des Eisenhüttenstädter FC Stahl bei Rot-Weiss Essen zum Beispiel. Liest sich skurril – und das war es auch! Der EFC Stahl stand 1991 im Finale des letztmalig ausgetragenen FDGB-Pokals. Jenes wurde 0:1 gegen den Meister FC Hansa Rostock verloren, doch als Finalist durfte Eisenhüttenstadt 1991/92 beim Europapokal der Pokalsieger antreten. Bei diesem Wettbewerb wurde der EFC Stahl über die Region Nordost hinaus schlagartig bekannt, denn der Gegner in der ersten Runde war kein geringerer als Galatasaray Istanbul. Für mehr Ruhm reichte es aber nicht, die Partien gingen mit 1:2 und 0:3 verloren. Da 1992 der Brandenburgische Landespokal geholt wurde, wartete im Herbst das nächste große Abenteuer auf die Jungs aus der einstigen Stalinstadt. Der EFC Stahl stieg in der zweiten Runde des DFB-Pokals ein und hatte den Wuppertaler SV zu Gast.

Vor 1.700 Zuschauern wurde der WSV im Stadion der Hüttenwerker mit 5:4 im Elfmeterschießen aus dem Wettbewerb gekegelt. Für die ‚Wupsis' musste das eine ganze besondere Erfahrung gewesen sein. Und Stahl hatte noch nicht genug, auch auswärts sollte das nächste NRW-Team dran glauben!

Rund 8.000 Zuschauer hatten sich am 10. Oktober 1992 im Georg-Melches-Stadion eingefunden, um das Duell mit dem Team aus dem tiefsten Osten zu sehen. Schwer zu sagen, wie viele Gästefans vor Ort waren. Zwei Busladungen voll mögen es gewesen sein. Einen eigenen Block hatten sie damals nicht erhalten, viel mehr durften sie sich hinter dem Tor zwischen die Essener stellen. Der eigentliche Fanblock der RWE-Anhänger befand sich auf der Gegengerade. Das wäre ja alles nicht so wild gewesen – wer rieb sich im Ruhrgebiet schon an einem Team aus Eisenhüttenstadt? –, wenn da nicht zwei Faktoren gewesen wären.

+++ Müngersdorfer Stadion (Anfang der 90er) +++

Zum einen ging der EFC Stahl gleich zweimal in Führung und brachte die RWE-Fans zur Verzweiflung, zum anderen hatten die Gästefans eine DDR-Fahne gehisst. Das genügte, um ein paar Essener auf den Plan zu rufen. Ehe die armen Hütte-Fans sich versahen, gab es ein paar gesemmelt. Unruhe auf der Hintertor-Tribüne. Große Erleichterung bei den RWE-Fans dann in der Schlussphase des Pokalfights. Thomas Ridder und Christian Dondera sorgten für den Essener 3:2-Sieg. Das war Maloche wie es im Buche steht. Rot-Weiss Essen wie man es sich vorstellte. Zwar konnte ich nicht von Begeisterung sprechen, doch angetan war ich durchaus. Selbst in der aus heutiger Sicht genannten Old-School-Zeit war jenes Ambiente noch ein Schippchen mehr Old School. Und zwar ein großes Schippchen!

Der damalige Herbst hatte noch eine Perle zu bieten. 7. November 1992. Ein Verein aus meiner Heimatstadt war zu Gast in meinem neuen Wohnort. Die

Losfee zauberte im Achtelfinale der DFB-Pokalsaison 1992/93 die Partie Bayer 04 Leverkusen gegen Hertha BSC aus der Trommel. Ich war baff. Da wohnte ich gerade ein Jahr in der Stadt der Pillendreher und schon schaute die Alte Dame, die in der zweiten Liga vor sich hin kickte, im Haberland-Stadion vorbei. Für die erstligaverwöhnten Leverkusener mochte dies ein langweiliges Los gewesen sein, für mich war es ein echter Knaller! Ich hoffte nur, dass der Gästeblock nicht so kläglich gefüllt sei, wie ein Monat zuvor beim eingangs erwähnten Auftritt im Remscheider Röntgenstadion. Für mich stand außer Frage, bei diesem Match würde ich vom C-Block in den Gästeblock wechseln. In diesem Fall würde ich ganz klar das Team aus meiner Heimatstadt unterstützen. Und somit trennten sich an jenem Tag Karstens und meine Wege, er mit Bayer-Schal, ich mit einem hellblauen Hertha-Schal. Weshalb der hellblau war wusste niemand. Vielleicht ein Produktionsfehler. Vielleicht sollte er ein Chemnitz-Schal werden und beim Weben wurde der falsche Knopf gedrückt. Später wollte auf irgendeiner Fußballtour ein Hertha-Fan unbedingt dieses himmelblaue Stück eintauschen. Gegen was? Ich kann mich beim besten Willen nicht mehr dran erinnern. In Erinnerung blieb, dass mich dieser Fan das gesamte Spiel über belabert und mich dazu gedrängt hatte, diesen Schal herzugeben.

Sei wie es sei, bei jenem Spiel im Haberland-Stadion trug ich das himmelblaue Stück und drückte Hertha ganz feste die Daumen. Das Geschehen am Gästeblock kurz vor Anpfiff konnte sich sehen lassen. Nach dem traurigen Schauspiel in Remscheid wusste die Berliner Fanszene zu überzeugen. Rund 800 Herthaner waren vor Ort, der Großteil wartete bis zu Spielbeginn draußen, um dann eine durchaus gelungene Überraschungsaktion zu starten. Als das Heimpublikum bereits dachte, Hertha sei die Lachnummer schlechthin, stürmten die Blau-Weißen in den Gästeblock. „Hurra, hurra, die Berliner, die sind da!" Geile Nummer. Jetzt noch ein Berliner Sieg und alles wäre perfekt. Und es schaute gar nicht so schlecht aus. Der Zweitligist hielt bei der Spitzenmannschaft der ersten Bundesliga, Leverkusen war zu jenem Zeitpunkt hinter den Bayern auf Rang zwei zu finden, gut mit und verteidigte geschickt. Je länger hinten die Null gehalten werden konnte, desto lauter wurde das „Ha Ho He!". Los kommt, Jungs! Locht ein und macht Berlin endlich mal wieder auf einen seiner Fußballvereine stolz! Die Spannung stieg. 80 Minuten waren bereits runter, die Verlängerung nahte. Und dann kam ausgerechnet Andi Thom und machte das 1:0 für Bayer 04. Souverän spielte die Werkself die restliche Zeit herunter. Ja, es war ein Stich in mein Berliner Herz. Aus, vorbei. Hertha war raus. „War doch klar, dass Hertha keine Chance haben würde!", meinte Karsten nach dem Spiel lapidar. „Pah, Scheiße hier. Nicht mal 6.000 Zuschauer hier, voll lächerlich!", maulte ich. „Ja, ist ja jut. Aber euer Auftritt bei Spielbeginn war schon echt cool!", versuchte er mich aufzumuntern.

Meine Stimmung hellte sich wieder auf, als ich mir abends noch einmal vor Augen führte, was am Tag zuvor passiert war. Die Amateure von Hertha BSC hatten Hannover 96 mit 4:3 aus dem Wettbewerb geworfen. Die Hertha-Bubis im Viertelfinale! In der zweiten Runde hatten sie SGK Heidelberg geschlagen und in der dritten Runde folgte ein achtbares 4:2 gegen den Zweitligisten VfB Leipzig. Und wer Hannover schlagen kann, der könnte im Viertelfinale auch den 1. FC Nürnberg packen. Und in der Tat, am 1. Dezember 1992 wurde der Club mit 2:1 bezwungen, Bayer 04 gewann indes 2:0 beim FC Carl Zeiss Jena. Jetzt nur kein Aufeinandertreffen im Halbfinale! Doch dazu später mehr.

Zum Ende des Jahres gab es noch zwei weitere Fußballspiele, die sich auch Jahre später von all den anderen hunderten gesehenen Partien abheben. Zum einen der Kölner Auftritt im Gelsenkirchener Parkstadion am Nikolaustag 1992, zum anderen die Rangers-Invasion im Bochumer Ruhrstadion drei Tage später beim CL-Spiel gegen ZSKA Moskau. Schalke gegen Köln, ein Duell, das die Freunde der dritten Halbzeit verstärkt auf den Plan rief. Da uns bekannt war, dass die Schalker nicht nur vom in der Kurve befindlichen Block 5 aus, sondern auch auf der Haupttribüne im Block I mächtig Stimmung machten, wollten wir die Nahtstelle zwischen dem Gästebereich (Blöcke 7 bis 10 bzw. 12) und der monströsen Sitzplatztribüne gut im Auge behalten. Für acht Mark erwarben wir eine ermäßigte Stehplatzkarte für Block 7 und stellten uns dort zwischen die eher gemäßigten Kölner Fans. Die sportliche Truppe, die passenderweise mit roten Nikolausmützen angereist war, fand sich im Bereich zur Haupttribüne hin ein. 33.100 Zuschauer, unter ihnen ein ansehnlicher Gästemob, hatte sich an jenem Sonntagabend im Parkstadion eingefunden. Das entsprach etwa dem damals üblichen Zuschauerschnitt des FC Schalke 04. Richtig voll wurde es eigentlich nur bei den Partien gegen den FC Bayern München und natürlich den Erzrivalen Borussia Dortmund. Bei nicht allzu interessanten Spielen kam es durchaus vor, dass vor nur 25.000 Zuschauern gespielt wurde.

An der Außenlinie standen beim Duell Schalke gegen Köln zwei Trainer, die den 90er-Jahre-Fußball kräftig mitgeprägt hatten: Udo Lattek bei den Knappen, Jörg Berger bei den Geißböcken. Und auch auf dem Platz standen sich Spieler gegenüber, die man damals aus den Eff-Eff kannte. Holger Gehrke, Thomas Linke, Steffen Freund, Yves Eigenrauch, Radmilo Mijajlovic, Ingo Anderbrügge, Bent Christensen, Aleksandr Borodyuk beim S04, Bodo Illgner, Karsten Baumann, Pierre Littbarski, Patrick Weiser, Olaf Janßen, Frank Ordenewitz und Henri Fuchs bei den Kölnern. An welchen Spieler der damaligen Aufstellung habe ich eigentlich nicht sofort vor Augen? Ganz ehrlich? Es gibt einen einzigen Spieler der 25 insgesamt zum Einsatz gekommenen Fußballprofis, an den ich beim besten Willen nicht erinnern kann: Günter Güttler. Dieser Name sagt mir überhaupt nichts. Nie gehört. Ich bin erstaunt, dass er in der Schalker Anfangself stand. Nun dauert es ja nur Sekunden, um auf Seiten wie transfermarkt.de fündig zu werden. Immerhin von 1990 bis 1994 stand er als Abwehrspieler bei den Königsblauen unter Vertrag. Mir dämmert nichts. Dieser Kerl ist mir völlig entfallen – und das heißt schon was. Um es anders auszudrücken: Er schien keine Reizfigur gewesen zu sein. Kein Typ a la Michael Schulz.

+++ Kölner in Gelsenkirchen +++

Während am Nikolausabend in der 23. Spielminute Radmilo Mihajlovic mit seinem Treffer des Tages die Schalker Fans glücklich machte, hatten die Kölner Hools eine Überraschung parat. Ehe sich Ordner und Polizei versahen, wurde der Trennzaun zwischen Gästebereich und Haupttribüne aufgeschnitten und der untere Sitzplatzbereich in alter 80er-Jahre-Manier gestürmt. Über die Köpfe der rennenden Kölner hinweg sauste noch eine Leuchtkugel in Richtung Schalker Publikum. Die sportliche Garde der Knappen ließ sich jedoch nicht lange bitten und blies zum Gegenangriff. Wenig später stürmten auch behelmte Polizisten die Tribüne und trieb die Kölner zurück in den Gästeblock. Zu sehen war das Ganze in kurzen Sequenzen bei der Sat.1-Sendung ran. „Das ist ja ganz grausam!", wurde der Zwischenfall kommentiert. „Kölner Fans außer Rand und Band", hieß es etwas später. Dementsprechend heiß diskutiert wurde die Aktion am kommenden Morgen in all den Werkstätten, Büros und Schulen. Wie mutig waren die Kölner wirklich? Unter dem Strich bleiben selbst nach 22 Jahren die Erinnerungen wach und nicht wenige aus jener Zeit sind der Meinung, dass dies eine durchaus gelungene Aktion war. Keine Frage, die Kölner aus dem 38er waren für die eine oder andere Überraschung gut.

Drei Tage später bereits das nächste Highlight. Schauplatz Ruhrstadion. Nicht der dort beheimatete VfL Bochum, sondern der amtierende russische Meister ZSKA Moskau musste dorthin sein Champions-League-Heimspiel gegen die Glasgow Rangers verlegen. Die russische Hauptstadt wurde von sibirischer Kälte heimgesucht und da dort ein Fußballspiel auf europäischem Parkett nicht zu denken war, wurde kurzerhand ein paar tausend Kilometer weiter westlich gespielt. Den Rangers wird es recht gewesen sein, verringerten sich die Reisekosten deutlich. Kein Wunder also, dass rund 7.000 Schotten die Möglichkeit wahrnahmen, um bei diesem Spiel dabei zu sein. Nicht wenige werden die Gelegenheit genutzt haben, um in Deutschland noch ein paar Weihnachtseinkäufe zu tätigen. Dass dies ein klares Heimspiel für die Rangers werden würde, lag auf der Hand. Insgesamt waren es knapp 10.000 Fußballfreunde, die den Weg ins Ruhrstadion auf sich genommen hatten. Vielleicht waren es zirka 500, die ZSKA die Daumen gedrückt hatten. Kumpel Jan aus Frankfurt an der Oder inklusive. Der Rest war neutral und bestaunte das bunte Treiben auf den Rängen. Im fast gesamten Stadion waren die Zäune beflaggt. Großbritannien- und Rangers-Fahnen an jeder Ecke. Der Support war allerdings nicht mit dem des Celtic-Auftritts in Köln vergleichbar. Vielleicht waren einfach zu viele Exil-Schotten vor Ort, ein gemeinsamer Gesang kam leider allzu selten zustande. Die erste richtig fette Chance des Spiels hatten die Russen bereits nach einer Minute. Ein Angreifer

lief allein auf den Rangers-Keeper Andy Goram zu, konnte den Ball jedoch nicht im Kasten unterbringen. Und auch im anschließenden Getümmel vermochte es ZSKA nicht, die 1:0-Führung klarzumachen. Besser machte es der schottische Meister. Nach knapp einer Viertelstunde kam Ian Ferguson aus der zweite Reihe und netzte über den herumirrenden ZSKA-Keeper Aleksandr Guteev ein. Der folgende Torjubel auf dem Platz und den Rängen konnte sich wahrlich sehen lassen und war allein das Eintrittsgeld wert gewesen. Nach einem weiteren Auswärtsspiel mit Bayer 04 auf dem Gladbacher Bökelberg – wieder ging die Partie 2:2 aus – konnte sich langsam aber sicher auf den Heimaturlaub in Berlin gefreut werden.

DEUTSCHE LUFTHANSA AG

Passenger cpn

NUR GUELTIG WIE HIER GEBUCHT

Verbindungsflugscheine / Conjunction tickets					Ausgangsort/Bestimmungsort Origin/Destination			SIT/ATLASREISEN		
Flugschein und Gepäckabschnitt gemäß den Vertragsbedingungen								LEVERKUSEN		
Ausgabedatum Date of issue		16MAR3		Reserv. Nr. Booking ref.	93AX			GERMANY		DE
BSP-DE	Passenger ticket and baggage check Subj. to Cond. of Contract in this ticket			Ausgestellt im Umtausch für Issued in exchange for				232,22426		

Name des Fluggastes (nicht übertragbar)
Passenger name (not transferable)

BERTRAM/MARCO MR   73

X/O Berechtigt nicht zur Beförderung von / Not good for passage from	LVG Carrier	Flug Flight	Klasse Class	Datum Date	Zeit Time	Status Status	Tarifbasis Fare basis	Nicht gültig vor Not valid before	
VOID VOID VOID	VOID	VOID		VOID				VOID	VOID
VOID VOID VOID		VOID		VOID				VOID	VOID
DUESSELDORF	LH	4034	K	07APR	0730	OKKAP3M	ZZ	07APR07AP	
MANCHESTER MANLH		4057	K	13APR	1835	OKKAP3M	ZZ	13APR13AP	

Gep. aufgeg./H'gep. Ck'd/unck'd	Stück Pcs.	Gewicht Wt.	H'gep. Gew. Unchecked	Stück Pcs.	Gewicht Wt.	H'gep. Gew. Unchecked	Stück Pcs.	Gewicht Wt.	H'gep. Gew. Unchecked	Stück Pcs.	Gewicht Wt.

Flugpreis
Fare

DEM 341.00DUS LH MAN107.22LH DUS107.22NUC214.44END ROE1.58766

Entr. Gegenwert
Equiv. fare pd.

DEM 6.00DE

Steuer
Tax

Steuer
Tax

Steuer
Tax

Bezahlungsart
Form of payment

INV

Gesamtbetrag
Total

DEM 347.00

A/L Agent info
A/L Agent info

Coupon Nr. Cpn	Airline Code	Form und Seriennummer Form and serial number	Ck Ck

⊙ 220   3511339661 4 ⊙

App. code
App. code

Tour code
Tour code

Erstausstellung
Original issue

CGN16MAR93/2322242

Bitte dieses Feld nicht beschreiben und nicht bestempeln
Do not mark or write in the white area above

Printed in the Fed. Rep. Germany · Bartsch International. Munich-Ottobrunn · Color-Sport CS

Erste Abstecher ins Mutterland des Fußballs

Zurück aus den Weihnachtsferien. Willkommen in der Chemiemetropole! Trübes Wetter im Rheinland, im düsteren Nebel leuchtete blass das riesige Bayerkreuz. Die Stimmung war auf dem Nullpunkt. Und jeden Tag der gleiche Ablauf: Morgens im Frühstücksraum des Wohnheims die Nutella-Brötchen schmieren, dann mit dem Bus zum Bayerwerk, ab in die Umkleide, Blaumann an und in der Lehrwerkstatt elektronische Schaltungen entwerfen und Anlagen verdrahten. Mittags in der Kantine für fünf Mark den Bauch mit Reis, Geschnetzeltem und reichlich Nachtisch vollhauen und anschließend mit Mühe die Augen aufhalten und die Minuten bis zum Feierabend zählen. Auf dem Klo ein paar Minuten dösen, die bereits abgegriffene, spekkige Express lesen und weiterhin die verbleibende Zeit bis Dienstschluss ausrechnen. Wann ist Rückrundenstart? Im Februar? Bäh, der Januar, was für ein scheiß Monat! Mir fiel die Decke auf den Kopf. Die Leitung im Wohnheim nervte in einer Tour und die Alte schlich abends durch die Flure und schaute, ob alle nach 22 Uhr auf ihren Zimmern waren. Was für ein Kindergarten! Unter dem Strich fühlte ich mich im Rheinland pudelwohl, keine Frage, doch phasenweise hätte ich nur kotzen können. Keine Freundin am Start und auch keine in Sicht. Wie auch? Im Wohnheim nur Männer. In der Ausbildungsklasse nur Männer. In der Freizeit nur Fußball. Wie hätte ich da ein Mädel kennenlernen sollen? Ich ließ nichts unversucht. Mal ging ich mit Karsten zur Jungen Gemeinde – nur mit der Absicht, dort vielleicht Frauen zu treffen. Mal ließ ich mich von den Kumpels in der Ausbildungsklasse auf irgendwelche Cocktailpartys im Bergischen Land mitnehmen. Lustig war's, aber mit passenden Mädels kam ich eher selten ins Gespräch. Kurzum: Ich hatte mentale Durchhänger. Und Anfang Januar 1993 war es besonders schlimm. Ich wollte ausbrechen, was komplett Neues erleben. Und da Karsten und ich nicht auf den Kopf gefallen waren, lag ein Plan bereits in der Schublade.

Auf nach England! Einfach zwei Flugtickets buchen und für drei Tage nach London düsen. Nicht bis zu den Osterferien warten, sondern jetzt gleich in zwei Wochen! Ab ins Reisebüro in Leverkusen-Mitte und das nötige Kleingeld auf den Tisch gelegt. Bereits im Herbst hatten wir die Fahrt zum Auswärtsspiel von Bayer 04 im Frankfurter Waldstadion auf zwei Tage ausgedehnt und nahe der berüchtigten Bahnhofsgegend ein Zimmer genommen. Bereits in der Mainmetropole stellten wir fest, dass wir gemeinsam öfters auf Tour gehen könnten.

Da ich zum Jahreswechsel 1992/93 bereits auf Achse war – mit einem Berliner Freund ließ ich es in Prag anlässlich der Teilung der CSFR (Tschechien und Slowakei) mit unzähligen Flaschen Krimsekt mächtig krachen –, war ich bereits auf Betriebstemperatur und wollte in Leverkusen erst gar nicht tiefer in das mentale Loch fallen. Mir war es relativ egal, wo es hingehen würde. Hauptsache wieder paar Tage weg. Karsten schlug London als Reiseziel vor, weil er dort bereits einmal war und überaus gute Erinnerungen an diese Stadt hatte. Mitte Januar fuhren wir schließlich mit der S-Bahn am Abend vor dem Abflug zum Flughafen Düsseldorf und schlugen bis sechs Uhr morgens die Zeit tot. Fußballspielen mit einem zerknüllten Stück Papier und Gespräche über die Jugend ließen das Warten recht kurzweilig werden. Noch einen Kaffee und dann ab in den Flieger. London is calling. Dort angekommen ging's zur erstbesten Zimmervermittlung. Für einen verdammt guten Schnupperpreis erhielten wir ein Doppelzimmer in der City. Oben im Zimmer erst mal ein Tässchen Tee gemacht und die Glotze kurz eingeschaltet. BBC1, BBC2, Sky

+++ Altes Stadion des Wimbledon FC (1993) +++

News und ganz wichtig: Sky Sports. Fußball zum Aufwachen, Fußball, wenn wir in der Nacht im Zimmer den zurückliegenden Tag noch einmal Revue passieren lassen. Den Freitag verbrachten wir mit einem ausführlichen Stadtrundgang, am Wochenende sollte dann die Premier League Partie Queens Park Rangers vs. Manchester United das Highlight dieses Kurztrips werden. Samstagvormittag ging es nach Toast und Tee im Frühstücksraum, in dem man trotz der Anwesenheit zahlreicher Hotelgäste eine Stecknadel auf den Boden hätte fallen hören können, mit der Tube zum Stadion von QPR an der Loftus Road. Bei der Nachfrage wegen der Tickets für das ManU-Spiel erfuhren wir, dass die Partie kurzfristig auf Montagabend verlegt wurde. Sky Sports wollte diese Begegnung live übertragen und bestimmte in England bereits damals den Spielplan. Fuck! Sonntagabend saßen wir bereits im Flieger nach Deutschland. Der Mitarbeiter der Queens Park Rangers sah uns unsere Enttäuschung an und bot uns daraufhin einen Rundgang durch das Stadion an. Gratis natürlich. Und da er dachte, wir hätten das Spiel nicht wegen der Red Devils, sondern wegen des über die Ländergrenzen hinaus eher unbekannten Londoner Fußballklubs sehen wollen, schenkte er uns zum Abschied noch zwei Anstecknadeln mit Vereinsemblem. Eine nette Geste, die dazu führte, dass Karsten später sogar einen blau-weißen QPR-Schal kaufte und diesen durch die Stadt spazieren trug.

Eine Alternative musste her. Bei der Auswahl an Vereinen war dies in der englischen Hauptstadt kein echtes Problem. Irgendein Londoner Klub hat immer ein passendes Heimspiel. Sei es Arsenal, Chelsea, Millwall, West Ham, Charlton Athletic, Wimbledon, Crystal Palace oder Tottenham. Der Weg führte als erstes zu den Gunners, doch als uns dort mit unfassbarer Unfreundlichkeit begegnet wurde, sagten wir ganz schnell adieu und wünschten diesem Verein, dass er niemals mehr einen Titel holen möge. Da konnte es für uns nur noch eine Wahl geben – und zwar den

Erzrivalen des Arsenal FC: Ab zum Tottenham Hotspur Football Club! Auf mit dem Nahverkehrszug zur White Hart Lane! Vorbei an den tristen, typisch englischen Wohnhäusern. Kick off 3 pm. Für 14 britische Pfund erhielten wir ein Ticket im South Upper Block W hinter dem Tor. Neben uns in Sichtweite befand sich der Gästeblock, in dem sich zirka 2.000 Fans von Sheffield Wednesday eingefunden hatten. Das Stadion war zu jener Zeit ein Schmankerl für jeden Nostalgiker. Teils sehr alte Tribünen und eine richtig gute englische Stimmung. Immer wieder ertönte aus dem Gästebereich ein lautstarkes „Weeeeednesdaaaaaay!" Ein Schlachtruf, der mir bis heute in den Ohren klingt. Achtsam sein musste man, was das Fotografieren betraf. Es galt den Moment abzupassen, wenn sämtliche Ordner im Umkreis einen den Rücken zugedreht hatten. Dann ein Schnappschuss und nichts wie weg mit der Kamera in die Jackentasche. Keine Ahnung, weshalb sie dort an der White Hart Lane diesbezüglich so auf Zack waren, in anderen englischen Stadien interessierte es niemanden, wenn man Erinnerungsfotos anfertigte. Selbst im Old Trafford nicht.

+++ Typisches englisches Wohngebiet +++

Die Spurs machten an jenem Nachmittag das Spiel, Wednesday machte die Tore. Vor über 25.000 Zuschauern machte Bright nach knapp einer Stunde die erste Bude für die Gäste, unmittelbar vor Spielende legte Hirst noch einen Treffer nach. Teddy Sheringham im Trikot der Spurs ging an diesem Tag leer aus. Nach

+++ Maine Road von Manchester City (1993) +++

dem Spiel wollten Karsten und ich mit einem der berühmten roten Doppeldeckerbusse eine Runde spazieren fahren. Wir ließen uns treiben, setzten uns in den erstbesten Bus und fuhren drauflos. Das Ziel der abendlichen Tour: Die Randgebiete im Osten Londons. Eine prima Idee! Die Gebäude wurden niedriger, die Straßen wirkten zunehmend verwahrloster. An allen Ecken immer das gleich Schild. „For sale". Paar Kilometer weiter wurde das Szenario immer interessanter. Im Bus waren wir die letzten verbliebenden Weißen und auch auf den Bürgersteigen liefen nur noch Farbige – wenn man Inder und Pakistani mit zuzählt. Heiliger Bimbam! Und was nun? Aussteigen? Hier in dieser verkommenen Gegend? An der nächsten Haltestelle wurde es spannend. Eine Gruppe schwarzer Jugendlicher mit Ghettoblaster stieg lärmend ein. Die Jungs staunten nicht schlecht, was für zwei Trottel oben in der ersten Reihe sitzen. Hübsch die Touri-Nummer. Fein aus dem Fenster schauen. Anfangs setzten sich die Hinzugestiegenen weiter hinten hin, doch

es dauerte nicht lange, bis die ersten Rufe ertönten und ein Typ zu uns nach vorn kam. Ein Kerl wie aus einem Tarantino-Streifen. Ordentlich Muckis, eine schwere Goldkette am Hals. Mit finsterer Stimme fragte er irgendwas und beugte sich zu uns vor. Gleich würde er uns dermaßen in die Fresse hauen, dass die Heide wackelt. Ich sah uns bereits im nächsten Straßengraben liegen. Mit Platzwunden und ordentlich langgezogenen Eiern. Paar Sekunden verharrte er neben uns, und als ich dachte, im nächsten Moment würde er uns am Schlafittchen packen und aus dem Bus zerren, ließ er von uns ab, schlenderte zu seinen Kumpels und feierte mit diesen mächtig ab. Polterndes Gelächter. Da haben sich die beiden deutschen Puscher aber ordentlich in die Hose gepullert. Und selbst, wenn der Schlüpper wirklich nass geworden wäre, wir waren froh, aus dieser Situation heil raus gekommen zu sein. Wir fuhren bis zur Endhaltestelle – und dann nix wie zurück in Richtung City.

Drei Monate später stand noch einmal englischer Fußball an. Nach dem verpassten Auswärtsspiel von Manchester United bei QPR, sollte es nun in den Osterferien ein Heimspiel sein. Im gleichen Reisebüro wie Anfang Januar buchten wir die Flüge nach Manchester. 350 DM pro Person hin und zurück. Da es wieder in aller Frühe losging, mussten Karsten und ich auch dieses Mal die Nacht auf dem Düsseldorfer Flughafen verbringen. Die einzige Alternative war eine nächtliche Taxifahrt. Von Leverkusen aus eine teurer Spaß. Bei Ankunft wurden wir von zahlreichen Plakaten und Werbebotschaften begrüßt. ‚Manchester 2000‘. Wie auch Berlin hatte sich die englische Metropole für die Olympischen Spiele im Jahr 2000 beworben. Bekanntlich waren beide Bewerber kurze Zeit später aus dem Rennen, Sydney hatte den Zuschlag erhalten. Ein Fakt, der wiederum zum eingangs erwähnten Segelprojekt Berlin – Sydney 2000 führte. Später noch ein paar weitere Details dazu. Erst einmal: Welcome to Manchester! Dort war es im April 1993 gar nicht so

einfach, ein bezahlbares Doppelzimmer zu bekommen. Da wir jedoch eine ganze Woche dort verweilen wollten, erhielten wir letztendlich einen akzeptablen Preisnachlass, so dass unser Budget nicht gesprengt wurde.

Mit einem uralten Doppelstockbus ging es mit einem Vermittlungsgutschein in Richtung Innenstadt. Es rappelte und rumpelte dermaßen, dass einem angst und bange werden konnte. Würde diese Rostmühle beim nächsten Schlagloch gar auseinanderfallen? Im Innern roch es nach Abgasen und die miserable Luft erinnerte an die alten Ikarus-Busse, die in den 70ern und 80ern in Ostberlin und anderen Ostblock-Städten verkehrten. Im Winter wurde die Motorwärme mehr oder weniger ungefiltert in den Fahrgastraum geleitet, so dass es arg nach Abgase stank und die Luft im schlimmsten Falle richtig blau war. Ganz so schlimm war es in Manchester nicht, doch die eine Stunde Fahrtzeit in diesem Gerät ließ es in der Magengrube ein wenig grummeln. Direkt an den Gleisanlagen und einer mörderischen Kreuzung befand sich das Parkers Hotel, das die kommenden Tage unsere Bleibe sein sollte. Eingecheckt, Klamotten abgelegt und dann gleich wieder los. Obwohl es bis zum Spiel Manchester United vs. Sheffield Wednesday noch fünf Tage hin war, wollten wir uns schnellstmöglich um Tickets kümmern. Das Team von Alex Ferguson war auf dem besten Wege, nach langer Zeit endlich wieder einmal den Meistertitel zu holen und dementsprechend groß war der Zuschauerzuspruch. Mit einer modernen Straßenbahn ging es vorbei an alten Fabrikanlagen und verlassenen Backsteingebäuden zum Old Trafford. Dort erfuhren wir an der Kasse kurz und bündig: No chance! Das Spiel war restlos ausverkauft und es bestünde keine Möglichkeit, an Karten zu kommen. Außer, nun ja, auf dem Schwarzmarkt. Bei der anschließenden Runde auf dem Stadionvorplatz ließ der erste Verkäufer nicht lange auf sich warten. 25 Pfund wollte er pro Ticket haben, das Dreifache vom regulären Preis. Umgerechnet waren dies zirka 70 Deutsche Mark. Für damalige Verhältnisse ein ganzer Batzen Geld, doch was sollte man machen? Am Spieltag schauen, was noch geht? Womöglich würden die Schwarzmarktpreise dann nochmals anziehen. Also nicht lange diskutiert und dem Typen den 50-Pfund-Schein in die Hand gedrückt.

Das Spiel sollte das investierte Geld wert sein. Vom unteren Stehplatzbereich hinter dem Tor aus (Scoreboard Paddock Standing), ja diesen gab es damals noch, verfolgten wir die Partie aus. Manch ein Groundhopper hatte sich in diesem Block eingefunden, so auch zwei St. Paulianer, mit denen wir kurz ins Gespräch kamen. Auf der Gegenseite wurde gerade das legendäre Stretford End umgebaut und an die anderen mit roten Sitzschalen bestückten Tribünen angepasst. Es war die erste große Umbauphase der Neuzeit im Old Trafford, in den kommenden Jahren sollten noch einige Baumaßnahmen folgen, bis das Stadion doppelt so viele Zuschauer fasst wie im Frühjahr 1993. Es war ein überaus wichtiges Spiel. Nur

im Fall eines Sieges würde ManU weiterhin im Meisterschaftsrennen bleiben. Die Blackburn Rovers, Aston Villa und Norwich City waren die damaligen Konkurrenten. Der amtierende Meister Leeds United, von dem der charismatische Franzose Eric Cantona nach Manchester gewechselt war, hatte bereits den Anschluss zur Tabellenspitze verloren.

Manchester United gab alles, Angriff um Angriff rollte in Richtung des Gehäuses von Sheffield Wednesday. Angetrieben von Cantona, dessen Kragen mal wieder nach oben gestellt war. Damals bereits mit von der Partie der junge Ryan Giggs, der auch 21 Jahre später noch immer das rote Trikot trug. Zudem unter anderen in der Mannschaft der Red Devils: Roy Keane, Denis Irwin, Andrei Kanchelskis, Mark Hughes und Paul Ince. Und nicht zu vergessen der dänische Weltklassetorhüter Peter Schmeichel. Von hinten trieb er seine Mitspieler an, warf den Ball immer wieder weit, ganz weit nach vorn. Ebenso angetrieben wurden die Spieler von den Fans. Kein Vergleich zur heutigen eher tristen Atmosphäre in den Stadien der Premier League. Damals herrschte noch die berühmt berüchtigte englische Stimmung. Das gesamte Stadion erhob sich, wenn ManU vor das gegnerische Tor kam. Ohhhh. Aaaaah. „Come on United!" In der 65. Minute bekam Sheffield Wednesday einen Elfmeter zugesprochen, der von Sheridan souverän verwandelt wurde. Der Spielverlauf war auf den Kopf gestellt. Der Stimmung tat der Rückstand keinen Abbruch. Im Gegenteil, noch intensiver erfolgte der Support von den Rängen aus. United nun mit einem wahren Sturmlauf. Fünf Minuten vor Schluss die erste Erlösung. Nach gefühlvoll getretener Ecke von rechts köpfte Steve Bruce aus einiger Entfernung gekonnt in den linken Winkel. Was für eine kollektive Jubelorgie! Und es ging weiter. Noch forscher, noch kämpferischer, noch zielstrebiger. Eine Möglichkeit folgt der nächsten. In der 90. Minute dann die Krönung. Nach einer Flanke von rechts und der ungewollten Verlängerung eines Sheffield-Verteidigers war Steve Bruce wieder zur Stelle und köpfte den Ball in die Maschen. 2:1 für Manchester United! Es gab kein Halten mehr. Auch wir fielen uns in die Arme, man wurde von dieser berauschenden Party schlichtweg angesteckt. Es gab kein Entkommen, die Tränen rollten. Standing Ovations im gesamten Stadion. „Always look on the bright side of life!", ertönte es tausendfach. Der Großteil der 40.102 Zuschauer war komplett aus dem Häuschen. Was für ein verdammt geiles Spiel. Eines, das in die Geschichtsbücher gehen würde. Nach vielen mageren Jahren war nun der Weg zum Meistertitel geebnet, der am Ende der Saison schließlich eingefahren werden konnte. Der Glanz längst vergangener Zeiten – sprich jener der 50er und 60er Jahre – kehrte zurück ins altehrwürdige Old Trafford. Noch im Jahr 2011 nahm der Telegraph Bezug auf jene Partie vom 10. April 1993. In einem Rückblick auf die Trainerlaufbahn von Alex Ferguson hieß es wortwörtlich: „Key games in Sir Alex Ferguson's 25 years Old Trafford: Manchester United 2-1 Sheffield Wednesday".

Der Spielplan machte es damals möglich, dass wir zwei Tage darauf ein Heimspiel des Stadtrivalen Manchester City FC besuchen konnten. Für reguläre elf Pfund pro Ticket im North Stand Block R. Zu Gast: Der Liverpool FC. Auf dem Papier sicherlich ein Kracher, in der Realität wurde das ganze eher eine laue Nummer. Die Stimmung war nicht wirklich gut und auch der Gästeblock wusste an jenem Nachmittag nicht zu überzeugen. Vor 28.098 Zuschauern kickten die beiden Teams 1:1, immerhin hatten wir auf diesem Wege mal live einen Treffer der lebenden Legende Ian Rush gesehen. Goldwert war der Abstecher an die Maine Road in jedem Fall, denn das damalige, inzwischen abgerissene Stadion musste man gesehen haben. Die uralte Gegentribüne sah von außen aus wie ein riesiger finsterer Verschlag. Zwei Tribünen waren neu, eine von ihnen hatte ein markantes weißes welliges Dach. Insgesamt eine wirklich skurrile Kombination. Damals hätte man im Leben nicht dran gedacht, dass hier eines Tages ein millio-

+++ Old Trafford in Manchester (1993) +++

+++ Manchester City vs. Sheffield Wednesday (1993) +++

nenschwerer Spitzenklub in einer sauteuren Arena um den Titel und in der Champions League spielen würde. United war gerade aus dem Dornröschenschlaf erwacht, im Old Trafford war durchaus zu spüren, dass sich hier etwas bewegen wird. Doch City? Ich hätte keinen Pfifferling drauf gesetzt. Zu absurd erschien mir der Gedanke, dass in Manchester in Anbetracht der überall zu findenden Tristesse und Baufälligkeit Platz für zwei Vereine von Weltformat sei. Die damalige Olympiabewerbung schien die Initialzündung gewesen zu sein, Manchester entwickelte sich in den vergangenen zwanzig Jahren zu einer modernen Metropole.

Am Tag darauf war die Nachbarmetropole an der Mündung des Flusses Mersey Ziel eines Ausfluges,

um dort die in Sichtweite befindlichen Stadien des Liverpool FC und Everton FC zu besichtigen. Fast auf den Tag genau jährte sich damals die Hillsborough-Katastrophe zum vierten Mal. 96 Tote und 766 Verletzte gab es zu beklagen, als im Gästebereich des Hillsborough Stadions in Sheffield viel zu viele Fans hineingelassen wurden und es daraufhin am Zaun zum Spielfeldrand hin zum verheerenden Gedränge kam. Unter den Toten befand sich auch Jon-Paul Gilhooley, der Cousin des späteren Mannschaftskapitäns des Liverpool FC, Steven Gerrard. Dass auch nach 25 Jahren die Wunden noch längst nicht verheilt sind, war am 13. April 2014 zu sehen, als nach dem phantastischen 3:2-Sieg gegen Manchester City Gerrard in Tränen ausbrach. Selbstverständlich noch weitaus frischer waren die seelischen Wunden im April 1993, als wir am Stadion an der Anfield Road vorbeischauten. Unzählige Blumen lagen an dem dort errichteten Mahnmal, allein in der kurzen Zeit unseres kurzen Stopps kamen einige Leute vorbei und hielten inne. Die damalige Katastrophe traf die gesamte Anhängerschaft. Man darf von ausgehen, dass jeder aktive Fan des Liverpool FC mindestens eine betroffene Person persönlich kannte. Damals so recht begreifen konnten wir dieses Unglück nicht, zu jener Zeit vermischten sich im Geiste die Feuerkatastrophe von Bradford, die folgenschweren Ausschreitungen von Heysel und die Katastrophe von Hillsborough noch zu einem wirren Durcheinander. Erst später wurden mir die genauen Umstände der jeweiligen Tragödien bewusst. Allerdings macht es auch einen großen Unterschied, ob man sich heute mit einem Klick auf wikipedia informieren kann oder ob man damals das meiste nur über Hörensagen und über fünf Ecken erfuhr.

Nach dem Abstecher nach Liverpool war die Stimmung bei uns – und vor allem bei mir – extrem gedrückt. Zwar hatten wir uns vorgenommen, am Abend in Manchester auf die Piste zu gehen und das eine oder andere Lager zu trinken, doch bereits bei der konkreten Planung gingen die Meinungen auf dem Hotelzimmer weit auseinander. Ich war gereizt, ja geradezu aggressiv und hatte letztendlich keinen Bock mehr, auch nur irgendetwas zu machen. „Ach, hau einfach ab! Verschwinde, kannst alleine gehen!", zischte ich am Ende der verbalen Auseinandersetzung. „Das werde ich auch tun! Mit dir ist eh nix anzufangen!" Karsten griff zur Jacke und ließ die Zimmertür hinter sich zukrachen. „Tschüs, du Blödmann!", „Ach halt´s Maul und verpiss dich doch!"

Feinste Kommunikation zwischen echten Kumpels, die zu damaligen Zeiten durchaus ab und an der Tagesordnung stand. Wenn man jeden Tag aufeinanderhängt und ständig ein fettes, anstrengendes Programm abspult, geht man sich irgendwann definitiv auf die Eier. So war das – und es war auch nicht weiter wild. Zehn Minuten später konnte die Welt wieder ganz anders aussehen. An jenem Abend fuhr ich recht schnell wieder runter und haute mich aufs Bett. Ich schaute gerade die Nachrichten auf BBC, als mir einfiel, dass wir noch eine Flasche Portwein im Kühlschrank hatten. Eigentlich wollten wir auf Ostern anstoßen, doch die Flasche geriet wohl in Vergessenheit. Nach dem ersten Glas war klar, der Portwein würde für einen entspannten Abend sorgen. Ich schaltete die Programme durch und blieb bei einer amüsanten Talksendung hängen. Mein zweites Glas war gerade leer, als sich die Hotelzimmertür öffnete. Schau an, Karsten fragte mich, ob ich vielleicht doch mitkommen wolle. Ich zeigte auf die geöffnete Flasche und schlug vor, erst einmal auf die Freundschaft anzustoßen. Gesagt, getan. Die Flasche war recht bald leer und glücklicherweise lagen im Kühlschrank noch ein paar Büchsen Guinness. Zisch und weg damit. Kaltes herbes Bier nach süßem Wein, das tat gut. Schien zumindest so. Schnell war klar, dass wir es an jenem Abend nicht mehr weit schaffen würden. Ziel des Ausfluges war die Hotelbar im Eingangsbereich. Holla die Waldfee, Portwein und Bier hauten mächtig rein. Was soll´s, zwei Pint gehen noch! Also ran an den Tresen und forsch bestellt die schwarze Köstlichkeit, gekrönt vom sahnigen Schaum. Bereits nach dem ersten Schluck war Sense. Nichts ging mehr rein. Zum Erstaunen sämtlicher Gäste machten wie wieder kehrt in Richtung Fahrstuhl und verdufteten uns in unserem Zimmer. Dort ließen wir unseren Emotionen freien Lauf, tanzten auf Bett und Tisch und hauten uns abwechselnd voll Hacke und halb bekleidet in die Badewanne. Das Schöne am Ganzen: Wir hielten das Spektakel auf Fotos fest. Das Schlechte: Das Blitzlicht hatte ich beim Hantieren zerstört. Als ich später ein paar ausgewählte Bilder (wirklich nicht alle) den Kumpels in der Ausbildung zeigte, lachten sie nur und meinten: „Ha, wie geil! Unser Icke, der Ossi-Berliner!"

Ostdeutsche Auftritte, Pokalfinale, Fast-Aufstieg

Als Trompeten-Willy zur großen Attacke blies! Das Instrument war geputzt, am 27. Februar 1993 war im Parkstadion Gelsenkirchen wieder einmal Derby-Zeit angesagt. FC Schalke 04 gegen Borussia Dortmund. Mit Regionalexpress und Straßenbahn machten Karsten und ich uns auf den Weg, um beim Duell der Duelle live dabei zu sein. Nach dem Kölner Nikolaus-Auftritt war es das zweite Spiel auf Schalke innerhalb von einem Vierteljahr. Und wie bereits gegen die Jungs aus Müngersdorf kauften wir zwei Tickets ermäßigte Tickets für den Block 7. Dieser Bereich versprach interessant zu werden, da dort im mit 70.200 Zuschauern restlos ausverkauften Parkstadion die Schalker und Dortmunder direkt nebeneinander standen. Der Eintrittspreis war der gleiche wie gegen Köln. Eine positiv überraschende Sache, die sich jedoch beim nächsten Revierderby am 15. August des gleichen Jahres ändern sollte. Für einen Stehplatz im Block 3 (Nordkurve) mussten dann ohne Ermäßigung immerhin 17 DM

hingelegt werden. Die Fans beider Lager zeigten sich ernsthaft erbost und boykottierten teilweise das Spiel, so dass jenes mit rund 60.000 Zuschauern zum ersten Mal seit langer Zeit nicht ausverkauft war. Die damals gemachten Fotos zeigen zudem, dass wir sowohl im Februar als auch im August mit unter den BVB-Fans standen. Eine genaue Ticketkontrolle wie heutzutage fand damals nicht wirklich statt, einen martialisch abgesperrten Gästekäfig gab es auch nicht. Vor dem Stadion liefen sämtliche Fans kreuz und quer, größere Probleme wie gegen Köln gab es zu jener Zeit im Parkstadion eher selten. An der Nahtstelle zwischen Gästebereich und Gegengerade eine Polizeikette postiert – und gut war. Ein Pufferblock wurde nicht eingerichtet. Und da es beim Februarspiel auch auf dem Rasen eher gemächlich zuging – die Partie endete 0:0, blieb eine am Siedepunkt befindliche Atmosphäre komplett aus.

Der März 1993 stand ganz im Zeichen der Nordost-Vertreter. Den Auftakt bildete der Auftritt des 1. FC Dynamo Dresden (erst im neuen Jahrtausend wieder als Sportgemeinschaft am Start) im Müngersdorfer Stadion. Damals trug Dresden noch das Vereinsemblem auf der Brust, das von 1990 bis 2002 Verwendung fand. Statt auf Weinrot befand sich das Dynamo-D auf grünem Grund und das Gelb war heller. Dies war nicht der einzige Unterschied. Im Gegensatz zu heute sorgte die dynamische Reisegesellschaft bei den gastgebenden Vereinen nicht wirklich für Angst und Schrecken. Der Anblick im Gästebereich ähnelte dem vom besagten Auftritt des FC Hansa Rostock. Und auch auf dem Rasen war Dynamo Dresden eine eher laue Nummer. Vor gerade einmal 19.000 Zuschauern hatte der 1. FC Köln keine wirklichen Probleme und brachte das Ganze mit 3:1 über die Runden. Hoffnung keimte bei den Gästefans eine Viertelstunde vor Schluss auf, als Matthias Maucksch den Anschlusstreffer zum 1:2 erzielte, doch vier Punkten vor Abpfiff machte Henri Fuchs den Sack zu.

Am 20. März 1993 nutzte ich einen Wochenendaufenthalt in meiner Heimatstadt dazu, endlich einmal wieder bei der Hertha im Berliner Olympiastadion vorbeizuschauen. Zu Gast war der inzwischen in der zweiten Bundesliga spielende FC Hansa Rostock. Die Kulisse war mit 11.500 Zuschauern für damalige Verhältnisse gar nicht mal so übel und auch das Spiel konnte sich sehen lassen. Im Gegensatz zu heute konnte ich damals mit Hansa Rostock herzlich wenig anfangen und somit war meine Freude über den deutlichen 5:1-Sieg der Herthaner gänzlich ungetrübt. Nach der 1:0-Führung von Daniel Scheinhardt nach nicht mal zehn Minuten konnte Timo Lange wenig später ausgleichen. Sven Demandt, Theo Gries und Mike Lünsmann (zwei Treffer) brachten die Hertha-Fans zum Jubeln. Der Fanblock befand sich zu jener Zeit auf dem Unterrang der Gegengerade. Sicherlich nicht das schlechteste Plätzchen in der ansonsten eher kühl wirkenden Schüssel. Dank des Sieges keimte bei den Berlinern wieder Aufstiegshoffnung auf, Hertha BSC rückte in der Tabelle (insgesamt 24 Teams) auf Rang sechs vor und durfte sich in der Tat noch berechtigte Hoffnungen machen.

Ein Stückchen höher war bereits der VfB Leipzig – zu DDR-Zeiten und in der Gegenwart als 1. FC Lokomotive Leipzig am Start – in der Zweitligatabelle zu finden. Mit einem 3:0-Sieg gegen den Wuppertaler SV vor 4.200 Zuschauern konnte Rang drei hinter dem SC Freiburg und MSV Duisburg sowie vor dem SV Waldhof Mannheim und dem SC Fortuna Köln gefestigt werden. Am 26. Februar kam es im Kölner Südstadion zum Duell zwischen der Fortuna und dem VfB Leipzig. Ja, es war wieder einmal ein Freitagsspiel. Und ja, es war wieder einmal ungemütliches Wetter. Auf jeden Fall habe ich das so in Erinnerung. Ziemlich sicher war ich bei diesem Kick allein und wieder fragte ich mich, weshalb ich mir immer wieder diese Freitagabendspiele in Köln-Süd antue. Das Geschehen auf dem Rasen erwärmte nicht gerade das Herz, das Treiben auf den Rängen noch weniger. Die Gästekurve war sehr spärlich gefüllt, was an einem Freitagabend auch nicht wirklich verwundert. Und dass das Kölner Südstadion zu jener Zeit nicht der Inbegriff für Gänsehautatmosphäre war, dürfte weitgehend bekannt sein. Wenngleich sich die bereits im Jahr 1986 zusammengefundenen Ultras der Eagles Cologne auf der Gegengerade ganz sicher die beste Mühe gegeben haben, wenigstens etwas südländische Stimmung herzuzaubern. Das Team aus der Messestadt Leipzig, trainiert von Jürgen Sundermann, zeichnete sich an jenem Abend als Minimalist aus. Frank Edmond erzielte in der 71. Minute den Treffer des Tages und gut war. Am Ende der Saison 1992/93 stieg der VfB Leipzig dann tatsächlich auf, die entscheidende Partie am letzten Spieltag gegen den 1. FSV Mainz 05 sahen im alten Zentralstadion sage und schreibe 38.000 Zuschauer. Hertha (Rang fünf) und Fortuna (Rang sechs) durften in der Folgesaison weiterhin in der zweiten Liga ihre Runden drehen.

+++ Frankfurter Waldstadion (1993) +++

Eine echte faustdicke Überraschung gab es am 30. März 1993. Schauplatz Frankfurter Waldstadion. Also alles hätte ich gedacht, aber nicht, dass Bayer 04 Leverkusen im DFB-Pokalhalbfinale mal einfach so mit 3:0 bei Eintracht Frankfurt gewinnen würde! Hierbei muss noch mal festgehalten werden, dass die Eintracht in der Saison zuvor denkbar knapp am Meistertitel vorbeigeschrammt war und auch im März 1993 Tuchfühlung zum Spitzenreiter FC Bayern München hatte. Für Leverkusen gewiss ein glücklicher Umstand war, dass beim Pokalspiel Stürmerstar Anthony Yeboah bei der Eintracht nicht in der Startelf stand. Als er in der 72. Minute für Ralf Falkenmeyer in die Partie kam, befand sich die Diva vom Main bereits in arger Schräglage. Drei Minuten nach Yeboahs Einwechslung konnte Andreas Thom mit seinem zweiten Treffer des Tages den Sack für Bayer 04 zumachen. 3:0 für die Werkself, die mitgereisten Bayer-Fans trauten ihren Augen kaum. Mit ordentlich Bammel waren wir allesamt mit Bussen zum Waldstadion gefahren. Würde es wieder ein Drama geben wie in der Saison zuvor auf dem Gladbacher Bökelberg? Als Andi Thom bereits in der sechsten Minute das 1:0 für Leverkusen klarmachte,

waren die rund 1.000 Gästefans außer Rand und Band. Die restlichen 34.000 Zuschauer ahnten bereits Böses. Die Chemie stimmte nicht mehr, es schien, als spiele die Frankfurter Eintracht nur mit halber Kraft. In der 72. und 75. Minute schließlich der Genickbruch in Form des Doppelschlages des ostdeutschen Duos Kirsten und Thom. „Berlin, Berlin, wir fahren nach Berlin!" Mit Leverkusen würde ich nun in meine Heimatstadt fahren, um quasi im eigenen Wohnzimmer das DFB-Pokalfinale zu sehen. Meine Euphorie kannte keine Grenzen mehr. Nach dem Spiel wurde auf dem Weg zu den etwas abseits abgestellten Bussen eine klasse Uffta hingelegt. Im Frankfurter Forst alle in die Knie – und los ging´s: „We come from Leverkusen – and we are the Hoolside!!!" Jeder Mitläufer, wirklich jeder Bayer-Fan machte in diesem Augenblick mit. Was für ein Anblick! Die uns begleitenden Polizisten konnten da nur staunen. Hätte es in jenem Moment einen Frankfurter Angriff gegeben, hätten wir die Eintracht-Jungs Dank des hohen Adrenalinpegels einfach plattgemacht. Wir waren im siebten Himmel und ließen es auf der Rückfahrt richtig krachen!

Am nächsten Tag dann mit einer Büchse Bier in den Fernsehsessel gefletzt. Wer wird der Gegner im Finale sein? Die Bubis von Hertha BSC oder der Zweitligist Chemnitzer FC? Karsten hoffte auf Chemnitz, damit es im Olympiastadion keine Übermacht geben würde. Logisch, dass ich den Berlinern ganz, ganz feste die Daumen drückte. Für wen ich im Finale sein würde? Im Vorfeld vermutete ich, dass ich lieber mit Leverkusen eine Party feiern wollte, da wir bereits das gesamte Umfeld bereits recht gut kannten. Für Herthas Amateure sei bereits der Finaleinzug wie ein Pokalerfolg, würde sich indes Bayer 04 gegen den Drittligisten blamieren, könnte ich mir diese Geschichte in meinem Bekanntenkreis noch in Jahrzehnten anhören.

56.000 Zuschauer sorgten im Berliner Olympiastadion beim Duell Hertha II vs. Chemnitzer FC für eine grandiose Kulisse und bei mir vor dem Fernsehbildschirm für feuchte Augen. Wenn es doch auch bei den Profis eines Tages wieder so sein könnte! Bereits nach fünf Minuten sorgte Carsten Ramelow für das 1:0 für die kleine Hertha, in der 22. Minute war es Sven Meyer, der das 2:0 klarmachte. Eng wurde es noch mal, als Steffen Heidrich per Foulelfmeter die Chemnitzer auf 1:2 heranbringen konnte. Mit großem Einsatz brachten die Hertha-Bubis jedoch die knappe Führung über die Zeit und sorgten für eines der größten deutschen Pokalwunder! Eine Amateurmannschaft im Finale des DFB-Pokals. Bayer 04 Leverkusen – von Hause aus nicht wirklich ein deutschlandweit beliebter Verein – konnte sich nun sicher sein: Nicht nur ganz Berlin, sondern ganz Fußballdeutschland würde dem Außenseiter fest die Daumen drücken. Und auch die Medien wünschten sich das i-Tüpfelchen des Pokalwunders. Nicht gut an kam zudem, dass der nach der 0:3-Pleite rausgeworfene Trainer Dragoslav Stepanovic nun von Calmund nach Leverkusen geholt wurde und im Pokalfinale die von Vorgänger Reinhard Saftig gesäten Früchte ernten durfte. Weshalb Saftig in Leverkusen ging, war nicht ganz klar. Auf alle Fälle

betonte Manager Calmund, dass Stepi mit seiner Zigarre im Mund endlich den „nötigen Zirkusmief" ins Ulrich-Haberland-Stadion bringen würde.

+++ Dragoslav Stepanovic +++

Für etwas Zirkus wollte ich auch in meinem Heimatörtchen Waldesruh vor den Toren Berlins sorgen. Auf meiner nächsten Fahrt zu meinen Eltern nahm ich gleich einen ganzen Batzen Aufkleber und ein Bündel roter Textmarker mit. Geschwängert von grenzenloser Euphorie hatte ich nichts anderes zu tun, als spät abends durch die ruhigen Straßen der Siedlung zu pilgern und sämtliche grauen Stromkästen und etliche Laternenmasten zu verschönern. Bald war an zahlreichen Stellen das Bayer-Kreuz zu sehen. Dazu immer wieder ein handgemaltes „Berlin, Berlin, wir fahren nach Berlin!", „Leverkusen die Macht am Rhein!" Ganz großes Kino. Zumal beim Spaziergang mit meinen Eltern ich am nächsten Tag gefragte wurde: „Sag mal, Marco, warst du das? Was soll denn dieser Scheiß?", „Ich? Äh, nein ..." Als wenn es in dieser Siedlung noch einen anderen Bayer-Fan geben würde. Und beim Blick auf die Handschrift stellte sich eigentlich sowieso keine Frage mehr. Mir war es egal, jeder sollte wissen, dass Bayer 04 meine Heimatstadt erobern würde – und Waldesruh gleich mit!

Zurück in Leverkusen deckte ich mich mit Eintritts-karten ein. Sicherlich wollten tausende Fußballfreunde aus der Chemie-Metropole zum Pokalfinale düsen, doch der ganze große Run blieb aus. Ohne Probleme konnte man ein paar mehr Tickets kaufen und auf ein gutes Geschäft in Berlin hoffen. Schließlich war eine Heimmannschaft am Start und der Ticketbedarf würde dort gigantisch sein. Die Zuschauerzahl beim Halb-finale gegen Chemnitz zeigte diese Tatsache mehr als deutlich an. Da es im Sommer 1993 mit meinem Berliner Schulfreund Jan nach Nordamerika gehen sollte, war eine Extra-Einnahme überaus erwünscht. Pro Ticket 50 DM – und schon war die Reisekasse gefüllt.

Am 12. Juni 1993 war es schließlich soweit. Das DFB-Pokalfinale stand an, doch an für ein großes Fuß-ballfest angemessenen Sonnenschein war nicht zu denken, stattdessen ließ es Petrus aus düsteren Wolken permanent nieseln. Karsten und ich hatten uns bei Kumpel Nico in Waldesruh einquartiert, überpünktlich fuhren wir mit Bus und S-Bahn in die Westberliner City. Das Dreckswetter verhagelte einen echt die Laune. An Partystimmung vor dem Europacenter war nicht zu denken. In der Kneipe ‚Holst am Zoo' gab es durch-aus Bedarf an Eintrittskarten, doch zum einen stimm-ten die Preisangebote nicht und zum anderen waren die Berliner nicht allzu heiß auf Tickets in der Lever-kusener Kurve am Marathontor. „Wat willste denn haben? Für 25 nehm ick eine!" 25 Mark? Die kostete im Vorverkauf bereits zwanzig DM, inklusive zwanzig Pfennige für die Sepp-Herberger-Stiftung. Und dazu kamen noch zehn Prozent Vorverkaufsgebühr. Der Ab-druck des Stempels zeigte dies ganz klar an. Kurve West Oberrang. Block 19, Reihe 3, Platz 16.

Wer will, wer will, wer hat noch nicht? Am Bahnhof Zoologischer Garten und auf dem Ku´damm war nichts zu machen. Die Gewinnspanne war mir einfach zu niedrig. Somit wollte ich es direkt am Olympiasta-dion versuchen. Dort sah es jedoch noch schlechter

aus. Bei diesem miserablen Wetter kamen nur die Ticketinhaber vorbei, kaum jemand hielt Ausschau nach verfügbaren Eintrittskarten. Zudem war ich nicht der einzige, der auf die Idee kam, sich mit einem kleinen Stapel einzudecken.

„Na, los komm! Hast du halt Pech gehabt. Wir müssen langsam ins Stadion!", meinte Karsten. „Pech gehabt? Ich könnte kotzen. Ich habe pro Ticket 22 Mark hin-gelegt. Alles für nen Arsch. Totale Scheiße hier!", erwiderte ich. Mit wirklich übelster Laune steckte ich die Tickets wieder ein und passierte die Eingangs-kontrolle. Der Nieselregen hatte inzwischen ein wenig nachgelassen. Die Ränge füllten sich und als das erste „Ha Ho He Hertha BSC!" vom Wind durch das weite Rund getragen wurde, packte mich ein Kribbeln. Mist, das ist doch meine Heimatstadt! Wie könnte ich da für Leverkusen sein? Eine für mich prekäre Situation. Ich äußerte mich nicht und wollte erst einmal schau-en, wie das Spiel starten würde. Wenn die Hertha-Bubis sich gleich zu Beginn paar Buden von Kirsten und Thom einfangen, dann sollte es mir auch Wurscht sein. Dann würde ich mit Bayer 04 einfach locker den Pokalsieg feiern. Doch wenn, ja wenn, die kleine Hertha dran bleibt und wirklich was gehen würde … Und so kam es. Mit Courage gingen die Amateure in die Partie und konnten den Kasten in der ersten Halbzeit sauber halten. In der Ostkurve brannte ein Rauchtopf und langsam aber sicher war bei mir die Frage beantwortet, wer gewinnen soll.

50. Minute, 60. Minute, 70. Minute. Noch immer stand es 0:0. Die Werkself tat sich schwer mit den tapfer kämpfenden Herthanern. Ich hoffte auf die Verlängerung, das würde zumindest aus Berliner Sicht richtig gut klingen. Und vielleicht wäre im Elfmeterschießen das Glück auf der Seite des Außenseiters. Dazu kam es jedoch nicht, Ulf Kirsten war in der 77. Minute zur Stelle und lochte zum 1:0 für den Bundesligisten ein. Ich war bedient. Karsten jubelte neben mir frenetisch, ich blieb mit versteinerter Miene sitzen. Es blieb beim 1:0 für Leverkusen. Ein Titel mit Bayer 04 – und ich konnte diesen nicht einmal richtig feiern. Und nicht nur das, ich war frustriert und wütend. Die Tickets, auf denen ich sitzen blieb. Darüber, dass die Hertha Amateure so knapp an der Sensation vorbeigeschrammt waren. Als die Bayer-Spieler den Pokal entgegennehmen durften, gab es im weiten Rund ein gellendes Pfeifkonzert. Das Berliner Publikum zeigte sich nicht als fairer Verlierer, sondern buhte und pfiff die Pillendreher gnadenlos aus. „Das ist echt Scheiße von den Berlinern!", echauffierte sich Karsten später in der S-Bahn. „Mir doch schnuppe! Fahr doch nach

Hause, wenn dir was nicht passt!" Ich war geladen. An ein entspanntes Bier in einer der Berliner Kneipen oder Klubs war nicht zu denken. Sicherlich werden wir noch was getrunken haben, so genau habe ich das nicht mehr in Erinnerung, hängen blieb indes der Fußweg von der Straßenbahnhaltestelle bis zur Übernachtungsmöglichkeit bei Nico. Ich meckerte in einer Tour und ließ all meinen Emotionen freien Lauf. Auf gut Deutsch gesagt: Ich kotzte mich verbal richtig aus. Danach war Funkstille. Bis zum Frühstückskaffee.

Schwamm drüber. Auf dem Programm stand schließlich das mit Spannung erwartete Duell 1. FC Union Berlin gegen Bischofswerdaer FV. Aufstiegsrunde zur zweiten Bundesliga. In der Gruppe Nordost nahm neben Union Berlin und Bischofswerda (für den Staffelmeister FC Sachsen Leipzig, der keine Lizenz bekommen würde, am Start) das Team von Tennis Borussia Berlin teil. Die Eisernen ließen sportlich nichts anbrennen, beim letzten Spiel gegen Bischofswerda würde ein Unentschieden genügen, um den Aufstieg in trockene

+++ DFB-Pokalfinale 1993 +++

Tücher zu bringen. Die Eintrittskarten hatte ich bereits im Vorfeld besorgt, es war klar, dass das Stadion An der Alten Försterei mit rund 17.000 Zuschauern ausverkauft sein würde. Bei anhaltendem Schmuddelwetter stellten wir uns auf der Waldseite auf die alten Stufen direkt hinter das Tor. Sogar ein paar ältere Hertha-Fans mit Kutte, Schal und zum Teil sogar mit Gesichtsbemalung drückten den Köpenickern die Daumen. Damals wurde noch die vor dem Mauerfall entstandene Freundschaft zwischen Hertha und Union gepflegt. Zudem hätten sich nicht wenige Berliner die im Fall des Aufstieges anstehenden Lokalderbys in der zweiten Bundesliga gewünscht.

Windböen peitschten den Regen über die Ränge und ließen die mitgebrachten Schirme zerfleddern. Kein Wunder also, dass ‚nur' 15.000 Zuschauer den Weg ins komplett unüberdachte Stadion gefunden hatten. Egal, der bereits greifbare, so sehr herbei gesehnte Aufstieg in die zweite Liga ließ die Herzen der Fans erwärmen und die extrem miese Witterung vergessen. Auf dem nassen Rasen konnte sich kein hochklassiges Spiel entfalten, doch dafür war die eine oder andere Grätsche zu sehen. Nachdem es torlos zum an jenem Tage wirklich bitter nötigen heißen Pausentee ging, sollte im zweiten Spielabschnitt endlich das erlösende Tor her. Union-Trainer Pagelsdorf gab die notwendigen Anweisungen und in der Tat wurde der Druck auf das Gästegehäuse stetig erhöht. Zwar hätte auch ein 0:0 gereicht, doch darauf wollte man sich nicht verlassen. Ein dummer Elfmeter für Bischofswerda in den letzten Minuten und alles wäre im Eimer.

In der 67. Minute die Erlösung. Union ließ den Ball über den gesamten Platz laufen, passte anschließend in die Spitze, wo Jens Henschel das Spielgerät annahm, den Gästekeeper umkurvte und anschließend von schräg rechts zum 1:0 einlochte. Was für ein Jubel auf den Rängen! Tränen. Kollektives Umarmen. Direkt neben uns entkorkten alte Unioner ihre mitgebrachten Sektflaschen. Hunderte Kassen- und Klorollen lan-

deten auf dem Rasen, der Schiedsrichter musste die Partie kurz unterbrechen und drohte sogar mit einem Spielabbruch. Pagelsdorf lief über den Platz und versuchte die Fans, die vor Freude außer Rand und Band waren, zu beruhigen. Das Spiel konnte fortgesetzt werden, kurz vor Schluss detonierten allerdings ausversehen zuvor installierte Böller. Noch vor Ablaufen der regulären Spielzeit pfiff der Schiedsrichter schließlich das Spiel ab, für Bischofswerda ging es ja um nichts mehr. Der Rasen wurde von den Fans geentert und wieder flossen etliche Freudentränen. Manch einer schlug Purzelbäume, andere schrien ihr Glück in Richtung Himmel. „Saufen, feiern und dann Urlaub!", brachte es Goran Markov (Spieler der Eisernen) im Fernsehen auf den Punkt. Gesagt, getan. Auf einer Wiese startete nach dem Spiel die große Aufstiegsparty. „Dass ich das noch erleben durfte", seufzte ein Union-Fan. „All die erlittenen Leiden waren doch nicht umsonst. Ach Mensch, das ist so geil!" Bei 3.000 Litern Freibier feierten die Unioner mit dem Trainer und den Spielern den Aufstieg und ahnten an jenem Abend noch nicht, dass der Traum nur wenige Tage später platzen würde.

Die gefälschte Bürgschaft. Ein Begriff der sich bei mir – und natürlich bei all den Anhängern des 1. FC Union Berlin – einbrennen würde. Der Verein war klamm und benötigte für die Zweitligasaison 1993/94 eine Bürgschaft. Diese wurde dem DFB auch vorgelegt. Dumm nur, dass diese gefälscht war. Ebenso dumm gelaufen war, dass wohl ein ehemaliger Mitarbeiter aus dem Umfeld des Vereins ausgerechnet dem TeBe-Präsidenten die Sache mitgeteilt hatte. Dieser fackelte nicht lange und rief kurzerhand beim DFB an. Eine Story wie aus einem Krimi. Völlig surreal. Ich ahnte damals nicht, dass wegen solch einem gefälschten Wisch der sportliche Aufstieg zunichte gemacht werden könnte. Besser gesagt, ich wollte es einfach nicht wahr haben. Die Sache war noch in der Schwebe, als ich mit Jan nach New York flog, um dort unsere vierwöchige Sommerreise zu starten.

+++ Zelten in der kanadischen Wildnis (1993) +++

Auszeit in Nordamerika:
Fast verhungert in den Rocky Mountains

Nicht nur der 1. FC Union Berlin hatte zu jener Zeit gewisse finanzielle Schwierigkeiten. Auch bei mir war die Kasse leer. Trotzdem sollte es wie geplant in die USA und nach Kanada gehen. Der Flug war ja längst gebucht, die Tickets für die Greyhoundbusse waren gekauft. Es gab kein Zurück mehr. Ich rannte durch die Kölner Innenstadt und zog mit meiner Karte an diversen ausländischen Bankautomaten einen Batzen Geld und überzog das Konto weit über das Limit. Zudem borgte ich mir eine weitere Stange Geld bei einem guten Freund. Mir war klar, dass sich nach meiner Rückkehr in Leverkusen die Mahnungen der Sparkasse stapeln würden. Scheiß drauf! Nach mir die Sintflut! Auf nach Nordamerika, die Rocky Mountains als großes Ziel vor Augen.

Die vierwöchige Tour durch Nordamerika eignete sich ideal, um einmal Abstand sowohl von der Ausbildung in Leverkusen als auch vom Fußball zu bekommen. Mit dem Flieger ging es von Berlin-Tegel über London nach New York, wo Jan (nicht zu verwechseln mit dem Fußballkumpel aus Frankfurt/Oder) und ich ein paar Tage verweilten. Im in der 63. Straße von Manhattan gelegenen YMCA nahmen wir uns ein Zimmer und starteten von dort aus unsere Tagestouren nach Brooklyn, Queens und in die Bronx. Es würde sicherlich den Rahmen dieses eh schon prall gefüllten Buches sprengen, wenn ich auf die spannenden Details dieser vierwöchigen Reise genauer eingehen würde, doch ein paar Anekdoten müssen ganz einfach kurz angerissen werden.

Stets auf das Bauchgefühl hörend marschierten wir bei bestem Sommerwetter durch die heruntergekommenen Straßen der Bronx und suchten in Brooklyn die Straße, welche im Film ,Es war einmal in Amerika' eine wichtige Rolle gespielt hatte. Ja, genau die Straße, welche auf dem Filmplakat abgebildet ist.

+++ New Yorker Stadtteil Brooklyn +++

Im Hintergrund die stählerne Manhattan Bridge. Laut Stadtplan müsste es die Washington Street sein. Im Sommer 1993 war die dortige Gegend noch arg heruntergekommen und ein asiatischer Anwohner riet uns dringend davon ab, dort zwischen den alten Lagerhäusern spazieren zu gehen. 21 Jahre später ist dieses Areal kaum noch wiederzuerkennen. Das heutige New York ist mit dem der frühen 90er kaum vergleichbar. Allein Haarlem! Damals noch ein echter Härtefall wie es im Buche steht! Jan und ich hatten nichts Besseres zu tun, als auch dort eine Runde durch abgewrackte Stadtquartiere zu drehen. Filmreif erhoben sich hinter uns die farbigen Jugendlichen von den kleinen Treppen der Wohnhäuser und riefen uns hinterher. Krasser noch die Bronx! An einem Nachmittag machte ich allein einen Ausflug durch die derbsten Viertel von New York und landete prompt in einer Sackgasse. Als ich umkehrte, rannte mir ein Polizist entgegen, der von einer aufgebrachten Meute Jugendlicher gejagt wurde. Ich verdrückte mich rasch in eine seitliche Gasse und hörte schon bald die heran sausenden Streifenwagen. Dass wir diese Reise heil und ohne größere Verluste überstanden hatten, grenzt an ein Wunder.

Und es kam noch besser! Mit Greyhound-Linienbussen fuhren wir zuerst nach Montreal, wo wir in einem Park direkt am Wasser in netter Gesellschaft von Skunks nächtigten, und anschließend nach Toronto, wo ich mein erstes Baseball-Spiel sehen durfte. Im damals wirklich utopisch wirkenden SkyDome (ab 2005 Rogers Centre), direkt daneben der ebenso imposante 553 Meter hohe CN Tower, schauten Jan und ich uns die Partie Toronto Blue Jays gegen Kansas City Royals an. Inmitten des Cola trinkenden und Popcorn futternden Publikums bekam ich einen Einblick, was es heißt, wenn Sport zu reinem Entertainment wird. So sehr diese Sportstätte mich auch beeindruckt hatte, von dieser Art von Sportveranstaltung hatte ich bereits nach drei Stunden für immer und ewig genug!

+++ SkyDome in Toronto +++

+++ Bergsee im Banff Nationalpark +++

Über Thunderbay, Winnipeg und Calgary ging es für uns weiter nach Banff im kanadischen Bundesstaat Alberta, von wo aus Jan und ich wie geplant eine einwöchige Wanderung durch die Wildnis der Rocky Mountains starteten. Im Rucksack: Nur das Nötigste. Ein Zelt, Schlafsäcke, Isomatten, paar Wechselklamotten, ein Blechtopf zum Abkochen des Wassers sowie recht knapp bemessene Nahrungsvorräte. Anders als angenommen gab es am 30 Kilometer von Banff entfernten Rastplatz Cr6 keinen Verpflegungsstützpunkt mehr, sondern nur noch eine Feuerstelle. Mehr nicht. Umkehren wollten wir nicht mehr, die Wildnis rief. Ein Brot, eine harte Wurst, zwei Büchsen Bohnen, eine Flasche Whisky und Kaffee – dies war der Vorrat für die kommenden sechs Tage. Mit recht spartanischem Kartenmaterial schlugen wir uns durch die Berge, Lake Louise sollte unser Ziel sein. Auf dem Weg dorthin wollten wir einen östlichen Schlenker durch das sogenannte ‚Grizzly Area' machen, entschieden uns jedoch nach drei Tagen bergauf und bergab für eine etwas leichtere, kürzere Variante.

Gut so, denn in diesem schwer zugänglichen Grizzly-Gebiet hätte sich wohl unsere Spur verloren. Die Bergpfade waren so schon anstrengend genug, und während der einwöchigen Tour hatten wir gerade mal vier Leute getroffen. Einen Japaner, der mit riesigem Rucksack allein auf Achse war, sowie eine Dreier-Truppe, die von einem Native aus Arizona angeführt wurde. Jan und ich waren mit Sicherheit überdurchschnittlich fit, doch die Strapazen dieser Tour machten uns echt zu schaffen. Nach fünf Tagen nur Brot, Wurst und Wasser – zwischendurch einmal die baked beans – waren wir fix und fertig. Vor 21 Jahren waren wir nicht mit ultraleichtem Equipment und angenehmer, atmungsaktiver Fleece-Kleidung unterwegs, sondern mit eher spartanischem Zelt und recht einfachen Klamotten. Eine feste Lederjacke, Baumwollhemden, bequeme Jeans, ziemlich schwere Lederstiefel. Wenn es in meinem Leben jemals einen Moment gab, an dem ich wirklich ohne zu übertreiben an meine körperlichen Grenzen stieß, dann war es diese Woche in den Rocky Mountains. Sämtliche späteren Wanderungen und Klettertouren waren im Vergleich, wenn gleich auch diese durchaus knackig waren, eher ein Klacks. Am Abend des sechsten Tages ging bei mir gar nichts mehr. Der Hunger war riesig, der Körper war völlig ausgelaugt. Ich lag im Nieselregen auf dem Gras und konnte nicht mehr. Mit letzter Kraft kroch ich ins Zelt, die feuchten Klamotten ließ ich einfach an. Am nächsten Tag rissen wir uns noch mal zusammen und erreichten mit glühenden Füßen eine Bergstation in der Nähe von Lake Louise. Von dort aus fuhren wir mit einem Bus hinunter, mieteten uns ein Plätzchen auf einem idyllischen Campingplatz und gingen erst einmal richtig einkaufen, um leckere Nudeln mit allem Drum und Dran zu kochen. Für die 800 Meter vom kleinen Lebensmittelgeschäft bis zum Zeltplatz benötigten wir sage und schreibe eine Dreiviertelstunde. Nichts ging mehr. Knie und Füße konnten nicht mehr.

Nach drei Tagen Erholung konnten die Gelenke wieder halbwegs bewegt werden und einer Weiterfahrt nach Vancouver und Seattle stand nichts mehr im Wege. In Vancouver nutzte ich die Gelegenheit, eine aktuelle Ausgabe der Zeitschrift Kicker zu kaufen. Die Spielpläne für die erste und zweite Bundesliga waren bereits fertig. Gespannt blätterte ich durch das Heft. Groß war die Enttäuschung, als ich den ersten Spieltag der Saison 1993/94 sah. 27. Juli 1993. Tennis Borussia Berlin gegen 1. FSV Mainz 05. Tatsächlich hatte der 1. FC Union Berlin keine Zweitligalizenz erhalten. Klar war das aufgrund der gefälschten Bürgschaft abzusehen, doch hatte ich gehofft, dass nach meinem Abflug in Richtung Nordamerika doch noch eine Wende eingetreten wäre. Vielleicht war alles nur ein böser Irrtum, der aufgeklärt werden konnte. Doch ein giftige Intrige von den Charlottenburger Seilschaften. TeBe traute man zu jener Zeit einiges zu. Immer wieder blätterte ich durch den Kicker und las die entsprechenden Artikel. Es half nichts. Ich fand keine entsprechende Stelle, in der stand, dass der Spielplan eventuell von vorläufiger Natur sei.

Ich packte die Zeitschrift weg und verdrängte wieder den Fußball – und das mit Erfolg. Mit Greyhound ging es nach Seattle und von dort aus wieder zurück durch ganz Nordamerika in Richtung Ostküste. Zum Abschluss der Reise blieben uns noch zwei Tage in New York. Da wir jedoch nicht mehr genügend Geld hatten, mussten wir die letzte Nacht vor Abflug irgendwie so über die Runden bringen. Für ein Bett in einer Herberge hatte es einfach nicht mehr gereicht. Wir schlossen unsere Rucksäcke am Busbahnhof in zwei Schließfächer ein und beschlossen, die Nacht auf dem Time Square zu verbringen. Dort dürfte es relativ leicht sein, die Zeit rumzukriegen. Groß war der Schock, als dort gegen ein Uhr nachts die riesigen Werbebeleuchtungen ausgingen. Der Platz wurde nun ein Hort von Betrunkenen, Junkies und diversen finsteren Gestalten. Die Flaschen flogen, irgendwelche Kerle keilten sich mitten auf der Straße, selbst der dortige Mc Donald´s schloss aus Sicherheitsgründen für drei Stunden die Pforten. Prima! Und wohin nun?

Nach kurzen Überlegungen der Entschluss: Auf zum Central Park und dort ablegen! Inmitten zahlreicher Obdachloser packten wir uns dort auf eine Wiese und machten die Augen zu. Die Nacht war trocken und nicht allzu kalt. Zwischen all den unter Decken und Zeitungen schlafenden Typen fielen wir nicht weiter auf. Wer würde schon kommen und versuchen, mittellose Obdachlose auszurauben? Gegen sechs Uhr morgens die Überraschung schlechthin. Wachleute durchstreiften den Central Park und weckten all die Schlafenden. „Wake up! Get up! It´s time to get up!" Rings um uns herum rekelte es sich und auch wir streckten die müden Beine aus und suchten paar Minuten später das erstbeste Café auf, um vom übriggebliebenen Kleingeld eine Lebensgeister weckende schwarze Brühe zu kaufen. Zwölf Stunden später saßen Jan und ich im United Airlines Flieger, der uns zurück nach Europa brachte ...

Saison 1993/94:
Einmal querbeet und Randale im Wohnheim

Zurück aus Nordamerika. Zurück im Ausbildungswohnheim in Leverkusen. Zurück in der Berufsschule, der Ausbildungswerkstatt und den einzelnen Abteilungen des Bayerwerks, in denen man als Azubi praktische Erfahrungen sammeln sollte. Kraftwerk, Pharma-Bereich und Flusssäure-Betrieb. Nur zu klar, dass nach den abenteuerlichen Wochen in Kanada der Alltag eher trist daher kam. Leitungen verlegen und Schaltungen entwerfen statt Zeltaufbauen und Feuermachen in abgelegenen Tälern der Rockys. Ein trister Blick auf die von-Diergardt-Straße in Leverkusen-Schlebusch statt ein spannendes Panorama vom YMCA in der 63. Straße in Manhattan aus. Der Wupsi-Linienbus 208 statt Greyhound Number One. Ab ins Werk! Blaumann an und Chemie geschnuppert. Das gesamte Werksgelände roch nach diversen chemischen Produkten. Und morgens immer wieder das gleiche Drama. Nachdem abends wieder zu lange mit Kumpels gequatscht oder in die Glotze geschaut wurde, kam ich um halb sechs nicht aus der Koje. Heute, ja heute Abend gehe ich aber mal früher ins Bett! Immer wieder das Versprechen. Immer und immer wieder wurde man abends wieder fit und blieb doch bis in die Puppen auf. Ich hing im Bus auf halb neun, im Betrieb durfte man die anderen übermüdeten Bleichgesichter begrüßen. Nur den Alten schien der übliche Arbeitstrott nichts auszumachen. Die Jüngeren hatten stets mit der Müdigkeit zu kämpfen. Manchmal ging es einfach nicht mehr. Die Augen brannten, der Kopf wurde schwerer und schwerer. Ab aufs Klo und noch mal den Kopf im Hocken gegen die Kabinenwand gelehnt. Zehn Minuten die schlaffen Lider schließen. Herrlich! Auch wenn neben einem der Meister gerade ordentlich einen in die Schüssel drückte. Hauptsache zehn Minuten im Halbschlaf dösen.

In Schwung brachte mich das kommende Wochenende. Was für ein Programm! Am 14. August 1993 spielte die Werkself gegen den FC Bayern München, am Tag darauf startete das Revierderby zwischen den Knappen und den Borussen. Das Haberland-Stadion platzte aus allen Nähten. 27.400 Zuschauer – mehr gingen wirklich nicht rein. Selbst der unbeliebte H-Block war rappelvoll. Bereits in der zweiten Minute ließ es Ulf Kirsten krachen, 1:0 für Leverkusen! Da konnte Bayern-Trainer Erich Ribbeck nur staunen. Dragoslav Stepanovic zog indes genüsslich an seiner obligatorischen Zigarre. Bayer 04 spielte eine flotte Partie und in der Abwehr fand Jens Melzig große Beachtung. Was für ein Brocken! Von Dynamo Dresden wechselte er an den Rhein und räumte als Manndecker hinten ordentlich ab. Ich hoffte immer wieder, dass er mal den Lothar Matthäus richtig hübsch umgrätschen würde. Ob Melzig den Elfmeter in der 26. Minute verschuldet hatte, weiß ich nicht mehr. Auf jeden Fall sorgte Olaf Thon vom Punkt aus für den Ausgleich. Für Freude sorgte zwanzig Minuten vor Abpfiff der Brasilianer Paulo Sérgio. Ein echter Pfundskerl, der unglaublich sympathisch rüberkam und nach dem Spiel meist der erste am Zaun war und die Fans abklatschte. 2:1 für Leverkusen. Ich war wieder auf Betriebstemperatur und heiß auf das Derby, das am Sonntag um 18 Uhr angepfiffen wurde.

Wie bereits an anderer Stelle erwähnt, wurden die Eintrittspreise ordentlich angezogen. 17 Deutsche Mark für einen Stehplatz im Block 3 war für die damalige Zeit ein finanzieller Brocken. Es gab Proteste und zum ersten Mal seit längerer Zeit war das Duell FC Schalke 04 vs. Borussia Dortmund nicht ausverkauft. Rund 60.000 Zuschauer hatten sich letztendlich im Parkstadion eingefunden. Einen Pufferblock zwischen den Königsblauen und den Schwarz-Gelben gab es nicht. Allein eine Polizeikette an der Nahtstelle zwischen Gästekurve und Gegengerade sollte verhindern, dass es zu Übergriffen kommt. An größere Probleme kann ich mich auch nicht erinnern. Im Gegensatz zum Kölner Gastspiel blieb es beim Revierderby friedlich. Und nachdem es beim ersten Mal nur

ein torloses Remis zu sehen gab, fiel dieses Mal endlich ein Treffer. Publikumsliebling Youri Mulder schoss in der 79. Minute nach Vorarbeit von Ingo Anderbrügge das Tor des Tages. 1:0 für die Schalker! In der Nordkurve wurde eine Blockfahne hochgezogen, ein Bengalo sorgte für einen roten Farbtupfer in der blau-weißen Masse.

Für die kommenden Wochen war wieder ein volles Fußballprogramm vorgesehen. Mal mit Karsten, mal allein, mal mit dem Jan aus Frankfurt/Oder, mal waren wir als Gruppe auf Achse. Wattenscheid gegen Bayer 04, Bayer 04 gegen den 1. FC Nürnberg im DFB-Pokal, Bayer 04 gegen Borussia Dortmund, Bayer 04 gegen den 1. FC Köln, Borussia Mönchengladbach gegen Bayer 04. Viel hängen blieb von diesen Partien nicht. Die ersten vier aufgezählten Spiele konnte die Werkself allesamt gewinnen, auf dem Bökelberg gab es indes wieder das übliche 2:2. Die unfreundlichen Einsatzkräfte gab es nach dem Spiel auch dieses Mal gratis dazu.

Am 11. September 1993 tuckerte ich mit Jan ins hessische Städtchen Haiger – oder nach „Haiger in der Taiga", wie mein Frankfurter Kumpel es so hübsch ausdrückte und dabei in seiner typischen Art kicherte. Hätte ich nicht auf eine Karte geschaut, würde ich vermuten, dass dieses Haigar am Arsch der Welt irgendwo an der Grenze zwischen Hessen und Rheinland-Pfalz liegt. Überraschendweise sind es jedoch nur rund einhundert Kilometer Luftlinie zwischen Leverkusen und dieser Kleinstadt, die sich auf halber Strecke zwischen Dortmund und Frankfurt am Main befindet. Mit dem Zug gelangt man über Siegen nach Haiger, wo an jenem Tag das DFB-Pokalspiel zwischen Eintracht Haiger und dem 1. FC Kaiserslautern ausgetragen wurde. Oh meine Güte, was für ein grässlicher Kick! Vor rund 5.000 Zuschauern kamen die Roten Teufel überhaupt nicht in die Gänge und bekamen in der Anfangsphase sogleich die Quittung. Bereits in der elften Minute ging Eintracht Haiger mit

1:0 in Führung. Jan kicherte wieder neben mir, ich fand das Ganze einfach nur schrecklich langweilig. Nach gut einer halben Stunde konnte Wagner ausgleichen, weitere Treffer fielen in der regulären Spielzeit jedoch nicht mehr. Vielleicht wäre es sogar zum Elfmeterschießen gekommen, hätte in der 94. Minute nicht Waldschmidt ins eigene Tor getroffen. Nachdem Haiger ab der 110. Minute wegen roter Karte für Lang in Unterzahl spielen musste, konnte der FCK, fünf Minuten vor Schluss den Sack zumachen. Abgehakt und nichts wie weg!

Prickelnder war Ende September das Pokalspiel zwischen Borussia Mönchengladbach und dem Karlsruher SC, das aufgrund einer Strafe im Düsseldorfer Rheinstadion ausgetragen werden musste. Was von Seiten des DFB eigentlich als erzieherische Maßnahme gedacht war, erwies sich für die Borussia als echter Glücksgriff. Jetzt erst recht, hieß es bei den Fans. Alle nach Düsseldorf! Rund 40.000 Zuschauer

– mehr als ins heimische Stadion auf dem Bökelberg passten – hatten in der Düsseldorfer Betonschüssel ihr Stelldichein und sorgten für Gänsehautstimmung. Als zehn Minuten vor Ablauf der regulären 90 Minuten Thomas Kastenmaier das 1:0 erzielte, bebten die Ränge. Wir waren überrascht, was in diesem weitläufigen Stadion stimmungstechnisch doch möglich war. Ein Hauch von Maracanã. „VfL! VfL! VfL!" Die Gladbacher Fans waren völlig aus dem Häuschen – und wir zogen den Hut.

Ortswechsel. Wieder mal Heimaturlaub in Berlin. Nächtliche Kneipentouren mit den alten Kumpels, tagsüber Fußball. Am Tag der Deutschen Einheit traf Hertha BSC im Olympiastadion auf Tennis Borussia Berlin. Bei diesem Spiel wollte, ja musste ich dabei sein. Ich wollte sehen, wie TeBe hoffentlich vernichtet wird. Zumindest auf dem Rasen. Längst noch nicht war die Tatsache verdaut, dass statt des 1. FC Union die Charlottenburger in der zweiten Bundesliga

+++ Fans von Hertha BSC auf der Gegengerade +++

+++ Union-Fans bilden einen dritten Fanblock (1993) +++

spielen durften. Der Zufall wollte es, dass unmittelbar vor dem Hertha-Spiel die Eisernen in der Oberliga beim SC Charlottenburg im Mommsenstadion antreten mussten. 624 Zuschauer bekamen einen 1:0-Auswärtserfolg der Köpenicker zu sehen. Während im Olympiastadion bereits die Zweitligapartie zwischen Hertha und TeBe lief, strömten rund 400 Union-Fans in einen leeren Block in der Marathontor-Kurve. Mit dabei eine große rot-weiße Blockfahne. Zwar hätten sich die Unioner zu jener Zeit ohne Probleme zu den Hertha-Fans auf die Gegengerade stellen können, doch als dritter Fanblock erregte das Ganze natürlich mehr Aufmerksamkeit. Von TeBe-Seite waren schätzungsweise 500 Fußballfreunde vor Ort im Gästeblock, zu hören war aus jener Ecke kaum etwas. Allerdings lag dies auch am Spielverlauf. Hertha war heiß und wollte dem kleinen Stadtrivalen mal richtig einheizen. Die Alte Dame ließ es rollen – die Hertha- und Union-Fans waren aus dem Häuschen.

Vor insgesamt 16.000 Zuschauern machte Theo Gries per Strafstoß das 1:0 in der 20. Minute. Richtig gute Laune kam in der Schlussphase auf, als Schmöller und Ogris zum 2:0 bzw. 3:0 nachlegten. Ein Festtag für Unioner und Herthaner, zumal Tennis Borussia auf den letzten Platz rutschte und Hertha BSC auf Rang fünf kletterte. Der Rückstand zum FC Hansa Rostock, der den dritten Platz belegte, betrug nur zwei Pünktchen.

Im Oktober 1993 setzte ich mal nicht auf Bayer 04, sondern schaute gleich zweimal im Kölner Müngersdorfer Stadion (gegen Bayern München und Borussia Dortmund) und ebenfalls zwei weitere Male bei Hertha BSC (gegen Hannover 96 und 1860 München) vorbei. In Köln stand ich bei beiden Partien im Gästeblock, in Berlin stellte ich mich zu den Hertha-Fans, die damals nicht in der Ostkurve, sondern auf der überdachten Gegengerade ihr Plätzchen hatten.

Den Knaller des Monats hatte ich allerdings nicht live vor Ort, sondern vor dem Fernsehbildschirm im Gemeinschaftsraum des Wohnheims verfolgt. Bayer 04 zu Gast bei Panathinaikos Athen! Es wurde ein unvergessenes Erlebnis. 60.000 Zuschauer füllten am 20. Oktober 1993 die Ränge des Olympiastadions Spyridon Louis. Vor dieser Hammerkulisse gelang Paulo Sérgio in der 42. Minute der Treffer zum 1:0 für Bayer 04. So weit, so gut. Was allerdings zwei Minuten später passierte, spottete jeder Beschreibung. Krzysztof Warzycha machte unmittelbar vor dem Pausenpfiff den Ausgleich für PAO und das Stadion stand Kopf. Nicht nur das. Es schien, als würde der Urschrei ertönen. Die Lautsprecher des Fernsehers versagten. Es brüllte, röhrte, knackte. Die Ton-Techniker hatten nicht rechtzeitig den Pegel runtergezogen, so kam für wenige Sekunden die geballte Kraft der Griechen bis in den Gemeinschaftsraum in Leverkusen-Schlebusch. Karsten und mir stand der Mund offen. Was, bitte schön, ist denn das? So etwas hatten wir noch nie gehört. Knapp 60.000 griechische Fußballfans in totaler Ekstase. Damals gab es noch kein youtube, wo man nach Herzenslust an jedem Abend eine Portion knackige Fankultur konsumieren kann. Es blieben nur die Live-Erlebnisse und die TV-Übertragungen. Und genau jene wurde zur Legende. Dieser Torjubel ließ das Blut gefrieren. Zugleich ein „Mensch, ist das hammergeil!" und „Oh, scheiße, wie soll bitte schön Leverkusen dort bestehen?"

Es schien klar zu sein, dass Bayer 04 dort untergehen würde. Mit der brüllenden Fanmasse im Rücken musste Panathinaikos die Werkself einfach plattmachen. Hätte PAO vielleicht auch, wenn nicht direkt nach dem Ausgleich der Halbzeitpfiff ertönt wäre. So konnten sich die Gemüter beruhigen, die Bayer-Spieler durften in der Kabine erst einmal neuen Mut sammeln. Mit Erfolg. Stepi war ein echter Fuchs und stellte seine Männer perfekt ein. Bereits sieben Minuten nach der Pause machte Andi Thom das 2:1

für Leverkusen. Und wir glaubten es kaum, Ulf Kirsten legte wiederum sieben Minuten später zum 3:1 nach. Es wurde still im Olympiastadion Spyridon Louis. Als Pavel Hapal zum 4:1 einlochte, hätte man eine Stecknadel fallen hören. Die Griechen in einem kollektiven Schockzustand. Auch dieser Fakt weckte bei uns Erstaunen. Was für eine Spannbreite. Von einem Extrem zum anderen – und das innerhalb einer halben Stunde.

Zwar war die Sache so gut wie geritzt, doch das Rückspiel im Haberland-Stadion wollten wir trotzdem mitnehmen. 16.000 Zuschauer wollten das Rückspiel sehen, unter ihnen rund 3.000 Griechen. Einige von ihnen befanden sich im Sitzplatzbereich der Gegentribüne. Als nach nur sechs Minuten Dimitrios Saravakos per Elfer die Gästeführung erzielte, meldeten sich diese das erste Mal lautstark zu Wort. Brachial wurde es, als Giorgos Georgiadis das 2:0 für Panathinaikos machte. Reichlich Pyro wurde gezündet. Mit Fackeln in der Hand hingen einige PAO-Fans am Zaun und feuerten ihre Mannschaft an. Noch zwei Tore, dann hätte der griechische Hauptstadtklub das Wunder geschafft. Zuzutrauen war es denen. Und so war das Heimpublikum erleichtert, dass Ulf Kirsten in der 83. Minute den 1:2-Anschlusstreffer klarmachen konnte. Anschließend war bei den Gästen die Luft raus. Bayer 04 Leverkusen kam mit einem blauen Auge davon und zog in die nächste Runde des Europapokals der Pokalsieger ein.

Sportlich ließ ich das Jahr 1993 eher ruhig ausklingen. Ich unterstützte Hertha BSC beim VfL Bochum, leider gab es dort eine 1:3-Schlappe, und beim SC Fortuna Köln. Im Südstadion durfte ein 3:1-Sieg der Berliner gefeiert werden. Keine verkehrte Nummer war zudem der 4:0-Sieg der Gladbacher beim 1. FC Köln am 13. November. Vor fast 50.000 Zuschauern machte Martin Max an jenem Samstagnachmittag drei Buden, das vierte Tor besorgte Peter Wynhoff. Lange Gesichter in der Südkurve und im Block 38. Partystimmung in der prall gefüllten Gästekurve – und wir wieder mitten drin.

Nur vier Tage später durfte ich wieder nach Köln-Müngersdorf düsen. Im Vorfeld hatte ich mir eine Karte für das Länderspiel Deutschland gegen Brasilien besorgt. 15 DM für einen Stehplatz im Block 25 der Südkurve. Das war in der Tat fair. Das auf das rötliche Ticket gedruckte ‚Fair-Play bitte!' war Programm. Abgezockt wurde man damals noch nicht. Für einen schmalen Taler bekam man die brasilianische Nationalmannschaft zu sehen. Beide Teams liefen in Bestbesetzung auf. Von Illgner, Matthäus, Effenberg über Häßler, Helmer, Buchwald bis hin zu Möller, Riedle und Klinsmann waren alle dabei. Sogar der Leverkusener Ulf Kirsten kam in der 32. Minute für Riedle ins Spiel. Bei den Brasilianern klingt von Hause aus jeder Name verlockend, doch auch beim genauen Hinsehen war klar: Ja, sie spielen mit einer klasse Auswahl. Jorginho, Branco, Dunga, Rai, Edmundo und Evair. Und auch Sérgio stand in der Startaufstellung. Das Kuriose am Spiel: Sämtliche drei Tore des Spiels fielen innerhalb von drei Minuten. 1:0 durch Buchwald in der 38. Minute, Ausgleich durch Evair in der 40. Minute, 2:1 durch Andreas Möller in der 41. Minute. Fertig. Der Rest war eher Leerlauf.

Dramatisch wurde es Ende 1993 an anderer Front. Bambule im Ausbildungswohnheim. Stand ich bereits im Herbst 1991 nach wenigen Wochen auf der Abschussliste, so wurden zwei Jahre später Fakten geschaffen. Immer wieder heckten meine dortigen Kumpels und ich – wir alle hatten inzwischen im Erdgeschoss unsere Einzelzimmer – eine Menge Blödsinn aus. Trotz der von den Heimleitern verordneten Nachtruhe saßen wir bis spät in die Puppen in den Zimmern, zockten Computerspiele auf dem Amiga, tranken Mixgetränke und schauten auch mal den einen oder anderen aus der örtlichen Videothek besorgten Porno. Tagsüber gab es viel Gerenne. Immer wieder flogen die Türen, es wurde gegackert, geschrien und sich über die Flure gejagt. Das ältere Ehepaar, das mit straffer Hand dieses Wohnheim leitete, flippte mitunter völlig aus. Beim Toben trat ich ausversehen eine Zimmertür ein, das Schloss war heraus gesplittert. Mit Kitt, Kleber und Spachtel konnte ich das Ganze wieder beheben, ohne dass die Heimleitung Wind davon bekam.

Bei einer eher kleinen Lappalie war dann Schluss. Der Heimleiter stürmte in das Zimmer, in dem wir gerade lachend zusammensaßen. „Marco, du kannst die Sachen packen! Schluss für dich! Du hast 24 Stunden Zeit! Dann bist du weg!" Ich dachte, ich träume. „Aber, wo soll ich denn hin? Ich habe in wenigen Tagen meine Abschlussprüfungen ...", „Das ist mir völlig egal. Dein Problem. Immer wieder hast du hier die Ruhe gestört. Du hättest gleich am Anfang mit den anderen Rabauken nach Dormagen ziehen sollen! Sei froh, dass damals dein Ausbildungsleiter ein gutes Wort für dich eingelegt hatte. Aber jetzt ist hier Schluss. Pack die Sachen! Und ach ja, du hast auch Hausverbot. Du kannst also nicht mehr deine Kumpels hier besuchen!"

Das hatte gesessen. Meine Prüfungen standen wirklich kurz bevor, und da kam ein Umzug nicht gerade zum günstigen Zeitpunkt. Vor allem: Ein Umzug wohin überhaupt? Mir blieb nichts anderes übrig als zu einer Art Beratungsstelle für Auszubildende zu fahren und dort zu schauen, was sich innerhalb von 24 Stunden machen ließe. Ich war überrascht, wie unbürokratisch das Ganze gelöst wurde. Es war ja nicht das erste Mal, dass Azubis und Heimleitung in Schlebusch aneinander gerieten. Ehe ich mich versah hatte ich ein Bett in einem Doppelzimmer in einem Wohnheim für Erwachsene. Ein Hochhausklotz direkt neben einer Kölsch-Brauerei. Das Bayerwerk in Sichtweite. Genutzt wurde dieses Wohnheim vor allen Dingen für die Unterbringung ausländischer Werksstudenten, Mitarbeiter auf Zeit, aber auch für Facharbeiter, die sozial nicht fest eingebunden waren.

Ich organisierte ein Auto und ließ meine Kartons von Schlebusch nach Leverkusen-Mitte bringen. Mit dem Fahrstuhl fix hoch das Zeug, paar Sachen an die Wand gepinnt und schon war ich zu Hause. Tief durchatmen. Die ersten zwei Wochen hatte ich das karge, mit Linoleum ausgelegte Doppelzimmer für mich alleine, später waren ein wortkarger Afrikaner und ein überaus lustiger Franzose meine Mitbewohner. Es ließ sich aushalten, zumal der Weg in die Innenstadt und zum Bayerwerk nun sehr kurz war.

Allein die Tatsache, dass ich in dem anderen Wohnheim Hausverbot hatte, machte mir zu schaffen. Trotz der Drohungen besuchte ich heimlich die Kumpels und pennte sogar mehrmals bei Jan aus Frankfurt auf dem Fußboden. Sein Zimmer lag etwas abgelegener hinter einer Nische. Bis nachts um drei zockten wir Sensible Soccer am Amiga. Dabei durfte jedoch nicht – wie sonst üblich – allzu laut geflucht und gejubelt werden. Die Alte schlich über die Flure und lauschte an den Türen der Bewohner.

Später zogen meine besten Freunde – allen voran Karsten, Jan und Gordon – freiwillig aus und nahmen sich Einzelzimmer in meinem Wohnheim, das aus zwei identischen Hochhäusern bestand. Hier gab es keine Heimleitung, nur einen Hausmeister. Demzufolge konnten wir dort anstellen, was immer wir wollten. Solange halt alles im üblichen Rahmen blieb und keine polizeilichen Maßnahmen erforderlich waren.

+++ Der ultimative Kick: Sensible Soccer am Amiga +++

+++ Mit der deutschen Flagge in Südspanien (1994) +++

+++ Flagge zeigen in Bordeaux (1994) +++

Mit Interrail nach Lissabon, Madrid, Lausanne und Edinburgh

Da ich nach meiner Ausbildung bei der Bayer AG nur einen Zeitvertrag über sechs Monate hatte und nach meiner Tätigkeit in einem Ingenieurbüro für Umweltschutz im Sommer 1994 wieder zurück nach Berlin kehren würde, wurde Ende Februar 1994 auf die Schnelle der Plan gefasst, zu zweit noch einmal eine ausgedehnte Fußballtour zu machen. Mit allem drum und dran. Dass später noch etliche weitere gemeinsame Reisen folgen, ahnten wir damals noch nicht. Wir waren uns sicher, dass wir uns langsam aber sicher aufgrund der Distanz zwischen NRW und Berlin aus den Augen verlieren würden. Das Auswärtsspiel von Bayer 04 bei Benfica Lissabon war der Hauptanlass für diese Tour. Hinten dran würden wir ein paar weitere Spiele anknüpfen. In Spanien, in der Schweiz und nach Möglichkeit auch auf den britischen Inseln. Das Interrail-Ticket machte es möglich. Mit kleineren Pausen – so viele Urlaubstage hatten wir nun auch nicht – wollten wir den ganzen März

über auf Achse sein. 550 Deutsche Mark auf den Tisch gelegt und anschließend das europäische Kursbuch gewälzt. Vor der Zeit des allgemein verfügbaren Internets war es noch eine echte Herausforderung, für die kommenden Wochen sämtliche Alternativen herauszusuchen und durchzuspielen. Zumal um Deutschland stets ein Bogen gemacht werden musste. Wollte man keine extra Kosten verursachen, musste man bei der Fahrt von Italien nach England stets über die Benelux-Länder fahren. Hatte man von Leverkusen aus die Schweiz als Ziel, fuhr man von Köln aus auf direktem Wege nach Belgien, um anschließend weiter über Frankreich in die Schweiz zu gelangen. Hauptziel der damaligen März-Tour war neben Lissabon die marokkanische Stadt Tangar, doch aufgrund der lahmen Zugverbindungen in Portugal und Spanien mussten wir diesen nach Abenteuer schnuppernden Abstecher während der Reise streichen.

Von Köln aus fuhren wir mit dem Nachtzug nach Paris, verbrachten dort einen Tag und düsten anschließend weiter nach Bordeaux, wo wir mitten in der Nacht ankamen. Wir versuchten im Umkreis des Bahnhofs unser Glück und wollten uns mit den Schlafsäcken in die Büsche oder in einem leer stehenden Gebäude in die Ecke hauen. Das dortige Viertel wirkte jedoch nicht vertrauenerweckend und somit zogen wir es vor, in einem Warteraum des Bahnhofs die Zeit bis zum Sonnenaufgang totzuschlagen. Am Morgen reservierten wir zwei Liegen für den nächsten Nachtzug nach Lissabon und schauten uns anschließend im Zentrum der Weinstadt um. Zu unserer Überraschung waren vier weitere Deutsche mit in unserem Abteil des Nachtzugs, der über Porto nach Lissabon fuhr. Nach einem ersten Hallo und dem Austauschen über die jeweiligen Reiseziele amüsierten sich die Vier mächtig über unser Vorhaben, den Plastikklub in Lissabon zu unterstützen. Was für eine dämliche Idee, was für ein armseliger Verein. Als der eine von den vier Schwaben meinte, er sei Anhänger der Stuttgarter Kickers, waren die Grenzen im Abteil klar gesteckt. Ich wünschte dem Typen viel Spaß beim Tingeln mit seinem Provinzklub und haute mich auf die Liege. Gute Nacht, Ihr Schaben, äh, Schwaben!

Unsere vier hatten diese murmelnden Worte nicht gehört und zogen fröhlich von dannen in Richtung Speisewagen. Als später ein fetter Spanier vor unserer Tür mit einer Glocke läutete und „Cena! Ceeena!" brüllte, wurden wir stutzig. War das Abendbrot etwa inklusive? Nichts derweil, gesalzene Preise waren auf der Speisekarte zu lesen. Karsten und ich beließen es bei einer bezahlbaren Kohlsuppe mit Brötchen. Daraufhin wurden wir von dem fetten Spanier nur noch abwertend angeschaut und wie der letzte Dreck behandelt. Bitte dort an den kleinen Tisch in der Ecke! Die anderen seien für Gäste reserviert, die das Menü bestellen. Wen wunderte es dann noch, dass die Kohlsuppe versalzen und die Scheibe Schinken auf dem Brötchen bereits grün angelaufen war?!

Positiv überrascht wurden wir dagegen von Lissabon, das uns mit herrlichem Frühlingswetter und seiner phantastischen Altstadt begrüßte. Die Stunden bis zum abendlichen Europapokalspiel gingen rum wie im Fluge, pünktlich fanden wir uns am riesigen, damals unüberdachten Estádio da Luz ein. Mit gewisser Ehrfurcht trat man in den Gästebereich, erstaunt war man über die Tatsache, was dort zwischen den Sitzen zum Vorschein kam. Steine und Schrauben lagen im

Block verstreut und mussten vermutlich bei zurückliegenden Begegnungen auf die jeweiligen Gästefans geregnet sein. An Randale und einen Blocksturm dachte an jenem Abend glücklicherweise kein Benfica-Fan. Zum einen fehlte die Rivalität, zum anderen wurde der 90. Geburtstag des Vereins gefeiert. Dies war auch der Grund, weshalb das Stadion mit über 80.000 Zuschauern so gut ausgelastet war. Selbst spätere Partien gegen den FC Bayern München waren bei weitem nicht so gut besucht. Beim Hinspiel gegen Bayer 04 herrschte eine grandiose Atmosphäre. Vor dem Anstoß kreiste ein Adler mit roten Bändchen an den Füßen eine Runde durch das Stadion und ließ die Masse brodeln. An jenem Abend fühlte man sich im away-Winkel mutterseelenallein und irgendwie von der Party ausgeschlossen. Gucken ja, aber nicht anfassen! Mir war es in jenem Moment egal, ob Leverkusen weiter kommen würde oder nicht. Ich wollte ein Tor von Benfica sehen! Und zwar aus einem einzigen Grund: Ich wollte die 80.000 Zuschauer toben sehen. Still verharrte ich die 90 Minuten zwischen den anderen nicht gerade zahlreich angereisten Bayer-Fans und drückte heimlich Benfica die Daumen. Im Rückspiel darf Bayer 04 die Portugiesen gern mit 5:0 abkochen, aber hier an diesem Abend wollte ich Benfica feiern sehen. Mein Wunsch wurde erfüllt, zumindest einen heimischen Torjubel durfte ich in diesem altehrwürdigen Stadion bestaunen. Allerdings dauerte dies bis zur allerletzten Minute, zuvor hatte der Abwehrspieler Markus Happe (es war sein einziges Europapokaltor in seiner Karriere) die Leverkusener in der 66. Minute mit 1:0 in Führung gebracht. Unmittelbar vor dem Abpfiff sorgte Isaías für einen Orkan auf den Rängen. 1:1 lautete der am Ende gerechte Endstand.

Das Reisebudget war klein und Übernachtungen in Hotels oder Herbergen waren nicht drin. Deshalb verbrachten wir die Nächte stets in Zügen, auf Bahnhöfen oder auch mal in einer Parkanlage. So auch in Lissabon, wo wir nach dem Spiel auf den Stufen vor dem Bahnhof Platz nahmen. Es dauerte nicht lange, bis wir Gesellschaft bekamen. Wegen unserer Rucksäcke waren wir als Reisende auf Anhieb erkennbar. Aus der kleinen Gesellschaft wurde recht bald eine ganze Menschentraube, die sich um uns gebildet hatte. Immer wieder prasselten Fragen auf uns ein. Ob wir aus Deutschland kämen. Aus Leverkusen? Ob wir Benfica mögen, ob die Stadt schön sei, ob wir auch Sporting und den FC Porto hassen würden. Manch einer wollte uns was zu trinken in die Hände drücken. Wir lehnten freundlich ab. Fußballfans, Obdachlose, portugiesische Rucksacktouristen, Junkies, Matrosen, Soldaten – alle quetschten uns aus und ließen die Traube immer dichter werden. Als herumstromernde Jugendliche bereits ein Auge auf unsere Rucksäcke warfen, wurde uns die Sache zu bunt. Zumal kaum einer englisch sprechen konnte und ständig jemand unsere Isomatten anfasste oder unsere Fußballschals gegen wertlosen Kram eintauschen wollte. Wir wollten ins Bahnhofsgebäude, doch dieses war verschlossen und öffnete erst gegen fünf Uhr. Also doch wieder auf den Stufen sein Plätzchen einnehmen und hoffen, dass die Meute irgendwann keine Lust mehr hat auf ins Nichts verlaufende Konversation. Was für eine Nacht! Finster dreinschauende Typen am Rande des Geschehens schienen nur darauf zu warten, dass wir für einen Moment unser Gepäck aus den Augen lassen. Und es wurde immer besser! Etliche Soldaten waren angetrunken und wollten uns umarmen, einige Benfica-Fans zeigten zunehmend ihre Unzufriedenheit über das aus ihrer Sicht eher mäßige Resultat. Als sich später in der Nacht herausstellte, dass einige Marinesoldaten Anhänger des FC Porto waren (deshalb wohl die Umarmungen), lag eine handfeste Auseinandersetzung unter den Wartenden in der Luft. Etwas abseits trieben ein paar Jugendliche ein paar

Späßchen mit einer zerlumpten Gestalt, die auf dem Boden inmitten von zerfledderten Tüten und alten Zeitungen lag und bei der man nicht wusste, ob diese noch lebte oder bereits tot war. Diese Nacht wurde der blanke Horror und Karsten und ich zählten die Minuten, bis endlich der verdammte Bahnhof öffnen würde. Und eines stand fest: Das nächste Mal eine Pritsche im Hostel, egal wie schmal die Geldbörse auch sein möge!

Gegen sechs Uhr fuhren wir todmüde, aber glücklich mit einem Regionalzug nach Entroncamento, von dort aus sollte es nach Badajoz weiter gehen. Da es in Entroncamento keine Anzeigetafeln gab und auch an den Bummelzügen keine Schilder angebracht waren, half nur das Fragen bei den Wartenden. Nur zu klar, dass ich die spanische Stadt völlig falsch aussprach. Bada – qué? Erst als ich den Namen auf einem Stück Papier notierte, ertönte ein lautes „Aha!". Von allen Seiten gab es nun Tipps und Ratschläge. Der eine zeigte auf die Bahnhofsuhr, der andere auf diesen Zug, der andere auf einen leeren Bahnsteig, wiederum ein anderer auf eine abseits stehende Bahn. Erst nachdem wir einen Schaffner erwischt und um Auskunft gebeten hatten, wussten wir Bescheid. Uns blieb noch eine Stunde Wartezeit und in dieser konnten wir in der Bahnhofskneipe noch zwei Cola zum Gleichtrinken und zwei Büchsen Bier für unterwegs holen. Groß war die Überraschung, als uns einer der älteren Anwesenden auf Deutsch ansprach. „Na, ihr seid aus Deutschland? Was wollt ihr haben? Ich sag dem Wirt Bescheid!" Wie sich herausstellte, lebte er vor vielen Jahren als portugiesischer Gastarbeiter in Deutschland. Was folgte, waren ausufernde Schilderungen seines bewegten Lebens sowie zum Abschied ein strammer Hitlergruß und knallende Hacken. Da stand der Typ in dieser muffigen Bahnhofskaschemme auf und hob mit den Worten „Tschüs, meine Kameraden! Macht's gut!" völlig schmerzfrei den rechten Arm. Nichts wie weg in den bereitgestellten Bummelzug, der uns nach Spanien bringen sollte! Oh meine Güte, diese Reise hatte wirklich einen ganzen Sack voll Kuriositäten parat. Mit einer Höchstgeschwindigkeit von nicht einmal 30 km/h tuckerte der uralte mit Diesel betriebene Doppeltriebwagen in Richtung portugiesisch-spanischer Grenze. Vom Geräusch her hätte man denken können, der Zug würde gleich die Schallmauer brechen, der Blick aus dem Fenster besagte jedoch, dass man gut und gern mit flotten Schritten nebenher hätte laufen können. Die Abgase drückten sich durch sämtliche Ritzen in den Innenraum, in dem die Pendler mit Körben und großen Taschen saßen. Immer wieder hielt das Gefährt auf offener Strecke und raubte einen den letzten Nerv. Für die nicht einmal 130 Kilometer lange Fahrt benötigte der Zug satte fünf Stunden. Aber immerhin, die Landschaft, durch die wir fuhren, war durchaus sehenswert und entschädigte für die Strapazen in dem stinkenden und ruckelnden Waggon.

Als Badajoz schließlich erreicht wurde, ging es weiter nach Merida. Von dort aus sollte es hinunter in Richtung Mittelmeer gehen. Diesen Plan konnte man getrost zu den Akten legen, denn die Verbindungen waren weitaus miserabler als aus dem Kursbuch herausgesucht. Kurz überlegt und neu geplant. Weiter nach Madrid! Nachts um halb eins würde der nächste Zug in Richtung spanische Hauptstadt fahren. Perfekt. Uns blieb ein Abend in der angenehmen Stadt Merida. In einem Café schauten ein paar Männer das Champions-League-Duell Spartak Moskau vs. FC Barcelona. Als die Katalanen einen Treffer erzielten, jubelte weit und breit kein einziger Mensch. Ganz im Gegenteil. Die meisten Anwesenden fluchten und schimpften. Obwohl Barça letztendlich ganz Spanien im Europapokal vertrat, wollte dort im Süden des Landes niemand diese Mannschaft siegen sehen. Hätten Betis oder der FC Sevilla gespielt, hätte das Ganze sicher ganz anders ausgeschaut. Nachdem wir kurz vor Mitternacht wieder auf dem Bahnhof ankamen, staunten wir nicht schlecht, wie leer dieser inzwischen geworden ist. Von hier sollte in einer Stunde

noch ein Nachtzug gen Madrid abfahren? Auf Nachfrage beim dortigen Wachpersonal erhielten wir die Antwort, dass hier nichts mehr fahren würde. Und weshalb der Nachtzug im Aushang verzeichnet sei? Schulterzucken. Um neun Uhr morgens wäre die erstbeste Möglichkeit nach Madrid zu fahren.

Ratlos traten wir ins Freie und fanden uns auf dem dunklen Bahnhofsvorplatz wieder. Hinter uns wurden die Türen verriegelt. Nachts um eins in Merida. Prima. Totenstille. Immerhin war die Luft recht mild. Also wieder losziehen und einen versteckten Winkel hinter irgendeinem Busch oder in einer Ruine suchen? Während wir noch überlegten, öffnete sich hinter uns wieder die Tür. Der eine Wachmann bot uns an, in einer Ecke der Bahnhofshalle das Nachtlager aufzuschlagen. Gleich neben den geschlossenen Fahrkartenschalter und dem Blumengeschäft durften wir unsere Isomatten und Schlafsäcke ausbreiten und uns zur Ruhe legen. Die Nacht war gerettet – und sicherer konnte wohl kaum geschlafen werden, denn hinter uns wurde die Tür wieder verschlossen. Nach den Nächten im Zug und auf den Stufen am Lissaboner Bahnhof war diese Nacht ein echter Wohlgenuss. Kein Wunder, dass wir morgens komplett verpennt hatten. Geweckt wurden wir nicht. Als wir aufwachten, herrschte ringsherum bereits reges Treiben. Also fix aus dem Schlafsack gepellt, die Hosen angezogen und noch schnell ein Kaffee besorgt, bevor uns der Talgo nach Madrid bringen sollte. Im Schnellzug waren horrende Aufschläge fällig, doch dies war uns in jenem Moment trotz recht spärlicher Reisekasse völlig egal. Hauptsache endlich die nächste Hauptstadt erreichen! Dort angekommen stopften wir unsere Rucksäcke in zwei Schließfächer und erkundeten die Innenstadt. Das Spiel des Europapokals der Pokalsieger zwischen Real Madrid und Paris St. Germain hatten wir im Vorfeld gar nicht auf dem Schirm gehabt, da wir ja eigentlich hinunter ans Mittelmeer bzw. nach Marokko wollten. Doch wenn man schon mal vor Ort war, ließen Karsten und ich uns nicht lange bitten. Auf zum weltberühmten Estadio Santiago Bernabeu, in das damals noch 107.000 Zuschauer passten. Als wir an der Vorverkaufskasse erfuhren, dass ein Ticket ab 40 DM zu haben war, beschlossen wir, direkt vor dem Spiel noch einmal zu schauen, was möglich ist. Vielleicht wollte jemand ein billigeres Ticket loswerden. Gesagt, getan. Während bereits die umliegenden Straßen mit Real-Fans gefüllt waren, klapperten wir sämtliche Kassen ab. Und siehe da, an einer Kasse, an der ‚Socios' drüber stand, gab es Eintrittskarten für einen schmalem Taler. Wir hatten keinen blassen Schimmer, was es mit diesem ‚Socios' auf sich hatte und erwarben zwei Tickets für einen wirklich fairen Preis. Voller Vorfreude gingen wir zum entsprechenden Eingang. Man konnte das Innere des Stadions bereits sehen. Noch wenige Minuten, dann konnte die große Show beginnen! Doch Pusteku-

chen, an der Einlasskontrolle war Endstation. Da wir keinen Mitgliedsausweis von Real Madrid vorzeigen konnten, wurde uns mit diesen Socios-Tickets kein Einlass gewährt. Auch die Ach-Mensch-das-wussten-wir-nicht-Nummer zog Null. No entrada! Es halfen kein Bitten, keine Diskussion und selbstverständlich auch kein Fluchen. Die Tickets blieben jungfräulich und wir vor dem Stadion. Mit übelst schlechter Laune ging es zum Bahnhof, wo wir in einer Kneipe das Spiel auf dem Bildschirm verfolgten. Paris St. Germain konnte mit 1:0 gewinnen und meine Wut war etwas gedämpft. Im Nachtzug nach Almeria entlud sich jedoch noch einmal der ganze Frust und zwischen Karsten und mir kam es im Abteil fast zu einer handfesten Keilerei. Nach einer Mütze voll Schlaf hatte sich jedoch die Situation am kommenden Morgen wieder entschärft.

+++ Fanstand vor dem Estadio Santiago Bernabéu (1994) +++

Ein kleiner Zeitsprung. Bevor es später hoch nach Schottland gehen sollte, schoben wir einen kleinen Abstecher in die Schweiz ein. Über Brüssel gelangten wir nach Basel, von wo aus es weiter mit einem Nahverkehrszug nach Lausanne ging. Dort waren am gegenüberliegenden Ufer des Genfer Sees die imposanten Bergketten der Alpen zu sehen. Also nichts wie rauf auf einen der zahlreichen Kirchtürme und ein Panoramafoto angefertigt. Am Nachmittag lud die Erstligapartie Lausanne-Sport vs. Servette Genf auf ein Stelldichein im dortigen Olympiastadion ein. Allein der Tatsache, dass in dieser Stadt das IOC seinen Sitz hat, hat diese Spielstätte diesen Namen zu verdanken. Olympische Ringe am Haupteingang, im Hintergrund die hübsche Bergkulisse. Der Ausflug hatte sich gelohnt, das war schon mal klar. Als wenig später die angereisten Gästefans aus Genf noch Rauchtöpfe und

Bengalos zündeten und auf Französisch sangen, frohlockte das Fußballherz. Da Servette klar und deutlich mit 3:0 gewinnen konnte, zeigte sich der kleine, aber feine Gästemob in guter Verfassung.

Später am Abend dann wieder das übliche Problem. Wo übernachten? Der Bahnhof war viel zu klein und würde nach Mitternacht schließen. Also fuhren wir nach einem Bummel in der Innenstadt hinaus an den Stadtrand und suchten dort die Gegend ab. Nach kurzem Fußmarsch erreichten wir ein Waldstück, wo wir uns durch das Unterholz schlugen und ein geschütztes Plätzchen ausmachten. Unsere damalige Schmerzfreiheit überrascht mich zwanzig Jahre später immer wieder. Ein Zelt hatten wir nicht dabei, bei grauem Himmel und nächtlichen Temperaturen um den Gefrierpunkt legten wir uns Mitte März mit

+++ Stade Olympique de la Pontaise in Lausanne +++

+++ Verknautschtes Gesicht nach der Nacht in den Highlands +++

Schlafsäcken ins Gestrüpp. Und tatsächlich setzte nachts leichter Schneeregen ein, im Morgengrauen waren unsere Schlafsäcke mit einer feinen weißen Schicht bedeckt. Gut, dass wenigstens eine Flasche Amaretto im Gepäck war. Einen kräftigen Zug vom süßen Gesöff und dann noch einmal umgedreht.

Zurück in Basel hatten wir doch glatt ein Schlüsselerlebnis. Auf dem gesamten Bahnhof dröhnte Musik. Eine Gruppe Skins saß auf dem Boden und veranstaltete eine spontane Bierparty. Meine Fresse, was für ein verrückter Haufen ist das denn? Die mitgebrachten Ghettoblaster röhrten, die Bierbüchsen zischten. Paar Minuten später stieg die Truppe mit großem Getöse in einen Zug und nahm mehrere Abteile in Beschlag. Die Fenster wurden runtergezogen und ein schwarzes Banner wurde rausgehängt. Mit weißen Buchstaben stand drauf geschrieben: ULTRAS BASEL.

Auf dem Nachbarbahnsteig stand zudem ein Sonderzug bereit, in dem weitere hunderte Anhänger des FC Basel einstiegen. Ihr Ziel: Das Auswärtsspiel beim verhassten Rivalen FC Zürich. Was für ein Lärm! An jedem Fenster hingen Schals und Fahnen, ein Schlachtgesang nach dem anderen wurde angestimmt. Ein Szenario wie in einem perfekten Fußballfilm. Unsere Begeisterung kannte keine Grenzen mehr. Allein der Begriff ‚Ultrà', den man in Deutschland im Jahre 1994 nur aus dem Fernsehen und den Fan-Zeitschriften kannte. Die Eagles aus dem Kölner Südstadion mal ausgenommen. Selbst die Ultras Leverkusen wurden erst im darauffolgenden Jahr ins Leben gerufen. Und ob die kurzhaarigen, teils glatzköpfigen Ultras des FC Basel nun wirklich Skins waren, sei mal dahingestellt. Auf jeden Fall sorgte diese hart aussehende Truppe sicherlich in sämtlichen Städten für eine Menge Aufsehen.

Am 17. März 1994 fuhren wir mit einem Intercity ins belgische Oostende, von wo aus es mit der Fähre über den Ärmelkanal nach Ramsgate ging. Unsere Überfahrt hatten wir mitten in die Nacht gelegt, um früh morgens in England eine gute Verbindung in Richtung Schottland zu bekommen. Nachts um halb drei stand ich als einziger Passagier auf dem Oberdeck und blickte auf das schwarze Meer. Ringsherum nur das Rauschen der Wellen, die vom weißen Schaum gekrönt waren. Die Höhe von der Reling bis zum finsteren Wasser war beachtlich und ich stellte mir vor, wie es sein müsse, wenn man in die kalten Fluten fallen würde. Diese Vorstellung ließ mir keine Ruhe mehr. Immer wieder lief es mir kalt den Rücken runter, doch ich konnte mich einfach nicht von der Reling trennen und in die warmen Aufenthaltsräume gehen. Wie muss es wohl gewesen sein, in früheren Zeiten mit Segelschiffen die Meere zu befahren? Wenn prachtvolle Segelschiffe bei nächtlichen Herbststürmen zu Nussschalen wurden und in der Brandung verloren gingen. Wie viele Seemänner haben bereits auf den Meeren ihr Leben gelassen? Melancholisch stand ich an der Reling und wartete auf die ersten Zeichen der Morgendämmerung. War es eine Vorahnung? Erst im Sommer 1995 wurden die Weichen für das geplante Segelprojekt Berlin-Sydney 2000 gelegt. Vorher gab es definitiv keine Anzeichen für solch ein Vorhaben. Sechs Jahre später würde ich selber Schiffbruch erleiden, ein Stück weiter östlich, gar nicht mal so weit entfernt vom Ärmelkanal. Bei ähnlichen Temperaturen wie in jener Märznacht. Der entscheidende Unterschied: Die Wellen waren am 6. November 1999 um ein Vielfaches höher. Ob Vorahnung oder nicht – die Nacht auf der Fähre prägte sich fest ein.

Im Morgengrauen sichtete ich die helle englische Steilküste. Genau jene, die wir mit den beiden Segelbooten im Herbst 1999 angepeilt, aber wegen des schweren Sturms auf der Nordsee nicht erreicht hatten. In Ramsgate ging es vom Schiff direkt in den Zug, der uns nach London brachte. Nach dem dort üblichen Pendeln zwischen den Kopfbahnhöfen führte unsere Fahrt weiter vorbei an Wolverton, Northampton, Stafford und Stoke nach Manchester. Dort wollten wir uns im United-Store am Old Trafford noch einmal mit ein paar Utensilien eindecken, bevor es weiter hoch nach Edinburgh ging. Über Preston fuhr der komfortable Schnellzug gen Norden, und kaum war der 55. Breitengrad überquert, wurde die englische Landschaft von den rauen schottischen Bergen abgelöst. Die Ausläufer der Highlands zogen vorbei, Schneefelder waren auf den Geröllfeldern auszumachen. Auch hier wollten wir in Schlafsäcken in der freien Natur nächtigen, beim Blick aus dem Fenster überlegten wir jedoch, ob nicht doch ein Zimmer in einem Hostel angebracht wäre. Die diesbezügliche Entscheidung verlegten wir auf den Abend. Nach einem ausführlichen Spaziergang durch die Straßen Edinburghs kamen wir zum Entschluss. Ab in die Berge, hinter irgendeinem Felsen würden wir schon ein geschütztes Plätzchen finden. Die Schlafsäcke waren für Minusgrade ausgelegt und Isomatten hatten wir auch wieder dabei. Über steinige Pfade pilgerten wir den erstbesten Hang hinauf und prompt setzte feiner Nieselregen ein. Die Tröpfchen wurden vom kräftigen Windböen in unsere Gesichter gepeitscht, ein Zurück in die Stadt wollten wir jedoch nicht mehr zulassen. War ich aus den kanadischen Rocky Mountains nicht ganz andere Strapazen ge-

+++ Celtic FC zu Gast bei Hibernian Edinburgh (1994) +++

wohnt? Da dürfte eine Nacht auf einem schottischen Hochplateau doch kein Problem darstellen. Von oben hatten wir eine prächtige Sicht auf die Stadt, das Wasser und das Umland. Schon bald ließ der Regen nach, die Wolken rissen auf und der Sternenhimmel kam an einzelnen Stellen zum Vorschein. Zwischen widerspenstigem Gestrüpp und ein paar Felsbrocken richteten wir unser Nachtlager ein und philosophierten über die Kelten und Scoten, die hier einst durch die Highlands zogen. In der Nacht kroch die Kälte immer mehr in unsere Schlafsäcke. Von den klammen Füßen aus kletterte sie Millimeter für Millimeter die Beine hinauf, um anschließend auch den Oberkörper zum Bibbern zu bringen. Im Halbschlaf marterten wüste Träume das Hirn, während Schulter und Rücken immer mehr verspannten. Im Morgengrauen packten wir gerädert die feuchten Schlafsäcke wieder ein und stiegen hinab zur Stadt.

Der erste Gang führte zum Bahnhof, damit wir das lästige Gepäck in die Schließfächer sperren konnten. Nach einem Frühstück und dem wärmenden Aufenthalt in einigen Geschäften marschierten wir zum Stadion von Hibernian Edinburgh, das zu damaliger Zeit von außen betrachtet wie eine abrissreife Bruchbude aussah. Hätte nicht draußen ein Schild mit dem Vereinsnamen gehangen, so wäre man glatt in der Annahme, dass diese Sportstätte gewiss verwaist sei, vorbeigelaufen. Nur wenig deutete zwei Stunden vor dem Spiel drauf hin, dass in Kürze das Erstligaspiel gegen den Celtic FC stattfinden wird. Einzelne Celtic-Fans lungerten an der noch geschlossenen Gästekasse herum, vom Heimpublikum war weit und breit noch nichts zu sehen. Karsten und ich setzten uns auf eine Bordsteinkante und vertieften uns in ein Gespräch. Als wir eine halbe Stunde später einen Blick auf die zum Stadion stoßende Straße warfen, glaubten wir unseren Augen kaum. Was für ein Mob! Tausende Celtic-Fans bildeten eine extrem lange Schlange, welche die gesamte Straße hinunter führte. Da niemand etwas rief oder sang, hatten wir die Ankunft der Fans überhaupt nicht bemerkt. Völlig still verharrten sie vor der Kasse und warteten auf den Einlass. Tickets gab es bei Hibernian nicht. Man gab das Geld ab und durfte anschließend ein uraltes Drehkreuz passieren.

Rund zehntausend Anhänger mit Kleeblatt auf der Brust hatten sich an jenem Nachmittag im Stadion an der Easter Road eingefunden. Der Großteil befand sich auf der nicht überdachten Stehplatztribüne hinter dem Tor. Betrachtet man heute die damals mit einer Pocketkamera angefertigten Fotos, so hat man das Gefühl, sie stammen aus einer weit früheren Ära. Zu sehen sind die zahlreichen Celtic-Fans, die irische Fahnen als kleine Blockfahnen wandern lassen, und des Weiteren die alte hölzerne Haupttribüne und die markanten Flutlichtmasten. Das Stadion war nicht nur im Gästebereich gut gefüllt und somit wirkte dieses nicht mehr ganz so marode wie im leeren Zustand. Was jetzt noch fehlte, war ein spannendes Kick-and-Rush-Match. Fehlanzeige. Stattdessen gab es einen

müden Kick, der im negativen Sinne rekordverdächtig erschien. Ein einziges dilettantisches Ballgeschiebe, dazu weite Bälle nach vorn. Genau dorthin, wo kein einziger Mitspieler stand. So kam es, dass nur eine einzige magere Torchance zu verbuchen war. Und genau bei jener Möglichkeit von Celtic wurde einem klar, was passieren würde, wenn das Spiel mal endlich Fahrt aufnehmen würde. Der Celtic-Mob brodelte und das „We are Celtic Supporters, faithful through and through. And over and over, we will follow you!" ertönte.

Nach dem Spiel und einem Abstecher in einem der örtlichen Pubs fuhren wir über Newcastle zurück nach London. Im Zug saßen ein paar junge gut gelaunte Franzosen, die von einem Rugby-Länderspiel kamen und mit den anderen Zuginsassen über Gott und die Welt diskutierten. Übertönt wurden diese von einem Engländer, der sich aufgrund eines peinlichen 2:2 von Manchester United bei Swindon Town und der somit verspielten Tabellenführung nicht mehr einkriegte und in einer Tour „Swiiiiiiiindooooon!!!" rief und zwischenzeitlich eine Büchse Bier nach der anderen fröhlich in den Rachen kippte.

+++ Ulf Kirsten bedankt sich bei den Fans +++

Abschied in Leverkusen, Abstiegskampf der Hertha

Meinen Facharbeiterbrief (Energieelektroniker für Betriebstechnik) hatte ich längst in der Tasche. Bis zum Sommer konnte ich bei der Bayer AG im Bereich Umweltschutz arbeiten. Als frischgebackener Facharbeiter durfte ich in einem Ingenieurbüro an einem Laptop sitzen – ja solche gab es damals bereits – und Schaltungen entwerfen sowie einen Ablauf programmieren. Da inzwischen solche Dinge in der Ausbildung vermittelt wurden, hatte manch ein junger Facharbeiter mehr Peilung vom Programmieren als manch ein alter Hase, der für gutes Geld im Ingenieurkittel im Büro saß. Ich fühlte mich wohl wie Bolle und genoss sowohl die Position als auch den monatlichen Blick auf den Kontoauszug. Damals konnte man mit 2.300 DM netto noch wirklich was mit anfangen. Dazu kam noch das Urlaubsgeld. Das konnte man getrost als faire Bezahlung bezeichnen. Kein Vergleich zur heutigen Zeit, wo sich jeder Normalbürger wirklich strecken muss, um über die Runden zu kommen. Für

750 Mark kaufte ich mir erst einmal einen vernünftigen Fernseher. Spitzenqualität. Und in der Tat, das gute Stück sollte weit über zehn Jahre lang halten. Aber was heißt halten? Kaputt ging er nicht, doch irgendwann war das Gerät halt nicht mehr zeitgemäß. Statt Gemeinschaftsraum nun Farbfernsehen Deluxe im eigenen Zimmer.

Und am Wochenende wie gehabt: Ab zum Fußball! Am 8. März 1994 sollte das DFB-Pokalspiel Rot-Weiss Essen gegen Tennis Borussia Berlin die Aufmerksamkeit auf mich lenken. Es war immerhin Halbfinale. Würde wieder eine Berliner Mannschaft den Finaleinzug packen? Mit etwas Glück würde Dynamo Dresden, das gegen den SV Werder Bremen spielte, der Gegner im Olympiastadion sein. TeBe gegen Dynamo? Das klang abgefahren. Ein Underdog würde so oder so ins Finale einziehen, auch für den RWE wäre dies eine echte Sensation. Also nichts wie hin zum

153

Georg-Melches-Stadion, das an jenem Abend aus den Nähten platzte. Über 22.000 Zuschauer quetschten sich auf den Rängen, nur wenige von ihnen drückten den Veilchen die Daumen. Schaut man sich die Mannschaftsaufstellung von damals an, fallen bei TeBe einige bekannte Namen ins Auge. Bjarne Goldbeck, René Tretschok und Stanislav Levy zum Beispiel. Die Tore des Abends schossen jedoch keine TeBe-Spieler, sondern allein Daouda Bangoura (27. Minute) und Jürgen Margref (66. Minute). Mit einem unter dem Strich ungefährdeten 2:0-Sieg zog Rot-Weiss Essen ins Finale ein. Im anderen Halbfinale unterlag Dynamo Dresden den Bremern mit 0:2. Den Pokal holte später am 14. Mai 1994 der SV Werder, doch das nur am Rande.

Im Frühjahr 1994 wurde in NRW noch manch eine Partie mitgenommen. Auf nach Gelsenkirchen, Köln, Duisburg und Mönchengladbach. Die Roten Teufel überraschten mit einem 7:1-Sieg in Duisburg-Wedau, die Geißböcke schickten den Hamburger SV mit 3:0 heim, Gladbach und Dortmund trennten sich 0:0 und Bayer 04 kam gegen Dynamo Dresden nicht über ein 1:1 hinaus. Erfreulich war die Zuschauerzahl, sie lag mit knapp 17.000 in einem anderen Bereich als noch zwei Jahre zuvor. Es tat sich was in Leverkusen. Davon ganz abgesehen, deutete sich generell der große Aufschwung in Fußballdeutschland langsam aber sicher an.

Da mir mein halbjähriger Zeitvertrag bei Bayer auch einen finanziellen Aufschwung beschert hatte, wollte ich es mit meinen dortigen besten Freunden krachen lassen. Gemeinsam kochen, dabei plaudern und anschließend ganz gepflegt ein paar Mixgetränke schlürfen. Da ich das geräumigste Zimmer hatte und mein Mitbewohner gerade nicht da war, trafen wir uns zu dritt bei mir und deckten den Tisch ein. In

+++ Außenansicht des alten Georg-Melches-Stadions in Essen +++

+++ Hoch die Bierkannen im Leverkusener Wohnheim (1994) +++

der Küche köchelten die Nudeln, brutzelte das Fleisch und gefror das Wasser im Tiefkühlfach. Bereit standen zwei Flaschen Wodka und Limonensaft. Oder war es Limonade? Keine Ahnung, auf jeden Fall sollte es Vodka-Lemon geben. Und das nicht zu knapp. Gut gespeist und dann auf die Freundschaft angestoßen. Hätte man eine Kamera mitlaufen gelassen und das Band später im Zeitraffer angesehen, hätte man prima die Wirkung des Alkohols sehen können. Karsten, Gordon und ich zeigten, wie man es macht – oder besser gesagt, nicht macht!

Hoch die Tassen. Das Zeug schmeckte phantastisch, der Wodka war von bester Qualität. „Jungs, ob wir uns in zwanzig Jahren noch immer kennen?", „In zwanzig Jahren? Mal sehen, Prost ihr Rabauken!" Hätte, hätte, Fahrradkette. Aber hätte es nicht diesen Abend gegeben, vielleicht hätte alles einen anderen Lauf genommen. Und vielleicht würde ich nicht mit Karsten das Onlinemagazin turus.net betreiben. Das Leben

ist wie ein riesiges Puzzle, und jener feucht fröhliche Abend war eines der Puzzlestücke. Der Abend endete beschissen, aber er festigte die Freundschaft. So viel ist mal klar.

Die erste Flasche ging weg wie nichts. Nach dem reichhaltigen Essen flutschte der eiskalte Vodka-Lemon richtig prima. Nachdem jedoch die zweite Flasche bis zur Hälfte geleert war, zeigte der Alkohol die volle Wirkung. Karsten schaffte es gerade noch, sich zu seinem Zimmer im Nachbargebäude zu schleppen, Gordon und ich legten noch ein Gläschen nach, bis wirklich nichts mehr ging. Gordon kotzte in den Aschenbecher und knickte zwischen Tisch und Bett ein, ich muss wohl auf dem Klo in einer Pisslache verendet sein. ‚Trainspotting' ließ grüßen. Und das in der schärfsten Form. Das Zimmer glich am nächsten Morgen einem Schlachtfeld. Keine Randale, keine Streitigkeiten, aber verdammt viel Siff. Gegen 11 Uhr erwachte ich aus dem komaähnlichen Zustand. Wo bin ich? Wer bin ich? Und vor allen Dingen: Was zum Teufel habe ich an? Ich hatte eine Jogginghose an, die gewöhnlich in der hintersten Ecke des Kleiderschranks lag. Ich wirkte wie abgelegt. Wurde ich abgelegt? Doch von wem?

Gordon pennte noch und ich schlurfte vorsichtig in die Gemeinschaftsküche und auf die Toilette. Alle Fenster noch heil? Alle Waschbecken noch dran? Es schaute nicht allzu gut aus, doch zerstört war zum Glück nichts. Oh meine Fresse, was für eine Pfütze auf dem Klo. War ich das etwa? Wo sind meine dreckigen Klamotten? Es blieben ein paar ungelöste Rätsel. Mein Zimmernachbar, ein schmieriger Lagerarbeiter, grinste bloß blöd und gab mir zu verstehen, wer mich wohl aus der Lache gerettet und mir die trockenen, sauberen Klamotten übergestreift hatte. Ein ganz, ganz mieses Gefühl machte sich in meiner Magengrube breit. War es nicht jener Typ, der mir einen Monat zuvor einen ganzen Stapel holländischer Hochglanz-Pornohefte geschenkt hatte – mit den Worten „Hab genug davon, ich schmeiß die sonst weg …"?

Am Tag nach dem großen Besäufnis räumte ich die Bude auf und lief mit Beinen aus Wackelpudding zu Karsten rüber. „Wie schaut's aus? Wollten doch zum Spiel gegen Stuttgart? Kriegen wir das hin?", fragte ich ganz zaghaft. „Boa, ja, okay. Müsste gehen. Können ja einen Sitzplatz nehmen, denn stehen kann ich heute echt nicht!", lautete seine Antwort. Wahrlich, an Stehen im C-Block war an jenem Nachmittag des 30. April 1994 nicht zu denken. Und hätte ich dazu noch das dämliche „Eins, zwei, drei, Nuuuußbaum!" gehört, wäre mir wohl nochmals schlecht geworden. Jener Kerl namens Nußbaum war damals bereits bekannt wie ein bunter Hund. Komplett pinkfarbene Kleidung, dazu ein pinkfarbenes Fahrrad. Er stand im C-Block stets ganz unten am Zaun und war der Hingucker schlechthin. „Nußbaum, wink einmal!" und das „Eins, zwei, drei, Nußbaum!" füllten im Fanblock die stim-

mungstechnischen Lücken, wenn es auf dem grünen Rasen mal eher öde zu Werke ging. Kurzum, früher oder später würden wir uns eh aus dem C-Block verabschieden und uns zu den Älteren im E-Block gesellen. An jenem Nachmittag kauften wir jedoch eine Karte für den A-Block, weil dieser bei Partien mit eher geringem Gästefan-Aufkommen ziemlich leer war. So konnten wir – die Beine waren immer noch weich vom abendlichen Saufgelage – uns locker auf die Betonstufen setzen und entspannt das Spiel anschauen. Zu sehen gab es nicht allzu viel. Vor 16.400 Zuschauern entwickelte sich ein Durchschnittskick, bei dem Dunga die Schwaben in der 13. Minute in Führung schoss und Franco Foda in der 51. Minute per Strafstoß ausglich. Ach doch, zwei bemerkenswerte Dinge passierten während des Spiels. Zum einen sah Jupp Nehl, der eigentlich keiner Fliege etwas zu Leide tun konnte, in der letzten Spielminute die rote Karte. Zum anderen kam nach gut einer Stunde Stephan Hanke für Franco Foda in die Partie. Mit Stephan hatte ich ja wie eingangs erwähnt in der Ausbildungsklasse an einem Werktisch gesessen. Allzu oft kam er bei Bayer 04 in der Zeit von 1991 bis 1994 nicht zum Einsatz, von daher was es etwas besonderes, ihn endlich mal auflaufen zu sehen. In der Saison 1993/94 war es nur ein einziges Mal – und zwar gegen den VfB Stuttgart. Nachdem er später zum FC St. Pauli gewechselt war, kam er schließlich in den Genuss, ganze 61 Mal in der ersten Liga als Abwehrspieler auf dem Platz zu stehen. Am 28. Oktober 1995 gelang ihm beim Auswärtsspiel in Bremen sein einziges Tor im Fußballoberhaus. 65. Minute, Ausgleich zum 1:1, Torschütze: Stephan Hanke. Und wenn wir schon dabei sind und die Statistiken gewälzt werden: Am 2. September 1995 flog er nach knapp einer halben Stunde mit Gelb-Rot vom Platz – und zwar bei seinen Ex-Kollegen in Leverkusen!

Zurück zum Frühjahr 1994. Die letzten Wochen im Rheinland ließ ich etwas ruhiger angehen. Der Fußballkalender wurde nicht ganz so prall gefüllt wie in all den Monaten zuvor. Ich genoss die Zeit, machte mit dem Fahrrad größere Touren am Rhein entlang und legte mich auch mal auf die faule Haut. Im Normalfall wäre ich sicherlich nicht auf die Idee gekommen, Bayer 04 Leverkusen am letzten Spieltag der Saison 1993/94 zum Auswärtsspiel beim VfB Leipzig zu begleiten. Jedoch gab es ein Argument, das ganz klar dafür sprach, es zu tun. Der Verein setzte einen Sonderzug ein, für wahrlich wenig Geld konnten 700 Bayer-Fans in die sächsische Messestadt düsen. Klingt ein wenig nach Retorte und Plastikklub, doch in diesem Fall war es in der Tat einfach mal ein Dankeschön an die eigenen Anhänger. Welcher Leverkusener war zu jener Zeit schon mal in Leipzig? Das klang abenteuerlich, zumal der VfB Leipzig nicht im Bruno-Plache-Stadion, sondern im großen Zentralstadion spielte. Wer hatte nicht die Bilder vor Augen. Leipzig gegen Dresden zu Beginn jener Saison. Über 31.000 Zuschauer. Ein 3:3, drei Tore von Olaf Marschall. Und ja, vor allen Dingen: Fliegende Sitzbänke. Wüste Szenen. Der Wilde Osten wie es im Buche steht. Und genau in diesen Wilden Osten sollten nun die 700 Leverkusener fahren.

Die Lev-Boys mit den Handschuhen in den Hosentaschen freuten sich schon. Den Replay-Pullover um die Hüfte gebunden, das Blue-System-Shirt übergestreift, das Sixers-Basecap aufgesetzt. Auf geht´s! Die Lok-Hools können kommen! Falls es gut werden würde, fände die Begegnung sicherlich ein Plätzchen in der nächsten Ausgabe des Fantreffs, dem ‚Sprachorgan für Fans', damals herausgegeben von Steffen Heumann. Die A4-Hefte, die anfangs schwarz-weiß und später teilweise auch farbig daherkamen, waren legendär und in manchen Bahnhofsbuchhandlungen fix vergriffen. Für vier D-Mark (Stand August 1992) bzw. sechs D-Mark (Stand April 1995) bekam der interessierte Fußballfreund einiges geboten. „Leipziger treffen gleich auf 1860 Hools. Etwa 70 Münchner Hools bringen 250 Leipziger zum Laufen!", lautete zum Beispiel eine Bildunterschrift in der Ausgabe vom

Sommer 1992. Wieder und wieder hatte ich mir damals die Fotos angeschaut. Ich konnte diese Story einfach nicht glauben. Leipziger, die flitzen gehen?! Zumal in der Leipziger Morgenpost noch andere Bilder auftauchten. Drei Leipziger Hools, die einen 1860-Hool niederreißen und anschließend zusammentreten. Fest steht: Beim Zweitligaspiel VfB Leipzig gegen die Münchner Löwen ging es derb zur Sache. Leipziger stürmten das Spielfeld, wütende Münchner zerstörten etliche Sitzbänke. Was aufgrund des äußerst maroden Zustandes des Zentralstadions auch nicht viel Kraft gekostet hatte. Neben den Berichten über die dritte Halbzeit füllten diverse Statements, Leserbriefe, unzählige (kostenlose) Kleinanzeigen und Werbung für Klamotten den Fantreff. ‚Bulldog Deutschland' als Fahne, T-Shirt, Sweat-Shirt oder Kapuzensweater. Hool-Jogg-Pants mit breitem Bund für 59,90 D-Mark. Oder einfach ein Shirt mit dem Aufdruck ‚Hooligans Deutschland', das klipp und klar alles auf den Punkt brachte. Neben der Werbung weitere Berichte und Fotos. „Duisburg – Dortmund. Duisburger laufen auf die Dortmunder zu. Foto: Ein Duisburger". „F95 – HSV. Düsseldorfer stürmen auf Hamburger, die im Hintergrund abdrehen." „Kölner Hools auf der Prager Straße." „Cologne unterwegs zum Stadion." „Polizeikette hindert deutschen Mob daran, gegen Holländer zu gehen." „Bewaffnete Holländer verfolgen die Spur der Deutschen." „Der Sieg ist geschafft." Oder einfach nur: „Danach." Karsten und ich hatten immer gut abgefeiert, wenn wir im Bus, in der Bahn oder im Wohnheim die neueste Ausgabe durchgeblättert haben. Besonders die Kleinanzeigen hatten es uns angetan. Stundenlang lasen wir uns diese gegenseitig vor und suchten die passenden heraus. „Hier, Karsten, was für dich! Hör zu! Blau-gelbe Grüße gehen an alle Union-Solingen-Hools, besonders an die Wuffer-Rangers und an den S04-Fanclub Moshing Maniacs!" Im Gegenzug: „Deine Sachsen-Kumpels, Marco! Grüße an alle VfB-Hools! Besonders die 2. Generation. Jetzt seid ihr am Drücker, begreift das endlich! Keine Grüße an die 1860 Peruaner!"

+++ Leverkusener am Leipziger Hauptbahnhof +++

Ich war Stammleser des Fantreffs und amüsierte mich köstlich über die Berichte. Einerseits fand ich manch einen Bericht und Gruß völlig beschränkt, auf der an-

deren Seite strahlte das Ganze eine Faszination aus. Beim Betrachten eines Fotos a la „Cologne-Pöbel sammelt sich vor dem Westfalenstadion und durchbricht Eingangstor, doch die Polizei ist zur Stelle und schlägt zurück" ratterte das Kopfkino. Was genau mag dort wohl passiert sein? In der Zeit bevor es Facebook, youtube und ultras.ws gab, waren solche Hefte die einzige Möglichkeit, um über den Tellerrand zu schauen. Im April 1995 verkündete Herausgeber Steffen Heumann das plötzliche Aus. Kurioserweise fand in der letzten Ausgabe ein von mir verfasster Bericht über das FA-Cup-Spiel Manchester United gegen Leeds United ein angemessenes Plätzchen – und das zwölf Jahre vor dem Anlaufen der Fußball-Rubrik auf turus.net.

Ich fand das Ende des Fantreffs äußerst bedauerlich, zumal in der letzten Ausgabe echte Kracher abgedruckt wurden. „Alarmstufe 1: Millwall – Chelsea", „East Side Boys. Chelsea Firm. FC Brügge – Chelsea FC." Und richtig kernig geschrieben: „Höllentrip auf griechisch: PAOK Saloniki vs. AEK Athen." Auch nicht schlecht: „Bastion Betzenberg? Lagebericht aus Kaiserslautern." Allerdings ließ damals ein Nachfolge-Heft des Fantreffs nicht lange auf sich warten. Steffen Heumann rüstete auf und brachte mit ‚match live' ein komplett farbiges Heft aus Hochglanzpapier auf den Markt. Es war durchaus hübsch anzusehen, doch den Kultcharakter wie der Fantreff erlangte dieses Heft nicht. Nachdem ich einige Ausgaben gekauft hatte, verlor ich 1997 – nicht zuletzt aufgrund des durchstartenden Segelprojektes – das Interesse.

Gedanken zurück zum 7. Mai 1994. Der Sonderzug rollte. Von Leverkusen-Mitte einmal quer durch die Republik bis zum Leipziger Hauptbahnhof. Zu Fuß ging es durch das zwischen Hauptbahnhof und Zentralstadion befindliche Altbauviertel, durch das unter anderem die Gustav-Adolf-Straße und die Waldstraße verlaufen. Spaziert man heute durch diese Straßen, wirkt alles geleckt, aufgeräumt und durchsaniert. Damals war es noch Osten pur. Graue Fassaden, soweit das Auge reichte. Für einige Pillendreher ein echter Kulturschock. Und was, wenn aus dem nächsten Hinterhof fünfzig maskierte Freaks stürmen und auf die Lev-Boys einprügeln? Zwar kam es zu keinen Übergriffen, doch einige Lauereien wurden an jenem Nachmittag gestartet. Die Erinnerungen verschwimmen, doch die damals angefertigten Fotos beweisen es. Leverkusener, die die Straße entlang rennen. Ein weißer Polizei-Bulli mit dabei. Ein behelmter Polizist im Laufschritt. Die sportlichen Bayer-Jungs quer über die Grünanlagen. Wer wen jagte – ich weiß es nicht mehr. Vielleicht war das Ganze nur ein Gag. Ein Spaß, um die Beamten auf Trab zu halten. Mit 700 Mann durch eine fremde Stadt zu marschieren, hat ja auch was. Da kann man schon durchaus was anstellen.

Völlig ruhig blieb es auf den Rängen des Zentralstadions. Kein Leipziger Platzsturm, wie im August 1992 beim Heimspiel gegen 1860 München. Stattdessen ein entspanntes Stelldichein bei Sonnenschein und sommerlichen Temperaturen. Ein hübsch gefüllter Gästeblock, wenn gleich in dieser riesigen Schüssel 700 rot-weiße Fans auch nur einen kleinen Farbtupfer bildeten. Auf Heimseite sah es richtig trüb aus. Hinter den VfB- und Lok-Zaunfahnen verloren sich nur wenige Leipziger Fußballfreunde. Im weiten Rund befanden sich insgesamt 5.100 Zuschauer. Beim VfB Leipzig waren längst alle Messen gelesen. Als abgeschlagener Tabellenletzter ging es zurück in die zweite Bundesliga. Von der vor einem Jahr herrschenden Euphorie war wirklich rein gar nichts mehr zu spüren. Atmosphäre wie bei einem Begräbnis. Es schien eher unwahrscheinlich, dass dieser Klub noch einmal

+++ Laufereien in der Leipziger Innenstadt (1994) +++

+++ Leverkusener auf der Suche nach den VfB Leipzig-Hools (1994) +++

sportlichen angreifen würde. Ein Jahr erste Bundesliga als Eintagsfliege.

Für Bayer 04 ging es an diesem letzten Spieltag durchaus um was. Von Platz drei bis sechs war alles möglich. Alles andere als ein Sieg kam gar nicht in die Tüte. Als Leverkusen dank eines Eigentores von Dieter Hecking nach einer Viertelstunde mit 1:0 in Führung ging, schien alles nach Plan zu laufen. Der Sieg wurde aber kein Selbstläufer. Die Mannschaft des VfB Leipzig wollte sich mit Anstand aus dem Fußballoberhaus verabschieden, nicht zuletzt wollte sich der eine oder andere Spieler gewiss noch einmal empfehlen, bevor in der Sommerpause das Transfer-Karussell angeworfen wurde. Nur fünf Minuten nach der Führung konnte Leipzig ausgleichen. Alexander Opoku, der später noch bis 1998 beim VfB spielte,

machte das 1:1 klar. Leverkusen tat sich schwer, konnte aber nach 33 Minuten wieder in Führung gehen, Paulo Sergio war zur Stelle. So, nun dürfte ja nicht mehr viel anbrennen beim Schlusslicht. Denkste. Die 700 Bayer-Fans staunten nicht schlecht, als eine Viertelstunde vor Abpfiff Frank Edmond, der bereits 1979 zum Nachwuchs des 1. FC Lokomotive kam, mal eben das 2:2 erzielte. Den Treffer vorbereitet hatte der aus Ostberlin stammende Dirk Anders. Szenenapplaus vom Leipziger Publikum, das nun doch noch einmal wach wurde. „VfB, VfB!" Leverkusen war drauf und dran, sich ordentlich zu blamieren. Bis dato hatte der VfB Leipzig gerade mal drei Siege einfahren können. Eine Pleite in Leipzig? Das könne nicht sein, dachte wohl der aus Riesa stammende Schwatte und war in der 89. Minute zur Stelle. 3:2 für Bayer 04. Umjubelter Torschütze: Ulf Kirsten, der einst im Trikot von Dynamo Dresden etliche Male gegen die Leipziger gespielt hatte. Dementsprechend groß seine Freude. Mit freiem Oberkörper lief er zum Gästeblock, die Fans hingen gut gelaunt am Zaun. „Oh la la, wir haben einen Kirsten, oh la la, Kirsten wunderbar!" Platz drei hinter dem FC Bayern und dem 1. FC Kaiserslautern war gesichert, Borussia Dortmund und Eintracht Frankfurt konnten hinter sich gelassen werden.

Während in der ersten Bundesliga damit der Vorhang bereits gefallen war, wurde in der zweiten Bundesliga noch munter weitergespielt. Zu absolvieren waren 38 Spieltage – und die Schlussphase hatte es in sich. Unvergessen der Donnerstagmorgen am 5. April 1994. Ich kam zur Arbeit, inzwischen war ich nicht mehr in dem Ingenieurbüro sondern in einer Elektrowerkstatt tätig, und auf meiner Werkbank lag verkehrtherum die ausgeschnittene Tabelle der zweiten Liga. Absolviert war der 27. Spieltag und die beiden Vertreter meiner Heimatstadt waren ganz

oben. Ja, wenn man die Tabelle auf den Kopf stellte. „Willst du scheiß Berliner oben sehen, musst die Tabelle drehen!" Neben der Tabelle lag ein Zettel mit der Grußbotschaft. Das traf. Einer hatte mich auf dem Kieker und hasste mich wie die Pest. Nicht zuletzt, weil ich zuvor drei Monate lang als absoluter Facharbeiter-Frischling bei den Ingenieuren arbeiten durfte. Nicht im Blaumann, sondern hübsch in zivil. „Ach, Marco, nimm es nicht so krumm. Der meint das nicht so. Du bist doch jetzt auch Leverkusener", meinte ein Kollege, mit dem ich ganz gut klar kam. „Lass den einfach. Der hasst auch Bayer, er ist nämlich ne Kölner Zecke!"

„Zecke? Pass mal auf! Und diese Bulette kann sich schon mal auf die Oberliga freuen! Der fährt doch eh bald wieder zurück in den Osten! Spielen Union und dieses FC Berlin nicht auch Oberliga? Passt doch prima! Hertha und TeBe, alles die gleiche Scheiße!", tönte es aus der Ecke.

+++ Bayer 04 zu Gast im Leipziger Zentralstadion (1994) +++

Sei es drum, dumme Sprüche waren mir wurscht. Jedoch bereitete mir die sportliche Situation der Hertha echte Sorgen. Ein Abstieg wäre des Guten zu viel. Wie könnte ich mich als Berliner überhaupt noch im tiefen Westen sehen lassen? Was für eine Blamage! Tennis Borussia – das ging mir folgerichtig ziemlich am Arsch vorbei – belegte mit 14:40 Punkten den letzten Platz, Hertha BSC stand mit 21:33 Punkten davor. Nur fünf Siege aus 27 Spielen – was für ein Desaster! Eine Katastrophe vom Herrn. Schuld war die Offensive, denn das Torverhältnis konnte sich sehen lassen. Nur 35 Gegentore, das war durchaus okay. Selbst Hansa Rostock, das Rang fünf belegte, hatte sich mehr Dinger gefangen. Andererseits hatte der FC St. Pauli ebenfalls nur 30 Buden gemacht, stand aber auf Platz zwei. Kuriose zweite Bundesliga!

Es wurde vorerst nicht besser. Am 9. April 1994 reichte es für Hertha gegen die Stuttgarter Kickers nur zu einem torlosen Unentschieden. Nur 3.400 Zuschauer – das ist kein Tippfehler – verloren sich an jenem Samstagnachmittag im Berliner Olympiastadion. Bitterer ging es nicht mehr. Das folgende Duell zwischen TeBe und Hertha wurde auf den 3. Mai verlegt, Abendspiel im Mommsenstadion. Im Duell der Kellerkinder quälte sich Hertha BSC vor immerhin 6.800 Zuschauern zu einem 2:1-Auswärtssieg. Rohde und Ogris sei Dank. Zuvor konnte daheim der 1. FSV Mainz 05 mit 5:0 überrollt werden. Jürgen Klopp war damals als Mainzer Spieler mit von der Partie. Hoffnungsschimmer bei der Alten Dame. Da ging noch was, auch bei Hannover 96 konnte gewonnen werden, und zwar mit 2:0. Und ja, schau an. Es folgte ein 3:1-Heimsieg gegen den 1. FC Saarbrücken. Ich zeigte meinem verhassten Kollegen einen Stinkefinger.

Es blieb unten verdammt eng. Bei 1860 München musste sich die Hertha knapp mit 0:1 geschlagen geben. Peter Pacult machte vor 12.500 Zuschauern im Stadion an der Grünwalder Straße vier Minuten vor Abpfiff den Treffer des Tages und sorgte dort für

gute Stimmung. Die Sechziger auf einem Aufstiegsplatz. Immerhin 10.500 Zuschauer kamen zum nächsten Heimspiel ins Olympiastadion. Der Gegner: Kein geringerer als der Tabellenführer VfL Bochum. Und wieder Pech für Hertha. In der 88. Minute musste Hertha das 1:1, erzielt von Gudjonsson, hinnehmen. Die Berliner rutschten wieder unter die Linie.

Mittwoch, 25. Mai 1994, Auswärtsspiel beim Wuppertaler SV. Anstoß um 19.30 Uhr im Stadion am Zoo. Ich fragte Karsten, der inzwischen ein eigenes Auto hatte, ob er mit mir zum WSV fahren würde. Es war ein Schlüsselspiel beim Tabellennachbarn. Eine Niederlage und der Hertha-Dampfer würde in arge Schräglage geraten und am Ende der Saison wohl sinken. Karsten fackelte nicht lange und fuhr mit mir zum Spiel und stellte sich mit mir in den Gästebereich. Dort brauchte nur der äußere kleine Bereich geöffnet werden. Die Anzahl der Hertha-Fans waren an jenem Mittwochabend mehr als überschaubar. Die Hälfte der Wackeren stammte zudem aus NRW. Berliner, wie ich, die es beruflich oder privat in den Westen verschlagen hatte. Oberhalb dieser skurrilen Betonbahn befand man sich wirklich in einem away-Winkel. Fernab von Spielfeld. Fernab von allem. Ein trauriges Szenario, zumal auch auf Heimseite ziemliche Tristesse herrschte.

4.000 Zuschauer waren auf den Rängen, für damalige WSV-Verhältnisse eine kleine Hausnummer. Lutz Pohlmann pfiff die Partie an und mir stand der Angstschweiß auf der Stirn. Nichts ist schlimmer als Abstiegsangst. Zumal zu jener Zeit ein Absturz in die Oberliga der worst case war. Da hätte man sich ja gleich auflösen können. Und wenn ich nur an dieses dämliche Grinsen meines Arbeitskollegen dachte. Oh bitte nicht! Nur keine Niederlage! Ich bekam Bauchschmerzen, die Anspannung erfasste den gesamten Körper. Keine einzige Spielszene blieb hängen, nicht mal die Tore. Nur dieses Gefühl hatte sich eingebrannt. Wie ein Standbild. Oben stehend, der Blick auf das Spielfeld und die Hertha-Fans um mich herum. Kollektives Zittern. Erstes Aufatmen in der 37. Minute, der Wuppertaler Christian Broos traf ins eigene Tor. Könnte nicht gleich Schluss sein? In der 63. Minute lange Gesichter. Markus Aerdken glich für den WSV aus. 1:1 – und noch knapp eine halbe Stunde. Das Grummeln in der Magengrube wurde immer unangenehmer. Beim nächsten Angriff der Wuppertaler stockte einem fast der Atem, jeder Querschläger ließ die Halsschlagader wummern. Ausgerechnet der damals bei den Berlinern nicht überaus beliebte Carsten Ramelow erzielte 15 Minuten vor Abpfiff das 2:1 für Hertha. Jubelorgie im Gästeblock, doch die emotionale Entladung würde erst nach Spielende erfolgen. Eine Viertelstunde lang hoffen, beten und zittern. Jeder Entlastungsangriff, jedes Wegschlagen des Balls wurde beklatscht. Minute um Minute. Keine Frage, die restliche Zeit zog sich wie Kaugummi. Als endlich abgepfiffen wurde, war ich fix und fertig. Selten hatte mich ein Spiel dermaßen mitgenommen wie jenes im Stadion am Zoo.

Auf der Rückfahrt saß ich neben Karsten im Auto und starrte auf die Fahrspuren der Autobahn. Im Radio lief eine Zusammenfassung der beiden NRW-Spiele. Rot-Weiss Essen bei den Stuttgarter Kickers (2:4) und der WSV gegen die Hertha. Endzeitstimmung beim Radiomoderator. Tiefes Durchatmen und grenzenlose Erleichterung bei mir.

13.000 Zuschauer kamen zum kommenden Heimspiel gegen den FC St. Pauli. Mit 2:1 konnte Hertha gewinnen und weiter Boden gutmachen. Eine Woche später könnten die Berliner beim Auswärtsspiel in Uerdingen den Klassenerhalt packen. Alle Mann nach Krefeld! Hertha BSC hatte aufgerufen und die Fans kamen. Rund 1.000 Berliner fanden sich im Gästeblock des Grotenburg-Stadions ein. Insgesamt waren es 7.100 Fußballfreunde, die dem Zweitligaspiel FC Bayer 05 Uerdingen gegen Hertha BSC beiwohnten. Getrennt wurde sich 0:0. Ein Ergebnis, mit dem beide

Seiten prima leben konnten. Uerdingen war quasi aufgestiegen, Hertha BSC hatte im Prinzip den Klassenerhalt in trockene Tücher gebracht. Nur rein theoretisch konnte bei beiden Vereinen am letzten Spieltag noch was schief gehen. Es war ein prima Nachmittag. Gemeinsam mit den tausend Hertha-Fans feierte ich das Remis und hing selbst mit einem blau-weißen Schal am Zaun.

Am letzten Spieltag ließ sich Hertha BSC nicht lumpen und holte vor rund 10.000 Zuschauern gegen Fortuna Köln den nötigen Punkt, so dass auch theoretisch nichts mehr anbrennen konnte. Mit Rang elf wurde die Saison beendet. Aufgestiegen waren damals neben Uerdingen der VfL Bochum und der TSV 1860 München, der den unglaublichen Durchmarsch aus der Bayernliga geschafft hatte. In die Oberliga mussten die Stuttgarter Kickers, der FC Carl Zeiss Jena, der Wuppertaler SV, Tennis Borussia Berlin und Rot-Weiss Essen, das während der Saison die Lizenz entzogen bekam und mit null Punkten auf dem letzten Platz zu finden war. Gespielt hatte der RWE trotzdem bis zum Schluss. Beim letzten Heimspiel gegen Hannover 96 strömten 8.400 Zuschauer ins Stadion an der Hafenstraße. Da kann man nur den Hut ziehen! Das 0:2 wurde ganz sicher zur absoluten Nebensache. Wieder einmal ein Essener Neuanfang in der Drittklassigkeit. Apropos: Beim Saisonstart Alemannia Aachen gegen Rot-Weiss Essen waren Karsten und ich am Tivoli dabei. Tausende RWE-Fans bildeten eine prächtige Gästekurve und zeigten wieder einmal, dass dieser Verein wirklich was Besonderes ist.

+++ Friedrich-Ludwig-Jahn-Sportpark in Berlin (1995) +++

Zurück in Berlin:
Neue Fußballhorizonte

Meine Zeit bei der Bayer AG in Leverkusen war beendet. Mit 5.000 D-Mark in der Hosentasche, die ich während meines halbjährigen Zeitvertrags als Facharbeiter erspart hatte, ging es wieder zurück gen Osten. Ein Kumpel hatte mich und mein ganzes Zeug – inklusive Kisten voller Stadionhefte und Fanzeitschriften – im Sommer 1994 von der Chemiemetropole zum Grundstück meines Vaters am Rande Berlins gebracht. Dort in Waldesruh wollte ich erst einmal den Herbst über wohnen, bevor ich in Berlin eine WG oder eine eigene Bude suchen würde. Wieder in der Heimatstadt Fußfassen, den Vorkurs am VHS-Kolleg Berlin-Schöneberg absolvieren und schauen, was in der Region Nordost fußballtechnisch so alles geht. Das war mein Plan. Mit meinen blond gefärbten Haaren und einem englischen Fußballshirt fand ich mich auf der Schulbank des Kollegs wieder, um in den Abendstunden die Mathe-, Deutsch-, Englisch- und Spanischkenntnisse auf Vordermann zu bringen. Von

Januar 1995 bis Dezember 1997 ging es anschließend als Unterricht von acht bis 15 Uhr weiter. Abitur für all diejenigen, die es noch einmal versuchen wollten. Die Kurse waren ein Sammelsurium verschiedenster Typen. Die einen wollten stramm ein gutes Abitur ablegen und später an der Uni ganz klassisch ein Studium in Angriff nehmen, die anderen nutzten den zweiten Bildungsweg als Selbstfindung und Überbrückungsphase, wiederum andere wollten einfach nur das Schüler-Bafög in Anspruch nehmen, von dem man damals in Berliner der 90er Jahre recht gut leben konnte.

Ich war eine Mischung aus sämtlichen Typen. Nur abhängen? Nein! Spaß haben? Ja! Die Freiheiten nutzen? Aber hallo! Eine Portion Bildung fürs spätere Leben mitnehmen? Konnte ganz gewiss nicht schaden! Im Herbst 1994 stand während des nicht allzu anstrengenden Vorkurses bei mir vor allen Dingen

+++ Zwischenzeitliche Bleibe in Waldesruh (1994/95) +++

eine Sache an der Tagesordnung. Wochenendtouren und Fußball! Ich machte es mir in meinem alten Zimmer im Häuschen auf dem Grundstück meines Vaters gemütlich, tippte auf einer elektronischen Schreibmaschine meine ersten Reiseberichte, die jetzt nach zwanzig Jahren für dieses Buch noch einmal goldwert werden sollten, und plante meine Abstecher für die kommenden Wochenenden. Doch bevor es im September in die Ferne gehen sollte, stattete ich den Berliner Vereinen einen Besuch ab. Nach dem Testspiel Hertha BSC gegen den Liverpool FC im Berliner Olympiastadion folgte am 7. August 1994 mein erstes Pflichtspiel der neuen Saison. Im Jahn-Sportpark trafen die Amateure von Hertha BSC und der BFC Dynamo – noch als FC Berlin am Start – aufeinander. Bereits während eines Berlin-Aufenthaltes im September 1992 wollte ich ein Auswärtsspiel der

Hohenschönhausener sehen. Der FC Berlin tingelte damals in der Nordost-Oberliga-Staffel Nord, der Erzrivale 1. FC Union Berlin in der Staffel Mitte. Grausige Zeiten. Minimale Zuschauerzahlen. So war ich im besagten September 1992 auf der Suche nach der Sportanlage von Bergmann Borsig und wurde nicht fündig. Das Spiel sollte auf irgendeinem Nebenplatz stattfinden, aber keiner der gefragten Anwohner wusste Bescheid. FC Berlin? Bei wem? Keine Ahnung! Das Spiel wurde wohl verlegt. Schade, denn somit verpasste ich einen 5:1-Sieg der Hohenschönhausener vor rund 150 Zuschauern.

Im August 1994 sah das Ganze bereits etwas rosiger aus. Der neu geschaffenen Regionalliga sei Dank! Das war eine der wenigen Reformen des DFB der letzten 25 Jahre, die ohne Wenn und Aber ein großer Erfolg war. Über die späteren Umstrukturierungen konnte man ganz gewiss streiten, doch dieser erste Schritt zur Saison 1994/95 war einfach nur grandios! Endlichen spielten der FC Berlin und der 1. FC Union Berlin wieder in einer Liga. Und noch wichtiger: Für die Berliner Vereine würde es endlich wieder nach Sachsen und Thüringen gehen! FC Rot-Weiß Erfurt, FC Carl Zeiss Jena, FC Erzgebirge Aue und nicht zuletzt der FC Sachsen Leipzig! Statt 250 Zuschauer bei Velten gegen FC Berlin würde es hier und dort wieder 2.000 oder gar 4.000 Zuschauer geben. Und dank dieser Euphorie fanden sich im August 1994 recht viele Fußballfreunde beim Duell Hertha II gegen FC Berlin ein. Knapp 600 BFCer und ein paar vereinzelte Herthaner befanden sich auf den Rängen des Friedrich-Ludwig-Jahn-Sportparks. Die Weinroten standen unter der alten Anzeigetafel auf den ebenso aus DDR-Zeiten stammenden dunklen durchgezogenen Bänken und durften kurz vor der Pause den Ausgleichstreffer von Heiko Brestrich feiern. Zuvor hatte Sven Kaiser die Hertha-Bubis mit 1:0 in Front gebracht. Harun Isa, der später bei TeBe, Erzgebirge Aue, Union Berlin und dem VfL Osnabrück stets für Tore gut war, besorgte kurz nach der Pause das 2:1 für Hertha BSC II. In der munteren Partie ließ Stefan Oesker nach einer Stunde wiederum die Ostberliner Jungs jubeln. 2:2. Ein öder Sommerkick sieht anders aus. In der Schlussviertelstunde legten die Herthaner sogar noch ein Schippchen drauf und kamen zu weiteren vier Toren. Harun Isa (zweimal), Markus Stern und Oliver Holzbecher sorgten für einen 6:2-Sieg, der den Gästen überhaupt nicht schmeckte. Nachdem der FC Berlin im ersten Saisonspiel daheim gegen den Spandauer SV nicht über ein 3:3 hinauskam, war nach der derben Pleite im JSP der Auftakt ziemlich vermasselt. Die Hertha-Bubis, die beim Start mit 3:2

+++ FC Berlin (BFC Dynamo) beim 1. FC Union Berlin (1994/95) +++

beim 1. FC Lok Altmark Stendal gewinnen konnten, setzten sich nach dem 6:2 an die Tabellenspitze. Dass die Regionalliga generell gut einschlug, war bei den Zuschauerzahlen deutlich zu sehen. 1.800 beim Duell Stendal vs. Hertha II, 1.435 bei Optik Rathenow vs. Tennis Borussia Berlin, 3.500 bei Erzgebirge Aue vs. Reinickendorfer Füchse, knapp 1.000 beim Spiel EFC Stahl gegen Türkiyemspor Berlin – um nur ein paar Beispiele zu nennen.

Während am dritten Spieltag beim FC Berlin nach einem ungefährdeten 3:0-Sieg gegen Stahl Brandenburg der Haussegen wieder halbwegs gerade hing, brannte es beim 1. FC Union Berlin lichterloh. Der Auftakt gelang recht gut. Vor knapp 2.200 Zuschauern wurde gegen den FC Sachsen Leipzig 1:1 gespielt, es folgte ein 2:0-Sieg beim FC Rot-Weiß Erfurt. Recht optimistisch strömten am 13. August 1994 über 4.200 Zuschauer ins Stadion An der Alten Försterei, um in der ersten DFB-Pokalrunde die Kiezkicker des FC St. Pauli zu begrüßen. Zu holen gab es nichts. Scharping und Hollerbach brachten die Hamburger mit 2:0 in Führung, Markov ließ mit dem Anschlusstreffer zum 1:2 Hoffnung bei der Eisernen aufkeimen, doch acht Minuten vor Schluss stellte Szubert den Zwei-Tore-Vorsprung der Gäste wieder her. Das Elfmetertor der Unioner kurz vor Schluss machte die Angelegenheit zwar noch mal spannend, doch am Ende blieb es bei der 2:3-Niederlage. In meinem zweiten Spiel beim 1. FC Union Berlin bekam ich die zweite Pleite zu sehen. Und es kam noch schlimmer! Angetan von der guten Kulisse machte ich mich am späten Nachmittag des 17. August 1994 wieder auf den Weg nach Berlin-Köpenick. Heimspiel gegen Hertha Zehlendorf unter der Woche an einem Mittwoch. Und ich bekam das ganze Elend zu sehen. 986 Zuschauer verloren sich auf den Rängen und bekamen einen überaus grausigen Kick zu sehen. Peter Kaehlitz brachte die Zehlendorfer nach knapp einer halben Stunde mit 1:0 in Führung, in der Folgezeit ging gar nichts mehr. Zehlendorf wollte nicht mehr, Union konnte nicht

mehr. Als Goran Markov in der 69. Minute mit Gelb-Rot vom Rasen musste, platzte bereits bei manch einem Unioner der Kragen. Nach all dem Lizenz-Hickhack der vergangenen zwei Jahre könnte es in der laufenden Saison nicht mal sportlich reichen.

Es dämmerte bereits, als Schiedsrichter Lutz-Michael Fröhlich die Begegnung abpfiff. „Wir sind Unioner und ihr nicht!", schallte es von den Rängen. Minuten später entlud sich die ganze Wut vor der Umkleidekabine, die kurzerhand von rund 300 aufgebrachten Fans belagert wurde. Ich stellte mich dazu und auch in mir keimte die Wut auf. Was war nur aus diesem Verein geworden, der zu DDR-Zeiten tausende Fans anzog?! Nicht mal mehr tausend Zuschauer und eine peinliche 0:1-Niederlage gegen Zehlendorf. Das war eine bittere Nummer. Dazu die scheinbar ausweglose finanzielle Situation. Die Köpenicker am Abgrund. Totaler Frust und Resignation vor der alten Baracke. Ein paar Spieler, allen voran Sergej Barbarez, kamen mit gesenkten Köpfen aus der Kabine und der damalige Präsident versuchte mit ein paar Worten die Fans zu beschwichtigen. „Aber liebe Unioner, bitte, bleibt doch ruhig! Macht doch keinen Ärger! Wir wollen doch der Polizei keinen Vorwand geben, hier zu erscheinen!" Zwischenrufe ertönten im kargen Licht. „Na und, soll sie kommen! Ist doch eh schon alles scheißegal. Hier geht doch alles den Bach runter! Alles scheiße hier!"

Ich persönlich hatte mit dem Verein nicht wirklich viel am Hut, doch die hartgesottenen Fans taten mir schrecklich leid. Ich fand es einfach nur bitter, dass beide Ostberliner Vereine in der Drittklassigkeit steckten. Da ich mit der feindseligen Rivalität zwischen Union und dem BFC Dynamo nie direkt konfrontiert wurde, stand ich beiden Klubs offen gegenüber. Ich wollte, dass sowohl Union und BFC als auch Hertha BSC meine Heimatstadt möglichst deutschlandweit repräsentieren und ich stolz auf den Berliner Fußball sein kann. Und ja klar: Wenn ich schon nicht in den

80ern die Oberligaduelle zwischen dem BFC und Union selbst miterleben durfte, so wünschte ich mir, dass es dieses Aufeinandertreffen in der zweiten Bundesliga geben würde. Aber immerhin, 1994/95 kreuzten die Rivalen wenigstens in der Regionalliga die Klingen.

Das Spiel gegen Hertha Zehlendorf hatte sich eingebrannt, hinterließ Spuren und nahm mir für zwei, drei Wochen die Lust am Fußball. Im September 1994 kaufte ich mir schließlich für 350 D-Mark eine Monatskarte der Deutschen Bahn. Zum einen wollte ich meine Freunde in NRW besuchen, zum anderen sollte München und Hamburg ein Besuch abgestattet werden. Was kostet die Welt? Aus Leverkusen hatte ich einen Batzen Kohle mitgebracht und die monatlichen Ausgaben hielten sich damals in Berlin wahrlich in

Grenzen. So düste ich am Morgen des 10. September mit dem Intercity in die bayrische Landeshauptstadt, um dort Bayer 04 Leverkusen im DFB-Pokal beim TSV 1860 München zu unterstützen. 18.000 Zuschauer bildeten im Stadion an der Grünwalder Straße eine gute Kulisse und auch aus dem Rheinland waren nicht wenige Pillenfreunde angereist. Als Tom Dooley nach exakt einer Stunde das 1:0 für Werkself erzielte, schien sich mein Ausflug gelohnt zu haben. Allerdings machte zehn Minuten später Bernhard Winkler den Ausgleich klar und brachte die Spielstätte der Löwen zum Kochen. Eine klasse Atmosphäre, keine Frage, doch was die Leistung der Leverkusener betraf, so bildeten sich erste Sorgenfalten auf der Stirn. 1860 bekam Oberwasser und bestimmte das Spiel. Es ging in die Verlängerung und auch in dieser schaffte es Bayer 04 nicht, ein weiteres Tor zu schießen. Elfme-

+++ Stadion an der Grünwalder Straße (1994) +++

+++ Dresdner Fans im Hamburger Volksparkstadion (1994) +++

terschießen. Und ich ahnte Böses. Peter Pacult trat an und machte den ersten Elfer rein. Oh Gott, nein! Ioan Lupescu als erster Bayer-Schütze. Das musste schief gehen! Doch Lupo lochte ein. Nachdem Bernhard Winkler für die Sechziger vorlegte, trat Christian Wörns an. Verschossen! Meine Fresse, warum hatte Stepi nicht lieber Paulo Sérgio genommen? Ach ja, stimmt, dieser wurde ja bereits in der 78. Minute ausgewechselt. Oder eben Thom oder Kirsten?! Als Thomas Seeliger für die Löwen traf, schwammen die Felle auf und davon. Die letzte Hoffnung: Rudi Völler. Von 1980 bis 1982 hatte ‚Tante Käthe' selbst beim TSV 1860 gespielt, nun musste er genau gegen diesen seinen Elfer klarmachen. Trotz seiner Routine schaffte es Völler nicht, den Ball unterzubringen. Als Bernhard Trares schließlich ebenfalls für München traf und die Löwen somit in die nächste Runde einzogen, war ich restlos bedient. Ich schaute mir nach dem Spiel noch die Stadt an, trank ein, zwei Weißbier und fuhr mit dem Nachtzug zurück nach Berlin.

Ab in die Alte Försterei und geschaut, ob der 1. FC Union Berlin wieder in ruhigerem Gewässer schipperte. Und richtig, gegen den 1. FC Lok Stendal gab es vor 1.250 Zuschauern einen 2:0-Sieg. Dirk Rehbein und Thoralf Bennert machten die Tore, doch vor allen Dingen ins Auge fielen damals bereits zwei andere Spieler: Sergej Barbarez und Marko Rehmer. Beide trieben ihre Mitspieler an, langsam aber sicher schien sich die Mannschaft zu finden. Nach der 0:1-Pleite gegen Zehlendorf wurden drei Siege in Folge eingefahren, Platz eins in der Regionalliga-Tabelle war der Lohn der Arbeit.

Eine Woche später düste ich nach Leverkusen, um das Heimspiel gegen Borussia Dortmund (2:2) zu sehen und um mit Freunden ein paar Kölsch im ‚Notenschlüssel' zu trinken. Ich habe keine Ahnung, wo ich übernachtet hatte, wahrscheinlich mit dem Schlafsack bei einem Kumpel im Bayer-Wohnheim in Leverkusen-Mitte. Alles war unkompliziert und wurde ohne großes Tam-Tam vorher telefonisch abgesprochen. Wann kommste? Bei wem willste pennen? Okay, prima, kein Problem. Ob man selber nach NRW fuhr oder ob Leute zu mir nach Berlin kamen, es war ein Kommen und Gehen und es lief wie am Schnürchen.

Nächste Station: Hamburg. Am 24. September 1994 stand die Begegnung Hamburger SV gegen den 1. FC Dynamo Dresden an der Tagesordnung. Für mich Premiere. Mein erster Besuch im Volksparkstadion. Ich kaufte ein Ticket für die Gästekurve und stellte mich an den Rand der sächsischen Reisegruppe. Im Gegensatz zu den früheren gesehenen Auftritten in Köln und Leverkusen konnte sich dieses Mal der Gästeblock wahrlich sehen lassen. Weit über 1.000 Dresdner waren vor Ort und unterstützten bei sommerlichem Wetter ihr Team. Hochgezogen wurde eine Blockfahne mit dem grünen Vereinsemblem. Interessanterweise trugen auch die Fans meist Schals und Fahnen mit der von 1990 bis 2002 offiziell verwendeten Logo-Variante. Weinrot war bei den ‚normalen' Fans Mitte der 90er Jahre eher selten zu sehen. Sportlich sah es

zu jenem Zeitpunkt noch recht gut aus. Zwar spielte der 1. FC Dynamo stets gegen den Abstieg, doch immerhin konnte seit 1991 nonstop in der ersten Bundesliga gespielt werden. Am Ende der Saison 1993/94 war Dresden auf Rang 13 zu finden. Während der VfB Leipzig als abgeschlagener Tabellenletzter wieder in die zweite Liga musste, durfte Dresden eine weitere Runde im Fußballoberhaus antreten. Am fünften Spieltag konnte gegen den MSV Duisburg der erste Saisonsieg (4:2) eingefahren werden, dementsprechend optimistisch fuhren die Dynamo-Fans eine Woche später nach Hamburg. Und das zu Recht! Dresden hielt gut mit. Zwar ging der HSV in der 52. Minute durch einen Treffer von Jörg Albertz in Führung, doch nur zwei Minuten später glich Marco Dittgen aus. Große Freude beim schwarz-gelben Anhang. Das 1:1 konnten die Sachsen recht gut über die Zeit bringen, doch zwei Minuten vor Abpfiff war Karsten ‚Air' Bärön zur Stelle und lochte zum 2:1 für die Hanseaten ein. Der HSV kletterte auf Rang sechs, Dynamo Dresden rutschte wieder in Richtung Abstiegszone.

+++ Hamburger Volksparkstadion (Herbst 1994) +++

+++ Zu Gast beim FC Sachsen Leipzig im AKS (Herbst 1994) +++

Eindhoven, München, Leipzig:
Leuchtkugeln, Irrfahrten und ein blaues Auge

Kaum zurück in Berlin, konnte ich wieder meine Sachen packen. Schule geschwänzt und auf nach Leverkusen! Der Sonderzug nach Eindhoven stand bereit! Am 13. September hatte Bayer 04 Leverkusen das Hinspiel gegen den PSV Eindhoven mit sage und schreibe 5:4 gewonnen. Sowohl Ulf Kirsten, als auch der damals noch extrem junge aufstrebende Superstar Ronaldo, der 2002 im WM-Endspiel gegen Deutschland eingelocht hatte, machten drei Buden. Am Abend des 27. September stand das Rückspiel an. Ein 1:0 des PSV und die Niederländer wären weiter. Was für eine heiße Kiste! Spannung und Vorfreude waren riesig. Der deutsche Mob war heiß, es kribbelte in jeder Körperecke. Der gut gefüllte Sonderzug rollte von Leverkusen-Mitte aus in Richtung Holland. Richtig klassisch mit einzelnen Abteilen. Ob geplant oder erzwungen, weiß ich nicht. Auf jeden Fall legte der Zug in Neuss einen Zwischenhalt ein und eine weitere sportliche Fraktion stieg hinzu. Hools diverser Ver-

eine, man munkelte von Schalkern, Gladbachern und Düsseldorfern, nutzten diese brisante Fahrt, um gemeinsam mit den Leverkusenern mächtig Spaß zu haben.

Das Büchsenbier floss reichlich und die Anspannung nahm, je weiter wir uns Eindhoven näherten, ungeahnte Ausmaße an. Ein holländisch-deutsches Duell war Mitte der 90er Jahre eine wirklich krasse Angelegenheit und nicht mit den heutigen Europapokalspielen vergleichbar. Bereits bei Ankunft des Zuges brachen sämtliche Emotionen heraus. Jeder, wirklich jeder, riss die Arme hoch und brüllte „Hurra, hurra, die Deutschen die sind da!" Die Augen geweitet, das Gesicht hässlich verzerrt. Egal, ob Hooligan oder Normalo-Fan, jeder wollte seinen Emotionen freien Lauf lassen und es den verhassten Holländern mal so richtig zeigen. „Scheiß Holländer, scheiß Holländer, hey, hey!" Die bereitstehende Polizei hatte alle Mühe, den deutschen Mob in Schach zu halten. Hinter den Polizeiketten standen die holländischen Jungs bereit und waren heiß auf die Schlacht. Böller detonierten. Die hoch zu Ross sitzenden behelmten Einsatzkräfte hatten echte Probleme. Direkt vor meinen Augen drehte sich ein Pferd auf den Hinterhufen im Kreis und brach anschließend zusammen. Die Meute johlte. Noch ein Böller und wieder ein brachiales „Hurra, hurra, die Deutschen die sind da!" Platt machen das holländische Pack! Unfassbar, wie man vom Mob getrieben wurde. Brot und Spiele für das Volk – und an diesem Tag fühlten wir uns wie die Gladiatoren!

Geraume Zeit später fanden wir uns im Gästeblock des Philipps-Stadions wieder. Was für ein Käfig! Schmal, langgezogen, in der Ecke, neben einem die Tribüne mit den heißblütigen PSV-Fans. Da konnte einem wirklich angst und bange werden. Zumindest bei mir legte sich in diesem Käfig die Euphorie. Zumal während des Spiels deutsche Hools immer wieder Leuchtkugeln in Richtung PSV-Fans abfeuerten. Diese drehten fast durch und drohten den, Zaun des Gästeblocks einzureißen. Selten habe ich eine dermaßen hitzige Atmosphäre erlebt. Und dazu das Spiel auf dem Rasen, das beiden Seiten den Schweiß auf die Stirn trieb. Spannung bis zur allerletzten Sekunde. Eindhoven bestürmte das Gehäuse von Rüdiger Vollborn, angetrieben von 21.000 Fans, doch ein Treffer wollte einfach nicht fallen. Leverkusen verteidigte mit Mann und Maus und ließ Ronaldo an den Rand der Verzweiflung bringen. Irgendwann in der zweiten Halbzeit fiel sogar ein Tor für den PSV und das Stadion stand Kopf, doch wurde dieses aufgrund einer Abseitsstellung nicht gegeben. Brachialer Jubel unter den rund 1.500 deutschen Fans, ein beachtlicher Wutausbruch bei den holländischen Fußballfreunden. Die Provokationen nahmen kein Ende und ich wagte es zu bezweifeln, dass wir wieder heil Eindhoven verlassen würden. Was, wenn sich die Polizei einfach zurückzieht und dem heimischen Mob freien Lauf gewährt? Würde Bayer 04 wirklich weiter kommen,

drohte draußen die totale Eskalation. So viel war klar. Als nach gefühlten zehn Minuten Nachspielzeit der englische Schiedsrichter Callagher endlich das Spiel abpfiff und Leverkusen Dank des torlosen Remis in die nächste Runde einzog, kannte die Freude unter den mitgereisten Fans keine Grenzen. Noch eine ganze Weile mussten wir im Gästekäfig bleiben, die PSV-Hools drohten damit, uns draußen komplett zu überrennen. Nachdem sich außerhalb des Stadions alles halbwegs beruhigt hatte, wurden wir zum Sonderzug gebracht. Bloß weg hier!

Der Zug rollte an und Karsten und ich hatten es uns mit vier anderen Bayer-Fans gerade in einem Abteil bequem gemacht, als die Bremsen quietschten. An einem Vorortbahnhof von Eindhoven wurde von den Hools die Notbremse gezogen. Holländische Freunde der dritten Halbzeit hatten dort gewartet und bewarfen nun den Zug mit allem, was zur Verfügung stand. Etliche Leuchtkugeln wurden auf die Waggons abgefeuert. Wir schoben das Fenster hoch und duckten uns. Fehlte noch, dass eine Leuchtkugel den Spalt finden und in unserem Abteil landen würde. Nach wenigen Minuten war der Spuk vorüber und der Sonderzug nahm wieder Fahrt auf. Völlig erschöpft erreichten wir tief in der Nacht den Bahnhof Leverkusen-Mitte und tauschten mit einem älteren Mitfahrer noch rasch die Telefonnummern aus. Vielleicht würde man sich ja beim nächsten Auswärtsspiel von Bayer 04 wiedersehen. Dank meiner DB-Monatskarten hatte ich im Herbst 1994 noch einiges vor.

Erst einmal blieb ich jedoch paar Tage in Leverkusen, schnaufte durch und nahm noch gleich das Heimspiel gegen den VfB Stuttgart (3:1) mit. Zurück in Berlin ließ ich den Rhythmus nicht außer Takt kommen. Am Montagabend besuchte ich den Vorkurs am VHS-Kolleg, am Dienstagabend schaute ich dann lieber im Berliner Olympiastadion vorbei. 6.153 Zuschauer wollten Hertha BSC gegen Fortuna Düsseldorf sehen. Was für ein frustrierender Zustand! Die Stimmung im Fanblock konnte man sogar noch gelten lassen, doch der Blick ins weite Rund trieb einem die Tränen in die Augen. Tore an diesem Abend: Fehlanzeige. Platz neun war der Stand der Dinge. Statt der Alten Dame waren an der Tabellenspitze der VfL Wolfsburg, der SV Waldhof Mannheim und der FC Hansa Rostock zu finden. Von einer Aufbruchsstimmung war im maroden Olympiastimmung keine Spur, der Klub schien in der miefigen zweiten Liga einen Stammplatz gemietet zu haben. Mittelmaßfußball auf dem Rasen, nach Bier stinkende ältere Kuttenträger und paar jüngere Freaks auf den Rängen, das Ausschwitz-Lied und paar zerkloppte Scheiben nach dem Spiel in der U-Bahn-Linie eins. Fakt war, zu Hertha konnte ich getrost alleine fahren. Niemand aus meinem Umfeld hatte generell Bock auf den Berliner Fußball – und auf Hertha schon gar nicht!

Fünf Tage später hatte ich beim 1. FC Union mein Stelldichein. Der Gegner: FC Energie Cottbus. Damals waren die Lausitzer noch eine kleine Nummer. Vom Namen her vergleichbar mit Lok Stendal. Massen hatte das Duell Union gegen Energie wahrlich nicht angezogen. Allein aufgrund der Tabellenführung waren es immerhin 2.010 Zuschauer, die sich auf den sandigen Stufen der Alten Försterei eingefunden hatten. Einen Torjubel bekam ich auch hier nicht zu sehen, das Team von Eduard Geyer nahm ein Pünktchen mit zurück in die Lausitz. Ich hätte mal ins Erzgebirge fahren sollen, denn dort feierte der FC Berlin einen überraschenden 4:2-Sieg in Aue. Vor 5.000 Zuschauern wurde es dort richtig hitzig, gleich zwei

Spieler der Gastgeber mussten mit Gelb-Rot den Platz verlassen. Die Tabellenspitze teilten sich die Unioner indes mit dem FC Sachsen Leipzig, der vor über 5.000 Zuschauern einen 2:0-Sieg gegen Erfurt einfahren konnte. Die Regionalliga Nordost rockte recht gut, sogar beim Duell Optik Rathenow gegen Lok Stendal fanden 1.285 Zuschauer den Weg ins Stadion Vogelsang. Bemerkenswert: Bereits damals war Ingo Kahlisch der Trainer der Optiker.

Daheim im Häuschen meines Vaters saß ich abends am Schreibtisch und studierte die Spielpläne der einzelnen Ligen. Auf was hatte ich Lust? Auf welches Pferdchen würde ich setzen? Anschließend lief ich mit einer Handvoll Kleingeld rüber zur Telefonzelle und quatschte mit Karsten und Jan, die beide noch in Leverkusen wohnten, die kommenden Wochen ab. Eine Woche NRW vom 20. Oktober bis zum 1. November? Na, klar, alle Seiten waren dafür. Gebongt! Vorher noch rasch nach Dresden, um dort das erste Mal ein Heimspiel von Dynamo mitzunehmen. So bekam ich am 15. Oktober 1994 den vorletzten Bundesligasieg der Dresdner zu sehen. Vor 20.750 Zuschauern gewann Dynamo gegen den 1. FC Kaiserslautern mit 1:0, den Treffer des Tages erzielte Ekström. Die dynamische Welt war noch in Ordnung und nach außen hin deutete nichts darauf hin, dass am Ende der Saison der totale Absturz erfolgen würde.

Auf in den Westen! Ein volles Programm wartete dort auf mich. 1. FC Köln gegen VfL Bochum (wie immer vom Gästeblock aus), MSV Duisburg gegen Bayer 04 Leverkusen, SC Fortuna Köln gegen Hertha BSC, Bayer 04 gegen Schalke 04 und zum Abschluss die Regionalliga-Partie SCB Preußen Köln gegen SpVgg Erkenschwick. Vom Hocker riss keine der Partien, die Hertha musste sich mit einem 0:0 im Kölner Südstadion begnügen. Immerhin durfte mit Bayer 04 ein 2:0-Auswärtssieg im Wedaustadion gefeiert werden. Gewissen Charme hatte sicherlich das Spiel der Erkenschwicker im Sportpark Höhenberg. Karsten und

ich stellten uns in den Gästeblock und bekamen vor 1.400 Zuschauern ein 1:1 zu sehen und ein von den Kölnern gerufenes „Erkenschwicker Hundeficker!" zu hören. Gespielt wurde damals in der Regionalliga West-Südwest. Oben an der Spitze führten Rot-Weiss Essen, der SC Verl und Arminia Bielefeld einen Dreikampf. Die Resonanz war okay. Selbst gegen den SC Hauenstein kamen auf der Bielefelder Alm über 6.000 Zuschauer und der Klassiker RWE gegen SC Preußen Münster lockte über 8.500 Fußballfreunde an die Hafenstraße. Ebenfalls damals unter anderen mit in dieser Staffel dabei: Der Wuppertaler SV und – man höre und staune – die zweite Mannschaft der SG Wattenscheid 09. Wie sich die Zeiten ändern. In der Gegenwart ist man froh, wenn die erste Mannschaft in der Regionalliga West die Klasse halten kann! Um es vorweg zu nehmen, Meister dieser Staffel wurde damals Arminia Bielefeld. Kurz vor Saisonende schauten Karsten und ich beim Bielefelder Auswärtsspiel bei Viktoria Köln vorbei. Rund 4.000 Arminen hatten ihr Team begleitet und sorgten für ein geniale Atmosphäre. Mit dabei im Team: Thomas von Heesen und Fritz Walter, die jeweils ein Törchen schossen. Am Ende sicherte Stefan Studtrucker mit seinem Treffer in der 70. Minute der Arminia das 3:3, das genügte, um Verfolger Rot-Weiss Essen (2:4 in Salmrohr) auf Abstand zu halten.

November 1994. Die Frequenz an Fahrten und gesehenen Spielen blieb auf einem hohen Niveau. Der Vorkurs am VHS-Kolleg bot viele Freiheiten und nicht wenige Mitschüler erklärten mich für völlig bekloppt. Während andere am Wochenende um die Berliner Ecken zogen und die Klubs der Stadt unsicher machten, düste ich Dank der Monatstickets mit der Bahn quer durch Deutschland. Wieder nach Hamburg. Bayer 04 zu Gast beim HSV. Vor knapp 35.000 Zuschauern konnten die Pillendreher einen 2:1-Erfolg einfahren. Bernd Schuster und Tom Dooley ließen den eher kleinen Anhang jubeln. Im mau gefüllten Gästeblock traf ich Hans wieder, den wir im Sonderzug nach

Eindhoven kennengelernt hatten. Der in Pension befindliche Ingenieur war ein Allesfahrer und zeigte sich überaus beeindruckt, dass ich extra aus Berlin anreiste. „Wenn du mal in Köln bist, sag Bescheid. Bist jederzeit eingeladen!", „Gut zu wissen. Können uns ja mal ein Kölsch in der Altstadt genehmigen!", „Bist du auch in München?", „Ich denke ja, ist eingeplant!", „Prima, lass uns dort was in einem Brauhaus trinken! Ich spendiere eine Runde!"

Mit dem Nachtzug düste ich wieder nach Berlin, am Sonntagnachmittag konnte ich es nicht lassen und stand im Olympiastadion. Der FC St. Pauli war zu Gast bei Hertha BSC. Sicherlich hatte der eine oder andere St. Paulianer den gleichen Zug genommen, um vor dem Spiel eine Runde am Ku´damm zu drehen. Und schau an! Dieses Mal war mein Besuch bei der Alten Dame eine richtig gute Wahl. 21.411 Zuschauer füllten die Ränge recht anständig. Savichev brachte die Gäste mit 1:0 in Führung, Thomas Richter sorgte kurz vor der Pause für den gefeierten Ausgleich. Dank des Unentschieden konnten die Berliner den Abstand zu Rang drei auf einen Punkt halten. Die zweite Bundesliga war ausgeglichen wie seit Ewigkeit nicht mehr. Nach zwölf absolvierten Partien spielte noch die halbe Liga um den Aufstieg mit. Selbst der Chemnitzer FC, der auf einem Abstiegsplatz zu finden war, durfte sich noch Hoffnung machen. Der Rückstand: Vier Punkte! Kurz mal durchgezogen und der Sprung nach ganz oben konnte glücken. Andersherum gab es natürlich auch die eine oder andere unangenehme Überraschung.

Selbstverständlich blieb nicht jedes gesehene Spiel in Erinnerung. Hätte ich nicht die Eintrittskarten gesammelt, würde ich nicht auf die Idee kommen, dass ich am 11. und 12. November schon wieder im Rheinland weilte. Ein 4:0-Heimsieg der Gladbacher gegen den 1. FC Kaiserslautern und ein 0:0 von Leverkusen gegen den KSC gab es dieses Mal zu sehen. In der restlichen Zeit wurde mit Sicherheit mit den Kumpels am Amiga gehockt und Sensible Soccer geknüppelt. Stundenlang bis tief in die Nacht hinein. Dazu ein paar Flaschen Kölsch. Herrlich! Sicherlich traten wir auf einem der Ascheplätze mal selber gegen den Ball, wenn nicht das typische rheinische Herbstwetter einen Strich durch die Rechnung gemacht hatte und die Fußballplätze in Rheindorf und Schlebusch in rötliche Schlammwüsten verwandelte.

Bis ins letzte Detail blieb indes ein anderes Spiel im Geiste hängen! 19. November 1994. 15. Spieltag der Regionalliga Nordost. Schauplatz Alfred-Kunze-Sportpark in Leipzig-Leutzsch. Der FC Berlin zu Gast beim Tabellendritten FC Sachsen Leipzig. Mein erstes echtes Auswärtsspiel mit dem einstigen Serienmeister der DDR-Oberliga. Das Spiel bei Hertha BSC II konnte als solches wohl kaum bezeichnet werden. Mit meiner Konzentration war es am Freitagabend nicht weit her. Spanisch-Unterricht am VHS-Kolleg? Mathematik? Meine Gedanken kreisen um das morgige Auswärtsspiel. Für mächtig viel Brisanz war gesorgt. Der Tod des BFC-Fans Mike Polley lag nur vier Jahre zurück. Beim Auswärtsspiel in Leutzsch kam er durch Schüsse eines Polizisten ums Leben. Zur Rechenschaft gezogen wurde der Todesschütze nicht, die Ermittlungsverfahren führten damals ins Leere. Die Aussagen zu den Umständen gingen weit auseinander. Es gab Personen, die berichteten, dass auf fliehende Fans geschossen wurde. Keine Frage, Mut machten diese Vorfälle nicht, zumal die letzten Jahre der FC Sachsen Leipzig und der FC Berlin (BFC Dynamo) getrennte Wege gingen und erst jetzt Dank der neu geschaffenen Regionalliga wieder aufeinander treffen würden.

Wie also anreisen? Mit hinein in den Gästeblock? Oder doch lieber ein neutrales Plätzchen suchen? Ich wählte die eigene Anreise. Das machte auch Sinn, da ich zu jenem Zeitpunkt noch keine BFCer persönlich kannte. Allein reiste ich dennoch nicht, auch in meinem Regionalexpress saßen etliche Berliner, die das eine oder andere Liedchen anstimmten. Am Leipziger Hauptbahnhof gab es den ersten Adrenalinschub. Ich werde diesen Anblick niemals vergessen. Am Ende des Bahnsteiges warteten bereits etliche überaus kernig aussehende Hools, die eine frühere Verbindung genommen oder vielleicht sogar in der Nacht zuvor die Messestadt unsicher gemacht hatten. Als die Nachzügler aus den Waggons strömten, schallte ein brachiales „Ost-, Ost-, Ostberlin!!!" durch die Halle des Kopfbahnhofs. Gänsehaut. Das ist es! Ostberlin! Da komme ich her! Nach den drei Jahren im Rheinland fühlte ich mich tatsächlich das erste Mal beim Fußball wirklich angekommen. Logisch, auch der 1. FC Union Berlin ist ein Ostberliner Verein und hatte damals durchaus bei mir einiges ausgelöst, doch dieser Schlachtruf am Leipziger Hauptbahnhof weckte in mir noch mehr. Ich mochte keine gewaltsamen Auseinandersetzungen, doch ich liebte durchaus die eher rauere Fankultur. Dazu das Ostberliner Heimatgefühl – das war es! Na dann mal los zum AKS! Ich war gespannt. Die Fahrt zur Spielstätte des FC Sachsen Leipzig verlief recht unspektakulär. Während die BFC-Fans in den Gästekäfig gingen, kaufte ich mir ein Ticket für einen Dammsitz, von dem aus ich einen hervorragenden Blick in Richtung Gästebereich hatte. 4.217 Zuschauer hatten sich im Alfred-Kunze-Sportpark eingefunden, unter ihnen schätzungsweise 500 Berliner. Klasse Stimmung auf beiden Seiten. Die Gemüter waren sehr erhitzt. Manch ein Grün-Weißer ging auf den Sitzen völlig ab. Hasserfüllte Blicke. Stinkefinger in Richtung Gästeblock, an dem das berühmte weinrote Banner ‚Berliner Fussballclub' befestigt war. „Nur ein Leutzscher ist ein Deutscher!", ertönte es immer wieder von den Rängen. Als ich meine kleine Kamera in Richtung Gästekäfig hielt, wurde ich von meinen Sitznachbarn verbal angegangen. „Was gibt es da? Was fotografierst du diesen Dreck? Diese Saupreußen!" Maul halten, dachte ich und knipste fleißig weiter. Auf dem Rasen kämpften die Berliner wacker, doch die bessere spielerische Klasse hatten ganz klar die Leutzscher. Nicht unver-

+++ FC Sachsen Leipzig vs. FC Berlin (BFC Dynamo) +++

dient gewann der FC Sachsen das heiße Duell mit 2:0. Jens Reckmann traf in der 35. Minute in das eigene Tor, den Sack zu machte Steffen Hammermüller nach knapp einer Stunde. Die Heimfans feierten den Erfolg, die weinrote Anhängerschaft hing an den Netzen. Fix war eine Reiterstaffel auf dem Rasen und zertrampelte mal eben das Geläuf. Behelmte Einsatzkräfte wurden vor dem bedrohlich wackelnden Zaun postiert, immer energischer rissen die BFCer am Fangnetz.

Okay, dachte ich mir, fahr lieber auf eigene Faust zurück zum Hauptbahnhof! Man weiß ja nie, was noch kommen mag! Ich verließ das Stadion und kam nicht weit. Direkt vor dem Tor die böse Überraschung. Drei Leutzscher versperrten mir den Weg, einer von ihnen schlug mit den Worten „Du scheiß Berliner" volle Granate in mein Gesicht. Glücklicherweise trug ich damals noch keine Brille. Wahrscheinlich hätten mich die drei Typen so oder so völlig zu Brei gehauen, wenn nicht in genau jenem Moment der Gästeblock geöffnet und der Berliner Mob in Polizeibegleitung in Richtung Bahnhof Leipzig-Leutzsch marschiert wäre. „Hey, ihr feigen Sachsen-Schweine! Drei auf einen!

+++ Reiterstaffel auf dem Rasen des AKS (1994) +++

Feige Säue!" Die drei Typen bekamen Schiss, ließen von mir ab und verpissten sich. Ich überlegte kurz und reihte mich dann bei den BFCern ein, um nicht noch einmal von geisteskranken Sachsen in Überzahlsituation aufgemischt zu werden.

Gespenstisch still war es, als es diesen Waldweg hinauf zum damaligen Bahnhof ging. Dort angekommen, entluden sich innerhalb von Sekunden die Emotionen. Tumulte auf dem Bahnhofsvorplatz. „Schießt doch, schießt doch!", ertönte es immer wieder. Vereinzelte Steine flogen. Hier und dort kam der Schlagstock zum Einsatz. Ich traute meinen Augen nicht: Ein Hool sprang kurzerhand auf das Ferngleis und erzwang somit bei einem heranrauschenden Intercity eine Notbremsung. Das Chaos war perfekt. Dichter Rauch vernebelte den Bahnhof, die Bremsscheiben des Zuges qualmten auf Teufel komm raus. Die Waggons versperrten nun die Sicht, in dem ganzen Durcheinander kam es immer wieder zu Rangeleien. Und wieder dieses Angst einflößende „Schießt doch, schießt doch!" Zum Glück blieben die Knarren an jenem Tag im Halfter, irgendwann befanden sich schließlich sämtliche Berliner in der Regionalbahn, die zum Hauptbahnhof fuhr. Ein Abseilen war dort nicht mehr möglich, sämtliche Berliner wurden in einen bereitgestellten Sonderzug verfrachtet. In diesem entlud sich nochmals der Hass auf die Polizei, immer wieder kabbelten sich die Hools an den Türen mit den Beamten. Tür auf, Tür zu. An eine Abfahrt war erst einmal nicht zu denken. Hier ein Fußtritt, dort ein Schlag vor das Visier. Im Zug schnappte sich ein Hool einen Feuerlöscher und entleerte diesen durch einen Türspalt auf die auf dem Bahnsteig stehenden Polizisten. Krasse Nummer. Als der Zug endlich Fahrt aufnahm, setzte ich mich in eine Ecke und schloss die Augen. Die rechte Seite des Gesichts brannte und puckerte. Erheiterung am nächsten Abend am VHS-Kolleg. „Was hast du denn für ein hübsches blaues Auge mitgebracht?" wurde ich gefragt. „Das waren die scheiß Sachsen", murmelte ich nur.

Das Veilchen entfaltete seine ganze Pracht und somit durfte ich dieses am kommenden Wochenende mit nach München nehmen, wo ich Bayer 04 beim schweren Auswärtsspiel beim FC Bayern unterstützen und zudem Hans aus Köln wiedertreffen wollte. Zwar waren recht viele Leverkusener vor Ort, doch in dem geräumigen Gästebereich war es nicht wirklich schwer, sich zu finden. Vor insgesamt 41.000 Zuschauern erzielte Ulf Kirsten den ersten Treffer des Nachmittags. 1:0 für die Werkself nach gut einer halben Stunde. Kollektives Umarmen im Gästeblock. Kurz vor der Pause schoss Christian Nerlinger den Ausgleich. Zum Abhaken war der zweite Spielabschnitt. Zuerst verwandelte Lothar Matthäus in der 74. Minute einen Elfmeter und dann musste Bernd Schuster sechs Minuten später mit Gelb-Rot vom Platz. An diesem Tag war nichts mehr zu holen. Der Feierlaune nach dem Spiel tat die Niederlage keinen Abbruch. Hans zeigte sich von seiner spendablen Seite und lud mich und paar andere Jungs zur geselligen Runde in einer bayrischen Kneipe ein. Lass laufen! Komm hier trink, das lässt die Schmerzen vergessen. Will noch jemand was essen? Her mit den Bretzeln und den Würsten! Das Weißbier floss in Strömen. Irgendwann gegen 22 Uhr der Vorschlag: „Marco, du hast doch eine Monatskarte. Komm einfach mit nach Köln. Kannst bei mir pennen. Morgen früh gibt's noch ein Frühstück. Und dann kannst du doch nach Berlin fahren!"

Eine gute Idee, die später in der Nacht in die Tat umgesetzt wurde. Im Vollrausch fand ich mich mit den anderen Bayer-Fans im Nachtzug nach Köln wieder. Irgendwann in Herrgottsfrühe ging es mit dem Taxi zur Wohnung von Hans. Nach einem Schläfchen auf der Couch weckte mich der Geruch vom frischen Filterkaffee. Munter und quietsch vergnügt stand Hans in der Küche und deckte den Frühstückstisch. Der Kölner Frohnatur schien das abendlich Gelage nichts angehabt zu haben, fidel plauderte er über die nächsten anstehenden Spiele. „Und, Marco, wann und wo sehen wir uns wieder? Dritter Dezember, Heimspiel gegen die Geißböcke? Bist du dabei? Sag Bescheid!"

Ich sagte zu und ließ am Kolleg in Berlin mal eben eine ganze Woche sausen. Ich quartierte mich bei Jan ein, der inzwischen eine eigene Wohnung in Leverkusen-Rheindorf hatte, und zockte mit ihm täglich Sensible Soccer. Mit dem Auto ging es zum Regionalliga-Kracher Wuppertaler SV vs. Rot-Weiss Essen. Nachdem beide Vereine in der Saison zuvor noch zweitklassig waren, kreuzten die Rivalen nun in der neu geschaffenen Regionalliga an einem Freitagabend die Klingen. Unser Abstecher hatte sich gelohnt, vor rund 10.000 Zuschauern trennten sich der WSV und RWE 2:2. Einen Tag später bekamen wir im Ulrich-Haberland-Stadion eine flotte Nummer zu sehen. Bayer 04 ließ es gegen den 1. FC Köln mächtig krachen. Rudi Völler, Heiko Scholz und Markus Münch lochten ein, am Ende hieß es vor 27.600 Zuschauern 3:1. Beim Effzeh mit dabei meine ‚Lieblingsspieler' Toni Polster und Carsten Jancker. Ja, dieser Sieg der Werkself fühlte sich gut an, zumal es ein anderes Gefühl war, wenn man aus Berlin angereist war und als Auswärtiger die Heimspiele besuchte. Aber was heißt Auswärtiger? Zumindest in den kommenden zwei, drei Jahren war das Rheinland noch mein zweites Zuhause. Nicht wenige Berliner Kumpels frotzelten: „Warum bist du nicht gleich dort geblieben? Du bist ja mehr dort als hier!"

Wohl wahr. Während meine Klassenkameraden am VHS-Kolleg im Vorkurs Mathe und Spanisch büffelten, ging ich lieber 600 Kilometer entfernt zum UEFA-Cup-Spiel Bayer 04 vs. GKS Katowice. 24.000 Fans wollten am Nikolausabend dieses deutsch-polnische Aufeinandertreffen sehen. Im Tor der Werkself vertrat Dirk Heinen den Stammtorhüter Rüdiger Vollborn. Regie auf dem Platze führte Bernd Schuster – zwar mit nicht allzu schnellen Schritten, dafür jedoch mit guten Geistesblitzen und viel Übersicht. Berühmt war

Schuster auch für seine Freistöße – und genau solch einen zeigte er gegen Katowice. Der blonde Engel schlenzte den Ball aus sehr spitzem Winkel – die polnische Abwehr samt Keeper rechnete mit einer Hereingabe – direkt ins GKS-Gehäuse. 1:0 in der elften Minute. Ein geiles Ding! Locker flockig rausgespielt wurde nur zwei Minuten später das 2:0. Markus Happe brachte von links den Ball rein, Andreas Thom brauchte nur noch einzuschieben. Es ging grandios weiter! Wiederum zwei Minuten nach dem letzten Treffer griff Leverkusen wieder über links an. Zuspiel zu Kirsten, der nahm direkt und haute das Leder an die Latte. Der nachrückende Heiko Scholz war zur Stelle und bugsierte den Ball mit dem Kopf über die Linie. Richtig gute Europapokal-Atmosphäre im Haberland-Stadion, das ja generell nicht als Stimmungshöhle bekannt war. Bei einem 3:0 nach nur einer Viertelstunde riss es jedoch auch den letzten Sitzplatzhocker von der Plastikschale. Katowice sah an jenem Abend keine Sonne und fing sich nach knapp einer halben Stunde das vierte Gegentor ein. Der Tscheche Pavel Hapal zog einfach mal aus zweite Reihe ab, 4:0 für Bayer 04. In der Folgezeit wurde ein Gang runtergeschaltet, mehr Treffer sollten an diesem Abend nicht mehr fallen. Später wurde das Ganze bei paar Flaschen Kölsch und ein paar Partien Sensible Soccer ausführlich ausgewertet. Der Grund: Jan, der direkt an der deutsch-polnischen Grenze aufgewachsen war, hatte ganz klar den Jungs aus Katowice die Daumen gedrückt. Beim Knüppeln am Amiga hatte er die Möglichkeit, mir richtig paar einzuschenken und somit die 0:4-Schmach in Vergessenheit geraten zu lassen. Beliebteste Duelle, um richtig Dampf abzulassen: Ich ManU, er Arsenal. Oder ich Real, er Barça. Da brannte die Luft und manch ein Joystick musste dran glauben.

Jan arbeitete bei Bayer im Schichtdienst und hatte in der Regel alle zehn Tage eine Freiwoche, die er meist in seiner Heimstadt Frankfurt/Oder verbrachte. „Bloß weg aus Pisskusen!", lautete seine Ansage. Rein in den weißen Golf und ab gen Osten. Dabei wurde allzu gern die Kassette mit dem Brandenburg-Lied eingelegt. „Märkische Heimat, märkischer Sand ... Heil dir, mein Brandenburger Land!" Man muss es zugeben, jeder von uns hatte auf seine eigene Art und Weise kräftig am Rad gedreht. Gut so, denn somit hatte jeder mal was zu sticheln. Seine Fahrten zwischen Leverkusen und Frankfurt/Oder nutzte ich häufig, um im Rheinland oder im Ruhrgebiet vorbeizuschauen. Ich hatte eine günstige Fahrgelegenheit und er musste nicht allein die Autobahnen abarbeiten. Der Zweitligaspielplan wollte es, dass das Spitzenspiel VfL Wolfsburg vs. Hertha BSC genau in den Zeitplan passte. Auf der gemeinsamen Fahrt nach Berlin-Brandenburg legten wir in der Autostadt einen Zwischenstopp ein und schauten im alten VfL-Stadion vorbei. Nach dem nervenaufreibenden Abstiegskampf war es dieses Mal ein weitaus angenehmerer Anlass, ein Auswärtsspiel der Hertha zu sehen. Die Ausgangslage war folgende: Tabellenführer Wolfsburg und Verfolger Hertha trennten nur drei Punkte. Im Falle eines Berliner Auswärtssieges (damals gab es noch die Zwei-Punkte-Regelung) würde der Abstand auf ein Pünktchen schmelzen.

8.055 Zuschauer, unter ihnen auch etliche hundert Berliner Fußballfreunde, füllten die Ränge des alten VfL-Stadions recht passabel. Eher mau war indes die Stimmung – und das trotz Tabellenführung und 1:0-Sieg dank eines Treffers von Stephan Täuber. Das ganze Ambiente wirkte recht grottig und Jan und ich waren uns einig, dass uns dieses Stadion nicht mehr allzu bald wiedersehen würde. Abgehakt, wieder rein ins Auto und die A2 weiter gen Osten. Und klar, später an der brandenburgischen Landesgrenze wechselte Jan wieder die Kassette. Kim Wilde raus, das Brandenburg-Lied rein ...

MAN. UTD.

COME ON
YOU REDS

THE

FOOTBALL

ATHLETIC

LTD.

CELTIC

&

COY.

1888

TEAM IN SCOTTISH LEAGUE
BUT IRISH !!!

COME ON CELTIC

Zurück bei Celtic und Man United:
Der Deutsche als Fucking Bastard

Februar 1995. Da keiner aus meinem Freundeskreis Zeit hatte, packte ich allein meinen Rucksack und setzte mich in den Zug nach Oostende. Mit gerade einmal 25 anderen Reisenden bestieg ich das Tragflächenboot, das uns über den Ärmelkanal nach England brachte. Aus dreckig grauen Wolken regnete es Katzen und Hunde und ich überlegte mir, ob diese Fußballtour hoch nach Glasgow und Manchester zu jener Jahreszeit wirklich so eine prima Idee war. In London kaufte ich mir für gerade einmal zwei Pfund eine Zehner-Packung Donuts und stopfte die ersten acht Stück in einer Tour hinein. Nach erheblicher Wartezeit ging es mit dem Intercity nach Liverpool, wo ich gegen 23 Uhr noch einen Anschlusszug zum Flughafen Manchester kriegen wollte. Dort wollte ich mich die erste Nacht auf eine Bank hauen, bevor ich dann im weiteren Verlauf auf Bed & Breakfast setzen würde. Es kam anders. Mein Zug rollte mit leichter Verspätung ein und am Bahnhof Liverpool Lime Street ging gar nichts mehr. Draußen wurden bei dem Mistwetter die Bürgersteige hochgeklappt und in der großen düsteren Bahnhofshalle war ich schon bald einer der letzten Reisenden. Glücklicherweise wurden nachts die Türen nicht verschlossen und somit hatte ich wenigstens ein trockenes Plätzchen. Ich griff mir die mitgebrachte Sportbild und las jeden Artikel dreimal. Zwischendurch schritt ich durch die Halle und schaute mir jeden Aushang an. 1.30 Uhr. Die Zeit wollte und wollte nicht rumgehen. Wieder saß ich auf der Holzbank und schob mir den letzten Donut rein, als eine Gestalt auf mich zukam. Ein Typ, der geradewegs aus dem Film ‚Trainspotting' entsprungen schien. Lallend quatschte er mich an und zeigte auf die in einer Seitentasche steckende Sportzeitschrift. Ob er diese haben könne. Natürlich, kein Problem! Ob ich tatsächlich aus Deutschland käme! Warum sollte ich lügen. „Yes, from Germany!" Nun hakte es bei diesem Kerl völlig aus. „You fucking bastard! Piss off!

Go home, you fucking german!" Ich blieb cool, was blieb mir auch anderes übrig? Ich war allein mit diesem heruntergekommenen Typen. Von Security-Personal oder gar einem Polizisten war weit und breit keine Spur.

Mit grimmigem Gesicht blökte er mich weiter von der Seite an: „Who won the war, you fucking bastard?!" Langsam riss mein Geduldsfaden und ich entgegnete entnervt, dass es die Alliierten waren, die den Zweiten Weltkrieg für sich entscheiden konnten. Wer denn diese Alliierten waren, fragte er mich, nun richtig auf Betriebstemperatur gekommen. „The United States! And the Soviet Union!", erwiderte ich. Er ließ nicht locker und blökte weiter: „Who won the war? Who won the fucking war? England, England, glory England! Uäh, fuck off Germany. You fucking bastard!" Ich hatte genug. Zum einen nervte mich dieser Scheißkerl, zum anderen befürchtete ich, dass das Ganze noch völlig eskalieren könnte. Ich bat ihn, mich endlich in Ruhe zu lassen. Ja, auch England habe den Krieg gewonnen. Und nun aber gut! Nichts gut! Er hielt die Hand auf und forderte Geld. Her mit der Kriegsentschädigung. Direkt aus deutscher Hand in die englische. So müsse das sein. Nun war aber wirklich genug. Ich stand auf, griff meinen Rucksack und lief in Richtung Gleise. Er begann dreckig zu lachen und rief mir zu, dass es noch lange dauern würde, bis der erste Zug fahre. Er war sich seiner Sache ziemlich sicher und wusste, dass ich ihm nicht entkommen könnte. Ich durchquerte die in England üblichen Absperrungen und schaute, ob der Frühzug nach Manchester vielleicht schon bereitgestellt wurde. Ich fragte einen mir entgegenkommenden Bahnmitarbeiter, ob ich denn ausnahmsweise bereits einsteigen dürfe und schilderte ihm mit knappen Worten mein kleines Problem. Er nickte nur und zeigte auf eine offene Tür am Anfang des Zuges. Erleichtert stieg ich ein und lief durch sämtliche Waggons bis ans andere Ende des Zuges. Ein anderer Mann lag im Nachbarwaggon bereits auf einer Bank und hatte

seinen Kopf auf eine Reisetasche gelegt. Ich ließ mich nieder, horchte kurz und schloss die Augen. Zehn Minuten später hörte ich in der Ferne eine Tür scheppern und schon bald vernahm ich aus der Ferne das wohlbekannte „Fucking German". Mein neuer Kumpel suchte den gesamten Zug ab und kam Waggon für Waggon näher. Da nur die eine Tür geöffnet war, saß ich quasi in der Mausefalle. Mir blieb im Fall der Fälle nur die Flucht aufs Klo oder halt die entscheidende Schlacht zwischen den Sitzbänken. Ich wartete ab und konnte nun hören, wie der Kerl den schlafenden Mann volllaberte. Diesem scheiß Deutschen müsse man die Fresse polieren und alle Knochen brechen, um anschließend die Kriegsentschädigung abzunehmen. Ich malte mir bereits das schlimmste Szenario aus. In wenigen Sekunden müsste ich gegen zwei Engländer kämpfen oder eben als Hosenschisser die nächsten zwei Stunden aufs Klo verschwinden. Glücklicherweise hatte der Schlafende null Bock auf eine Schlägerei und verfluchte den nervenden Störenfried. Wüste Beschimpfungen – und schon trollte sich mein bester Freund, leise vor sich hin grummelnd. Überstanden! Die Zeit bis zur Abfahrt blieb ruhig. Im Morgengrauen setzte sich der Zug schließlich in Richtung Manchester in Bewegung. Meine Fresse, was für ein Start meiner 95er Fußballtour!

+++ Marco unterwegs in der 1. Klasse (1995) +++

Die nächste Überraschung am Hauptbahnhof von Manchester. Am Zeitungsgeschäft fielen mir die Titelseiten der englischen Boulevardpresse ins Auge. „Sabotage", „Death riot at England match". Dazu ein großes, ganzseitiges Aufmacherfoto. Drei englische Hooligans zerren auf dem Rasen an einem irischen Fußballfans und schlagen mit hasserfüllten Blicken auf ihn ein. Oben rechts ein verletzter Mann mit Brille und herunterlaufendem Blut, der in die Kamera schaut und von irischen Polizisten davongetragen wird. Sprachlos blätterte ich am Morgen des 16. Februar 1995 durch die fix gekaufte Zeitung. „Full story – pages 2, 3, 4, 5, 40, 41, 42, 43 and 44." Ich war überrascht. Vom am 15. Februar 1995 in Dublin stattgefundenen Testspiel zwischen der Republik Irland und England hatte ich im Vorfeld kurioserweise überhaupt nichts wahrgenommen. Erst beim Blick auf die besagte Boulevardpresse am Morgen danach erfuhr ich von der Tragödie, die dem englischen Verband fast die Austragung der Europameisterschaft 1996 gekostet hatte. Nach dem zuletzt im Jahre 1922 ausgetragenen Freundschaftsspiel – in der Zwischenzeit kam es nur zu Pflichtbegegnungen bei großen Turnieren und in den Qualifikationen – unternahmen der irische und englische Fußballverband im Februar 1995 den Versuch, nach sage und schreibe 73 Jahren

wieder ein Freundschaftsspiel über die Bühne zu bringen. Die Angelegenheit wurde zum totalen Desaster. 50 Personen wurden verletzt, ein Mann starb nach einem Herzinfarkt. Die Bilder von den hasserfüllten Gesichtern und dem tobenden englischen Mob gingen um die Welt. Holzlatten, die vom mit englischen Fans gefüllten Oberrang auf den Unterrang flogen. Ja, ganz genau. Dort standen irische Fans. Aus heutiger Sicht ganz gewiss ein grober, ja völlig absurder Fehler. Die Sicherheitsvorkehrungen waren mangelhaft und ermöglichten somit die Gewaltausbrüche dieses Ausmaßes.

„Shame again – Yobs make war on peace", titelte die „Daily Mirror auf eine ihrer Sonderseiten. „We face Euro KO" und „How can we let this lot loose on Europe? Lepers oft he world", war zudem auf der Rückseite dieser Ausgabe zu lesen. Der Begriff ‚Lepers' bedeutet ganz klar und deutlich ‚Aussätzige'. Keine Frage, in Hinblick auf die geplante Europameisterschaft 1996 in England fand die englische Presse für den in Dublin wütenden Mob überaus harsche Worte. Hart angeprangert wurde zudem die Tatsache, dass auf dem beflaggten Oberrang englische Hooligans Nazi-Grüße gezeigt haben. Aus heutiger Sicht ist dies beim Anblick der Fotos jedoch schwer zu beurteilen. Zu sehen sind aufgebrachte Engländer, die die Fäuste heben. Sei wie es sei, die gewalttätigen Fans leisteten nicht nur dem Verband, sondern auch dem ganzen Land einen Bärendienst. Allerdings sollte auch bedacht werden, dass das gesamte Stadion von der ersten Minute an extrem aufgeheizt war. Beide Seiten provozierten mit Liedern. Auf das „No surrender to the IRA" der Gästefans folgte ein lautstarkes „You´ll never beat the Irish". Und dabei wird es nicht geblieben sein. Als David Kelly in der 22. Minute die 1:0-Führung für Irland erzielen konnte, brannte bei vielen unter den rund 2.000 angereisten englischen Fans die Sicherung durch. Fünf Minuten später brachen sämtliche Dämme. Gegenstände flogen auf den Unterrang, auf dem Platz kam es zu ersten wüsten Schlägereien. Die Ordner und Polizisten hatten alle Hände voll zu tun. Das Spiel wurde vom Schiedsrichter abgebrochen. John ‚Jack' Charlton, der als einstiger englischer Nationalspieler von 1986 bis 1995 die irische Nationalmannschaft trainiert hatte, brach im Spielertunnel in Tränen aus. Der englischen Zeitung ‚The Sun' erklärte er: „I´ve had enough of this …" Das durfte man fast wortwörtlich nehmen, denn wenig später beendete ‚Big Jack' seine Trainerlaufbahn, nachdem Irland die Qualifikation für die Europameisterschaft 1996 verpasst hatte.

Die Auswirkungen dieses Skandalspiels waren zwei Tage später beim schottischen Pokalspiel Celtic FC vs. Meadowbank Thistle im Glasgower Hampden Park noch deutlich zu spüren. Und auch in Deutschland gab es Nachwehen. Als ich nach meiner Großbritannien-Tour bei meiner Mum in Berlin-Mahlsdorf auf eine Tasse Kaffee vorbeischaute, fragte sie mit ernsten Worten: „Marco, warst du etwa bei diesem Spiel? Du musst verrückt sein, zu solchen Krawallspielen zu fahren! Das kann lebensgefährlich sein!", „Ich? Nein, ich war doch nicht in Irland, sondern nur in Inverness, Glasgow und Manchester!", „Komm, sei ehrlich, Marco! Du rennst doch immer mit diesem Englandtrikot rum und von Schottland mal rüber nach Dublin dürfte für dich doch keine große Hürde gewesen sein."

Etliche Leute aus meinem Umfeld hatten gedacht, dass ich vor Ort bei den Ausschreitungen war. In der Tat trug ich zu jener Zeit häufig ein schneeweißes Trikot mit blauem Kragen und den three Lions auf der Brust. Abwechselnd auch mal ein rotes oder schwarzes ManU-Trikot. Davon ganz abgesehen an etlichen Tagen auch das Grün-Weiße des Celtic FC. Ich allein in Richtung Britische Inseln – und dann dieses brisante Spiel in Dublin. Das konnte kein Zufall sein, so die Meinung etlicher Freunde. Hm ja, hätte ich im Vorfeld meiner Reise von diesem geplanten Match gehört, wäre ich vielleicht wirklich hingefah-

ren. So aber führte mich meine Tour nach Manchester, dann hoch nach Inverness und Glasgow und anschließend wieder zurück nach Manchester und London. Ich hatte Glück gehabt, für den geplante FA-Cup-Kracher Manchester United vs. Leeds United gab ein Dauerkartenbesitzer sein Ticket zurück. Da ich in jenem Moment gerade auf der Geschäftsstelle nachfragte, erhielt ich kurzerhand diese Eintrittskarte. Und was für eine! Mein Sitzplatz befand sich direkt an der Nahtstelle zum Gästebereich!

Bevor es im Old Trafford gegen die Jungs aus Yorkshire zur Sache gehen sollte, düste ich hoch nach Inverness, Blair Atholl und Pitlochry. Ich marschierte durch die Landschaft, schaute auf die schneebedeckten Gipfel, nahm mir ein gemütliches Zimmer und schaufelte morgens das extra für mich gemachte britische Frühstück rein. Toast, baked beans, black pudding, Würstchen und Spiegeleier – perfekt! Am Morgen des 18. Februar 1995 fuhr ich mit einem Regionalzug wieder runter nach Glasgow und machte mich dort auf den direkten Weg zum Celtic Park. Groß das Erstaunen, als sich dort nur wenige Fans zeigten. Und diese blieben nicht mal am Stadion, sondern setzten sich in Autos und Kleinbusse und fuhren davon. Hatte ich mich verguckt? War es doch ein Auswärtsspiel? Ich fragte ein paar Fans, die vor einem Reisebus standen. Das Pokalspiel hier im Celtic Park? Nein, wir alle müssen zum altehrwürdigen Hampden Park! Alles kein Problem, ich könne einfach mit einsteigen. Zuerst würde es zu einem Celtic-Vereinsheim gehen, anschließend sei das Nationalstadion das Ziel. Bis zum Anpfiff sei noch massig Zeit und da können es noch ein paar Pint sein!

Ich ließ mich nicht lange bitten und stieg gemeinsam mit den dezent nach Schweiß und Bier duftenden Celtic-Boys in den bereitgestellten Bus. Von stinken möchte ich in Bezug auf die gastfreundlichen Jungs mal nicht sprechen, obwohl der Geruch im Bus echt grenzwertig war. Schaukelnd und singend ging es

durch die grauen Straßen von Glasgow. Die Magensäure war bereits auf Anschlag und ich war heilfroh, als die Spritztour durch die schottische Industriemetropole erst einmal beendet war. Ab in den ebenso muffigen Pub und hoch die Gläser! „Oh Hampden in the sun, Celtic seven Rangers one!" Der Stimmungspegel stieg, wenn gleich an jenem Nachmittag nicht die verhassten Rangers, sondern der krasse Außenseiter Meadowbank Thistle der Gegner war. „Hail hail, the Celts are here, what the hell do we care ..." Eine Stunde später fand ich mich am Hampden Park wieder. Da ich wusste, dass ich aufgrund meiner knappen Bahnverbindung nach Manchester leider bereits vor Abpfiff das Stadion verlassen musste, versuchte ich mich schon mal abzuseilen und ein Ticket für einen anderen Block zu kaufen. Keine Chance, die neuen Kumpels wollten auf mich aufpassen und nahmen mich quasi an die Hand. Für schlappe acht Pfund gab es das Ticket, Minuten später fand ich mich in der Section F in der Kurve wieder. Die Umbauten und Renovierungen fanden erst vier Jahre später statt und somit kam ich damals in den Genuss, die uralte,

düstere Haupttribüne sehen zu können. Was für ein Teil! Allein der Aufbau auf dem Dach sah spektakulär aus und erinnerte an ganz alte Fußballzeiten. Selbst auf schwarz-weiß-Aufnahmen von 1920 ist diese Tribüne samt Aufbau bereits zu sehen. Das restliche Stadion bestand damals nur aus unüberdachten Stehplatzrängen. Jammerschade, dass dieses alte Schmuckstück nicht saniert und erhalten wurde!

Auch im Stadion ließen mich meine neuen Freunde nicht aus den Augen. Sie saßen direkt hinter mir und feuerten gemeinsam mit den anderen Celtic-Fans ihre Mannschaft an. Die Jungs auf dem Rasen ließen nichts anbrennen und machten bereits in den ersten 45 Minuten alles klar. Pierre van Hooijdonk, der von 1994 bis 2004 immerhin 46-mal für die niederländische Nationalmannschaft antrat, ließ es krachen und schon hieß es 3:0 für die Grün-Weißen. Gute Laune im weiten Rund des Hampden Parks. Außer bei einer Person. Einem Celtic-Anhänger störte mein einfarbiger dunkelblauer Fleece-Schal, der sich unter meiner Jacke verbarg. Nicht wirklich erinnerte dieses

+++ Hampden Park mit der alten Haupttribüne in Glasgow (1995) +++

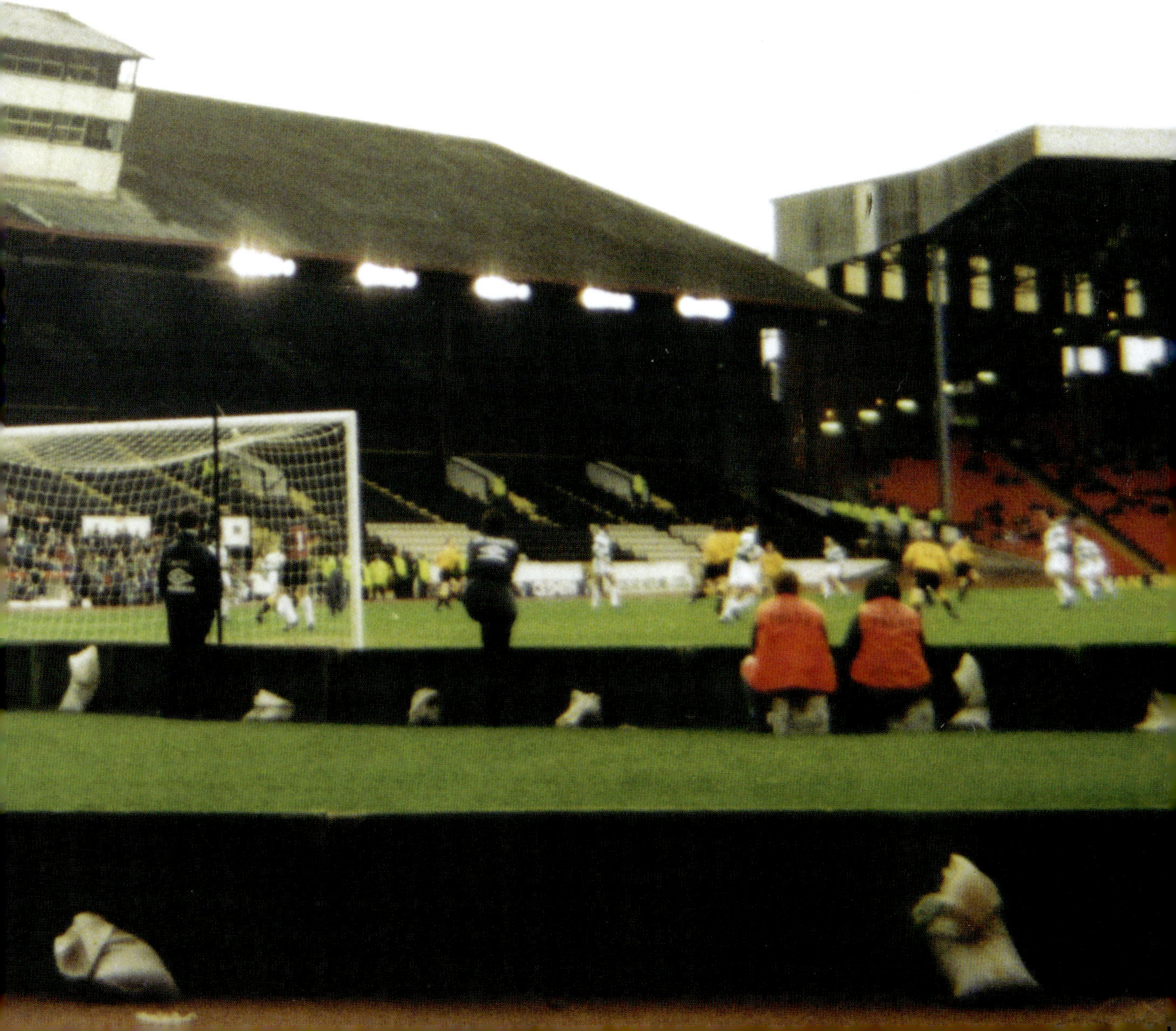

gute Stück an einen Fußballschal und auch das Dunkelblau war dem Blau der Rangers nicht wirklich ähnlich, doch der aufgebrachte Mann wollte mir an den Kragen und schimpfte wie ein Rohrspatz. Bereits zum zweiten Mal auf dieser Tour wurde ich nun ein „Fucking Bastard". Er zog an meiner Jacke und ließ nicht locker. „Piss off! Fuck off Rangers!" Glücklicherweise gingen die mir bekannten Celtic-Fans dazwischen und beschwichtigten ihn ganz sanft, so dass auch dieser Attacke glimpflich ausging. Kurz nach der Halbzeitpause erklärte ich, dass ich kurz aufs Klo müsse. Ich kam jedoch nicht wieder, sondern bahnte mir zu Fuß den Weg quer durch Glasgow, um meinen Zug nach Manchester zu erreichen. Auf etwaige Experimente mit irgendwelchen Buslinien hatte ich keine Lust und somit ging ich auf Nummer sicher, schaute an jeder Ecke auf meinen zuvor gekauften Stadtplan und hastete durch die tristen Straßen der trostlosen Metropole.

Es lief wie geschmiert, pünktlich erreichte ich den Zug, der mich zurück nach England brachte. Noch eine Nacht auf einem Bahnhof oder dem Flughafen? Nein Danke! Auf weitere gestörte Leute hatte ich keinen Bock und somit machte ich mich in Manchester auf die Suche nach einem bezahlbaren Einzelzimmer in einem Hotel. Ich landete in einem Hotel, das von außen recht moderat aussah, sich jedoch von innen als Loch entpuppte. Mein Zimmer hatte kein richtiges Fenster, stattdessen schaute man durch das vergitterte Etwas in einen engen, mit Müll verdreckten Lichtschacht. Solch eine Bruchbude hatte ich noch nie zuvor gehabt, doch immerhin schien das Bett in einem passablen Zustand.

Sheffield, Nottingham, Leeds sowie Blackburn. Ich machte mit meinem Wochenticket der englischen Bahnen etliche Abstecher und schaute an den jeweiligen Stadien vorbei, um die Zeit bis zum mit Spannung erwarteten Pokalfight im Old Trafford zu überbrücken. Am Spieltag war ich dann einer der ersten, die das Stadion betraten. Auch das Stretford End war inzwischen umgebaut und somit ergab sich ein schmucker Anblick in der Spielstätte, die damals

+++ Leeds United Fans zu Gast im Old Trafford (1995) +

noch 44.000 Zuschauer fasste. Damals fand ich es noch megagenial, die Sponsoren – in diesem Fall waren es Umbro und Sharp – als weiße Schriftzüge zwischen den restlichen roten Sitzschalen einzubauen. Stehplätze? Ach wozu! Die Stimmung wusste damals auch so zu überzeugen. Man konnte ja zu jenem nicht ahnen, welche Entwicklungen der englische Profifußball nehmen würde. Unbezahlbare Tickets? Tausende Fußballtouristen aus aller Welt, die teure Pauschalreisen zu Arsenal, Manchester City und Manchester United buchen? Ein Niedergang der Fankultur in den oberen Ligen? Das konnte ich mir beim besten Willen nicht vorstellen, wenn gleich bereits damals erste Tendenzen erkennbar waren.

Die Ränge waren an jenem Nachmittag erst halbvoll, als plötzlich der Gästemob aus West Yorkshire auf die Tribüne hinter dem Tor strömte. Mit hochgerissenen Armen brüllten die Peacocks-Supporters in brachialer Lautstärke: „We are Leeds!!!! We are Leeds!!!!" Schätzungsweise rund 7.000 Anhänger waren aus Leeds angereist. Ich war sprachlos. Ein freudiger Schauer lief meinen Rücken hinunter. Das Blut geriet in Wallung. Das konnte nur genial werden. Egal, wer heute gewinnen möge. Lasst krachen Jungs!

Kurz vor Anpfiff war das Stadion rappelvoll und auch die MUFC-Fans stimmten nun ihre Gesänge an. Die Tribünen bebten, bereits bei Anpfiff schien alles am Siedepunkt. Wirklich jeder auf den Rängen jubelte, sang und schrie. Die Augen wurden feucht. Anstoß. Und schon ging alles sehr schnell. Der erste Angriff von Manchester, Leeds konnte gerade noch zur Ecke klären. Es folgte eine gefühlvolle Ausführung von Ryan Giggs und ManU-Spieler Steve Bruce hämmerte den Ball mit dem Kopf in die Maschen. 1:0 für Manchester! Unfassbarer Jubel. Die Gesichter der Leeds-Fans verzerrten sich dagegen voller Wut und Hass. Der Schock saß tief. Umso größer die Schadenfreude bei den ManU-Fans. Tausende zeigten auf den

Gästebereich und sangen: „You´re shit and you are knowing that!!!" Die Leeds-Fans tobten, gestikulierten und gingen ab wie wild gewordene Bestien. Ab und an mussten Ordner und Polizisten dazwischen gehen. Die Nerven lagen blank. Sei dazu gesagt, dass im Gästebereich durchaus passable Jungs ihr Stelldichein hatten. Als nur wenige Minuten später Brian McClair das 2:0 für Manchester schoss, schien das Stadion endgültig auseinanderzubrechen.

Das Team aus Leeds bewies indes Moral und auch die Gästefans supporteten in ungebremster Manier weiter. Der Fleiß der Gäste wurde kurz nach der Pause belohnt. Yeboah – wohl bekannt aus Zeiten bei Eintracht Frankfurt – wurde in der 46. Minute für Masinga eingewechselt und schoss sechs Minuten später prompt den Anschlusstreffer zum 1:2. Ab nun wogte das Pokalspiel hin und her. Auf beiden Seiten erfolgten die Angriffe im Minutentakt. Die Zuschauer standen mehr, als dass sie saßen. „Uuuuh", „Aaaaah", ertönte es immer wieder im weiten Rund. Etwa in der 80. Spielminute kam die Erlösung für die Anhänger von Manchester United. 3:1! Der Sack war zugeschnürt. Hier würde nix mehr anbrennen! Das Stadion war ein Freudenmeer. Zehn Minuten lang gab es von Seiten der ManU-Fans Standing Ovations.

„Glory, glory Man United ...", „Oh, it was so fucking easy, soooo fucking easy!!", „You are a fucking Yorkshire, aha, aha ...", ertönte es von den Rängen. Mit hassverzerrten Gesichtern tobten dagegen die Leeds-Fans auf ihrer Tribüne. Die 7.000 Fußballfreunde aus Leeds waren außer Rand und Band. Tief saß der Stachel der Niederlage gegen den Erzfeind Manchester United. Nach dem brisanten Pokalfight mussten die Gästefans noch ein ganzes Weilchen im Stadion verharren. Ein mögliches Chaos und eine dritte Halbzeit sollte unter allen Umständen verhindert werden. Dank der bereits damals perfekten Organisation rund um das Stadion blieb es auch nach dem Spiel im Großen und Ganzen friedlich.

+++ Bayer 04 Leverkusen zu Gast in Nantes (1995) +++

In Italien des Landes verwiesen, in Warschau fast erfroren

Zwar war am Kolleg in Berlin-Schöneberg statt Vorkurs mittlerweile Ganztagsschule angesagt, doch das hielt mich nicht davon ab, auch unter der Woche das eine oder andere Mal zum Fußball zu düsen. Auf der Kante lag noch etwas Geld und somit war die eine oder andere Auslandstour möglich. Die Fahrt nach Lissabon im Jahr zuvor hatte Lust auf mehr gemacht, doch dieses Mal wollten Karsten und ich nicht auf eigene Faust mit der Bahn zu einem Europapokal-Auswärtsspiel von Bayer 04 anreisen, sondern gemeinsam mit anderen Fans im Bus. Die Vorteile: Wir wurden von Tür zu Tür gekarrt. Wir konnten die Kontakte zu anderen Fußballfreunden festigen. Und nicht zuletzt wartete ein im Paket gebuchtes Hotelzimmer auf uns. Im französischen Nantes müssten wir also nicht auf den harten Stufen eines Bahnhofsportals oder in irgendeiner Ecke eines versifften Parks nächtigen.

Auf ging´s! Rund 900 Kilometer auf dem Straßenweg von Leverkusen bis zur Metropole in der Region Pays de la Loire. Die Stimmung im vom Fanbeauftragten Paffi organisierten Reisebus war blendend. Das Hinspiel hatte die Werkself am 28. Februar 1995 mit 5:1 für sich entscheiden können. Ulf Kirsten und der Brasilianer Paulo Sergio erzielten jeweils zwei Treffer, das 1:0 hatte Hans-Peter Lehnhoff bereits in der achten Spielminute klargemacht. Der Einzug ins Halbfinale des UEFA-Pokals schien nur noch Formsache. Doch Vorsicht! Der FC Nantes Atlantique war auf dem besten Wege zum Meistertitel, dem sechsten nach 1965, 1966, 1973, 1977, 1980 und 1983. Große Euphorie also bei den Kanarienvögeln. Mannschaft und Fans hielten es durchaus im Rahmen des Möglichen, den Leverkusenern vier, fünf Dinger einzuschenken. Die derbe Hinspielschlappe konnte nur ein Ausrutscher gewesen sein, schließlich ging der

+++ Leverkusens Freunde der dritten Halbzeit auf Tour (1995) +++

FC Nantes in der gesamten Ligasaison 1994/95 (38 Spieltage) nur ein einziges Mal als Verlierer vom Platz! Allerdings schien das Team Anfang März jenes Jahres nicht in übermäßig guter Form. Gegen Kellerkind OGC Nice gab es nur einen knappen 2:1-Sieg, bei Girondins Bordeaux kam Nantes nicht über ein 1:1 hinaus.

Die Fahrt mit dem recht komfortablen Bus verlief reibungslos und die Gespräche mit den anderen Fans ließen das Ganze recht kurzweilig werden. Alle hundert Kilometer eine Pipi-Pause und alle zweihundert Kilometer ein „Aral, Aral, wir plündern total!" Wobei jener Schlachtruf eher aus Spaß gerufen wurde. Okay, ein paar Schnapsfläschchen oder irgend so ein nutzloses Miniplüschtier zum Anbaumeln landete schon mal in der einen oder anderen Jackentasche, doch ein systematisches Plündern der Tankstellenregale blieb in der Regel aus. Ohne Probleme wurde Nantes, das zeitweilig die Hauptstadt der historischen Bretagne war und nun im Département Loire-Atlantique liegt, erreicht und die Hotelzimmer konnten geentert werden. Anschließend hieß es ab in die Innenstadt und die Plätze sowie die anliegenden Kneipen besetzen. Fix waren an der Vivaldi Bar die Fahnen der Leverkusener Szene befestigt. ‚Savage Squad Boys' und ‚Lev-Szene 86' – fast sämtliche Freunde der dritten Halbzeit hatten ihr Stelldichein in der Atlantik-Metropole. Und auch die ‚Schwarzen Wölfe' waren zahlenmäßig gut vertreten, wobei diese Mitte der 90er nicht mehr unbedingt den Hooligans zuzurechnen waren. Einen beeindruckenden Haufen bildeten die Typen mit ihren schwarzen Lederwesten und Mützen indes auf jeden Fall. Waren die ‚Schwarzen Wölfe' mit vor Ort, war für Spaßfaktor gesorgt. Sie waren häufig die ersten, die in brenzligen Situationen am Zaun hingen. So auch im Stadion La Beaujoire des FC Nantes.

Mit den Reisebussen wurden wir pünktlich vom Hotel direkt zum Parkplatz am Stadion gefahren, so dass einem entspannten Betreten des Gästeblocks nichts im Wege stand. Eigentlich. Die französischen Polizisten zeigten sich keineswegs entspannt und ließen die deutschen Fußballfreunde in ihren Bussen warten. Zehn Minuten. Weitere fünf Minuten. Das Stadion war in Sichtweite, die Flutlichter waren eingeschaltet. Die Stimmung brodelte bereits, die Gesänge der Heimfans wurden herübergetragen und machten Lust auf dieses Europapokalabend. Würde es eine Choreographie zu Beginn der mit Spannung erwarteten Partie geben? Pyrotechnik? Ein gelb-grüner Konfettiregen? Es blieb nicht mehr viel Zeit bis zum Anpfiff. Die verbleibenden Minuten verrannen. Wo war das scheiß Problem?! Niemand wusste, weshalb uns die überaus gereizt wirkenden Polizisten nicht aus den Bus ließen. Manch einer kochte bereits vor Wut. Schikane, reine Schikane. Dieses Mistpack! Den ganzen Tag über blieb es in der Innenstadt weitgehend friedlich – und jetzt solch ein unnützes Theater. „Bleibt bitte ruhig!", bat uns der Fanbeauftragte. „Die wollen doch nur, dass wir austicken. Dann haben die einen Grund, die Busse auseinanderzunehmen. Niemand würde dann mehr ins Stadion kommen!"

Richtig! Und deshalb hielten wir allesamt die Füße still. Besser kurz nach Anpfiff auf die Ränge zu kommen als gar nicht mehr. Aber ich gestehe, mir fiel das Stillhalten der Füße verdammt schwer. Am liebsten hätte ich den draußen stehenden Beamten einen fetten Stinkefinger gezeigt. Ich beließ es beim finsteren Blick aus dem Busfenster. Es zuckte in den Mundwinkeln und ich legte meinen fiesesten Gesichtsausdruck auf.

Voilà, die Taktik der örtlichen Polizei ging nicht auf, die Leverkusener Anhängerschaft ließ sich nicht provozieren und von daher ließen die Beamten kurz vor Anpfiff die Bayer-Fans in den Gästebock strömen. Die Einlasskontrolle wurde recht fix abgewickelt und

beim Einlaufen der beiden Mannschaften standen wir doch noch rechtzeitig im Gästebereich, der sich in einer Ecke des Stadions befand. Was für ein Getöse auf den Rängen! Die gelb-grüne Anhängerschaft machte richtig Dampf und ließ im schmucken, geschwungenen Stadion richtig Leben aufkommen. Was soll man sagen? Die Tribünen der zur Europameisterschaft 1984 eingeweihten Spielstätte waren voll. Über 35.000 Zuschauer sorgten für Stimmung und peitschten ihre ‚Les Canaris' auf dem Rasen an. Der FC Nantes, damals noch mit dem geschwungenen Vereinsemblem am Start, hatte eine Mannschaft bester Güte. Allein die Namen Claude Makélélé und Christian Karambeu lassen auch 19 Jahre später noch die Zungen der Fußballfreunde schnalzen. Oha, diese späteren Weltstars hatten einst in Nantes mit dem Ball gezaubert? Kein Wunder also, dass damals die französische Meisterschaft gewonnen wurde. Und das mit einem Vorsprung von zehn Punkten auf Verfolger Olympique Lyonnais! Bereits zwei Jahre zuvor waren die beiden Jungstars Stammspieler in Nantes und hätten fast einen Titel geholt, doch im Finale des Coupe de France war am 12. Juni 1993 im Pariser Prinzenpark das Team von Paris St. Germain noch eine Nummer zu groß. PSG, unter anderen mit dem Wuchtstürmer George Weah auf dem Platz, konnte sich mit einem 3:0-Sieg den Pott krallen.

Und ja, auch am Abend des 14. März 1995 wusste die Mannschaft des FC Nantes durchaus zu überzeugen, doch fehlte in der Offensive die Durchschlagskraft. In der Abwehr von Bayer 04 leisteten Jens Melzig und Markus Happe ganze Arbeit. Auch wenn Paulo Sérgio, Ulf Kirsten und dem in der 72. Minute eingewechselten Andreas Thom vorn keine Tore gelangen, so konnten die angereisten Gästefans überaus zufrieden sein. Die Null stand. Nach etwa einer Stunde stellte keiner der Bayer-Fans das Weiterkommen mehr in Frage. Geile Sache. Würden Karsten und ich in diesem Jahr ein UEFA-Pokalfinale mit der Werkself mitnehmen? Schön wär's. Wie so oft wurden in den Bussen auf Auswärtsfahrten die VHS-Kassetten mit den Aufzeichnungen vom 1988er Finale gezeigt. Das Wunder vom Haberland-Stadion! Nach dem 0:3 im Hinspiel (damals gab es im UEFA-Cup auch im Finale ein Hin- und Rückspiel) konnte Bayer 04 daheim mit 3:0 gewinnen. Tita, Falko Götz und Bum-Kun Cha lochten im zweiten Spielabschnitt ein und wurden somit zur Legende. Nachdem in der Verlängerung keine weiteren Treffer mehr fallen wollten, musste damals am 18. Mai 1988 das Elfmeterschießen her. Oha, das muss man sich mal vorstellen. Den ersten Elfer versemmelte Ralf Falkenmayer. Bereits mit 2:1 lag Espanyol vorn, doch dann flatterten den Spaniern die Nerven. Gleich dreimal hintereinander konnten die Schützen von Espanyol den Ball nicht im Gehäuse von Rüdiger Vollborn unterbringen. Wolfgang Rolff, Herbert Waas und Klaus Täuber lochten ein und anschließend kannte der Jubel keine Grenzen mehr. Die in den Bussen eingelegten Videokassetten waren bereits ausgeleiert, die Bänder halb abgenutzt. Es flackerte, es knackte. Egal, die Insassen hoben immer wieder die Bierbüchsen und stießen an. „Mensch, war das geil!"

Denke ich auch und 1995 könnte es noch viel geiler werden! Das Spiel in Nantes endete 0:0 und der überaus sympathische Paulo Sérgio war der erste Spieler, der am Zaun war und sich bei den angereisten Bayer-Fans bedankte. Gemeinsam mit den ‚Schwarzen Wölfen' stieg er auf die Zaunkrone und feierte den Einzug ins Halbfinale. Glückliche Gesichter so weit das Auge reichte. Jetzt nur noch schauen, was das Los mit sich bringt. Es gab drei Möglichkeiten: Juventus Turin, AC Parma und Borussia Dortmund. Nur nicht den BVB! Ob Juve oder Parma, das war den meisten egal. Juve klang lukrativer, Parma schien sportlich ein Tick leichter zu sein. Und es wurde: Der AC Parma!

+++ Bayer 04 Leverkusen zu Gast in Nantes (1995) +++

Wie bereits gegen Nantes Atlantique musste Bayer 04 Leverkusen gegen den AC Parma zuerst daheim im Haberland-Stadion nach Möglichkeit gut vorlegen. Das war jedoch leichter gesagt als getan. Zwar fing am 4. April 1995 das Ganze prächtig an, Paulo Sérgio schoss in der 21. Minute das 1:0, doch in der Folgezeit ließen die Gäste aus Parma ihre Klasse aufblitzen. Jetzt erst realisierte man, was für einen hochkarätigen Kader dieser Verein hatte. Gianfranco Zola, Dino Baggio, Faustino Asprilla. Damals war der Klub noch flüssig und der Konzern Parmalat butterte als Sponsor und Teilhaber des Vereins ordentlich rein. In der italienischen Serie A spielte der AC Parma eine gute Rolle. Am Ende der Saison 1994/95 wurde Parma Dritter hinter Juventus Turin und Lazio Rom.

Beim Spiel in Leverkusen spielte Parma prima auf. In Form eines Doppelschlages drehten Baggio und Asprilla kurz nach der Pause das Spiel. 2:1 für die Italiener. Dabei sollte es bleiben. Für Bayer 04 war dies keine wirklich gute Ausgangsposition für das Rückspiel im Estadio Ennio Tardini. Egal, hinfahren wollten

wir so oder so. Die Reise in die italienische Region Emilia-Romagna war beim Fanbetreuer gebucht. Drei Tage würde die Tour dauern. Geplant waren zwei Übernachtungen in einem Hotel in der lombardischen Kleinstadt Casalmaggiore. Am Ende kam alles anders gedacht. Diese Tour nach Parma und Casalmaggiore würde in das persönliche Geschichtsbuch eingehen. Denn wer kann schon von sich behaupten, einmal des Landes verwiesen geworden zu sein? Karsten und ich mussten wohl zufällig den Hool-Bus erwischt haben, denn für uns hieß es in Parma: Mitgefangen, mitgehangen!

Dabei fing das Ganze völlig entspannt an. Mit den anderen Insassen des Busses wurden wir in einem gemütlichen, gelb getünchten, dreistöckigen Hotel untergebracht. Ehe man sich versah waren die Fenster beflaggt. Deutschlandfahnen mit den jeweiligen Namen der anwesenden Gruppierungen. Zudem die Flagge mit dem Stadtwappen (Roter bergischer Löwe auf weißem Grund, dazu der schwarze Wechselzinnenbalken). Während die anderen ein paar Bier zisch-

+++ Bayer 04 zu Gast beim AC Parma (1995) +++

ten, nahmen Karsten und ich eine kleine Wanderung ins Umland von Casalmaggiore in Angriff. Bei perfektem Frühlingswetter erkundeten wir die hügelige Landschaft und hauten uns für ein Stündchen auf eine mit Butterblumen übersäte Wiese.

Am kommenden Tag stand abends das Rückspiel im Stadion Ennio Tardini an. Zuvor wurden wir am frühen Nachmittag mit den Bussen ins Stadtzentrum von Parma gebracht. Dort durften wir uns völlig frei bewegen. An etwaige Probleme mit italienischen Fußballfans kann ich mich wirklich nicht erinnern. Nicht wenige kauften sich einen kombinierten Parma-Leverkusen-Schal. Kurzum: Der Wohlfühlfaktor war hoch. Auch im Stadion selbst blieb es völlig friedfertig. Erstaunlich viele Bayer-Fans hatten sich im Gästebereich eingefunden und sorgten mit roten und schwarzen Luftballons sowie zahlreichen Fahnen für einen ordentlichen Anblick. Weniger erfreulich war das, was auf dem Rasen geschah. Die Mannschaft des AC Parma ließ Bayer 04 nicht einen Hauch einer Chance. Bereits nach vier Minuten schuf Faustino Asprilla mit seinem Treffer zum 1:0 die Basis für das Weiterkommen der Italiener. Leverkusen hätte nun drei Tore schießen müssen. Daran war allerdings bei aller Liebe nicht zu denken. Nicht einmal ein Törchen der Werkself lag an jenem Tag in der Luft. Parma machte das Spiel und Asprilla legte in der zweiten Halbzeit zwei weitere Tore nach. 3:0 für die Gastgeber. Aus die Maus für die Rheinländer. Recht betretene Gesichter im away-Winkel. Rausfliegen – das kann eben passieren! Aber mit solch einer dürftigen Leistung?!

Nach Abpfiff dann der Knaller! Sachen packen und ab in den Bus! Eigentlich war noch eine weitere Nacht in Casalmaggiore vorgesehen, doch daraus wurde nichts. Die italienische Polizei sorgte dafür, dass wir des Landes verwiesen wurden. Betroffen war der Bus, in dem Karsten und ich unsere Plätze hatten. Der Bus der Lev-Hools. Diese sollten nach Angaben der Polizei

in der Nacht zuvor randaliert haben. Allerdings sahen dies der Fanbeauftragte von Bayer 04 und andere Mitarbeiter des Vereins völlig anders. Nichtigkeiten waren wohl Grund genug, den nicht gerade beliebten Deutschen eins auszuwischen. Diskussionen halfen nichts, wir wurden in unseren Bus beordert. Ohne groß Zeit zu verschwenden, legte der Busfahrer den Gang rein und fuhr uns in Richtung Grenze. Damit auch wirklich niemand mehr italienischen Boden betreten würde, begleiteten uns mehrere Polizeifahrzeuge bis wir spät in der Nacht Italien verlassen hatten. Verrückte Sache, nicht einmal eine Tankstelle oder Raststätte durfte angefahren werden. Noch verrückter: Nach diesem Vorfall hatte ich nie mehr italienischen Boden betreten! Unzählige Reisen führten mich in die verschiedensten Ecken dieser Erdkugel. In die Mongolei, nach Sibirien, nach Kuba, Brasilien und Ägypten. Auf dem europäischen Kontinent wurde in den folgenden 19 Jahren – sprich von 1995 bis 2014 – in so ziemlich jedem europäischen Land ein Fußabdruck hinterlassen. Nach Italien führte keine Tour mehr. Mal wurden die Entscheidungen bewusst getroffen, mal war es die unsichtbare Hand, die im Leben ab und an Regie führt.

Nun kannte Bayer 04 ganz gewiss seine Freunde der dritten Halbzeit allzu gut, doch in diesem Fall konnte die Vereinsführung die erzwungene vorzeitige Abreise nicht nachvollziehen. Reiner Calmund höchstpersönlich lud sämtliche Businsassen wenige Tage später ins Casino des Ulrich-Haberland-Stadions zum Essen und vertraulichen Gespräch ein. Er wollte wissen, wo der Schuh drückte und was in Zukunft bei weiteren Europapokal-Auswärtstouren besser gemacht werden könne. Eine faire Geste, wie ich fand. Ich nutzte die Gelegenheit und fragte bei Calmund nach, wann endlich die hässliche Lücke des Stadions, dort wo sich der separate, nicht überdachte H-Block befand, geschlossen werden würde. Er lächelte nur und meinte, wir sollen uns überraschen lassen. Umbaupläne lägen bereits in den Schubladen.

Ebenso ins Gedächtnis eingebrannt hatte sich eine ganze andere Fußballtour. Ein halbes Jahr nach dem Trip nach Parma sollte es ins östliche Nachbarland gehen. Gemeinsam mit Jan aus Frankfurt/Oder saß ich wieder einmal in seinem weißen Golf und düste auf der A2 von Leverkusen nach Berlin. In seiner Freiwoche wollten wir spontan etwas unternehmen. Das Abitur am Kolleg bot mir wahrlich sämtliche Freiheiten. „Hast du gehört? Legia Warschau spielt gegen Spartak Moskau! Wollen wir hin?", haute Jan einfach mal raus. „Wow, klingt geil. Wann denn?", fragte ich. „Na morgen. Wenn wir hinwollen, müssten wir heute Abend noch den Nachtzug nehmen. Teuer wird dieser kaum sein", erklärte er. Und im Prinzip stand das Ganze bereits fest. Ja, wir holten bei mir in der Wohnung noch paar Klamotten ab, fuhren dann zu seinen Eltern nach Frankfurt/Oder und stiegen am späten Abend in den Nachtzug, der uns in die polnische Hauptstadt brachte.

In meiner damaligen Wohnung in der Bornholmer Straße hatte ich noch einen Zettel für meine Mitbewohnerin hinterlassen. „Hi Kathrin, bin spontan nach Warschau gefahren. Wir sehen uns übermorgen!" Eigentlich war gemeinsames Kochen geplant, doch das Champions-League-Spiel in Warschau hatte dieses Mal Vorrang.

Ein polnischer Nachtzug in den 90ern! Krass, krass, krass. Mit anderen Worten kann man diesen kaum beschreiben. Es war wirklich die Härte, was sich dort in den Gängen alles abspielte. Oder besser gesagt, was für Gestalten dort ihr Unwesen trieben. Seit 1987 war ich nicht mehr in Warschau gewesen. Damals fuhr ich mit anderen Kindern und Jugendlichen mit dem Zug in die Hauptstadt der Volksrepublik Polen, um anschließend mit dem Bus zu einem Ferienlager in der Nähe von Danzig zu tuckern. Zwei Wochen, um als 14-Jähriger das Land lieben zu lernen. Einzig die auf einen wehrlosen Betrunkenen knüppelnde Miliz in einer Warschauer Nebenstraße ließen mich damals

zutiefst erschrecken. Sämtliche anderen Erlebnisse waren überaus positiv und selbst die Nacktschnecken in dem grünen Salat in einem Warschauer Restaurant nahm ich nicht krumm.

Sieben Jahre später zeigte sich das Nachbarland von einer anderen Seite. Manch eine Gestalt im Zug machte dem damals nicht wirklich guten Ruf Polens alle Ehre. Jan und ich hatten ein Abteil für uns allein, doch immer wieder öffnete sich die Tür und irgendein Typ glotzte rein und laberte uns von der Seite an. Bereits kurz hinter der Grenze begann bei Rzepin das Spektakel. Sämtliche Schwarzgeldtauscher, Taschendiebe und Schnorrer Osteuropas schienen sich in dem alten, muffigen Zug versammelt zu haben. Dem nicht genug, hielt der Zug immer wieder auf offener Strecke oder an einem einsamen Bahnhof. Schatten huschten draußen auf den Gleisen umher. Mit Taschenlampen wurde in die Abteile gefunzelt. Eine wirklich schräge Nummer. Jan und ich feierten gut ab, doch irgendwann gegen drei Uhr wurden wir mächtig müde. Die trockene, extrem warme Luft machte einen zu schaffen und ließ die Augenlider schwer werden. Ans Fensteröffnen war indes nicht zu denken. Der Grund: Es war Rekordwinter und draußen herrschten sibirische Temperaturen. Minus zwanzig Grad wurden in Berlin gemessen, in Polen dürfte es noch übler gewesen sein. Ob Legia und Spartak am kommenden Abend überhaupt zum CL-Spiel antreten würden, durfte ein Stückweit bezweifelt werden. Andererseits: Wir sprechen vom Dezember 1995. Hochmoderne Arenen waren in Russland und Polen noch ein Fremdwort. Kernige Spielbedingungen auf gefrorenem Rasen waren keine Seltenheit. Und da keine italienische Mannschaft, sondern ein Team aus Moskau zu Gast war, dürfte das Ganze vielleicht doch angepfiffen werden.

Bevor Jan und ich jedoch an Fußball im Stadion Wojska Polskiego denken durften, mussten wir jene Nacht heil überstehen. Zwar hatten wir wirklich nur das

Nötigste dabei, doch irgendwo musste man schließlich Fotokamera, Reisepass und Bargeld unerreichbar
verstauen. Wir legten die Beine hoch, wollten ein
Nickerchen halten und all diese herumstromernden
Typen vergessen. Ich steckte mein Geld in die Unter-
hose, die kompakte Kamera schob ich in eine Hosentasche. Jan packte alles in seine Jacke und legte
seinen Kopf auf diese. Was sollte da noch passieren?
Eine Tasche, die man heimlich, still und leise weg-
nehmen hätte können, hatten wir nicht dabei. Also
Augen zu und Dösen. An festen Schlaf war aufgrund
des Gerumpels auf dem Gang und des Krachens beim
Überqueren der alten Weichen eh nicht zu denken.

Im Morgengrauen erreichten wir Warschau. Geschafft! Wir wurden nicht abgestochen und meine
sämtlichen Utensilien waren auffindbar. „Und bei dir,
Jan?" Geldbörse und Reisepass waren auch bei ihm
am angestammten Plätzchen. Na prima, dann nichts
wie los in die eisige Stadt! War es bereits in Berlin
richtig kalt, so spottete die eisige Brise in Warschau
jeder Beschreibung. Trotz Wanderstiefeln, zwei paar
Socken, untergezogener Jogginghose und dicker Mütze kroch die Kälte in Sekundenschnelle in sämtliche
Kleidungswinkel und ließ einen erstarren. Als wir in
einem ‚Kantor' Geld wechseln wollten, die nächste
Überraschung. „Mein Geld ist weg!", ließ Jan ver-

+++ Marco im Stadion Dziesieciolecia in Warschau (1995) +++

lauten. „Was? Willst du mich verarschen? Wie, dein Geld ist weg? Ich denke, dein Portemonnaie ist in deiner Jackentasche?", „Ist es ja auch. Es lag morgens an der gleichen Stelle, doch die hundert Mark sind weg!", „Hundert Mark? Warum so viel?", „Ich wollte meinen Eltern was mitbringen. Wodka und so. Für nen Kumpel Zigaretten. Und für mich ein Andenken. Fußballwimpel von Legia und so was halt!", „Puh, haben wir ja Schwein gehabt, dass sie meine Knete nicht auch noch geklaut haben. Wird schon reichen für uns beide. Krass, da haben die Penner das echt geschafft, heimlich in unser Abteil zu schleichen, das Geld zu nehmen und dann wieder das Portemonnaie an die alte Stelle zurückzupacken? So merkt man das meist erst später und macht im Zug nicht gleich nen Aufstand. Profis halt. Ohne Worte!"

Acht Uhr morgens in Warschau. Nikolaustag. Schnee. Eiseskälte. Kräftige Windböen. Gefühlte minus 35 Grad Celsius. Was stellt man an solch einem Tag an? Die Antwort: Sich erst einmal Gebäckteilchen und einen heißen Kaffee an einem dieser schmuddeligen Kioske reinhauen und dann einen Spaziergang machen. Bei solch einer brachialen Witterung hatte alles einen ganz besonderen Charme. Auf der Weichsel türmten sich die Eisschollen, auf dem oberen Ring des einstigen Stadion Dziesieciolecia (Stadion des 10. Jahrestages in Warschau) herrschte trotz der sibirischen Kälte reges Treiben. Die gigantische, lieblose Schüssel, die einst am 22. Juli 1955 eröffnet wurde, war für Fußballspiele längst nicht mehr in Betrieb. Stattdessen gab es ringsherum einen Polenmarkt der feinsten Güte. Nach dem Zusammenbruch des Sozialismus verpachtete die Stadt Warschau das größtenteils aus dem Bauschutt der zerstörten Häuser des Warschauer Aufstandes errichtete Stadion an die Handelsgesellschaft Damis, die auf dem Gelände den ‚Jarmark Europa' errichtete. Selbst auf späteren gemeinsamen Reisen nach Vladivostok und Irkutsk bekamen Jan und ich nicht solch einen kuriosen Anblick geboten. Einsam kreisten die Krähen über die

Stände und Büdchen. ‚Napoje, Hot-Dogs, Hamburgery, Zapiekanki', war an einem alten, vergammelten Wohnwagen zu lesen. Na dann guten Appetit! Rostige Container, abgestellte Ladas aus der Ukraine, Weißrussland und Litauen sowie all diese in Vietnam hergestellten Plastiktaschen prägten das Bild. Hier ein Zigarette schmauchender Pole mit typischer lilagelber Nylon-Jogginghose und fettem Schnauzer, dort ein altes Mütterchen, das einen vollgepackten Trolli hinter sich herzog.

+++ Jarmark Europa im Stadion Dziesieciolecia (1995) +++

Am Nachmittag hatten wir genug von der Kälte. Bevor es abends in die frostige Fußballhölle gehen würde, mussten wir uns aufwärmen. Jan und ich liefen schnurstracks in den imposanten, 237 Meter hohen Kulturpalast und wollten von oben aus einen Blick auf die winterliche Stadt werfen. Ich konnte mich erinnern, dass ich im Sommer 1987 mit den anderen Ostberliner Kids oben in 114 Metern Höhe am Geländer stand und kleine Münzen auf die Passanten warf. Manch einer ließ auch die Spucke segeln. Also rein in den erstbesten Fahrstuhl und auf den obersten Knopf gedrückt. Oben angekommen erkannte ich nichts wieder. Der Kulturpalast wurde im Dezember 1995 gerade umgebaut, für die Öffentlichkeit waren die oberen Stockwerke ganz gewiss nicht geöffnet. Auf leeren Gängen drehten wir ein paar Runden und suchten das erstbeste Fenster, um einen Blick nach draußen werfen zu können. Eine Etage tiefer liefen

+++ Am Stadion Wojska Polskiego von Legia Warschau (1995) +++

wir einem Wachmann über den Weg, der auf einem Stuhl am Fahrstuhl saß. Bevor er dumme Frage stellen konnte, hasteten wir feixend über die Gänge, nahmen die Treppe und suchten zwei Stockwerke tiefer einen anderen Fahrstuhl auf. Mit diesem ging es wieder nach oben. Die Tür öffnete sich und auch dort saß ein Wachmann auf einem alten Holzstuhl. Wir blieben einfach drinnen und drückten einen beliebigen Knopf. 12. Etage bitte! Es ging abwärts und wir kicherten. Für solch einen Scheiß waren wir wahrlich zu haben. 16, 15, 14. Die Zahlen leuchteten auf. 13, 12, 11, 10 ... Moment mal! Wollten wir nicht auf der 12. Etage aussteigen? Ungefragt fuhr das urige Ungetüm aus alten sozialistischen Zeiten weiter abwärts. Gleich ins Untergeschoss zur geheimen Schlachterei? Oder direkt zur hauseigenen Arrestzelle?

So falsch war unsere Vermutung gar nicht. 7, 6, 5, 4, 3, 2 und 1. Bing. Die Fahrstuhltür öffnete sich. Draußen standen vier Personen vom Wachpersonal und

schauten erwartungsvoll in den Fahrstuhl. Vermutlich erwarteten sie schwergewichtige Kriminelle, denn ihre Blicke gingen an uns scheinbar vorbei. Wir versuchten die Gunst der Stunde zu nutzen und schlenderten scheinbar ahnungslos und desinteressiert an der Truppe vorbei. Wir verließen bereits fast das Gebäude, als wir dann doch noch angesprochen wurden. Ich übernahm das Wort und erklärte, dass wir nur auf die Aussichtsplattform wollten und ich diese aus den 80ern kenne. „Nix geöffnet. Nix Touristen. Geschlossen!", lautete die abschließende Ansage des Personals. Sekunden später fanden wir uns auf dem eisigen Vorplatz des Palac Kultury i Nauki wieder.

Wir vertrieben uns noch ein wenig die Zeit und fanden uns überpünktlich am Stadion Wojska Polskiego ein. Dort angekommen bot eine weiße leere Werbetafel ein hübsches Motiv. „Jan, stell dich mal eben davor!" Gesagt, getan. Mit einem Lächeln lehnte er sich locker an. „Legia Kurwa – Polonia Hooligans",

+++ Pyro beim CL-Spiel Legia Warschau vs. Spartak Moskau (1995) +++

hatte jemand auf die strahlend weiße Fläche geschmiert. Zu lesen direkt an der Spielstätte von Legia.
Das musste einfach festgehalten werden. Daneben
ein: „Arka HTM O.K. – Legia Cwele". Letztes Wort,
welches nur in der Umgangssprache existiert, dürfte
als ‚Dummkopf', aber auch als ‚Wichser' oder ‚Stri-
cher im Knast' übersetzt werden. Den Jungs von der
Legia-Szene schienen bei diesen sibirischen Temperaturen die Hände und Spraydosen eingefroren zu
sein, anders konnte man sich nicht erklären, dass
kurz vor dem CL-Spiel gegen Spartak Moskau solche
Beleidigungen direkt am Stadiongelände zu finden
waren.

Immerhin waren noch nicht die Füße der Fans komplett vereist. Knapp 6.000 Fußballfreunde hatten sich
am Abend des 6. Dezember 1995 auf den Weg ins
Stadion gemacht, um ihr Team zu unterstützen. Rund
einhundert Russen waren auch vor Ort und zelebrier-
ten im Gästeblock ein kleines Tänzchen. Mit Schal,
Mützen und dicken Handschuhen trotzten die Zuschauer den widrigen Bedingungen. Jan und ich
standen auf der nicht überdachten Gegengerade und
spürten die steife Brise, welche über die Ränge zog.
Meine Fresse, das war echt abartig. Kaum in Worte
zu fassen. Minus 25 Grad Celsius waren es von Hause
aus. In Kombination mit dem Wind ergab sich ein Käl-
tegefühl von locker minus 35 Grad. Ungemütliche
Fußballspiele hatte ich während der vergangenen
24 Jahre einige erlebt, doch dieses Europakspiel in
Warschau schlug sämtliche Rekorde. Die Kälte kroch
durch jede Faser und die Füße wurden trotz der gar
nicht mal schlechten Wanderstiefel und der zwei So-
ckenpaare in kürzester Zeit zu Eisklumpen.

Beim Einlaufen der Mannschaften konnte man die
Kälte kurz vergessen. Zahlreiche Bengalos wurden
am anderen Ende der Gegengerade gezündet. Direkt
neben uns stand eine Gruppe polnischer Soldaten
mit kuscheligen Fellmützen und schaute in Richtung
Flammenmeer. Der schottische Schiedsrichter Les

Mottram eröffnete anschließend mit einem Pfiff das
denkwürdige Spiel. Auf dem hart gefrorenen Rasen
hatten sogar die meisten russischen Spieler lange
Sachen drunter und Handschuhe an – und das sollte
schon was heißen. Der Atem dampfte. Unheimlich
hallten die Schlachtrufe über den Platz. Für die Gäste
aus Moskau sollte es ein guter Abend werden. Spar-
tak-Keeper Stanislav Cherchesov, der zuvor von Juli
1993 bis Juni 1995 bei Dynamo Dresden gespielt
hatte, hielt den Kasten sauber. Und somit genügte
den Russen ein einziges Törchen, um das Duell zu
gewinnen. Kurz vor der Pause machte der Abwehrspieler Ramiz Mamedov eines seiner wenigen Tore
seiner Karriere und ließ die Fans im Gästekäfig kollektiv vor Freude ausrasten. In 33 Champions-Lea-
gue-Spielen gelangen Mamedov gerade einmal zwei
Treffer. Einen kurz zuvor beim 3:0-Sieg gegen die
Blackburn Rovers und jenen am Nikolausabend in
Warschau.

An die zweite torlose Halbzeit kann ich mich gar nicht
mehr erinnern. Ich war nur noch mit mir selbst be-
schäftigt. Mit Mühe versuchte ich, sämtliche Glied-
maßen am Leben zu erhalten. Ich rieb die Hände,
stampfte mit den Füßen und zog den Schal noch
höher ins Gesicht. Einfach früher gehen? Das kam
nicht in Frage. Wofür wären wir sonst nach Warschau gefahren? Dieses Spiel musste bis zum Abpfiff
wohl oder übel auf den Rängen verbracht werden,
auch wenn wir das Gefühl hatten, dass der Wind von
Minute zu Minute noch extremer wurde. Als der
schottische Schiri endlich abpfiff, stampften Jan und
ich wie in Trance gen Bahnhof, um dort den Nachtzug
zurück nach Berlin zu bekommen. Ich steckte meinen
Reisepass und mein restliches Geld in den Schlüpper
und legte mich im Abteil lang. Dobrarnoc, ihr Schur-
ken und Ganoven dort draußen auf dem Gang und
den Gleisen! Leckt mich am Arsch! Wenn ihr meine
Knete haben wollt, müsst ihr mir im wahrsten Sinne
des Wortes an die Eier gehen! Und das traute ich
selbst dem miesesten Braschnik nicht zu.

+++ Heimblock beim Spiel Pogon Lebork vs. Gryf Slupsk (2014) +++

Pogon Lebork gegen Gryf Slupsk:
Hochspannung beim Pommern-Duell

Über 18 Jahre und unzählige polnische Fußballspiele später rief wieder einmal das Nachbarland. Ein Hass-Duell in der Grupa Pomorska der Liga IV lockte immens, ließ allerdings auch tiefe Sorgenfalten auf der Stirn entstehen. Pogon Lebork gegen Gryf Slupsk. Kein Spiel, zu dem man einfach mal so aus der Kalten hinfährt. Auf beiden Seiten tobte im Vorfeld seit Wochen im Netz der Fan-Krieg. Die Szene von Gryf präsentierte Fotos vom gezogenen Pogon-Material. Auf den jeweiligen Facebook-Seiten wurde immer wieder dazu aufgerufen, beim Duell der Duelle der dortigen Region zu erscheinen. Gerade einmal 50 Kilometer trennen die Städte Slupsk (einst Stolp) und Lebork (einst Lauenburg). Bei früheren Duellen schepperte es immer wieder und die Luft brannte im wahrsten Sinne des Wortes.

Allerdings kam es in den letzten Jahren zu keinen Duellen mehr, da die sportlichen Wege von Pogon und Gryf auseinandergingen. Während Pogon Lebork seit

2005 ständig zwischen der IV Liga und der Klasa Okregowa (sechsthöchste Spielklasse) pendelte, spielte Gryf Slupsk von 2008 bis 2013 nonstop in der III Liga (vierthöchste Spielklasse). Erst der Abstieg aus der III Liga am Ende der Saison 2012/13 machte ein Aufeinandertreffen in der Spielzeit 2013/14 möglich. Zuletzt standen sich die Rivalen im Ligabetrieb in der Saison 2006/07 gegenüber. In den beiden Spielen der Klasa Okregowa konnte Gryf daheim mit 3:1 gewinnen, in Lebork trennten sich die beiden Erzfeinde mit 2:2. Zwar wurden nicht mehr in den Ligen die Klingen gekreuzt, doch der Krieg zwischen den Fanlagern wurde mitunter auch abseits der Sportplätze ausgetragen.

Niemand wusste, was das diesjährige Aufeinandertreffen mit sich bringen würde. Ein Spiel, das einer Überraschungstüte glich. Seit 2007 hat sich beim polnischen Fußball immens viel getan. Die Repressionsschraube wurde angezogen. Und zwar soweit, bis etliche Fanszenen komplett zu Grunde gingen.

209

Manch ein polnischer Unterklassenverein kann ein Liedchen davon singen. Und manch ein Fan/Hooligan auch. Zuletzt gab es sogar Fälle, bei denen Anhänger wegen des Abbrennens von Pyrotechnik in den Knast wanderten. Theoretisch sind bis zu fünf Jahre Haft möglich für das Zünden eines Bengalos. Der Fußballalltag ist geprägt von Verboten, Verhaftungen und ständigen Kontrollen. Während bei Vereinen wie Wielim Szczecinek die Szene aufgrund von Repressionen, Strafen und Verhaftungen komplett zugrunde gerichtet wurde, sind die Fanlager der beiden Fünftligisten Gryf Slupsk und Pogon Lebork noch recht aktiv. Für das Aufeinandertreffen am Nachmittag des 18. Juni 2014 durfte demzufolge einiges erwartet werden.

„Da müssen wir hin. Und du begleitest mich!", forderte Michael, mit dem ich seit 2012 gemeinsam einige Spiele in der Region Nordost besucht hatte und der ab und an für turus.net überaus interessante Berichte über den polnischen Unterklassenfußball geschrieben hatte. So zum Beispiel über die teils überaus skurrilen Gästekäfige polnischer Fußballstadien. Seit Beginn des Jahrtausends hat Michael (bekannt durch den Grenzgänger) inzwischen hunderte Spiele an den verschiedensten Standorten von Pommern bis zu den Vorkarparten gesehen und man übertreibt keinesfalls, wenn man ihn als echten Kenner der polnischen Fankultur bezeichnet. „Du hattest drauf bestanden, dass ich dich zu RB Leipzig gegen Halle begleite. Nun bestehe ich darauf, dass du mit nach Lebork kommst. Du kannst mich doch nicht allein hinfahren lassen, oder?!", erklärte er eine Woche vor dem brisanten Duell Pogon gegen Gryf.

Ich bekam Bauchschmerzen. Was nutzen mir 24 Jahre Fußballerfahrung, wenn es dort für uns richtig Fresse gibt?! Wenn die Polizei an der Uhr dreht und willkürlich Gummischrot abfeuert?! Wenn wir zwischen die Fronten geraten oder ich als ‚Pressesau' zusammengetreten werde?! Wie schnell man sich ein

paar einfangen kann, hatte ich schließlich kurz zuvor beim Regionalliga-Duell Hertha BSC II vs. 1. FC Lokomotive Leipzig im Amateurstadion erleben dürfen. Mein Draht zu den Leuten von Lok ist recht gut und in der Regel schätzt man unsere Berichterstattung, doch in jenem Fall schmeckte es einem jüngeren Fan überhaupt nicht, dass ich das Geschehen auf dem Rasen nach Abpfiff filmte. Lok kam nicht über ein 1:1 hinaus und hatte somit nicht aus eigener Kraft den Klassenerhalt gepackt. Hoffen und Bangen, dass sich die TSG Neustrelitz gegen die U23 des 1. FSV Mainz 05 durchsetzt. Nach Abpfiff munterten etliche Lok-Fans die geknickten Spieler auf. In der Ecke des Amateurstadions, wo noch ein paar Hertha-Fahnen am Zaun hingen, kam es recht fix zu einer kleinen Auseinandersetzung. Die Fahnen wurden abgerissen, ein kurzer Schlagabtausch war die Folge. Es dauerte nur Sekunden, bis die behelmten Einsatzkräfte auf den Rasen strömten. Die Lok-Anhänger sowie einige Hallenser traten den Rückzug an und flitzten in Richtung Gästeblock. Ein junger Fan mit freiem Oberkörper und Sonnenbrille zog sich seinen Schlapphut tief in die Stirn und rammte mir beim Vorbeirennen seinen Arm in mein Gesicht. Da ich gerade gefilmt und auf das Display geschaut hatte, erwischte mich dieser Angriff aus der Kalten. Glücklicherweise blieben Kamera und Brille heil, nur die Nase hatte gehörig was abbekommen. Kurze Rede, langer Sinn: Auf ein ähnliches Szenario im kurz vor Gdynia liegenden Lebork hatte ich wahrlich keinen Bock.

„Ich treffe sämtliche Vorbereitungen, die möglich sind. Ich hole Informationen ein und vielleicht nehmen wir sogar eine polnische Dolmetscherin mit. Für den Fall der Fälle, dass uns die Polizei mitnimmt. Dann würde sie dafür sorgen, dass alles geregelt wird", erklärte mir Michael in einer Mail. Zudem erläuterte er mir sämtliche Möglichkeiten, die es bei diesem Spiel gibt. Die Variante, bei der es zur totalen Eskalation kommen würde, erschien mir mit Abstand die gruseligste. Denn in diesem Fall würden die polizeilichen

Einsatzkräfte nicht lange fackeln und zu Tränengas, Schlagstock und Gummischrot greifen. Sei, wie es sei. Michael traf sämtliche erdenkliche Vorbereitungen. Pani R. aus G. war leider nicht zu bekommen, aber eine andere alte Bekannte von Michael hielt sich bereit für den Fall der Fälle.

Drei Tage vor dem Spiel erhielt ich eine weitere Mail. Ein Foto mit dem geplanten Motto-Shirt der Gryf-Szene, die mit dem Zug anreisen wollte. Die Aufschrift: ‚Tricolores Hooligans Gryf. Official Hooligans from Slupsk. Est. 1996'. Gegen 15.15 Uhr würden die Gryf-Fans am Bahnhof Lebork eintreffen. Dort stünde die Polizei bereit und würde wahrscheinlich die Fans mit dem nächsten Zug wieder zurück nach Slupsk schicken. Ein Marsch zum Stadion erschien im Vorfeld eher unwahrscheinlich. Einen Gästeblock würde es sowieso nicht geben. Allein deshalb nicht, weil das Spiel aufgrund von Bauarbeiten auf dem Nebenplatz stattfinden wird. Drei offene Fragen standen im Raum: Kann die heimische Szene gleich am Bahnhof die Gunst der Stunde nutzen und einen Angriff starten? Hat Gryf das gezogene Material dabei und wird

dieses in einem günstigen Moment präsentieren? Und nicht zuletzt: Wie lässt es sich an diesem heißen Fußballnachmittag arbeiten? Einfach die Kamera draufhalten – so viel war klar – wäre keine kluge Idee.

Ich wollte mich nicht lumpen lassen und gab Michael grünes Licht. Ich wollte mitkommen. Mit der Bahn fuhr ich von Berlin aus nach Szczecin und wurde dort von Michael eingesackt. Im Auto ging es die rund 270 Kilometer über Karlino, Koszalin und Slupsk nach Lebork, von wo aus es nur noch 55 Straßenkilometer bis Gdynia sind. An einem Supermarkt stellten wir das Fahrzeug ab und suchten uns auf dem Bahnhof Lebork ein gutes Plätzchen, um die Ankunft von Gryf beobachten zu können. Zahlreiche Polizisten sicherten den Bahnhof und die hintere Seite des Bahnhofs ab. Späher und Zivilpolizisten stromerten umher. Zwischen Freund, Feind und ziviler Polizei an jenem Nachmittag zu unterscheiden, war fast ein Ding der Unmöglichkeit. Zumal aus der Gegenrichtung mit Gryf befreundete Fußballfreunde aus Gdansk eintrafen, die jedoch (verständlicherweise) keine weißen Motto-Shirt anhatten.

Die Ankunft des Gryf-Mobs verlief ohne Probleme. Es wurde sich gesammelt, anschließend führte die Polizei die Gästefans an den Bahngleisen entlang. Ging es doch zum Stadion? Das war eine echte Überraschung! Quer durch das Kraut und über eine staubige Fläche wurden die Gryf-Fans zur Unterführung und anschließend die Straße zum am Rande von Lebork befindlichen Stadiongelände geführt. Wenig später ergab sich dort ein überaus kurioser Anblick. Auch die Pogon-Szene hatte sich weiße Motto-Shirts übergestreift. ‚Tod den Greifen!‘ Zwei mit weißen Shirts bekleidete Gruppen wurden vor dem Stadion von zahlreichen Einsatzkräften umringt und bewacht. Die Pogon-Fans am Einlass, die Gryf-Fans auf einer Wiese am zugehangenen Zaun. Das Gelände betreten würde an diesem Nachmittag kein Gryf-Fan, doch immerhin befand sich die Truppe in Hörweite. Für derzeitige polnische Verhältnisse immerhin ein kleines, bemerkenswertes Zugeständnis.

Fünf Zloty (1,20 Euro) der Eintritt. Die Kontrollen wurden von Polizei und schwarz gekleidetem Wach-schutz akribisch durchgeführt. Sogar Metalldetektoren kamen zum Einsatz. Misstrauisch wurden Presseausweis und Kameraausrüstung beäugt, doch pampig wurde niemand. Ganz im Gegenteil. Später wurde ich sogar freundlich von einigen Kollegen und Vereinsverantwortlichen begrüßt. Die Arbeit konnte von mir in aller Ruhe – selbstverständlich mit dem nötigen Respekt und einer gewissen räumlichen Distanz zur Heimszene – ausgeführt werden.

17 Uhr. Anpfiff auf dem Kunstrasenplatz. Die Rückseite des Hangs des eigentlichen Stadions bot den Heimfans die Möglichkeit, sich gut aufzustellen. Die Mannschaften liefen ein und Pogon untermalte das angefertigte Banner ‚Chuligani Miasta Lwa‘ (Hooligans der Löwenstadt) mit einer beeindruckenden Pyro-Show. Wie auf Knopfdruck wurden die Bengalos gezündet. Dazu wurden zahlreiche weiß-blau-rote Fahnen geschwenkt. Auf Gästeseite hatten sich die Gryf-Fans gesammelt und einen knackigen Gesang angestimmt. Allerdings waren diese von der Heimseite aus nur zu hören. Vom Verein aufgehängte Pla-

+++ Fans von Gryf Slupsk vor dem Stadion in Lebork (2014) +++

nen verhinderten einen Sichtkontakt. Somit bekamen die Gryf-Fans, keinen gegnerischen Fan und keinen einzigen Ballkontakt zu sehen.

Noch bevor das rechtzeitige Führungstor von Gryf Slupsk fiel, waren die Gästefans wieder weg. Ehe man sich versah, wurden diese von der Polizei zurück zum Bahnhof begleitet, wo der Regionalzug nach Slupsk wartete. Unterstützung konnte es ab nun nur noch von den Heimfans geben. Aber das nicht zu knapp! Für ein Fünftligaspiel wurde allerhand geboten. Das erinnerte glatt an das ‚alte Fußballpolen'. Mehrmals erfolgte der Einsatz von Pyrotechnik. Zweimal zogen beachtliche Rauchwolken über den Platz. Der Unparteiische zeigte sich unaufgeregt und ließ stets weiterspielen.

Auf dem Platz versuchte Pogon Lebork den frühen 0:1-Rückstand auszugleichen, vergab jedoch unzählige hochkarätige Möglichkeiten. Von Pfiffen der Fans war jedoch trotz der sich anbahnenden Niederlage nichts zu hören. Ganz im Gegenteil! Nachdem auch die letzte Torchance vergeben wurde und Pogon als Verlierer feststand, stimmten die Fans einen beeindruckenden Gesang an: „Ob du gewinnst oder nicht – wir lieben dich auch so – in unseren Herzen ist Pogon – in guten und in schlechten Zeiten!" Keine Frage, solch ein Gesang spiegelt das 1A-Verhältnis zwischen Mannschaft und Fans und auch die Wertschätzung wieder. Während in Deutschland schon mal ein Bettlaken mit der Aufschrift ‚Sieg oder Sarg' (kurz zuvor gesehen beim Eisenhüttenstädter Derby) am Zaun hängt, wird beim polnischen Fußball die Leistung trotz Niederlage gegen den Erzrivalen anerkannt.

Direkt nach Abpfiff packte ich die Kamera ein und marschierte zum Ausgang, wo sich bereits eine kleine Traube gebildet hatte. Die Polizei stand draußen Spalier und zog jeden Zuschauer raus, der nach aktiver Fußballszene aussah. Um erst gar nicht in ir-

gendeine Diskussion verwickelt zu werden, schob ich mich gemeinsam mit ein paar älteren Zuschauern vorbei und schaute mir das Ganze aus sicherer Entfernung an. Auf Notizblättern wurden die Daten der Fans geschrieben. Da es sich wohl nicht um eine Massenveranstaltung handelte, waren wegen des Abbrennens von Pyrotechnik für die Fans keine Strafen zu erwarten. Allerdings sah das Ganze aus Erfahrung sprechend nach Vorbereitung der berühmten fünf Minuten aus.

Ein Grund für die Personalienaufnahme war zudem ein Zwischenfall mit einem Chefordner, der während des Spiels versucht hatte, aus dem Heimbereich Pyrotechnik zu entwenden. Daraufhin wurde dieser schlichtweg ‚gebeten' sich zu verdrücken. Bewegung kam zwischenzeitlich auf, als sich etliche Fans der Personalienaufnahme entziehen wollten und den Weg über den Zaun in den Wald wählten. Rasch eilten einige Einsatzkräfte in voller Montur in das Unterholz. Auch die berüchtigten Gewehre, mit denen Gummischrot und Gaspatronen abgeschossen werden können, waren mit am Start. Rufe erklangen im Gehölz. Eine Truppe Kinder startete ein Ablenkungsmanöver und stürmte durch das Waldstück. Hätte nur noch gefehlt, dass die Polizei auf Verdacht mal eben Gas und Schrot ins Unterholz ballert. Ich überlegte kurz, ob ich diese skurrile Situation filme, nahm jedoch lieber davon Abstand, schaute mir das Ganze noch ein paar Minuten an und lief anschließend durch das Wohngebiet zu unserem geparkten Auto. Als wenige Minuten später auch Michael eintraf, wusste ich: Dieser Ausflug ist geglückt und einer Heimkehr ohne Blessuren oder gar einer Festnahme stand nichts mehr im Wege. Wir düsten nach Slupsk, verbrachten dort den Abend bei einem Kumpel und fuhren dann über Nacht nach Szczecin, von wo aus ich kurz nach sechs mit dem Regionalexpress in einem Rutsch nach Berlin fuhr.

+++ Berlin-Friedrichshain, Ende der 90er +++

1995/96:
Nordostfußball und Berliner Alltag

Wieder der gedankliche Sprung zurück ins Jahr 1995. Bevor es am Nikolaustag jenes Jahres zum besagten CL-Duell nach Warschau ging, gab es beim Fußball etliche Erlebnisse, die sich sehr tief im Gedächtnis einbrannten. Zudem wurde ein Lebensabschnitt eingeläutet, der geprägt war von etlichen Reisen nach Nah und Fern und mit dem Segelprojekt Berlin – Sydney 2000 seinen äußerst dramatischen Höhepunkt fand.

Nachdem ich nach der Rückkehr aus Leverkusen im Herbst 1994 auf dem Grundstück meines Vaters gewohnt hatte, zog ich im Januar 1995 mit Schulfreund Nico, den ich bereits seit der ersten Klasse der POS kenne, gemeinsam in ein WG-Zimmer nahe der Friedrichstraße in Berlin-Mitte ein. Im bereits ziemlich zugerümpelten Zimmer der äußerst spartanisch eingerichteten Bude eines Bergsteigerkumpels stapelten Nico und ich all unsere Kartons und Kisten und penn-

ten kurzerhand auf dem Boden. Die alte, verstaubte Schlafcouch war schlichtweg zu weich. Isomatten ausgerollt und Bettzeug drauf. Fertig. Jeder klebte und pinnte sämtliche Schränke und Wände voll. Hier ein Programmheft von Manchester United, dort irgendeine Weisheit des Sportskameraden Nico. Die gute Stube spottete jeder Beschreibung, glich eher eine Müllhalde, passte allerdings prima in jene sorglose Zeit. Berlin. Freiheit. Spaß und Freude. Die Küche ein Schlachtfeld, das Badezimmer hatte den Charme der Nachkriegszeit. Den Vogel schossen allerdings die beiden Zimmer des Hauptmieters – sprich unseres Mitbewohners – ab. Möbeltechnisch schien sich seit den 70er Jahren nichts mehr getan zu haben. Im Wohnzimmer war inmitten des Schlachtfeldes, das aus Kletterseilen, Klamotten, Rucksäcken und diversen Schlingen und Karabinerhaken bestand, ein großes Zelt aufgebaut. Ob zu Testzwecken oder einfach nur zum Auslüften – das entzog sich meiner Kenntnis.

+++ 1. FC Union Berlin beim FC Sachsen Leipzig (1995) +++

Eingeprägt hatte sich zudem ein Plastikschalensessel, der unter einer an der Wand befestigten DDR-Fahne positioniert war. Auf die Details des Schlafzimmers, das durchaus als vermufftes Liebesnest bezeichnet werden durfte, möchte ich an dieser Stelle erst gar nicht genauer drauf eingehen.

+++ WG-Zimmer in Berlin-Mitte (1995) +++

Morgens mit der S-Bahn zum VHS-Kolleg Schöneberg und dort in der E-Phase des Abiturs Englisch, Mathematik und Biologie gepaukt. Andere Fächer wie Geographie und Gesellschaftskunde wurden dagegen im Halbschlaf genommen. In den Freistunden wurde die eine oder andere Schale Milchkaffee geschlürft und mit neugewonnenen Freunden über das Leben philosophiert. Abends dann ein Bierchen mit Nico und ein Gang über den nahen Dorotheenfriedhof, auf dem unter anderem Bertolt Brecht und Helene Weigel begraben liegen. Weiter dann zum Tacheles in der Oranienburger Straße, die Mitte der 90er Jahre auch für echte Berliner noch eine beliebte Anlaufstation war.

Ja, es war eine geile, unbeschwerte Zeit, in der man noch nicht bangen musste, wie man am Monatsende das nötige Geld für die Miete aufbringt. Auch als Schüler des zweiten Bildungsweges oder als Student nicht. Das Schüler-Bafög langte allemal und für die Freizeitaktivitäten sowie die geplanten Reisen

musste man halt seinen Arsch etwas heben und sich bei der Studentischen Arbeitsvermittlung registrieren lassen. Morgens eine Losnummer ziehen und dann zur vollen Stunde schauen, was für Jobs angeboten werden. Es gab ein Überangebot an Arbeit. Der damalige Mindestlohn bei über die TUSMA vermittelten Jobs: 17,50 Deutsche Mark für Tätigkeiten als Bauhelfer oder Umzugshelfer. 15 Deutsche Mark für weibliche Putz- und Küchenhilfen. Ausgezahlt wurde meist bar am Ende des Tages. Nicht selten kam ich abends mit knapp 200 Mark in der Tasche heim. Auf dem Bau gemeinsam mit stets lachenden afrikanischen Studenten mal eben angepackt, paar Überstunden gemacht – und schon war fast die ganze Monatsmiete für das WG-Zimmer drin. So war das. Und nicht anders.

Fußballtechnisch schaute ich mich nun verstärkt in heimischen Gefilden – sprich im Osten unserer Republik – um. Ich nahm so ziemlich alles mit, was möglich war. Obwohl ich im Herbst 1994 im Leutzscher Holz ordentlich auf die Nuss bekommen hatte, zog es mich am 5. Februar 1995 wieder in den Alfred-Kunze-Sportpark. Allerdings wählte ich dieses Mal nicht den Schienenweg, sondern fuhr gemeinsam mit Kumpel Jan im Auto zum Regionalliga-Duell FC Sachsen Leipzig vs. 1. FC Union Berlin. 8.853 Zuschauer füllten damals die Ränge, darunter waren gut und gerne 1.500 Berliner. An der Nahtstelle zwischen den Leutzschern und den ,Sau-Preußen' qualmte eine Rauchbombe und am dortigen Zaun erfolgte der eine oder andere verbale Schlagabtausch. Ganz so aggressiv wie gegen den FC Berlin ging es jedoch nicht zur Sache. Kein Wunder, gab es doch zwischen etlichen Unionern und Chemikern recht gute Kontakte. Bundesliga-Schiedsrichter Bernd Heynemann pfiff die heiß umkämpfte Partie und zückte während der 90 Minuten siebenmal die gelbe Karte. Goran Markov hatte die Eisernen nach gut einer halben Stunde in Führung gebracht, nur zehn Minuten später konnte Steffen Hammermüller per Strafstoß ausgleichen.

Was für ein Jubelorkan, der in diesem eng gebauten Stadion gut zur Geltung kam! Nach dem Spiel fertigte ich am alten Leutzscher Bahnhof noch ein paar Erinnerungsfotos an, bevor es – dieses Mal ohne blaues Veilchen – gut gelaunt nach Hause ging. Ich hätte damals nicht gedacht, dass es sage und schreibe 17 Jahre dauern würde, bis ich zum altehrwürdigen AKS zurückkehre. Zwar hatte ich dem FC Sachsen 2004 und 2009 bei den Spielen gegen die SG Dynamo Dresden und den 1. FC Lokomotive Leipzig einen Besuch abgestattet, doch wurden beide Partien im Leipziger Zentralstadion ausgetragen.

Im März 2012 nutzte ich einen Fußballausflug nach Leipzig, besucht wurde das Oberligaduell 1. FC Lok gegen Rot-Weiß Erfurt II, um endlich mal wieder am Alfred-Kunze-Sportpark vorbeizuschauen. Bewusst wollte ich nur das leere Stadion sehen, um in aller Ruhe die bautechnischen Detail begutachten zu können. Bei mildem Frühlingswetter ging es mit der Regionalbahn in Richtung Weißenfels vom Leipziger Hauptbahnhof nach Leutzsch. Der Zug machte einen kleinen nördlichen Bogen und erreichte Leutzsch nach zehn Minuten Fahrtzeit. Gespannt erwartete ich den alten Bahnhof. Jedoch folgte prompt die Ernüchterung. Ich stieg aus und bekam einen nagelneuen unüberdachten gesichtslosen Bahnsteig zu Gesicht. Der Blick verlor sich an einer Lärmschutzwand. Nichts war wiederzuerkennen. Etwas orientierungslos observierte ich die Gegend. Wo sind die Anhaltspunkte? Der schmale Weg zum Stadion? Ein Stück weiter gab ein Wegweiser die Richtung an. ‚Leutzscher Holz – Vereinsgaststätte der SG Leipzig Leutzsch e.V. 300 Meter‘. Mit einem schwarzen Farbbeutel hatte jemand das Schild beworfen. Quer durch das Wohngebiet – am Eingang zur Haupttribüne stand ich plötzlich vor dem Stadion, das im Frühjahr 2012 von zwei Leutzscher Vereinen genutzt wird: Von der BSG Chemie Leipzig und der SG Leipzig-Leutzsch. Die ersten Mannschaften beider Klubs waren zu jenem Zeitpunkt in der Sachsenliga (sechste Spielklasse)

angesiedelt. ‚Alfred-Kunze-Sportpark‘. Grün und weiß steht es am Eingang auf der Seite gegenüber der alten überdachten Tribüne geschrieben. Der Eingang zum Gästeblock befindet sich noch exakt der gleichen Stelle wie im Herbst 1994. Auch sonst ist das Stadion bautechnisch ziemlich unverändert. Allerdings bekam alles eine frische Farbe. Das markante zweistöckige Gebäude war damals trist, heute erstrahlt es in einem frischen Weiß. Erneuert wurden zudem Sitzschalen und Zäune. Apropos Sitzschalen: „Das mutwillige Zerstören einer Sitzschale kostet bei uns nur 100 Euro", ist auf einem leicht verwitterten Schild zu lesen.

+++ Schild im Leutzscher AKS +++

Auf dem Dammsitz der Haupttribüne ist auf den Sitzschalen ‚CHEMIE LEIPZIG' zu sehen. Am Eingang des besagten zweistöckigen Gebäudes des AKS hing im März 2012 noch das Schild mit den Öffnungszeiten des FC Sachsen Leipzig. Mittwoch war stets geschlossen. Die jetzige Geschäftsstelle der SG Leipzig Leutzsch befand sich nun ein Stück weiter in einem neuen Container. Die Geschäftsstelle der BSG Chemie bezog einen kleinen alten Steinbau. Kuriose Welt in Leutzsch. An der wettergeschützten Rückseite einer Holzhütte hing noch ein Plakat mit den Spielansetzungen vom 28. Juli 2010 und 4. August 2010. Gegner waren der FC Middlesbrough und der 1. FC Union Berlin. Der Anlass: Die Feierlichkeiten zu 111 Jahren Leutzscher Fußball. Ein Jahr später starb der FC Sachsen Leipzig. So bitter kann Fußballgeschichte sein.

Es geht allerdings weiter – und das am besten gemeinsam. So wünschten sich das viele Leutzscher. Überall waren Aufkleber mit einem grünen Ausrufezeichen zu finden: ‚Gemeinsam für Leutzsch!' Ein Graffiti ziert die Wand einer alten Halle: ‚Tradition seit 1899'. Reichlich Fotos auf dem Speicherchip, frische Eindrücke im Kopf. Eine Frage stellte sich jedoch noch: Wo ist der alte, markante Bahnhof Leipzig-Leutzsch? Er war leicht zu finden. Der Weg, auf dem damals die BFCer in Polizeibegleitung entlangliefen,

war fix auszumachen. Fast alles wie damals. Und da tauchte am Ende des Weges auch das mittlerweile still gelegte Bahnhofsgebäude auf. Bilder taten sich im Geiste auf. Über 17 Jahre ist das nun her – wo sind all die Jahre geblieben? Ein Gefühl der Erleichterung machte sich indes breit. Ich war froh, dass der Bahnhof noch nicht komplett abgerissen wurde. Ein Haufen Schutt oder traurige Fundamente wären an diesem emotionalen Nachmittag dann doch zu viel.

Wiederum zwei Jahre später ergibt sich in Leutzsch wieder eine andere Situation. Die BSG Chemie Leipzig, die 2013/14 in der Bezirksliga gekickt und dort einen enormen Zuschauerzuspruch hatte, ist wieder aufgestiegen und wird 2014/15 in der Sachsenliga unter anderen gegen die BSG Stahl Riesa spielen. Und nicht nur das! Die BSG Chemie wird in Zukunft der alleinige Mieter im AKS sein. Die SG Sachsen Leipzig, zuvor die besagte SG Leipzig-Leutzsch, muss sich aus finanziellen Gründen aus der sechsten Liga zurückziehen. Und dass die BSG Chemie noch immer echtes Potential hat, bekam ich in der vergangenen Saison beim Landespokalspiel gegen den Chemnitzer FC und beim Ligaspiel gegen den 1. FC Lokomotive Leipzig II auf beeindruckende Art und Weise mit eigenen Augen zu sehen.

+++ Haupttribüne des Alfred-Kunze-Sportparks (2013) +++

+++ Waldseite des Stadions An der Alten Försterei, Mitte 90er +++

Zurück im Frühjahr 1995. Nachdem ich in Nantes war und anschließend noch den beeindruckenden 3:0-Erfolg von Bayer 04 im Dortmunder Westfalenstadion mitgenommen hatte, legte ich eine echte Berliner Woche ein. Alte Försterei, Berliner Olympiastadion, Sportforum Hohenschönhausen und das Ernst-Reuter-Stadion von Hertha 03 Zehlendorf – allesamt besucht innerhalb von sieben Tagen. Auftakt bildete das Derby zwischen Union und dem noch immer als FC Berlin antretenden BFC Dynamo. Es war das erste Mal, dass ich diesem Duell der Erzrivalen beiwohnen konnte. Ich kaufte mir ein Ticket für den Heimbereich und drehte auf den Rängen eine Runde. 3.600 Zuschauer wollten dieses Spiel sehen – für damalige Verhältnisse eine ordentliche Hausnummer. Gut gefüllt war auch der Gästeblock. Gut und gerne eintausend BFCer tummelten sich dort und hängten ein schlichtes weißes Banner mit der Aufschrift ‚Scheiß Union' an den überaus monströsen Zaun. Mit dabei

hatten die Hohenschönhausener auch ein paar riesige Ballons, die durch den Block wanderten. Ich war überaus angetan von der Atmosphäre und hoffte auf ein knackiges, spannendes Spiel, bei dem beide Seiten ordentlich was zu feiern haben. Die Köpenicker gingen rasch in Führung, kurz vor der Halbzeitpause stand es Dank der Treffer von Goran Markov, Jens Härtel und Tom Persich bereits 3:0. Nur zwei Minuten nach Persichs Tor keimte bei den Gästen Hoffnung auf. Michael Hennig netzte in der 44. Minute zum 1:3-Anschlusstreffer ein.

Nach der Pause ergab sich ein ganz anderer Anblick. Waren die Hohenschönhausener im ersten Spielabschnitt gnadenlos unterlegen, so legten sie in der zweiten Halbzeit einen wahren Sturmlauf hin. Heiko Brestrich trieb seine Mitspieler unermüdlich an und besorgte in der 65. Minute mal eben selbst das 2:3. Nun war richtig Dampf drin. Nur vier Minuten später die Möglichkeit für den FC Berlin, den Ausgleich klarzumachen, doch ein Kopfball segelte über die Latte. Union war nun völlig von der Rolle, die Gäste drückten und drückten, konnten jedoch das 3:3 nicht erzielen. Erst am Ende dieser heißen Partie konnten die Köpenicker wieder das Heft in die Hand nehmen und den Sieg in trockene Tücher bringen. Trotz der hitzigen Atmosphäre blieb es auf den Rängen und vor dem Stadion friedlich. Dafür sorgten die behelmten Besatzungen der 15 angerückten Mannschaftswagen, die sich unter anderen massiv im Pufferblock postiert hatten.

Ja, das hatte was. So sollte Fußball in meinen Augen sein. Also nichts wie hin zum nächsten Nordostduell! Nachdem ich am Freitagabend das Grauen gesehen hatte – nur 3.700 wackere Fußballfreunde hatten sich in der riesigen Schüssel zum Zweitligaduell Hertha BSC gegen SG Wattenscheid 09 eingefunden (da tröstete auch der ungefährdete 3:1-Sieg über die desolaten Zustände nicht hinweg) – machte ich mich auf den Weg zum Sportforum. Bereits Anfang März hatte ich dem FC Berlin einen Besuch abgestattet. Damals gab es gegen Lok Altmark Stendal ein 1:1 zu sehen. Nun sollte das Spiel gegen den FC Erzgebirge Aue folgen. Ich war entsetzt. Nur ein Tag nach dem Zuschauerdesaster bei der alten Dame eine weitere Enttäuschung. Gerade einmal 421 Verwegene stellten sich auf die windigen Ränge. Und das gegen Erzgebirge Aue! Der Blick auf den Gästeblock ließ Trauer aufkommen. Dort war niemand. In Gedanken hatte ich mir bereits ausgemalt, wie kernig dieser Klassiker der einstigen DDR-Oberligisten werden würde. Und nun das. Sicherlich war das Ganze nicht überraschend. Für mich jedoch schon, denn ich steckte in der ostdeutschen Materie noch nicht ganz drin. Mein lieber Herr Gesangsverein. Okay, gegen Stendal waren es fünf Wochen zuvor auch nur 397 Zuschauer. Allerdings erwartete ich nach dem stimmungsvollen Derby in der Alten Försterei gegen Aue zumindest eintausend Zuschauer. Wo blieben all die BFCer, die

im Gästekäfig auf der Wuhleseite für Furore gesorgt hatten? Ein Phänomen, das beim BFC Dynamo bis in die Gegenwart anhielt. Mal kamen auswärts 500 oder gar 800 bis 1.000 Fans mit, dann folgten wieder triste Heimspiele vor ziemlich leeren Rängen. Ich hielt es am 8. April 1995 nicht allzu lange aus. Das Wetter war extrem ungemütlich und auf dem Rasen passierte nicht allzu viel. Ein müdes Gekicke. Übelster Fußball. Selten bin ich vorzeitig bei einem Fußballspiel abgezogen, an jenem Tag war es soweit. Zur Halbzeit stiefelte ich enttäuscht zur Straßenbahnhaltestelle und fuhr in Richtung Innenstadt. Konnte ich damals ahnen, was für geile Spiele des BFC Dynamo im neuen Jahrtausend noch folgen würden? Nein, konnte ich nicht. Ich vermutete, im Sportforum Hohenschönhausen würde man schon bald die Kette vorlegen. Mir tat es leid um diesen Verein. Genauso wie es mir weh tat, Hertha BSC und den 1. FC Union Berlin nicht eine Etage höher spielen zu sehen. Wobei zu jener Zeit Hertha BSC bei mir das größte Entsetzen auslöste. Dass auch mit 1.500 Zuschauern in der Alten Försterei mitunter für passable Fußballatmosphäre gesorgt werden konnte, hatte ich zur Kenntnis genommen. Doch die nicht einmal 4.000 Zuschauer gegen Wattenscheid waren die Krönung schlechthin. Wie konnte ein einstiger langjähriger Bundesligist dermaßen zur Lachnummer verkommen? Da fehlten mir glatt die Worte. Und doch tingelte ich immer wieder mit der U-Bahn zum Olympiastadion, stellte mich mit in die Ostkurve und tat mir das Elend an. Und noch einmal sei erwähnt, dass der harte Kern im Fanblock durchaus sein Bestes versucht hatte, doch von genau jenem Block aus sah man ringsherum nur die gähnend leeren Ränge. Es ist schwer, diese Grauen zu beschreiben. Sich an einem Freitagabend bei kühlem, regnerischem Wetter ein Zweitligakick anzutun, grenzte schon an Masochismus. Ich legte mir meinen Hertha-Schal mit dem schwarzen Berliner Bären an beiden Enden um den Hals und fragte mich auf der Nachhausefahrt immer wieder, weshalb ich nur so bekloppt bin und mir solch grausige Spiele anschaue.

Die Antwort fand ich schnell: Weil es ein Verein aus meiner Heimatstadt ist. Weil die Hoffnung zuletzt stirbt. Weil ich hoffte, dass der Berliner Fußball eines Tages aufblühen wird. In Charlottenburg, in Köpenick und in Hohenschönhausen. Was gibt es schöneres als eine Stadt, in welcher der Fußball pulsiert? Wie es funktionieren kann, hatte ich ja 1993 in London erleben dürfen. Und ja, meine Verzweiflung führte schon so weit, dass ich sogar Tennis Borussia Berlin bei DFB-Pokalspielen und späteren Relegationsspielen im Mommsenstadion die Daumen drückte. Und das, obwohl ich damals diesen Verein gehasst hatte wie die Pest. Hauptsache Berlin – so mein Statement. Besser Tebe irgendwo am Start als gar kein Verein. Basta!

Wie bereits im Herbst 1994 düste ich auch 1995 immer wieder ins Ruhrgebiet und ins Rheinland, um mir mit Jan und Karsten das eine oder andere Spiel anzuschauen. Querbeet von der ersten Bundesliga bis zur Regionalliga. Bayer 05 Uerdingen gegen Bayer 04 Leverkusen, 1. FC Köln gegen SV Werder Bremen, VfL Bochum gegen 1. FC Köln, Bayer 04 Leverkusen gegen MSV Duisburg, Preussen Köln gegen Arminia Bielefeld, Bayer 04 Leverkusen gegen FC Bayern München sowie das Rheinische Duell 1. FC Köln gegen Bayer 04 Leverkusen – ich blieb im Frühjahr jenes Jahres in NRW gut im Bilde.

Um auch im Osten am Ball zu bleiben und neue Stadion kennenzulernen überredete ich Jan dazu, Ende Mai mit mir im Auto nach Zwickau zu düsen. Eine Woche zuvor konnte ich es nicht lassen, beim Spiel von Hertha BSC gegen den 1. FSV Mainz 05 vorbeizuschauen. Man glaubt es kaum. Es kamen noch weniger Zuschauer als gegen Wattenscheid! 3.400 Verrückte in einem Stadion, das über 76.000 fasst. Jürgen Klopp brachte die Mainzelmännchen in der 66. Minute in Führung, Andreas Schiemann sorgte drei Minuten vor Ultimo für den Ausgleich. Gar nicht mal so übel war dann der Auftritt im Zwickauer West-

+++ BSC in Zwickau (1995) +++

sachsenstadion. Und das sowohl auf dem Platz als auch im Gästeblock. Ein ansehnlicher blau-weißer Haufen hatte sich eingefunden und machte auf dem Baugerüst mächtig Alarm. 6.200 Zuschauer sorgten insgesamt für ein klasse Fußballfest auf der Halde. Die Partie war überaus spannend und in der Schlussviertelstunde platzte bei den Berlinern der Knoten. Nico Kovac, Harun Isa und Michael Hartmann ließen mit ihren Toren die Hertha-Fans vor Freude tanzen. Balsam auf die geschundene Seele. Am Geländer wurden Bengalos gezündet. Ein lautes „Ha Ho He!" schallte durch den Talkessel. Meine Fresse, endlich mal eine flotte Nummer mit der Alten Dame. Ich war zufrieden, ja geradezu euphorisiert und ließ Jan ein Erinnerungsfoto von mir anfertigen. Icke aus Ostberlin mit schwarzer Lederjacke, blond gefärbten Haaren und Hertha-Schal in Zwickau. Hauptsache Berlin! Hauptsache Fußball mit ausgelebten Emotionen!

+++ Marco mit Hertha BSC in Zwickau (1995) +++

Ein Tag später schneite ich gleich beim nächsten Kick hinein. FC Berlin gegen den FC Sachsen Leipzig. Nachdem ich das Hinspiel gesehen hatte, wollte ich nun auch beim Rückspiel live dabei sein. Im Gegensatz zum Grottenspiel gegen Aue wurde das gegen den Tabellenzweiten aus Leutzsch eine ordentliche Sache. 1.090 Zuschauer, davon rund 150 im Gästeblock. Dazu ein recht ansehnliches Spiel, das am Ende 1:1 ausging. Nach gerade einmal zwei Minuten hatte Frank Nierlich die Gäste in Führung gebracht, nur sieben Minuten später gelang Mathias Lau der Ausgleich. Interessantes am Rande: In der 78. Minute eingewechselt wurde beim FC Berlin der damals 18-jährige Daniel Petrowsky. Später spielte er beim 1. FC Union Berlin, beim SV Babelsberg 03, bei Dynamo Dresden, beim FC Carl Zeiss Jena und bei Tennis Borussia Berlin, bevor er im Juli 2008 etwas überraschend zum BFC Dynamo zurückgekehrt war und dort zwei Jahre später seine aktive Karriere beendete.

Weitere Bewegung gab es im Sommer 1995 im privaten Bereich. Nico und ich mussten in der WG unsere Koffer packen. Unser Vermieter hatte wohl keinen Bock mehr auf in der Küche herumstehende angebrannte Puddingtöpfe und meldete von einem Tag zum anderen Eigenbedarf an. Nico und ich gingen getrennte Wege. Vorübergehend landete ich in einer Zweiraumwohnung in der im Friedrichshain gelegenen Kinzigstraße. Die im ersten OG befindliche Bude mit Balkon wollten Jan (der aus Berlin) und sein Bruder Arne im Herbst in aller Ruhe beziehen. Da zu jener Zeit die Mietkosten wirklich kein Drama waren, befand sich diese Wohnung sozusagen auf standby und konnte mir für drei, vier Monate Obdach bieten, bis ich etwas anderes gefunden hatte.

Die Wohnlage erwies sich als genial. Besetzte Häuser im Umkreis wie Sand am Meer. Damals war der Friedrichshain noch wirklich eine alternative Gegend und kein überteuerter Bezirk, der Touristen und wohlhabende Neu-Berliner anzieht wie der moderige Speck die fetten Maden. Drei Häuser weiter befand sich in der Kinzigstraße das Café Attentat. Eine Kneipe im Erdgeschoss eines besetzten Hauses. Punks und Normalo-Friedrichshainer wohnten friedlich nebeneinander. Und ja, manchmal auch miteinander. Während ich im Sommer 1995 auf dem Balkon saß, ein kühles Blondes trank, im neuesten Fußballbuch schmökerte, die nächsten Touren plante und manchmal auch für das Abitur lernte, liefen die Punks mit einem mit Leergut gefüllten Einkaufswagen zum nächsten Spätkauf. „Hey, haste mal ne Kippe?", wurde ich gefragt. „Nee, ick rauche nicht. Sorry. Aber wollt ihr nen Bier?", bot ich an, um die gute Nachbarschaft zu pflegen. Das Angebot wurde dankend angenommen. „Hey, danke Mann, bist nen juter Kumpel!" Scheppernd wurde der eiernde Einkaufswagen in Bewegung gesetzt. Wo war ich noch mal stehengeblieben? Für die nächste Mathe-Klausur lernen? Ach nein, das mache ich morgen. Besser ein Blick in den Statistikteil der Sportbild geworfen und das nächste Wochenende geplant!

Ende Juli startete die Saison 1995/96. Ich setzte mich in die S-Bahn und fuhr zum Sportplatz am Freiheitsweg. Am Freitagabend lockte das Regionalliga-Duell Reinickendorfer Füchse vs. 1. FC Union Berlin. Ich hatte ein gutes Näschen, denn anders als man vielleicht vermuten könnte, wurde das Ganze eine gute Nummer. 2.276 zahlende Zuschauer ließen die Sportanlage fast aus den Nähten platzen. Die Eisernen gewannen mit 2:1 und dementsprechend überschwäng-lich wurde nach Abpfiff gefeiert. Es war der Tag X, an dem mir bewusst wurde, dass es neben der uniformierten Polizei auch Beamte in Zivil gibt. In Leverkusen oder anderswo war mir dieser Fakt gar nicht groß aufgefallen. Hatte mich auch nicht weiter interessiert. An jenem Abend am Freiheitsweg staunte ich nicht schlecht, als sich normal gekleidete Personen, die ich damals durchaus als Fußballfans bezeichnet hätte, plötzlich die grünen Polizeiwesten überstreiften.

Aus irgendeinem Grund wurde es nach dem Spiel hektisch. Erste Bierbecher flogen, ein paar Uniformierte hatten recht bald unschöne Flecken auf den grünen Hemden. Diskussionsbedarf. Die Zivilpolizisten mit grauem Knopf im Ohr kamen zum Einsatz und versuchten die Situation aufzuklären. Lallende und schimpfende Unioner, ernst dreinschauende Polizisten. Jedoch ließ sich trotz der Rangeleien alles friedlich lösen. Selbst Marko Rehmer kam noch mal auf Socken aus der Kabine und sprach mit den Fans. Behelmte Einsatzkräfte oder gar gezückte Pfeffergaspullen gab es an jenem Abend nicht zu sehen. Nach den vereinzelten Bierduschen und hitzigen Debatten kamen alle wieder ein wenig runter und die Union-Fans zogen nach und nach zum S-Bahnhof.

Und wenn wir schon beim Thema Berliner Polizei sind! Ein echtes Aha-Erlebnis aus jenen Tagen hatte sich wirklich fest in meinen Hirnwindungen verankert. Was wusste ich, wie die Polizei arbeitet? Wir schreiben das Jahr 1995. Ich war jung und das für jedermann zugängliche Internet, in dem man heutzutage jederzeit die gewünschten Informationen aufsaugen kann, gab es damals bekanntlich noch nicht. Zu Leverkusener Zeiten hatte ich durchaus das Gefühl gehabt, dass die Polizei ihre Schäfchen gut im Blick hatte. Zumal der Kontaktbeamte meist vor Ort war und bei den Fans und Hools Bonbons verteilte und fragte, wo denn der Schuh drückte. Keine Frage, in Berlin fühlte man sich weitaus anonymer. Komplett untergetaucht in der bunten Stadt. Würde man in Charlottenburg mal verbal über die Stränge schlagen, würde das doch in Hohenschönhausen keine Sau interessieren. So nahm ich an.

Bis zum 9. September 1995. Am Tag zuvor nahm ich mit etlichen Mitschülern des VHS-Kollegs an der Demonstration teil, die sich gegen die vom damaligen französischen Präsidenten Jacques Chirac angeordneten Atomtests richtete. Man glaubt es kaum, aber bei dieser spontanen Demo war richtig Dampf hin-

ter. Tausende ernsthaft aufgebrachte Schüler und Studenten ließen vor der französischen Botschaft in Mitte und vor dem Maison de France am Kurfürstendamm ihren Emotionen freien Lauf. „Fuck Chirac!", ertönte es immer wieder – und das richtig brachial. Eier flogen gegen die Räumlichkeiten des Instituts Français und der wütende jugendliche Mob wollte weiter durch die City ziehen. Und das nicht auf abgesteckten Routen, sondern auf eigene Faust. Rechts abgebogen und ab die Post. Nicht wenige griffen kurzerhand zum ausgelegten Obst eines Händlers und erfrischten sich. Um Getränke zu kaufen, blieb keine Zeit. Der Demozug musste schnell sein, denn die Polizei war auf Zack und sperrte die Nebenstraße ab. Mit einem Kumpel reihte ich mich ganz vorne ein. Durch da! Links und rechts eingehakt und durchgebrochen. Für paar Sekunden bot die massive Polizeikette Widerstand, doch schon bald mussten die Polizisten dem Druck nachgeben. Der Mob johlte und rannte die Straße hinunter. „Fuck Chirac! Fuck Chirac!" Ein Hauch von Paris 1968. Am Rande der Demo versuchten Polizisten, einzelne Teilnehmer herauszuziehen. Da es sich nicht um einen militanten Aufmarsch des Schwarzen Blocks, sondern um eine Demo von Schülern und Studenten handelte, keimte in mir die Wut auf. Was soll die Scheiße? Ich schrie die Beamten ab. Einer zerrte an meinem Shirt. Ich riss mich los und rannte weiter.

+++ Polizeikette in Berlin, Mitte 90er +++

So weit, so gut. Nichts tragisches. Es flogen keine Steine, keine Flaschen. Es kam zu keinen nennenswerten Straftaten. Der Nachwuchs der Stadt war einfach nur sauer über den unverschämten Alleingang der Franzosen. Sollen sie sich doch ihre Atomraketen in den Arsch schieben. Keinen französischen Wein mehr zum abendlichen Essen. So die allgemeine Meinung. Am nächsten Tag war bei mir wieder Fußball an der Tagesordnung. Die Fuck-Chirac-Angelegenheit war schnell abgehakt, denn auf das Spiel des FC Berlin gegen Dynamo Dresden war ich echt gespannt. Dresden rockte. Das wurde drei Wochen zuvor beim Auftritt des 1. FC Dynamo im Stadion der Freundschaft mehr als deutlich. Über 4.000 Dynamo-Fans hatten ihr Team in die Lausitz begleitet, gerade mal 2.000 Fans konnte der FC Energie Cottbus auf die Beine stellen. Was für eine Gästekurve! Ein Anblick, der Pipi in den Augen erzeugte. Leider fielen an jenem Sommernachmittag keine Treffer. Einen Torjubel der Sachsen hätte ich zu gern gesehen.

Mit mindestens 500 Dresdenern war auch beim Auftritt im Sportforum Hohenschönhausen zu rechnen. Voller Vorfreude stieg ich an der Tram-Haltestelle Sandinostraße aus und lief gemütlich zum Eingang des Sportforums. Auf der Fläche vor dem Wellblechpalast, in dem damals der EHC Eisbären vor stimmungsvoller Kulisse den Puck über die Spielfläche sausen ließ, standen ein paar Mannschaftswagen der Berliner Einsatzkräfte. Ich achtete zuerst nicht weiter drauf. Warum auch? Dann schaute ich doch einmal leicht zur Seite und erkannte zwei Polizisten, die mir am Tag zuvor auf der Demo gegenüberstanden. Scheiße noch mal, wie klein kann diese Millionenstadt sein?! Auch sie hatten mich sofort wiedererkannt. Aufgrund meiner blond gefärbten Haare war das auch nicht weiter schwer. Die Ansage erfolgte prompt: „Na, dass man dich hier wiedersieht, ist ja kein Wunder. Ein von diesen hier. Das hätten wir uns gleich denken können!"

+++ Dynamo Dresden zu Gast in Cottbus (1995) +++

Nicht mehr, nicht weniger. Keine Drohung. Allerdings genügte dieser Spruch. Denn mir wurde schlagartig bewusst, dass man keineswegs anonym auf Achse ist. Auch nicht in dieser weiten Stadt. Fußball, Eishockey, Demonstrationen. Immer wieder könnte ich auf die gleichen Beamten stoßen. Zumal diese berlinweit eingesetzt werden können – und zwar immer dort, wo es mal brennt. Mir machte das nicht Angst, doch ein mulmiges Gefühl erzeugte das plötzliche Wiedersehen am Sportforum auf jeden Fall.

Vielleicht war das auch mit der Grund, weshalb ich mich nicht wie zuvor bei den Spielen gegen Stendal und Aue etwas abseits stellte, sondern mir ein Plätzchen mitten im Pulk in der Kurve – später auch Nordwall genannt – suchte und dort das erste Mal mit den BFCern gemeinsam das Spiel verfolgte.

+++ Fans des BFC Dynamo/FC Berlin (1995) +++

2.002 zahlende Zuschauer hatten sich im Sportforum eingefunden, von ihnen drückten wie erwartet rund 500 dem 1. FC Dynamo Dresden die Daumen. Und was für ein Beginn! Bereits in der vierten Spielminute machte Heiko Brestrich, der ja bereits beim Derby im Köpenicker Forst der Antreiber war, das 1:0 für den FC Berlin. Der gut gefüllte BFC-Block tobte vor Freude. Neben mir stand ein BFCer mit schnittiger Frisur, seine weinrote Bomberjacke hatte er in seine Jeans gesteckt. Was für ein sportlicher Haufen! Bom-

berjacken, auf Anschlag hochgezogene Jeans und Kurzhaarfrisuren – soweit das Auge reichte. Einen Support wie bei Bundesligavereinen gab es hier nicht. Kein Vergleich zur damaligen Kölner Südkurve und zum C-Block im Haberland-Stadion. Im Sportforum wurde punktuell das Team unterstützt. Phasenweise war es mucksmäuschenstill, doch wenn das „Dynamo! Dynamo!" oder das allseits bekannte „Ein Schuss, ein Tor, ein Dynamo!" angestimmt wurde, schoss Adrenalin ins Blut. Meine Güte, das klang nach einem Männerchor! Ha, scheiße noch mal, hier bin ich richtig! Genauso hatte ich mir das vorgestellt. Die Drecksspiele gegen Stendal und Aue waren vergessen, die Partie gegen Dresden ließ mich frohlocken ohne Ende.

Es wurde ein bemerkenswerter Nachmittag. Nur zwei Minuten nach dem frühen Führungstreffer von Brestrich machte Thomas Hoßmang den Ausgleich klar. Dresden bekam Oberwasser und bestimmte zunehmend das Spiel. Nach einer halben Stunde schoss Dariusz Pasieka das 2:1 für Dresden, unmittelbar vor der Pause legte Michael Hecht zum 3:1 nach. In der Heimkurve kehrte Stille ein. Vorerst. Nachdem in der 59. Minute Igor Lazic das 4:1 für die Gäste erzielte, dachte wohl jeder im Rund, dass für die Hausherren nichts mehr holen sei. Denkste! Innerhalb von vier Minuten lochte Niels Mackel in der Schlussphase zweimal ein. Sieben Minuten vor Abpfiff stand es plötzlich nur noch 3:4. Da ging noch was! Der weinrote Mob ging ab. Und ich auch! Am Zaun gerüttelt und das Team nach vorn gebrüllt. Die Berliner drückten und hatten Chancen zum Ausgleich. Manch einer riss sich bei vergebenen Chancen die nicht vorhandenen Haare aus. Oh Mann, jetzt das 4:4 und das Sportforum würde beben! Es war jedoch nichts zu machen, der Ausgleich wollte nicht fallen. Gefeiert wurde trotzdem. Noch eine Uffta mit Klasen und dann nichts wie hin zum Ausgang. Den Sachsen sollte draußen noch ein Abschiedsgruß mit auf den Weg gegeben werden.

Daraus wurde nichts. Die Polizei war gut vorbereitet und hatte etliche grün-weiße Wannen auf dem Gelände des Sportforums postiert und eine Kette gebildet, die nicht ohne weiteres zu durchbrechen war. Innerlich hoffte ich, dass ein Durchbruch erfolgen würde. Nach der Demo am Tag zuvor war ich heiß und stand einem Scharmützel mit der Polizei durchaus offen gegenüber. Mein Adrenalinspiegel war hoch und ich hatte Blut geleckt. Warum so zaghaft? Einfach rauf da! Ich stand auf dem Hang und schaute mir das Szenario von oben an. Ich machte ein paar Fotos und war bereit für den großen Sturm. Die BFCer blieben jedoch entspannt. Eine Auseinandersetzung in der heimischen Stube wollte gewiss niemand und so wartete der Mob, bis die Beamten endlich den Weg freigaben. Die Dresdener waren zu jenem Zeitpunkt bereits längst am S-Bahnhof Landsberger Allee.

+++ BFC Dynamo vs. Dynamo Dresden (1995) +++

Am Tag darauf konnte man mich wieder im Köpenicker Forst sichten. Ja, ich gebe es zu. Jahrelang besuchte ich sowohl die Heimspiele der Eisernen als auch der Weinroten. Innerlich drückte ich auch Union Berlin die Daumen, doch im Fanblock stand ich im Stadion der Alten Försterei nicht ein einziges Mal. Allein bei einem Auswärtsspiel im Mommsenstadion, als rund 6.000 Unioner für überaus geile Stimmung sorgten, stand ich mittendrin und ging als Ostberliner

gegen die „Lila-weiße Westberliner Scheiße" völlig ab. Ansonsten suchte ich mir ein neutrales Eckchen und schaute mir von dort aus das Geschehen auf dem Rasen und den Rängen an.

Am 10. September 1995 war der FC Energie Cottbus zu Gast bei den Eisernen. 2.650 Zuschauer bekamen einen 1:0-Erfolg der Berliner zu sehen, den Treffer des Tages erzielte Jacek Frackiewicz in der 69. Minute. Schaut man sich die damaligen Mannschaftsaufstellungen der beiden Teams an, bekommt man echt ein Korn. Jens Härtel, Marko Rehmer und Sergej Barbarez bei Union. Detlef Irrgang, Jens-Uwe Zöphel, Sven Benken und Toral Konetzke bei Energie. Sowohl Hans Meyer als auch Eduard Geyer trainierten Mannschaften, die Potential und – wie sich später auch zeigte – eine Zukunft hatten.

Eine Woche später war wieder Hertha BSC an der Reihe. Mit dem VfL Bochum war ein lukrativer Gast im Berliner Olympiastadion. Schal umgelegt und mit der U2 in Richtung Ruhleben gedüst. Diesen düsteren Weg hinauf und oben an den alten Büdchen vorbei zum Haupteingang des Stadions. Kurz geschaut, was Pepe Mager an seinem Stand zu bieten hat, und dann ab in die Ostkurve. 14.300 Zuschauer in der Schüssel – endlich mal wieder eine halbwegs vernünftige Kulisse. Langsam formte sich bei Hertha BSC das Team, das anderthalb Jahre später den Aufstieg packte, doch an jenem Tag lief es noch nicht ganz so rund. Roland Wohlfarth machte in den letzten sechs Minuten noch zwei Buden und machte somit dem Berliner Publikum klar: Auch in der Saison 1995/96 wird es wohl nichts in Sachen Aufstieg. Hertha rutschte ab auf Rang neun, die Bochumer kletterten auf den dritten Platz.

Und um es gleich auf den Punkt zu bringen: Am Ende der damaligen Saison stieg der VfL Bochum als klarer Spitzenreiter auf, die Herthaner schrammten denkbar knapp am Abstieg vorbei! Ich hatte das gar nicht mehr in Erinnerung. Beim Blick auf die Saisonstatistik heben sich die Augenbrauen. Allein das bessere Torverhältnis gegenüber dem Chemnitzer FC verhinderte den Absturz in die Drittklassigkeit. Am letzten Spieltag erkämpften die Berliner ein 0:0 beim Tabellenletzten SG Wattenscheid 09. Gerade einmal 1.002 Zuschauer wollten dieses Duell in der Lohrheide sehen. Da Chemnitz zeitgleich 2:1 gegen den VfB Lübeck gewonnen hatte, wäre Hertha im Fall einer Niederlage abgestiegen. Die Nerven flatterten, mehrmals ging der Ball an Pfosten und Latte. Am Ende versuchte das Team von Jürgen Röber, nur noch den Ball in den eigenen Reihen und somit hinten die Null zu halten. Und dann der Knaller: In der 88. Minute hatte Michael Preetz – damals im Wattenscheider Trikot (beim Hinspiel sorgte er mit seinen beiden Treffern für den 2:1-Auswärtserfolg von Wattsche) – das 1:0 auf dem Fuß, zögerte jedoch zu lange und vergab. Seinen späteren Arbeitgeber hätte er damals in die Fußballniederungen ballern können. So aber wechselte Preetz nach Berlin und stieg ein Jahr später gemeinsam mit Axel Kruse & Co. in die erste Bundesliga auf.

Wie sich erste Bundesliga im Berliner Olympiastadion anfühlen kann, wurde am 28. Oktober 1995 deutlich. Der FC Hansa Rostock trug an jenem Tag sein Heimspiel gegen Eintracht Frankfurt in der deutschen Hauptstadt aus. Der Grund war eine vom DFB belegte Platzsperre. Am 23. September wurde beim überaus brisanten Heimspiel gegen den FC St. Pauli eine Rauchbombe gezündet, Klaus Thomforde und Martin Driller mussten mit Augenreizungen den Platz verlassen. Aus der angedachten Strafe wurde letztendlich ein echter Zugewinn. Fast 60.000 Zuschauer pilgerten ins Olympiastadion und sorgten an jenem Samstagnachmittag für Gänsehautatmosphäre. Ich setzte mich auf den Oberrang der Gegengerade und hatte Gästeblock und Ostkurve gut im Blick. Innerlich stark aufgewühlt verfolgte ich das Geschehen und hoffte auf einen Treffer der Rostocker, um diesen gigantischen Mob jubeln zu sehen. Kurz vor der Pause hatte Okocha die Eintracht mit 1:0 in Führung gebracht und es dämmerte bereits, als Carsten Klee eine Viertelstunde vor Spielschluss das erlösende 1:1 klarmachen konnte. Ein orgiastischer Jubel so weit das Auge reichte. In der Ostkurve wurden Bengalos gezündet. Jeder im Stadion – egal, ob Hansa-Fan oder Berliner, der an diesem Tag den Rostockern die Daumen drückte – wird dieses Spiel niemals vergessen. Auch für mich war diese Partie gegen Frankfurt eine der emotionalsten Spiele meines Lebens. Dass anderthalb Jahre später sage und schreibe 75.000 Zuschauer Zeuge des 2:0-Sieges von Hertha BSC gegen den 1. FC Kaiserslautern sein werden, mochte man zu jenem Zeitpunkt nicht mal in den kühnsten Träumen erahnen. Ganz sicher hatte jedoch dieser phantastische Auftritt der Rostocker den Berlinern gezeigt, was möglich ist und somit ein stückweit den Weg geebnet.

Mittlerweile war ich wieder umgezogen. In der Friedrichshainer Kinzigstraße musste ich den Punks des Cafés Attentat adieu sagen. Ich bezog zur Untermiete eine Zweiraumwohnung in der Bornholmer Straße. Erdgeschoss, Nordseite, Ofenheizung. Ich war jetzt Prenzelberger. Und die Kunstrasenplätze am Jahn-Sportpark waren nun zu Fuß erreichbar. Fünfmal die Woche bolzen gehen. Nach der Schule. Und manchmal auch während der Schule. Mal im weißen England-Trikot, mal im schwarzen MUFC-Trikot, mal im Shirt des Celtic FC. Stundenlang gegen das Leder treten, bis die Füße nicht mehr konnten und Blasen die Ballen bedeckten. Es war eine herrliche, unbeschwerte Zeit. Die ersten zwei Monate wohnte ich allein in der Wohnung, ab Dezember 1995 hatte ich stets Mitbewohner. Dreimal war es eine Frau, einmal war es ein Klassenkamerad vom VHS-Kolleg. Am Wochenende pennten zudem angereiste Kumpels in mitgebrachten Schlafsäcken auf dem Boden. Zusammen kochen, manchmal sich aus Spaß eine Runde kloppen, abends gemeinsam um die Häuser ziehen.

+++ FC Hansa Rostock vs. Eintracht Frankfurt in Berlin (1995) +++

Meine Fußballtouren nach NRW wurden etwas seltener, doch im Herbst 1995 wurden das legendäre DFB-Pokalspiel Rot-Weiss Essen vs. Bayer 04 Leverkusen, bei dem teilweise das Flutlicht ausfiel, sowie die Ligaspiele 1. FC Köln gegen Bayer 04 und VfL Bochum mitgenommen. Ende des Jahres düste ich mit Karsten zudem nach London, um dort Silvester zu feiern und das Duell Chelsea FC vs. Liverpool FC an der Stamford Bridge zu sehen. Allerdings wurde dieses Mal statt des Fliegers der Bus gewählt. Eine Pauschalreise mit Rainbow Tours, ein Unternehmen, das von 1981 bis 2012 existierte und bekannt war für seine äußerst preiswerten Angebote in die europäischen Hauptstädte und nach Lloret de Mar. Eine Busreise mit Rainbow Tours war einer Fußballaus-

wärtsreise ziemlich ähnlich. Locker, flockig wurde das Ganze vom Reiseleiter kommentiert. Recht spontan wurde vor Ort die Zimmervergabe vorgenommen. Mächtig down waren die meist jungen Reisenden auf der Rücktour gen Deutschland. Am Neujahrsmorgen im neun Uhr wieder im Bus zu sitzen – das war nach der nächtlichen Party am Trafalgar Square echt grenzwertig. Nicht wenige hingen während der Fährüberfahrt auf halb neun oder gingen mal eben auf der Schiffstoilette kräftig abkotzen.

Überfälle, Busentführung, Verkehrsunfall und Schiffbruch

Zwei Wochen Ägypten, eine Woche Ungarn und sieben Wochen Brasilien. Das Jahr 1996 wurde das abenteuerlichste meines bisherigen Lebens und läutete die heiße Endphase des Jahrzehnts, welches mit dem Durchkentern bei Windstärke 10 bis 11 vor Vlieland gipfelte, ein.

„Hast du dir von Marcus die Adresse von der Familie in Theben-West geben lassen?", wurde ich nochmals gefragt. „Ja, Name habe ich. Einen Straßennamen in dem Sinne gibt es nicht. Aber die Alabaster-Factory soll dort auf der Westbank wohl jeder kennen. Wir sollen von Luxor aus mit der Fähre über den Nil fahren und dann zu Fuß oder mit dem Taxi auf den Weg in Richtung Tal der Könige machen. Dort sollen wir uns dann durchfragen. Soll kein Problem sein. Alles weiter klärt sich vor Ort!", ließ ich verlauten.

Mit dem Jan aus Berlin war ich im Sommer 1993 in Nordamerika auf Achse, mit dem Jan aus Frankfurt, der nun in Leverkusen wohnte, machte ich mich im Februar jenes Jahres auf den Weg nach Ägypten, um dort auf eigene Faust Kairo kennenzulernen und anschließend mit der Bahn runter nach Luxor und Theben-West zu fahren. Ein guter Schulfreund hat seit jeher im arabischen Raum gute Kontakte und gab uns den Tipp eine Familie, die dort eine Alabaster-Werkstatt betrieb, aufzusuchen.

Während in Berlin der knackige Winter die Wasserrohre meiner Prenzelberger Erdgeschosswohnung einfrieren ließ, packten Jan und ich unsere sieben Sachen und fuhren mit der S-Bahn zum Flughafen Schönefeld. Hinein in den Flieger von Egypt Air und ab nach Kairo! Das Herz frohlockte und schon bald schimmerten die goldenen arabischen Buchstaben auf dem Terminalgebäude. Es war bereits kurz vor Mitternacht, doch noch immer flimmerte die heiße Luft. Die Triebwerke wurden heruntergefahren, eine Viertelstunde später fanden wir uns am ratternden Gepäckförderband wieder. Rattern und ächzend drehte das Band unermüdlich seine Runden und brachte mit braunem Klebeband verschlossene Pakete, mit Folie umwickelte Ballen und unzählige Taschen und Koffer zum Vorschein. Während Jans Rucksack mit dem ersten Schwung ausgespuckt wurde, musste ich warten, warten und nochmals warten. Die Halle leerte sich und es kam der Moment, als ein aufs Band gelegtes Schild verriet: Ende, es kommt keine weiteres Gepäck mehr. Das fing ja heiter an! Ich hatte nicht mal Handgepäck dabei. Sogar die kleine Fotokamera war im Treckingrucksack verstaut. Diesen Fehler sollte ich in Zukunft nie wieder begehen. Immer das Wichtigste im Handgepäck dabei haben! So dass selbst im Fall des Verschwindens des Hauptgepäcks kein Drama zu erwarten ist.

ausgeladen wurde und nun mit dem nächsten Flieger nachgeschickt werden würde. Na mal schauen. Mit dem Taxi ging es quer durch das nächtliche Kairo zum an der Ramses Station gelegenen Ciao Hotel. Als wir oben auf der Dachterrasse saßen, ein eiskaltes ägyptisches Stella Bier tranken, die warme Brise durch unsere Haare streifte und der Blick über die Lichter der Umgebung kreiste, stellte sich eine Ruhe und Zufriedenheit ein, die ich bis dato selten erlebt hatte. Abitur!? Eiskalte Bude!? Alltagsprobleme!? Alles schien um Lichtjahre entfernt. Selbst mein verschwundener Rucksack bereite mir nicht wirklich große Sorgen. Und wenn schon, notfalls geht es mit einem Beutel voll in Kairo gekaufter Shirts und Unterwäsche runter nach Theben. Und eine Zahnbüste wird sich auch irgendwo auftreiben lassen. Letztendlich hatte ich nicht ein einziges Kleidungsstück gekauft. Wir teilten brüderlich Jans Klamotten auf, das mit der Hand gewaschene Zeug trocknete bei dieser brütenden Hitze sowieso innerhalb weniger Minuten.

+++ Sandsturm in Kairo (1996) +++

+++ Marco und Jan in Ägypten (1996) +++

In Kairo stand ich jedoch ohne ein einziges Wechselshirt, Sprachführer und Kamera etwas ratlos in der mittlerweile fast komplett verwaisten Terminalhalle. Nachdem ich noch eine Mitarbeiterin von Egypt Air zu fassen bekam, wurde mir erklärt, dass ich am kommenden Morgen noch einmal nachfragen müsse. Es sei möglich, dass mein Rucksack ausversehen beim Zwischenstopp in der Touristenhochburg Hurghada

Ohne größere Komplikationen erkundeten wir Kairo, fuhren mit einem gemieteten Taxifahrer zu alten Grabstätten in militärischen Sperrbezirken (dem stets überreichten Bakschisch sei Dank) und zur Oasenstadt Al-Fayyum und reisten im Anschluss mit einem Nachtzug nach Luxor, um dort wie geplant, mit einer alten Nilfähre rüber nach Theben-West zu tuckern. Auf sehr herzliche Weise wurden wir von der dortigen

Familie aufgenommen. Übernachten konnten wir in einer kleinen spartanischen Herberge gleich nebenan. Abends in großer Runde gemeinsam essen, tagsüber die Gegend erkunden und zu Fuß oder mit dem Esel in die Steinwüste traben. Eine grandiose Reise! Umso betroffener war ich, als anderthalb Jahre später am 17. November 1997 die schreckliche Nachricht reinkam, dass am Tempel der Hatschepsut – nur wenige hundert Meter vom Haus der Gastfamilie entfernt – ein Anschlag verübt wurde. Terroristen der Gruppe Gamaa Islamija hatten am Morgen jenes Novembertages plötzlich das Feuer eröffnet und auf jeden geschossen, der sich zu diesem Zeitpunkt am weltberühmten Tempel aufhielt. 62 Personen wurden getötet, unter ihnen vier deutsche Touristen, drei ägyptische Polizisten und ein ägyptischer Reiseführer. Die Angreifer wurden bei einem späteren Gefecht mit der Polizei getötet, einige von ihnen begingen Selbstmord. Die gesamte Region wurde geschwächt, der Tourismus kam phasenweise zum Erliegen. Betroffen war auch unsere ägyptische Gastfamilie, die ihre Alabaster-Factory in den 90er Jahren erfolgreich zum Laufen gebracht hatte.

Zurück in Berlin. An einem Abend in der Prenzelberger Wohnung. Die Ofenheizung knisterte. Das gemeinsame Essen stand auf dem Tisch. „Möchtest du nicht mitkommen nach Brasilien? Du wolltest doch dieses Jahr eh nach Lateinamerika, hast du mir erzählt!" Die Frage schlug ein wie eine Bombe. Nach Brasilien? In der Tat hatte ich vorgehabt, im Sommer 1996 runterzufliegen. Argentinien, Chile und Uruguay waren im Gespräch. Brasilien hatte ich nicht auf dem Schirm gehabt. Und dafür gab es einen einfachen Grund. Am VHS-Kolleg hatte ich Spanisch gelernt, Portugiesisch konnte ich nicht. Den Vorschlag hatte mir damals an jenem trüben Wintertag Kathrin gemacht, die für ein paar Monate das andere Zimmer meiner Zweiraumwohnung gemietet hatte. Wir hatten uns auf Anhieb prima verstanden und eine gemeinsame Reise war durchaus eine Überlegung wert. Aber Brasilien? Ein-

mal quer durch? Kathrin hatte große Pläne und wollte das gesamte Land kennenlernen. „Wenn du nicht mitkommst, muss ich wohl alleine rüber. Wer hat schon zwei Monate Zeit?! Und mit dir kann ich mir solch eine Tour gut vorstellen. Du warst doch schon in Kanada unterwegs", legte sie nach und schaute mich erwartungsvoll an. „Hm, kann ich noch mal eine Nacht drüber schlafen? Der Vorschlag kommt so plötzlich!" „Klar, lass dir Zeit. Kein Problem!" Eine Tasse Kakao später sagte ich zu: „Ja, Kathrin, ich möchte nach Brasilien! Lass uns das Ganze gemeinsam angehen. Warum auch nicht?! Nach Argentinien kann ich später noch mal!"

Was für eine herrliche Zeit! Halbe Weltreisen wurden mal eben bei einem Tässchen Heißgetränk beschlossen. Gerade aus Ägypten zurück, da wurde bereits das nächste große Ding geplant. Und statt sich nun völlig auf die anstehende Brasilien-Reise zu konzentrieren, fuhr ich mit Karsten und meinen beiden späteren Segelpartnern Jan und Raimar im Frühjahr für eine Woche nach Budapest, um dort jeden Abend unseren Spaß zu haben. Finanziell hätte mir alles fast das Genick gebrochen. Zwar war ich gut am Ackern und ließ den einen oder anderen Schultag sausen, um bei der TUSMA einen Studentenjob als Bauhelfer anzunehmen, doch zehn Wochen Auslandsaufenthalt in Nordafrika, Südamerika und der ungarischen Hauptstadt ließen sich auch so schwer finanzieren. Wieder einmal stapelten sich später die Mahnungen im Briefkasten, doch bereut hatte ich nichts. Warum auch?

Von Hamburg aus flogen Kathrin und ich nach Rio de Janeiro, um dort ein paar Tage zu Füßen des auf dem Corcovado stehenden Christo Redentor zu verbringen. Ein preiswertes Zimmer in einer Hospedaria im Stadtteil Copacabana war schnell gefunden und am Abend des ersten Tages ließen wir am Strand die Seele baumeln. Hinter uns spielten die Männer Volleyball und Fußball unter dem Flutlicht, vor uns rauschten die Wellen des Atlantischen Ozeans. Herr-lich! Angenehmer konnte eine siebenwöchige La-teinamerikareise nicht beginnen! Dachten wir. Wir schauten gerade verträumt auf das plätschernde Wasser, als sich fünf junge Brasilianer näherten. Ehe wir uns versahen, wurden wir von diesen umringt und festgehalten. Messer blitzten auf. Die Klingen stießen an meine Wade und an Kathrins Handgelenk. Was für eine Scheiße! „Mafia Brasiliera! Dinheiro!", hörte ich es immer wieder. Ich konnte es nicht fassen. Gleich am ersten Tag dermaßen plump in die Touri-Falle getappt. Die Typen zerrten an unseren Sachen, meine Geldkatze wurde aufgerissen. Prima, meine Reiseschecks, die ich ganz bewusst lieber am Leib trug als im Zimmer der Hospedaria zu lassen, waren nun weg. Ebenfalls den Besitzer wechselten eine Arm-banduhr, meine Fotokamera, die immerhin 350 Mark gekostet hatte, und ein Batzen Bargeld.

+++ Strand von Ipanema in Rio +++

Richtig, das war Dummheit. Blödheit. Keine Frage, aber es war nun mal, wie es war. Fünf Kriminelle ge-gen ein junges Pärchen. Da war nix zu machen. Sich bei Dämmerung in Wassernähe an die Copacabana zu setzen – das war damals in den 90ern ein echtes No-Go. Jetzt bei der Fußballweltmeisterschaft 2014 dürfte dies kein großes Problem gewesen sein, sich mit Kumpels am Abend am Wasser zu entspannen. Damals jedoch war die gesamte Zona Sul der Stadt noch weitaus gefährlicher als in der Gegenwart. Was

nicht heißen soll, dass es heute in Leblon, Ipanema, Copacabana und Urca keine Probleme gibt. Die Krimi-nalitätsrate war damals einfach noch höher. Im Laufe der folgenden Jahre hatte die Stadtverwaltung hart durchgegriffen. Die Polizei wurde umstrukturiert und mit eisernem Besen wurden – mitunter mit extrem harter Gangart – manche Probleme der Zona Sul be-seitigt und noch mehr in die Randgebiete, die Zona Norte und die anliegenden Favelas verlagert.

Und damals in Rio de Janeiro? Wie weiter? Die Kerle waren so schnell verschwunden wie sie gekommen waren. Minuten der Ratlosigkeit. Unser Zeug lag im Sand verstreut. Auf diesem Wege konnten die Strand-räuber Zeit gewinnen. Bis wir alles zusammenge-sammelt und den nächsten Streifenwagen auf der Avenida Atlântica anhalten konnten, waren die Ty-pen im wahrsten Sinne des Wortes längst über alle Berge. Der erlittene Schaden war enorm, für unsere Naivität wurden wir wirklich hart bestraft. Doch was wirklich zählte: Kathrin und ich waren unverletzt. Keiner der Strandräuber hatte die Nerven verloren und mit dem Messer aus dem Affekt zugestochen. Und das wäre durchaus möglich gewesen, denn in dem Moment, als einer der Kerle meine extra für diese Reise erworbene Fotokamera griff, schoss mir das Blut in den Kopf und ich versuchte mich zu weh-ren. Ein Zucken, ein Aufbäumen. Mehr nicht. Aller-dings hätte dieser kurze Moment genügt, bei einem der Männer die Sicherung durchbrennen zu lassen. Wir wären nicht die ersten gewesen, die in Rio bei einem Raubüberfall erschossen oder erstochen und anschließend blutend auf einer staubigen Straße oder dem Sand eines Strandes liegengelassen werden.

Ich muss es zugeben. Mich verließ an jenem Juni-abend der Mut. Kamera weg, ein Teil des Geldes weg, Reiseschecks weg. Allein Kathrin habe ich es zu ver-danken, dass ich den Mut wiedergefunden hatte und wir somit gemeinsam die Reise fortsetzen konnten. Am kommenden Vormittag liefen wir zur Polícia Civil und gaben alles zu Protokoll, im Anschluss suchten wir – allerdings vergeblich – Hilfe beim deutschen Konsulat und klapperten diverse Banken ab, bis wir eine fanden, von der aus ich Thomas Cook in den Vereinigten Staaten anrufen konnte. Ich musste sämtliche Reiseschecknummern, die ich glücklicherweise im Zimmer der Herberge hinterlegt hatte, telefonisch durchgeben und sämtliche Angaben auf Englisch mehrfach wiederholen und bestätigen. Was für ein Akt! Ein paar Stunden später konnte ich mir allerdings in einer anderen Bankfiliale im Stadtzentrum von Rio de Janeiro die neuen Reiseschecks abholen.

Zehn Tage blieben wir noch, atmeten erst einmal durch und verliebten uns in diese Metropole. Und nicht nur das. Auch Kathrin und ich kamen uns näher. Am Strand von Urca – im Schutze des dort ansässigen Militärs – gab es den ersten Kuss. Und ja, liebe Freunde, falls Ihr fragt: Wo bleibt der Fußball? Da muss ich doch glatt antworten: Sieben Wochen und kein live gesehenes Spiel. Allerdings gab es am Rande der Tour, die uns in den Itatiaia-Nationalpark, weiter nach Goiânia und Brasilia sowie nach Belém, Santarém und Manaus führte, ein paar Anekdoten bezüglich des runden Balls. Als wir bei einer brasilianischen Farmer-Familie in der zentral gelegenen Stadt Goiânia für ein paar Tage wohnten, lief gerade das EM-Finale Tschechien gegen Deutschland. Nie

zuvor und auch niemals danach hatte ich mich der DFB-Elf so nah gefühlt. Der 2:1-Sieg am 30. Juni 1996 fühlte sich richtig gut an, wenn gleich ich Berti Vogts nicht mochte und mich Andi Möllers alberne Körpersprache beim Sieg gegen England zur Weißglut gebracht hatte. Egal, das Golden Goal von Oliver Bierhoff feierte ich ausgiebig vor dem Fernseher im Haus der Familie Cesar. Das Spiel gedreht – das hatte was! Zuerst hatte Patrik Berger die Tschechen mit 1:0 in Führung gebracht. Dann kam Oliver Bierhoff in der 69. Minute für Mehmet Scholl und machte vier Minütchen später den Ausgleich. Das war schon Wahnsinn!

Später auf der Rückkehr nach Rio de Janeiro bekam ich mit brasilianischen Kumpels einen ganz anderen Wahnsinn zu sehen. Das Halbfinale beim Fußballturnier der Olympischen Spiele im Sanford Stadium in der US-amerikanischen Stadt Athens (Georgia) zwischen Brasilien und Nigeria ein Monat nach dem EM-Finale. Mit eiskaltem Flaschenbier saßen wir im Aufenthaltsraum der Hospedaria und schauten gebannt auf den kleinen an der Decke hängenden Fernseher. Mit dabei in der Runde war ein Afrikaner, der sich dort für ein paar Monate eingemietet hatte und jeden Tag beim Kochen der schwarzen Bohnen und bei sonstigen Aktivitäten stets seine blitzenden Zähne präsentierte. Sein strahlendes Lächeln uferte am Abend des 31. Juli 1996 in ein Dauergrinsen aus. Untermalt von einem tiefen zufriedenen Grunzen. Er war der einzige, der gelacht hatte. Und es hätte nicht viel gefehlt, dass ihm ein anderer ein Flasche eiskaltes Brahma Chopp in die feixende Fresse geschlagen hätte.

Bis zur 78. Minute war alles prima und die Brasilianer waren bester Laune. Bereits in der ersten Spielminute hatte Flavio Conceição die junge Seleção in Führung gebracht. Der Ausgleich in der 20. Minute wurde als zwischenzeitlicher Betriebsunfall abgetan. Zumal es sich um ein unglückliches Eigentor von

Roberto Carlos handelte. Bebeto und nochmals Flavio Conceição stellten noch bis zur Halbzeitpause die 3:1-Führung her. Was sollte da noch anbrennen? Dem olympischen Traumfinale gegen Argentinien stand quasi nichts mehr im Wege. O meu Deus! Und dann das! Ikpeba lochte in der 78. Minute zum 2:3-Anschlusstreffer ein, in der 90. Minute folgte der Ausgleich von Kanu. In der vierten Minute der Verlängerung dann ein weiterer Treffer des aufstrebenden Kanu. 4:3 für Nigeria! Golden Goal! Aus die Maus für Brasilien. Die Afrikaner standen im Finale. Fassungslosigkeit und Tränen im Gemeinschaftsraum der Hospedaria. Auch ich war ziemlich bedient und ging ins Bett.

Dieses olympische Halbfinalspiel passte zu unserer Brasilien-Reise. Ein stetes Auf und Ab der Gefühle. Grandiose Erlebnisse, herzliche Menschen, Tränen der Rührung beim Anblick der Regenwälder am Ufer des Amazonas. Dann wieder ein brachialer Rückschlag. So zum Beispiel auf der Fahrt in einem Linienbus von Goiânia über Brasilia nach Belém. Nach der Woche bei der Familie in Goiânia wollten Kathrin und ich in den Norden, um mit dem Schiff etappenweise den Amazonas hinaufzufahren. Der Vater der Familie, der vom Aussehen her eine Mischung aus Vicente del Bosque und Luiz Felipe Scolari war, hatte uns noch zum Busbahnhof gebracht, uns in die erste Reihe gesetzt und dem Busfahrer mit einem Schmunzeln gesagt, dass er ja auf seine neuen beiden liebgewonnenen Kinder aufpassen möge.

Spät am Abend verließ der Bus nach einem Zwischenstopp die Stadt Imperatriz und fuhr auf der Schnellstraße weiter in Richtung Belém. Der Bordfernseher flackerte und rauschte, doch niemand machte Anstalten, die Kiste einfach mal auszustellen. Auf der anderen Seite des Ganges saßen eine junge Frau und ein Mann. Sie hatte den Kopf ans Fenster gelehnt und döste, er starrte einfach nur vor sich hin. Irgendwann nervte mich das Rauschen, ich stand

auf und drückte kurzerhand auf den Knopf. Keine Regung. Sämtliche Insassen schienen bereits eingenickt zu sein. Außer der Kerl neben uns, der weiterhin ins dunkle Nichts starrte. Nur die Notbeleuchtung war noch an, die Fahrerkabine war – wie in Brasilien allgemein üblich – mit einem Vorhang komplett verschlossen. Somit störten einen auch nicht die Scheinwerfer der entgegenkommenden Fahrzeuge. Ich legte meinen Kopf an Kathrins Schulter, döste ein und dachte im Dämmerzustand an die Fahrten mit den Greyhound-Bussen, bei denen Jan und ich über Nacht ebenfalls zig hunderte Kilometer durch den amerikanischen Kontinent zurückgelegt hatten.

Gerade war ich komplett im Reich der Träume angekommen, als der Bus heftig schaukelte. Erstaunen beim müden Blick aus dem Fenster. Eine Baustelle? Eine Umgehung auf einer Sandpiste? Die Bäume des Urwaldes schienen plötzlich viel dichter als zuvor auf der breiten asphaltierten Fernstraße. Wo zur Hölle fahren wir lang? Im linken Augenwinkel sah ich plötzlich etwas Metallenes aufblitzen. Ein Messer? Ein Revolver! Der Typ, der zuvor in die Leere gestarrt hatte, sprang plötzlich auf, fuchtelte mit der Waffe umher und hämmerte gegen die Fahrerkabine. Die Tür sprang auf und ein zweiter Kerl, der in Imperatriz wohl als Letzter in den Bus stieg und mit vorgehaltener Pistole den Fahrer zwang ruhig und ohne Aufsehen loszufahren, kam zum Vorschein. Sein Gesicht wurde von einer Strumpfmaske hässlich verzerrt.

Ein Alptraum! Nach dem Überfall in Rio de Janeiro nun eine Busentführung. Abseits der Straße kam der Bus auf dem Sandweg zum Stehen. Ringsherum nur Dunkelheit. Gefangen wie die Maus in der Falle. An ein Entkommen war nicht zu denken. Wie auch? Sämtliche Insassen waren inzwischen erwacht, die ersten wimmerten leise. Die beiden Bewaffneten hatten alles unter Kontrolle. Von etwaiger Gegenwehr keine Spur. Der Maskierte lief mit der Knarre fuchtelnd durch die Reihen und brüllte. Sein Komplize

blieb vorn an der ersten Reihe, in der Kathrin und ich saßen, und drehte sich mit der Waffe plötzlich zu mir um. Er sagte was, doch ich verstand nur einzelne Brocken. Auf den Gang! Hinlegen! Geld!

Das war´s dann wohl. Ein noch nie zuvor erlebter Kälteschauer zog durch meinen gesamten Körper. Ich wurde zur Eissäule. Unfähig auch nur irgendwas zu machen. Er wird die Knarre an meinen Kopf anlegen, während ich mich auf den Gang lege. Wenn auch nur bei irgendeiner Person die Sicherung durchbrennt, bin ich dran. Kopfschuss. Der nächste, der muckt, kommt an die Reihe. Man kennt das ja zu gut aus etlichen Filmen. „Ele não fala português!" Ich hörte plötzlich Kathrin neben mir sprechen. Sie erklärte dem Typen mit ruhiger Stimme, dass ich ihn nicht verstehe, da ich kein portugiesisch kann. Der Kerl wurde ungeduldig und forderte nochmals, dass ich das Geld auf den Gang legen soll. Nun verstand auch ich. Nicht ich sollte mich auf den Gang legen, vielmehr musste jeder Reisende seine Wertgegenstände auf den Boden werfen. Anschließend sammelten die Räuber alles ein. So weit, so gut. Es gab nur ein klitzekleines Problemchen. „Hast du noch Bargeld? Ich habe nix. Nur noch Kleingeld!", flüsterte ich Kathrin zu. Wir hatten vor, weitere Reiseschecks in Belém einzutauschen. Für die Busfahrt hatten wir nur ein paar Reaís, um unterwegs mal ein Gebäckstück und eine Cola kaufen zu können. „Leg alles, was du hast, auf den Gang. Es ist ja ziemlich dunkel. Vielleicht merkt er nichts", meinte Kathrin und streichelte meine Hand. Leise klimperten die Münzen auf dem mit Teppich ausgelegten Boden. Dazu noch ein kleiner Real-Schein. Das war´s. Fette Beute sieht anders aus.

Im Bus herrschte bedrückende Stille. Die beiden Typen brüllten nicht mehr, sondern liefen wortlos durch die Reihen. Immer wieder. Ich kniff die Augen zu und drückte mich noch tiefer in den Sitz. Das schwere Atmen der anderen war zu vernehmen. Ganz hinten wimmerte eine Frau. Die Situation war mit Abstand das Schlimmste, was ich jemals in meinem Leben erleben durfte. Meine Schutzengel hatten wahrlich einiges zu tun gehabt. Vom Sturz von einem Hochstand als Jugendlicher über einen Autounfall, bei dem sich unser Auto mit 80 Sachen überschlagen hatte und mit dem Dach gegen einen Baum knallte, bis hin zu den Überfällen in Brasilien und dem Durchkentern auf der stürmischen Nordsee. Es waren etliche grässliche Schockmomente dabei, doch diese Stille in diesem Bus, dieses Abwarten, ohne zu wissen, was noch kommen mag, ist auf der Skala der unangenehmen Situationen ganz oben angesiedelt. Selten hatte ich in meinem Leben echte Angst gehabt. Sicherlich, gab es immer wieder heikle Momente, in denen Angst aufkam, doch Angst, die bis in die letzten Zehenspitzen kriecht und den Körper Eiseskälte abgeben lässt, spürte ich nur dieses einzige Mal. Bei jener Situation – in der Nacht irgendwo zwischen Imperatriz und Belém.

Was, wenn plötzlich die Polizei eintrifft? Der Gedanke schoss mir plötzlich durch den Kopf. Das würde alles noch schlimmer machen. Geiselnahme, Schusswechsel, die Erstürmung des Busses. Zumal die möglicherweise eintreffenden Einsatzkräfte der Polícia Militar oder Polícia Federal ja nicht ahnen können, dass auch ausländische Touristen drin sitzen. Wie locker schon mal von der Waffe Gebrauch genommen wird, konnten Kathrin und ich täglich bei O Globo in den TV-Nachrichten sehen. Manchmal sogar ‚ao vivo'. Ein Polizist, der in irgendeiner brasilianischen Kleinstadt einen vermeintlichen Straftäter vom Motorrad ballert. Eine ganze Horde Polizisten, die von einer Brücke aus auf einen in einen Fluss gesprungenen Flüchtenden schießt. Hunderte Kugeln peitschten auf die Wasseroberfläche, bis schließlich der Körper leblos davon trieb. Kollateralschäden gibt es immer wieder mal. Bei Entführungen und Geiselnahmen geht es in Lateinamerika nicht zimperlich zu. Und da die Täter nicht viel zu erwarten haben, gehen auch diese allzu oft aufs Ganze.

Wir hatten Glück gehabt an jenem Juliabend des Jahres 1996. Bevor ein TV-Team mit Scheinwerfern und die polizeilichen Einsatzkräfte zeitgleich am Ort des Geschehens eintrafen, waren die beiden Räuber mit der Beute in den Tiefen des anliegenden Waldes verschwunden. Womöglich hatte ein weiterer Komplize in der Nähe ein Geländefahrzeug abgestellt. Wer weiß das schon. War mir auch egal. Hauptsache, der Spuk würde bald zu Ende gehen. Mit durchgeladenen Pumpguns stolzierten die Polizisten vor den aufgebauten Scheinwerfern. Ein skurriler Anblick. Ein paar Aussagen wurden aufgenommen. Ein paar verschreckte Reisende, die sich in dem Zeitraum zwischen dem Verschwinden der Täter und dem Eintreffen der Polizei im dunklen Unterholz versteckt hatten, mussten gesucht und überzeugt werden, wieder zum Bus zurückzukehren. Während draußen aufgeregte Brasilianer vor den laufenden Kameras diskutierten, saß eine jüngere Frau allein im Bus und las Passagen aus der Bibel vor. Zurück nach Imperatriz oder weiter nach Belém? Die Fahrgäste hatten die Wahl. Glücklicherweise wollte die große Mehrheit die Reise fortsetzen und somit rollte irgendwann der Bus weiter in Richtung Amazonasmündung.

Nach der langen Brasilien-Reise verschoben sich bei mir nochmals die Schwerpunkte. Im Herbst 1996 pendelte ich fast jedes Wochenende von Berlin nach Kiel, wo Kathrin inzwischen ein Studium begonnen

und ein Zimmer in einer urgemütlichen, ehemaligen Dorfschule bezogen hatte. Für ein paar Monate waren wir zusammen und ich genoss die Zeit im hohen Norden. Am VHS-Kolleg tat ich wieder einmal nur das Nötigste. Im Garten der alten Dorfschule gemeinsam unter Kastanienbäumen Tee zu trinken, machte mehr Spaß, als Physik und Mathematik zu büffeln. Für Fußball blieb keine Zeit. Da ich sämtliche Eintrittskarten gesammelt hatte und Buch geführt wurde, kann ich das exakt an Zahlen Festmachen. Von Mitte August 1996 bis März 1997 hatte ich gerade mal vier Spiele besucht. 1. FC Union Berlin gegen Tennis Borussia Berlin, Hertha BSC gegen Rot-Weiss Essen sowie zwei Heimspiele des FC Berlin.

Es gab indes einen weiteren Grund, weshalb der Fußball ab 1996 für die kommenden vier Jahre mächtig heruntergefahren wurde. Das Segelprojekt Berlin-Sydney 2000, das seinen Ursprung bereits im Sommer 1995 hatte. Jans Bruder Arne hatte Bootsbau gelernt und Schiffbau studiert und hatte die Möglichkeit, von einem Bekannten zwei acht Meter lange Bootsschalen vom Typ Hiddensee günstig zu erwerben, um diese auf dem Bauernhof der Oma in aller Ruhe auszubauen und somit den Traum eines jeden Bootsbauers Realität werden zu lassen. „Jungs, habt ihr Bock mit nach Rügen zu fahren? Dort können wir die Schalen abholen. Und dann könnt ihr ja kieken, ob ihr später mal mit bauen möchtet", schlug Arne vor. Zu viert düsten wir an einem Augustwochenende mit Auto und geborgtem Trailer hoch, ohne zu ahnen, was sich daraus noch entwickeln wird. Kassette rein, Musik an, hoch an die Ostsee!

Paar Wochen später. „Jungs, wenn es euch wirklich ernst ist und ihr wirklich mit bauen möchtet, muss ich das wissen. Dann müssen wir erst einmal die Scheune ausbauen und paar Dinge vorbereiten. Werkbänke bauen, das Dach abstützen. Über den Winter entwerfe ich dann am Rechner den Decksaufbau", erklärte Arne bei einem abendlichen Bier auf dem

+++ Bootsschale wird in der Scheune geschliffen (1995/96) +++

Bauernhof vor den Toren Berlins. Gesagt, getan. Jan, Raimar, Nico – allesamt prima Schulfreunde aus den 80ern – und ich hatten Bock auf große Herausforderungen. Und das große Abenteuer! Segelboote ausbauen? Na klar! Erst einmal in der Scheune feste anpacken und die Voraussetzungen schaffen? Kein Problem! Zumal anfangs alles recht locker und am späteren Abend auch feucht fröhlich zuging. Zigaretten schmauchend tranken wir das Ostberliner Flaschenbier und schmiedeten Pläne. Wohin eigentlich segeln, wenn die Boote eines Tages fertig sind? Irgendwann kam die Idee schlechthin auf. Moment mal, wenn die Olympischen Spiele nicht nach Berlin kommen, segeln wir halt nach Australien! Begeisterung in der Scheune. Sydney 2000! Unser Ziel! Hoch die Tassen! Die Augen leuchteten.

Ein Jahr später klinkte ich mich jedoch für ein paar Monate mehr oder weniger komplett aus. Während meine Freunde weiter in der Scheune werkelten und die beiden Bootsschalen für weitere Arbeiten vorbereiteten, hatte ich nur noch Kathrin und Kiel im Kopf. Ich zog sogar in Erwägung, in Berlin komplett die Zelte abzubrechen und dort oben im Norden einen Neuanfang zu starten. Zwar sehnte ich mich zwischendurch durchaus nach den Jungs in der Bootsscheune, doch zwischen Schule am Kolleg und Freizeit in Kiel war einfach schlichtweg keine Zeit mehr.

Das sollte sich 1997 wieder ändern. Zuerst fiel ich im Frühjahr nach der Trennung von Kathrin in ein verdammt tiefes mentales Loch. Die Wohnung in der Bornholmer Straße hatte ich inzwischen aufgegeben.

Stattdessen zog ich auf ein Grundstück in Bergefelde, das nördlich von Berlin liegt. Das Häuschen stand direkt am Waldrand und gehörte einer Mitschülerin. Ich hatte ein eigenes Zimmer mit separatem Eingang. Optimal, um wieder zur Ruhe zu kommen und beim Schreiben im Garten zu ergründen, was man eigentlich genau möchte. Ich wusste es nicht. Immer wieder ging ich mit dem Schäferhund der Mitbewohnerin in der umliegenden Heide joggen und dachte über alles nach. Die Tränen der Trennung wollten einfach nicht versiegen. Und beim Bootsprojekt hatte ich mich ja selbst mehr oder weniger selbst raus gekantet. Zumindest vorerst.

Abhilfe schafften im ersten Halbjahr jenes Jahres vor allen zwei Dinge. Der Fußball und eine vierwöchige Wanderung quer durch den Südwesten Irlands. Am 7. April 1997 kullerten zwei, drei Tränchen die Wangen hinunter. Doch nicht wegen des Liebeskummers und des vermeintlichen Weltschmerzes. Nein, es waren Freudentränen! Meine Heimatstadt würde recht bald wieder einen Erstligisten haben! Hertha BSC gewann an jenem Tag mit 2:0 gegen den Mitaufstiegsfavoriten 1. FC Kaiserslautern und ließ keine Zweifel mehr aufkommen, dass es dieses Mal mit dem Sprung ins Fußballoberhaus klappen würde. Was für ein genialer Frühlingsabend! Dass die Ränge des Olympiastadions recht gut gefüllt sein werden, war zu erwarten. Allerdings rechnete man mit etwa 35.000 Zuschauern und nicht mit 75.000! Ich traute meinen Blicken kaum, als kurz vor Anpfiff immer mehr Blöcke geöffnet werden mussten, um all den herbeiströmenden Fans Platz zu bieten. Der Ball rollte längst, als noch immer Zuschauer die Kurven fluteten. Letztendlich war das weite Rund so gut wie ausverkauft. Ein echter Hammer! Jetzt musste noch das Ergebnis stimmen, dann wäre die Sache rund. Nach 25 Minuten der erste emotionale Ausbruch. Die Abwehr des FCK stand schlecht, Axel Kruse kam an den Ball, Sekunden später brachen sämtliche Dämme. 1:0 für Hertha. Aus der lahmen Alten Dame, die in den Jahren zuvor

nur noch Suffies und paar Kuttenträger anzuziehen schien, wurde schlagartig wieder ein flottes Bienchen. Axel zum ersten in Halbzeit eins, Axel zum zweiten in Halbzeit zwei. Allerdings war es nicht Axel Kruse, sondern Axel Roos, der in der 55. Minute den Ball zum 2:0 hinter die Torlinie busgierte. Und zwar hinter die eigene! Die an sämtlichen Stellen vor sich hin bröckelnde Schüssel stand Kopf. Ein Abend für die Geschichtsbücher. Ich freute mich wie Bolle und für ein paar Stunden war der private Rückschlag komplett in Vergessenheit geraten.

Apropos emotionaler Ausbruch. Solch einen hatte ich auch ein halbes Jahr später. Genauer gesagt am 30. November 1997. Ich saß in meinem Zimmer in Bergfelde, draußen rauschte es im Kiefernwald, drinnen flimmerte die Kiste. In der Regel bin ich kein Freund vom Fußballerlebnis vor der Glotze. Bringt mir nicht allzu viel. Wenn man mich jedoch fragt, wann es mich mal am Fernsehbildschirm richtig gepackt hatte, dann gebe ich als Antwort: Das Bundesliga-Duell Bayer 04 Leverkusen gegen FC Bayern München an jenem Herbstnachmittag! Spitzenspiele halten meist nicht, was sie versprechen. Dieses Match war jedoch an Spannung und Dramatik kaum zu toppen. Ob es über 90 Minuten hochklassig war, weiß ich nicht mehr. Im Prinzip erinnere ich mich nur noch an die letzten zehn Minuten. Und diese hatten es wahrlich in sich! Nachdem Elber in der sechsten und Jancker in der 24. Minute die Bayern mit 2:0 in Front gebracht hatten und Christian Wörns nach einer Notbremse an Jancker nach etwas über einer halben Stunde vom Platz musste, wollte ich die Kiste schon ausmachen. Ich war bedient. Immer diese scheiß Bayern. Ich hatte die Hundeleine bereits in der Hand und wollte mit Paulchen eine Runde durch den Wald drehen, um Frust abzubauen, als Heintze kurz vor der Pause den 1:2-Anschlusstreffer erzielte. Hm, hier ging noch was. Warte, Hundchen, wir gehen später laufen!

So, Kahn, heute kriegste noch paar rein! Ich haute mich aufs Bett und erwartete sehnsüchtig den Ausgleichstreffer. Und wahrlich! Beinlich brachte den Ball von rechts in den Strafraum, der Schwatte stand goldrichtig und köpfte in der 69. Minute ein. Und es ging weiter! Zehn Leverkusener machten elf Münchener an diesem Herbsttag richtig rund! In der 90. Minute arbeitete Lehnhoff prima vor, eine ungewollte Münchener Kopfballverlängerung konnte Ulf Kirsten mit dem Köpfchen verwerten. 3:2 für die Werkself. Ich tobte vor Freude. Ich sprang in meinem Zimmer von einer Ecke in die andere. Und während ich noch abfeierte machte der Kirsten doch glatt sein drittes Tor. Kirsten wurde geschickt, er lief allein auf das Tor zu und schob an Kahn locker zum 4:2 ein. Nun drehte ich richtig durch. Es war, als würde das Adrenalin sämtliche Muskelfasern spannen und jede Ader zum Platzen bringen. Ich sprang auf die Knie, hämmerte auf den Boden. Kriegte mich nicht mehr ein. Konnte es kaum fassen. Wusste nicht wohin mit all der puren Freude. Mitbewohnerin Michaela schaute vorbei und fragte, ob alles in Ordnung sei oder ob ich irgendeine Hiobsbotschaft erhalten habe. Hiobsbotschaft? Ganz im Gegenteil. Ich erlebte einen Adrenalinschub wie bei einem zehnfachen Orgasmus! Ich hätte am liebsten das ganze Haus vor Freude zerlegt. Und ach ja, der arme Schäferhund! Der musste mit mir doch noch eine Runde drehen. 15 Kilometer durch Wald und Flur – und das im Mordstempo. Ich war quasi gedopt und spürte keine Schmerzen, keine Erschöpfung. Gefühlt hätte ich durchlaufen können bis Recklinghausen, um dort Kumpel Karsten nachträglich zum Geburtstag zu gratulieren. Und klar, auch er war sehr überfreut über das von Kirsten & Co. überreichte Geschenk.

Denkwürdige Spiele hatte auch der FC Energie Cottbus am Ende der Saison 1996/97 erlebt. Ich war und bin kein großer Freund der Lausitzer, doch Kumpel Jan (gemeint ist in diesem Fall wieder der aus Frankfurt/Oder bzw. Leverkusen) drückte seit jeher ‚Energie,

Energie, kämpfen wie noch nie' fest die Daumen. Und da wir oft gemeinsam auf Achse waren und zusammen manch denkwürdige heiße Sensible-Soccer-Nacht verbracht hatten, ließ ich mich schnell dazu überreden, mit ihm gemeinsam das Relegationsspiel bei Hannover 96 zu besuchen. Zumal wir in Hannover vor dem Spiel einem Verwandten noch einen kurzen Überraschungsbesuch abstatten konnten. Einen Verwandten hatte auch Jan dabei – und zwar einen zwei Meter großen stämmigen Cousin, der wiederum meinem Großcousin einen gehörigen Schrecken eingejagt hatte. Wir klingelten bei Reinhard und als wir oben ankamen, stand die Wohnungstür offen. Er ahnte ja nichts von unserem Überraschungsbesuch und hatte wohl einen seiner Motorradkumpels erwartet. Als wir zu dritt im Wohnzimmer reinschneiten, sah Reinhard auf den ersten Blick nur den Zwei-Meter-Kerl samt umgelegten Energie-Schal und fiel fast ins Essen. Fremde ostdeutsche Fußballjungs hat man gewiss gern in der Stube. Vor allem, wenn man sich – wie es bei Reinhard nun mal Fakt ist – überhaupt nicht für Fußball interessiert. Geile Nummer, dachte er und war sichtlich erleichtert, als er mich auf den zweiten Blick erkannt hatte. „Mensch, Marco, jag mir doch nicht so einen Schrecken ein! Die ganze Stadt ist voll mit diesen Typen. Ein Kumpel wollte gleich vorbeischauen. Dachte, er ist es. Sonst lasse ich doch keine Türen angelehnt. Wollt ihr etwa zu diesem Spiel heute? Um es mal gleich zu sagen: Ich komme nicht mit! Da kriegen mich keine zehn Pferde hin!"

54.600 Zuschauer strömten am Abend des 29. Mai ins Niedersachsenstadion. Wir drei stellten uns neben den eigentlichen Gästeblock und konnten von dort aus gut beobachten, was alles abging. Die Stimmung war aufgeheizt. Nicht wenige niedersächsische Fußballfreunde wurden beim Anblick der von den Lausitzern mitgebrachten DDR-Fahnen richtig aggressiv. Immer wieder bespuckten sich beide Fanlager. Und dass es verbal ordentlich zur Sache ging, dürfte sich von selbst erklären. Energie Cottbus das erste Mal im Westen. Worüber die Fans von Hansa Rostock, des VfB Lepzig und Dynamo Dresden nur noch müde lächeln konnten, ließ die Cottbuser kollektiv auf die Palme bringen. Da genügte ein simples „Ihr seid Ossis, asoziale Ossis", um ordentlich abzugehen. Auf der Gegenseite schien es auch so, als wenn in den letzten Jahren nicht allzu oft die schwarz-rot-goldene Fahne mit Hammer und Zirkel im Ährenkranz präsentiert wurden. Kurzum: Sowohl auf den Rängen, als auch auf dem Rasen lagen die Nerven blank. Es wurde gefightet auf Teufel komm raus. Bissig. Aggressiv. Knüppelhart. Teilweise am Rande des guten Geschmacks. Zudem hatten sich die Vereinsverantwortlichen des FC Energie darüber beschwert, dass sie im Niedersachsenstadion wie der letzte Dreck behandelt wurden. Und obwohl keine Tore fallen wollten und ich für keinen der beiden Klubs große Sympathie verspüre – hängen geblieben ist dieses Spiel allemal. Und eins war sicher: Im Rückspiel würde die 96er kein ‚Stadion der Freundschaft' erwarten.

Und richtig: Mächtig geholzt wurde auch eine Woche später. Ich hatte dieses Spiel nur am Fernsehbildschirm verfolgt und staunte über die extrem harte Gangart beider Mannschaften. Wie bereits beim Hinspiel gab es für Cottbus einen Platzverweis. Traf es in Hannover Jens-Uwe Zöphel, so musste nun Jens Melzig nach 70 Spielminuten mit Gelb-Rot vom Rasen. Sehenswert war der Torjubel, nachdem Thomas Hoßmang einen Freistoß, der abgefälscht wurde, im Gehäuse unterbringen konnte. Traubenbildung. Rauf

auf den Zaun. So will man das beim Fußball sehen. Absolute Ekstase. Freude, die wirklich aus dem Innersten kommt. Kein 0815-Jubel, sondern eine Eruption, die vom Feld auf die Ränge und dann wieder zurück schwappt.

Nur vier Minuten nach Hoßmangs 1:0 konnten die 96er ausgleichen. Nach einem Einwurf gelangte der eher schwache Schuss von Fabian Ernst im Cottbuser Kasten. Keeper Kay Wehner sah in jenem Moment alles andere als gut aus, der eigentlich sichere Ball flutschte ihm aus den Händen. Nun ging in der prall gefüllten Gästekurve die Post ab! Kollektives Durchdrehen. Bengalos leuchteten. Und die Fernsehkamera hielt volle Kanne drauf. Bei solch einer Übertragung fühlte man auch vor der Mattscheibe prima mit.

Als der kantige Melzig in der 70. Minute nach einem nicht ganz eindeutigen Rempler an Otto Addo (dieser hob ab, als wären beide Beine gebrochen) vom Platz musste, schien es fast, als würde Hannover tatsächlich mit dem 1:1 in die zweite Bundesliga aufsteigen. Denkste! Nur zwei Minuten nach dem diskussionswürdigen Platzverweis erfolgte ein sehr langer Abschlag des Energie-Keepers Wehner. Fix ging es über rechts, vor dem Tor stand Detlef Irrgang plötzlich ganz alleine und brauchte nur noch einzuschieben. 2:1 für Cottbus. Also ja, in diesem Moment hatte der FC Energie all meine Sympathien. Ost-, Ost-, Ostdeutschland! Und im Zweifel sowieso immer für den Underdog! Ich kippte eine Kanne Hopfentee hinter und feierte innerlich gut ab. Während es auf der Gegengerade ordentlich brannte und qualmte, wurde im Stadion der Freundschaft die heiße Schlussviertelstunde eingeläutet. Als Hannover noch einmal alles nach vorne warf, kam kurz vor Abpfiff der FC Energie noch einmal über die rechte Seite. Nach kurzem Gestocher fand Irrgang im zweiten Anlauf die Lücke und lochte zum 3:1 ein. „Die Entscheidung!", so die Worte von Kommentator Delling. Ansonsten war nur wildes Kreischen, Tröten und Klatschen sowie ein tausendfaches „Zugabe!" zu hören. Der Lausitzer Wahnsinn. Als Gerhard Delling bei der Liveübertragung des MDR das „Spiel ist aus" verlauten ließ, hörte man im Hintergrund das klassische „Oooh, wie ist das schön ...", Sekunden später war der Rasen geflutet.

Der Knaller: Nur eine Woche später folgte für die Lausitzer das nächste Highlight! Der FC Energie stand im DFB-Pokalfinale und traf am Abend des 17. Juni 1997 im Berliner Olympiastadion auf den VfB Stuttgart. Im Halbfinale wurde der Karlsruher SC mit 3:0 aus dem Weg geräumt, in den Runden zuvor konnte sowohl der MSV Duisburg als auch der FC St. Pauli im Elfmeterschießen bezwungen werden. Gegen Stuttgart war jedoch nichts zu holen. Giovanne Elber bezwang Cottbus quasi im Alleingang und machte die beiden Treffer des Tages klar.

„Kommst du mit nach Irland? Wird dir gut tun! Dann kommst du endlich mal auf andere Gedanken und denkst nicht jeden Tag an Kathrin!", schlug Karsten

vor. Es muss irgendwann im Frühjahr '97 gewesen. „Ja, gern. Warum nicht. Aber es darf echt nicht viel kosten. 1996 hatte mächtig rein gehauen. Bin immer noch voll in den Miesen. Aber wenn wir wandern und trampen und im Zelt pennen, dann geht das klar!", ließ ich verlauten. Gebongt. Karsten wollte alles vorbereiten, eine hübsche Route ausarbeiten und die nötigen Infos sammeln. Ich brauchte mich quasi einfach nur in den Zug nach NRW setzen, um von dort aus mit Karsten im Eurolines-Bus nach Dublin zu düsen. Nach gefühlten 50 Stunden hatten wir irgendwann die irische Hauptstadt erreicht. Gleich in den nächsten Linienbus gesetzt und weiter nach Cork. Dort hielten wir uns auch nicht lange auf, sondern wanderten die Landstraße in Richtung Innishannon und Clonakilty.

Nichts wie weg aus der Peripherie der Stadt Cork. Weg von den vorgelagerten Industriegebieten und Gewerbeparks. Da die Wiesen meist mit den typischen Steinmauern eingegrenzt sind, fragten wir einen Ein-

+++ Marco mit Rucksack unterwegs in Irland (1997) +++

heimischen, ob wir auf seiner Wiese hinter dem Haus unser Zelt aufschlagen dürfen. Wir würden auch nicht groß weiter stören. Alles, was wir benötigen, haben wir im Rucksack dabei. Kein Problem, in einer Ecke des Gartens konnten wir unser Nachtlager aufbauen. Nicht immer zeigten sich jedoch die Iren kooperativ. Es konnte schon mal vorkommen, dass ein älterer kauziger Mann die Haustür öffnete, einen grimmig anschaute und anschließend ein merkwürdiges „Not in my house! Go to the north!" fauchte.

Generell waren die vier Wochen prima und die Gastfreundschaft der Iren war durchaus bemerkenswert. Ein grünes Plätzchen für unser kleines Kuppelzelt fand sich immer und die Aufenthalte in den Pubs – vor allem in den abgelegenen Ortschaften – waren grandios. Hitze auf dem Asphalt? Bereits zehn Kilometer mit dem schweren Gepäck zurücklegt? 13 Uhr? Perfekt! Hinein in die gute Stube! Meist gab es ja mehr als Pubs als Einwohner. Ein echtes Kuriosum, das in der Form wohl nur auf der grünen Insel zu finden ist. Zwei frisch gezapfte kühle Guinness mit sahniger Krone. Passt doch. An den Gläsern rollten die sich bildenden Wasserperlen, von unserer Stirn rollte der Schweiß. Uaaah, rein mit dem leckeren Getränk! Meine Güte, tat das gut! Am Tresen standen alte Bauern, die mittags kurz hereinschauten und einen Whisky, verdünnt mit Zitronenlimonade oder Wasser, zu sich nahmen. Die Hände am Glas, die Kuhkacke am Gummistiefel. Direkt von der Weide in den örtlichen Pub, so muss das sein. Kann sich manch ein deutsches Provinzkaff eine Scheibe abschneiden. Ein Supermarkt an irgendeiner traurigen Ausfallstraße – das war's. Meist gibt es ja nix gescheites. Von den Ortschaften in den Touristengebieten mal abgesehen. Wir sprechen ja von echter Provinz. So, wie es irgendwo zwischen Bohonagh und Rosscarbery auch der Fall ist. Und wenn wir schon beim Stichwort Kacke sind. Was für ein Anblick in einem der Pubs zur Mittagsstunde! Ein alter Bauer mit weiter Hose erhebt sich von seinem Hocker, stellt das leere Whiskyglas auf den Tresen,

hebt die Hand, läuft zwei Schritte und lässt anschließend dermaßen einen fahren, dass der Dünnschiss in der tief hängenden Buchse landete. Irland – wir liebten es!

+++ Kleeblatt im Haar (1997) +++

700 Deutsche Mark hatten wir pro Person für diese einmonatige Tour eingeplant. 230 DM allein für das Busticket von Köln nach Irland und zurück. Blieben also gerade mal rund 450 Mark für die vier Wochen. Die Rechnung war ganz einfach. Damit das Budget nicht gesprengt wird, war Disziplin angesagt. Nächtigen im Freien, das war sowieso eingeplant. Essen? Meist Baked Beans mit Toastbrot und Milchreis aus der Büchse. Gefuttert irgendwo am Wegesrand. Der wichtigste Punkt: Jeden Tag zwei, drei Guinness. Für mehr langte das Geld nicht. Trank man an einem Abend mehr, musste am nächsten Tag kürzer getreten werden. Ein Pint kostete damals umgerechnet zwischen vier und 4,50 Mark. Zehn Mark pro Tag für die Getränke, zwei Mark für die billigen Bohnen, das Toastbrot und den Milchreis. Klingt beknackt? War es aber nicht. Es ging ja schließlich nicht allein um das Saufen, sondern vielmehr um das Gesellige in all den Pubs von Clonakilty über Bantry und Dingle bis Tralee.

Der Sommer 1997 war in Irland rekordverdächtig. So viel Niederschlag im Juli gab es wohl seit Menschengedenken nicht mehr. Glücklicherweise regnete es meist nur nachts, so dass wir tagsüber bei durchwachsenem Wetter wandern konnten. Im Killarney National Park hatte es uns einmal richtig erwischt. Das Zelt war komplett durch, die Pfützen standen unter der Isomatte, die Nässe kroch im Schlafsack Zentimeter für Zentimeter hoch. Es half nichts. Im strömenden Regen einpacken und bis zur nächsten Ortschaft stapfen. Dort, wie sollte es auch anders sein, nichts wie rein in den Pub. Die nassen Klamotten über die Heizung gelegt und einen Kaffee nach den anderen geschlürft. Langweilig wurde es nicht. Auf den überall hängenden Fernsehern kam immer irgendeine Sportveranstaltung. Vom Pferde- und Windhunderennen über Rugby und Galic Football bis hin zu Hurling und Fußball. Während die British Lions im südafrikanischen Johannisburg antraten oder sich beim All-Ireland Senior Football Championship in Li-

merick die Gaelic-Mannschaften aus Kerry und Clare gegenüberstanden, schrieb ich per Hand an meinem Brasilien-Buch und ließ die dortigen Geschehnisse noch einmal Revue passieren. Publiziert wurde dieses Werk noch nicht, doch wartet das fertige Manuskript auf den großen Moment, wenn es zwanzig Jahre nach der allerersten Brasilien-Reise zu den Olympischen Spielen nach Rio de Janeiro geht, um dort den Bahn- und Straßenradsport sowie das Fußballturnier zu dokumentieren. In Kombination mit dem späteren 2008er Reisebericht könnte dieses Buch wirklich rund werden.

Nur zu klar, dass ich in den irischen Pubs nicht die ganze Zeit am Kritzeln war. Da auf einer vierwöchigen Wanderung schon mal die Gesprächsthemen ausgehen können, wurde kurzerhand ein neues Spiel erfunden, das im damaligen Sommer ein echter Knaller wurde und fünf Jahre später auf der Wanderung auf dem West Highland Way, der durch Schottland führt,

248

nochmals aufgegriffen wurde. Das Spiel war denkbar einfach. Fünf Ein-Cent-Münzen wurden in eine Tasse getan. Anschließend wurde ‚gewürfelt'. Die Zahl war ein Tor, die Rückseite war eine Null. Mit einem Wurf waren sozusagen maximal fünf Tore möglich. In der Regel waren es meist zwischen zwei und drei. Trafen zwei Mannschaften aufeinander, wurden zweimal die Münzen ausgeschüttet. Zuerst für die Heim-, dann für die Gastmannschaft. Gespielt wurde virtuell auf dem Papier. Wir bereiteten 64 kleine Zettel vor, beschrifteten diese, falteten diese zusammen, warfen sie auf einen Haufen und losten dann die erste Runde des Europapokals aus. Allein dieser Vorgang war ein Spaß für sich. Oha, Chelsea FC gegen die Shamrock Rovers. Da wird es knallen! Dinamo Zagreb gegen Partizan Belgrad. Wow, ein geiles Los! Wir freuten uns diebisch, notierten sämtliche Partien und legten los. Ha, Dinamo vier Tore. Das dürfte schwer zu packen sein! Denkste, Partizan mit höchst möglicher

Trefferanzahl! 4:5 das Ergebnis. Und so weiter und so fort. Es ging allein um die Spannung und die Überraschungseffekte. Zig hunderte Mal wurde die Tasse geschüttelt, zig hunderte Mal klimperten die Münzen auf den Holztisch. Und es konnte schon mal laut werden! Logisch, dass jeder von uns Lieblingsmannschaften hatte und somit brannte die Luft, wenn diese gegeneinander antraten. Da Mogeln unmöglich war, blieben ernsthafte Streitigkeiten aus.

Unvergessen, als einmal eine Einheimische an unseren Tisch trat und fragte, was wir denn da so schönes spielen. Wir erklärten ihr das Ganze, woraufhin sie neugierig fragte: „And who got it?" Die Antwort ließ ihre Augenbrauen ganz weit hochziehen. „Portadown!", „Who?", „Portadown! Portadown FC!" Das war ihr zu verrückt. Kopfschüttelnd ging sie an ihren Tisch zurück. Portadown war in den 90ern öfters in den Schlagzeilen. Aber weniger aufgrund des Fuß-

+++ Ein irischer Bulle dreht durch +++

balls, sondern vielmehr in Bezug auf den Nordirlandkonflikt. Sucht man auf youtube ‚Dispute', ‚Rioting' oder ‚Civil Unrest', so wird man schnell fündig.

Stichwort Disput. Unruhe gab es nämlich auf jener Wanderung in einer Nacht an einer Kuhweide in der Nähe der Bantry Bay. Ein Bulle drehte völlig durch und hielt uns mächtig auf Trab. Es war nicht das günstigste Plätzchen, das wir ausgewählt hatten, doch Freiraum zum Zelten war rar. Überall diese Hecken und Steinmauern. Zwischen einem Weg und dem Weidezaun hatten wir unser Nachtlager aufgebaut und konnten bereits während des Auslegens der Schlafsäcke beobachten, wie sich ein Prachtbulle am Zaun zu schaffen machte und unruhig mit den Hufen scharrte. Karsten und ich liefen noch in einen nahen Pub, um zwei Stout zu trinken. Als wir weit nach Einbruch der Dunkelheit wieder am Zelt eintrafen, konnte man noch immer das wütende Schnauben und Scharren vernehmen. Was, wenn das Vieh nachts durchbrechen und über unser Zelt trampeln würde? An einen Standortwechsel war in der Finsternis nicht mehr zu denken. Man sah die Hand vor Augen nicht. Also ab in die Schlafsäcke und nicht länger drüber nachgedacht. Irische Weidezäune haben Qualität. Der Bulle, so notgeil er auch sein mag, wird schon nicht den Ausbruch schaffen.

Kein Wunder, dass ich schräge Sachen träumte. Ich spürte, wie mir das Vieh in den Unterleib tritt und mir mit der feuchten Nase ins Gesicht stößt. Sein Atem war so real. Aber halt, es war ein Luftzug, der durch das seitliche Fliegengitter des Zeltes zog. Ich war aufgewacht und starrte in die Dunkelheit. Ist was zu hören? Nicht wirklich. Na endlich kam wohl auch der Bulle zur Nachtruhe und konnten seinen Trieb vergessen. Ich fiel in einen tiefen Schlaf und wachte erst wieder auf, als es draußen mächtig laut trappelte. Man glaubt es kaum! Ich riss den Reißverschluss auf und schaute verdattert auf den staubigen Weg. An anderer Stelle hatte der Bulle doch wirklich den

Ausbruch geschafft und rannte schnurstracks in unsere Richtung. Allerdings nahm er Gott sei Dank von uns keine Notiz, sondern galoppierte weiter in Richtung Landstraße. „Karsten, wach auf! Wir müssen los. Der Bulle ist durchgebrochen und rennt nun frei in der Gegend rum!" „Was? Wer? Der Bulle? Echt? Aber wenn der jetzt weg ist, kann man doch noch weiterpennen!" „Nein, nix wie weg hier. Wenn der Bauer das mitkriegt, könnte er uns für verantwortlich machen!" Das leuchtete ein. Geschwind pellten wir uns aus den Schlafsäcken, packten das Zelt in den Rucksack und liefen ebenfalls in Richtung Straße. Oh meine Güte, paar hundert Meter wurde unsere Vermutung bestätigt. Der Bulle durchbrach einen weiteren Zaun und befand sich nun inmitten einer Herde Kühe. Gerade war er auf und dran, ein prächtiges Weibchen mit prallem Euter zu besteigen und seine Bullenkraft zum Besten zu geben. Während wir lachend vorbeizogen, kam der Bauer mit einem Kleinlaster an, hupte laut und lief anschließend aufgebracht auf die Weide und versuchte, mit einer mitgebrachten Mistgabel den Bullen von Paarungsakt abzuhalten. Erst als Verstärkung vom nahen Gehöft eintraf, konnte der Bulle in die andere Ecke der Wiese getrieben werden. Dem war es inzwischen ziemlich egal. Sein zufriedenes Muhen sagte alles.

Berlin-Friedrichshain, 1997. Wenige Tage nach meiner Rückkehr aus Irland. Mit Jan saß ich bei einem Fläschchen spanischen Wein am Küchentisch und tauschte Neuigkeiten aus. Gemeinsam mit seinem Bruder hatte er inzwischen die Wohnung in der Kinzigstraße aufgegeben und ein neues Domizil nördlich der Frankfurter Allee im Samariter-Kiez gefunden. Zum Wein eingelegt wurde die Scheibe ‚Buena Vista Social Club', die ein Jahr zuvor auf den Markt kam. Der Korken ploppte, im Hintergrund sang Ibrahim Ferrer und Jan meinte: „Komm doch mal wieder raus auf den Bauernhof! Es hat sich inzwischen viel getan. Musst du dir echt mal angucken. Die beiden Bootsschalen hatten wir geschliffen und Arne ist mit den

+++ Nach dem schweren Autounfall (1997) +++

Konstruktionen auch schon fertig! In Kürze geht's los mit dem Decksaufbau. Echt, Marco, komm mal raus!"

Ich hatte es wohl Jan zu verdanken, dass ich letztendlich wieder mit im Team war. Natürlich nicht von einem Tag zum anderen. Nach dem ‚Mal gucken kommen in der Scheune' folgten etliche gemeinsame Arbeitseinsätze, bis es hieß: „Marco ist wieder im Boot!" Am ersten Boot, das später die gelbe ‚Time for Sydney' wurde, passten wir eine hölzerne Form an, auf der im Herbst 1997 der Decksaufbau laminiert wurde. Glasfasermatten, Glasfasergewebe und Polyesterharz. Mit Pinseln und Rollen wurde Schicht für Schicht sorgsam aufgetragen. Zwischendurch musste jede Lage mit Maschine und per Hand angeschliffen werden. Eine echte Drecksarbeit, die später beim Laminieren des Kiels und der Spanten noch abartiger wurde. Motivation gaben Teamgeist, überaus lusti-

ge feuchtfröhliche Abende nach Arbeitsschluss und selbstverständlich die frohlockende Vorstellung, im Sommer 1999 gen Süden zu segeln.

Fast wäre jedoch bereits nach den ersten Arbeitsgängen Schluss gewesen. Und zwar endgültig. Der Sensenmann hatte uns allen am Haupt gekitzelt und nur dank einer XXL-Portion Glück kamen wir allesamt mit heiler Haut davon. Es war eine klassische Situation. Gut gelaunt setzten wir uns an einem Oktoberabend zu fünft ins Auto. Ich hinten in der Mitte. Nicht angeschnallt. Ab in die große bunte Stadt! Die abgefuckten Klubs riefen. Irgendwo würde gewiss ein Punk-Konzert laufen. Der ‚Eimer' in Berlin-Mitte war immer eine gute Anlaufstation. Oder irgendeine abgefahrene Kellerbar im Friedrichshain, zu der man durch die Kohlenluke kriechen musste. Also rein mit der Kassette. Musik an und ab ging's Richtung City. Mit 80 Sachen die Straße entlang. Normalerweise kein Problem. Plötzlich tauchte eine Katze auf. Armes Vieh. Möchte doch nicht plattgefahren werden! Beschwingt wurde ausgewichen. Ein grober Fehler auf feuchtem Asphalt. Unser Fahrzeug brach hinten aus.

Für den Bruchteil einer Sekunde schien die Welt stehengeblieben. Standbild. Die düstere Straße. Der glänzende Asphalt. Schräglage. Ach du Scheiße! Augen zu! An nichts mehr gedacht. Nur doch das Scheppern gehört. Zwei-, dreimal überschlug sich das Auto seitwärts, räumte problemlos einen Gartenzaun weg, krachte mit dem Dach gegen eine alte Eiche und blieb schließlich auf der Fahrerseite liegen. Stille. Die Musik war aus. Es roch nach Glasstaub, Benzin und verbrannter Erde. Erste Worte aus der vorderen Reihe. „Oh Mist. Alles gut bei euch da hinten?" Da sich das Fahrzeug glücklicherweise seitwärts überschlagen hatte, klemmten wir allesamt auf den Sitzen fest. Keine Scheibe war mehr heil. Eine Ecke des Daches war bedenklich eingedrückt. Unser Kumpel, der dort saß, hatte eine kleine Platzwunde. Mehr nicht. Allesamt kletterten wir durch die zerstörten Fenster und konnten unser Glück nicht fassen. Ein paar Schürfwunden und leichte Prellungen – schwere Verletzungen waren ausgeblieben. Beim Blick auf die lädierte Karre mochte man das Ganze nicht glauben. Um uns heil durch diesen Unfall zu bringen, brauchte es mehr als einen Schutzengel. Eine ganze Armee guter Geister hatte wohl ganze Arbeit geleistet und die hütende Hand auf uns gelegt.

Auf der einen Seite war dieser schwere Unfall ein echter Schock, auf der anderen Seite ließ dieser schwere Zwischenfall das Team noch fester zusammenwachsen. Jetzt erst recht! Wir schaffen das! Es wurde mächtig rangeklotzt. Die Bandschleifer heulten, der Staub wirbelte durch die Scheune. Das erste Boot bekam Kontur, schon bald war der Decksaufbau im Rohbau fertig. Im Frühjahr '98 erhielt das erste Boot seinen gelben Lack am Rumpf und seinen schnee-weißen Lack am Decksaufbau. Es war mittlerweile was zu sehen in der alten Scheune und somit war der Zeitpunkt gekommen, gemeinsam als Projekt Berlin-Sydney 2000 an die Öffentlichkeit zu treten. Denn eins war klar, ohne Hilfe von außen würden wir dieses Vorhaben niemals stemmen können. Die finanziellen Eigenmittel würden am Tag X ausgehen und die richtig großen Ausgaben beispielsweise für die Segel, die Masten, die Takelage, die Motoren und die gesamte Elektronik standen ja noch bevor.

Während Arne die Leitung des Projektes übernahm und Jan und Raimar sich um die Suche nach Sponsoren und Partnern kümmerten, tat ich das, was ich am besten kann – die Öffentlichkeitsarbeit. Ich rotierte und kontaktierte sämtliche Redaktionen in Berlin und Brandenburg, später dann auch die Zeitungen und Fernsehsender außerhalb des eigenen Revieres. Der Erfolg stellte sich rasch ein. Damals tickten die Uhren noch anders. Die Redaktionen wurden noch nicht so sehr zugemüllt wie heutzutage. Ein mit der Post verschicktes Projektmäppchen bewirkte Wunder und zudem hatten viele Journalisten damals noch weitaus mehr Zeit, um einer Sache nachzugehen und ein Interview zu führen. Recht entspannt schaute ein Journalist nach dem anderen auf dem Bauernhof der Oma vorbei und nahm sich bei einer Tasse Kaffee genügend Zeit, um die Details unseres Segelprojektes zu erfahren. Mit dem Resultat in den Zeitungen konnten wir in den meisten Fällen überaus zufrieden sein. Berliner Zeitung, Tagesspiegel, Märkische Oderzeitung – und ja, auch ein Team der BILD – allesamt berichteten ausführlich über unser Vorhaben. „Vier junge Männer haben einen Traum ..."

Nachdem auch das Sat.1-Frühstücksfernsehen, der ORB und der SFB (heute als RBB vereint) was Hübsches gebracht hatten, konnten die ersten Sponsoren gefunden werden. Mal waren es Partner aus der Region, mal waren es weltweit agierende Unternehmen aus der Segelbranche. Und mal war es einfach ein guter privater Kontakt, der Wunder bewirkte. Benötigt wurde schließlich so ziemlich alles. Vom Schleifpapier aus dem Baumarkt bis hin zum seewasserfesten Abdichtungsmittel für Bootsfenster.

Der Plan stand. Abfahrt im Sommer 1999. Aus der anfänglich angedachten Route um Kap Hoorn wurde nun eine gesteckte Route, die über den Atlantischen Ozean, durch den Panamakanal und anschließend durch den Pazifik bis nach Sydney führen sollte. An der Ostsee machten wir unsere Bootsführerscheine (zwei von uns hatten die bereits) und die BR-Segelscheine. Mit gecharterten Booten segelten wir bei mitunter steifer Brise rüber nach Schweden und Dänemark, um zu schauen, an welchen Stellen es haken könnte. Kurz vor Abfahrt stellten die Funkzeugnisse noch eine echte Herausforderung dar. Der Lernaufwand war enorm und der Zeitdruck machte das Ganze auch nicht leichter. Als auch diese Papiere in der Tasche waren, stand der großen Fahrt nichts mehr im Wege. Kurzum: Nur noch die Boote mussten pünktlich fertig werden.

Ein Privatleben im üblichen Sinne gab es nicht mehr. Allesamt hatten wir unsere Wohnungen bzw. WG-Zimmer aufgegeben. Der ausgebaute Bauernhof war inzwischen rund um die Uhr Dreh- und Angelpunkt. Mein Abitur auf dem zweiten Bildungsweg hatte ich am VHS-Kolleg Berlin-Schöneberg im Dezember 1997 beendet, somit war auch dieser Weg geebnet. Volle Kraft voraus, alle Kraft und Zeit in die Boote. Bis Anfang 1998 war ich punktuell ab und zu beim Fußball unterwegs. Ein paar Partien in der ersten Bundesligasaison von Hertha BSC seit 1990/91 wollte ich natürlich mitnehmen. Die alte Dame gegen Dortmund, Mönchengladbach, Hamburg und Leverkusen. Der Auftritt von Hertha BSC im Dortmunder Westfalenstadion am 16. Dezember 1997 war eines meiner letzten Fußballspiele vor unserer großen Abfahrt im Herbst 1999. Die Berliner unterlagen klar und deutlich mit 0:3 und die klirrende Kälte machte

das Ganze noch unerträglicher. Vor 51.000 Zuschauern ließ es Heiko Herrlich bereits nach drei Minuten klingeln. Andi Möller legte nach gut einer Viertelstunde per Elfmeter nach, in der 73. Minute machte er seine zweite Bude des Tages. Nichts wie weg und ab zum Dortmunder Weihnachtsmarkt und dort einen Glühwein getrunken – und zwar mit doppeltem Schuss!

+++ Segelprojekt Berlin-Sydney 2000 +++

Im Jahr darauf war an Fußball nicht mehr zu denken. Zu zeitintensiv war das Segelprojekt. Fast sämtliche privaten Kontakte wurden auf standby geschaltet. Mit Karsten stand ich im regen Briefwechsel, mit den anderen Freunden war selbst dies kaum noch möglich. Und doch gab es zwei Fußballerlebnisse, die 1998 und 1999 zwischen all der Arbeit an den Booten herausragten: Die Fußballweltmeisterschaft 1998 in Frankreich und das legendäre Champions-League-Finale 1999 zwischen Manchester United und dem FC Bayern München. Beide Highlights hatte ich nur zwischen Tür und Angel sehen können. Zeit, um sich in aller Ruhe vor das Fernsehgerät zu setzen, blieb nicht. Während Arne in einem mit riesigen Folien abgehängten Bereich der Scheune das eine Boot lackierte, rührte ich in einer anderen Ecke den Lack an und reichte ihm immer wieder eine neue exakt abgemischte Portion. Auf einem Hocker stand ein uralter Fernseher. Mit einem Auge schaute ich die Halbfinalpartie Brasilien gegen Holland und drückte beim Hantieren mit den Verdünnungsflaschen und Lackdosen der Seleção fest die Daumen.

„Hey, Marco, beim nächsten Mal tu mal zehn Milliliter mehr Verdünnung rein. Und ach ja, wie steht's denn?", fragte Arne, der die Folienbahn ein Stück zur Seite geschoben und die Atemmaske kurz nach unten gezogen hatte. „Noch immer 1:0 für Brasilien. Ronaldo traf kurz nach der Pause. Bleibt aber noch spannend, Holland drückt", erklärte ich und goss die nächste Portion Lack in den Vorratsbehälter der Sprühpistole. „Okay, halt mich auf dem Laufenden. Ich mach weiter, sonst laufen mir noch Nasen!"

Mit einem Schraubendreher knackte ich die nächste Lackdose und schrak auf. Torjubel ertönte. Ein Blick in Richtung Fernseher. Mist, Kluivert hatte eingelocht. Und das so kurz vor Ablauf der regulären Spielzeit. Mit dem 1:1 ging es in die Verlängerung. Der Bildschirm flackerte, ich drehte an der Zimmerantenne. Besser so. Ich mischte weiter den Bootslack, in

der Verlängerung fielen keine Tore. Es kam zum Elfmeterschießen. Auch Arne unterbrach kurz seine Arbeit. Gemeinsamer Blick auf den kleinen Fernseher. Ronaldo trat an, 1:0. Frank de Boer, 1:1. Rivaldo 2:1. Dennis Bergkamp, 2:2. Oha, das würde spannend werden. Noch gab sich keiner die Blöße. Emerson war der nächste Schütze. Zu jener Zeit war er bei Bayer 04 unter Vertrag und wusste dort zu überzeugen. Er macht den bestimmt rein! Und richtig, 3:2 für Brasilien. Dann kam Cocu, lief an, schoss – Cláudio Taffarel hielt den Ball! Ich hob die Faust. Scheiß Holländer! Alle schwärmten vom tollen Spiel von Patrick Kluivert, Edgar Davids & Co. Ich nicht. Ich war für die Brasilianer. Komm, Dunga, hau ihn rein! Jaaa! Drin! 4:2 für die Seleção! Und nun kam Ronald de Boer. Ihn mochte ich ja schon mal gar nicht! Komm, verkack ihn! Ha, zu geil, Taffarel hielt auch diesen Elfer. Brasilien stand im Finale! So, Arne, alles prima, weiter geht's mit dem Lackieren!

Vom WM-Finale 98 sprechen wir lieber nicht. Gemeinsam mit den anderen drei Bootsjungs saß ich vor dem Fernseher. Beim Duell Brasilien gegen Frankreich legten wir allesamt eine Arbeitspause ein. Für mich wurde es ein schlechter Abend. Brasilien war von der Rolle, Ronaldo war nur ein Schatten seiner selbst. Zweimal Zidane, einmal Petit. 3:0 für die Équipe tricolore.

Mehr Grund zum Lachen hatte ich ein Jahr später. 26. Mai 1999. 20.45 Uhr. Ich legte in der Scheune das Werkzeug ab und eilte die Treppe des Wohnhauses hoch. Kiste an, der Anstoß des CL-Finales erfolgte soeben. Auf einer Sesselkante sitzend starrte ich gebannt auf das Geschehen. Bereits nach sechs Minuten die erste herbe Enttäuschung. Mario Basler gelang es, einen Freistoß zum 1:0 für den FC Bayern zu verwandeln. Die Männer von Sir Alex Ferguson waren nun gefordert. Es tat sich nicht allzu viel. Kurz vor der Halbzeitpause lief ich wieder runter in die Scheune und schraubte in der Bugkoje des roten

Bootes ein paar Leisten an. Mitte der zweiten Halbzeit stiefelte ich wieder hoch ins Gemeinschaftszimmer. Immer noch 1:0 für München. Dass Raimar, mein Segelpartner auf dem roten Boot, Anhänger des FC Bayern war, machte das Ganze noch weitaus schlimmer. Die 86. Minute lief im Camp Nou. 87. Minute, 88. Minute. Ach, Mist, das wird doch nix eh mehr! Ich schaltete aus und ging wieder runter in die Scheune.

Kaum hatte ich den Hobel in der Hand, machte ich wieder kehrt. Was, wenn es doch einen Last-Minute-Treffer gab und gerade die Verlängerung läuft? Würde ich die Kiste anmachen und Effenberg und Matthäus mit dem Pott sehen, könnte ich ja gleich wieder abschalten. Ich eilte zum wiederholten Male die Treppe hoch, eilte ins Gemeinschaftszimmer, in dem wir am großen runden Tisch immer gemeinsam frühstückten und die wichtigen Sachen besprachen, drückte den Knopf und – ja und – verstand die Welt nicht mehr. Hä? Weshalb drehen Schmeichel, Beckham und Giggs dermaßen ab? Wie? Was? Champions-League-Sieger Manchester United FC? Wieso das denn? Ich war doch nur fünf Minuten weg!

Wenig später beim Anblick der Wiederholung der Schlussphase konnte ich mein Glück kaum fassen. 2:1 in der Nachspielzeit? Wie krass! Gegen den deutschen Rekordmeister in einem Finale in den letzten zwei, drei Minuten das Spiel drehen?! Kein Wunder, dass später von der ‚Mutter der Niederlagen' gesprochen wurde. Das muss man sich mal vorstellen. In der 67. Minute kommt Teddy Sheringham für Jesper Blomqvist ins Spiel, in der 81. Minute geht Andrew Cole vom Platz, für ihn ist nun der Norweger Ole Solskjaer dabei. Sir Alex Ferguson hatte ein goldenes Händchen. Die Spieluhr zeigte 83:50 Minuten, als Carsten Jancker mit einem Fallrückzieher hätte alles klarmachen können. Der Ball ging an die Latte. Und dann die 90. Minute. Ecke von links, selbst ManU-Keeper Schmeichel war mit vorn. Die Bayern bekamen

den Ball nicht weg, Giggs brachte ihn in Richtung Torraum, dort stand Teddy Sheringham und schon war die Kugel hinter die Linie. „Das darf nicht wahr sein!", meinte nur der Kommentator. Und es ging noch weiter! Die letzten Sekunden der Nachspielzeit. Wieder eine Beckham-Ecke von links. Eine Kopfballverlängerung und schwupps stand der Joker Ole Solskjaer bereit und hielt seinen Fuß hin. 2:1 für die Red Devils vom Old Trafford. Ja, der Anblick der bedröppelten Bayern-Spieler gefiel mir außerordentlich. Ich genoss für einen Moment diesen grandiosen Moment und machte mich anschließend wieder an die Arbeit. Man schrieb den 26. Mai 1999 und unsere Abfahrt rückte immer näher.

Die Maschinen quietschten. Die Köpfe rauchten. Wir rotierten. Es wurde gehobelt, geschliffen, geschraubt, lackiert, montiert, beraten, nochmals angepasst, eingeklebt, entworfen, nochmals beraten, organisiert, eingebaut. Ich grübelte an den elektrischen Schaltplänen, die ich allesamt selbst entwarf. Arne tüftelte an der Takelage. Jan setzte die kleinen runden Fenster ein. Raimar montierte die Relingstützen. Am nächsten Tag konnte es wieder ganz anders aussehen. Zwei werkelten an den Bootsmotoren, die aus Frankreich angeliefert wurden. Einer schraubte die Zierleisten in der hinteren Koje an. Der andere verfugte das Teakholz mit einem seewasserbeständigen Polyurethan-Dichtstoff. Allesamt gingen wir im Sommer 1999 am Stock. Die Arbeitstage wurden länger und länger. Gut gerackert wurde auch all die Monate zuvor, doch die Endphase ging echt in die Knochen. Und an die Psyche.

Scheiße noch mal, wann soll man eigentlich seinen Seesack packen? Man kam zu gar nichts mehr. Mit einer Art Tunnelblick arbeiteten Arne, Jan, Raimar und ich an sämtlichen Ecken. Glücklicherweise hatten wir unseren guten Kumpel Christian mit dabei, der uns aus reiner Leidenschaft bei den Holzarbeiten behilflich war. Er arbeitete als Tischler und Bootsbauer, hatte im Frühjahr 1998 von unserem Segelprojekt in einer regionalen Zeitung erfahren, meldete sich daraufhin bei uns und bot seine tatkräftige Unterstützung an. Als Dankeschön würde er später ein paar Etappen mitsegeln dürfen. Auch eine Menge andere Freunde packten phasenweise kräftig mit an. Nico, Marcus und Carsten sollen an dieser Stelle unbedingt erwähnt werden. Ohne all die Unterstützung aus unserem Umfeld wären wir niemals im Herbst 1999 fertiggeworden. Die Boote waren Unikate und somit musste jeder Arbeitsschritt neu durchdacht werden. Zudem gab es, was den Bootsbau betrifft, noch keine unzähligen Informationen im World Wide Web. Bücher und Kataloge wurden gewälzt, es wurde telefoniert, der eine oder andere Rat wurde von außen ran geholt.

„Wann geht´s los?" Immer wieder riefen Journalisten an und fragten nach dem genauen Abfahrtstermin. Ein fürs andere Mal musste ich sie vertrösten. „Es wird wohl eher Mitte September. Manche Materialien wurden zu spät geliefert. Ich melde mich, wenn die Boote verladen werden!", gab ich als Antwort. Glücklicherweise waren wir allesamt mit Mobiltelefonen ausgestattet, somit verlief die Kommunikation recht problemlos. Akkuschrauber kurz abgelegt, Handy ans Ohr und Auskunft gegeben. Eine Redakteurin des ORB fertigte für die ARD eine halbstündige TV-Dokumentation an. Immer wieder schaute sie mit einem Kamerateam bei uns vorbei und fing O-Töne und die eine oder andere Impression ein. Ebenfalls mit dabei war das Team bei Messebesuchen, bei Gesprächen beim Olympiastützpunkt Berlin und bei wichtigen

+++ Leinen los ... Oktober 1999 +++

Partnern und Sponsoren. Für uns war es ein völlig neues Gefühl, fast auf Schritt und Tritt begleitet zu werden. Zumal die Redakteurin es recht gut drauf hatte, die eine oder andere private Information vor laufender Kamera herauszukitzeln.

Am 17. Oktober 1999 war es endlich soweit. Die gelb lackierte ‚Time for Sydney' und die rote ‚First Cash' liefen in der Marina Neuhof aus. Etliche Freunde, Verwandte und Schaulustige standen an den Stegen und winkten uns hinterher. Mit gemischten Gefühlen schaute ich zurück ans Ufer und fragte mich, wie sich wohl all die anderen Segler vor ihren Weltumseglungen gefühlt hatten. Was bewegte Burghard Pieske beim Moment des Ablegens? Welche Gefühle hatte Bobby Schenk beim Anblick der sich entfernenden Freunde? Der Motor tuckerte vor sich hin, neben mir hielt Segelpartner Raimar die Pinne fest in der Hand. Über 15.000 Seemeilen lagen vor uns, ehe wir den Hafen von Sydney erreichen würden. Trotz Ungewissheit überwog die Freude über den geglückten Start. Ich holte eine Sektflasche aus meiner Bugkoje und ließ es kräftig schäumen. „Zum Wohl! Wir haben es geschafft! Wir haben es allen Skeptikern gezeigt! Alles fängt nun neu an!", erklärte ich und umarmte Raimar und Christian, der uns bis Kiel begleitete.

Nach einem Zwischenstopp in Neuendorf auf der Insel Hiddensee segelten wir weiter über die Ostsee bis nach Kiel, von wo aus es in zwei Tagesetappen durch den Nord-Ostsee-Kanal nach Brunsbüttel ging. Den Zwischenstopp in Kiel hatten Christian und ich genutzt, um uns von Profisegler Tim Kröger die beiden damaligen Übungsboote der illbruck-Gruppe, welche einst als Whitbread-Race-Boote ‚EF Education' und ‚EF Language' auf Tour waren, zeigen zu lassen. Genutzt hatten den Halt in Kiel zudem Kathrin und Christina aus Kiel und Karsten aus Recklinghausen, die sich zum einen die fertigen Boote und zum anderen von mir verabschieden wollten. Was für ein Gefühl! Wann würde man sich wiedersehen? Direkt nach den Oly-

mpischen Spielen im Herbst 2000? Oder vielleicht erst in drei Jahren? Oder im schlimmsten Fall sogar nie wieder?! Logisch, dass man sämtliche Möglichkeiten im Geiste durchgespielt hatte. Es war Herbst und auf Nordsee, im Ärmelkanal und vor allen Dingen in der ungemütlichen Biscaya könnten Stürme auf uns warten, die uns das Leben verdammt schwer machen können.

+++ Auf dem Nord-Ostsee-Kanal (1999) +++

Als wir am 30. Oktober 1999 im sicheren Hafen von Cuxhaven lagen, tobte draußen auf der Nordsee genau solch ein Sturm. Selbst in der Elbemündung waren die Wellen beachtlich hoch und ließen nicht gerade die beste Stimmung aufkommen. Wir warteten auf ein Wetterloch und stachen am Morgen des 3. November in See. Gegen 14 Uhr lagen wir querab zur Insel Scharhörn. Trotz freundlichem Wetter hatten wir mit recht ordentlichem Seegang zu kämpfen. Kilometer für Kilometer bolzten wir in Richtung Helgoland, wo wir eine Nacht verbringen wollten. Die Ansteuerung bei Dunkelheit und hohem Seegang war ein echtes Abenteuer und eine weitere Bewährungsprobe, nachdem wir bereits beim Einlaufen in der Kieler Förde mit ruppiger See und steifer Brise zu kämpfen hatten.

Nach einem Blick auf die aushängende Wetterkarte legten wir am kommenden Morgen wieder ab und nahmen Kurs auf die englische Ostküste. Jetzt würde es spannend werden. In Sichtkontakt kämpften

+++ Marco, Christian und Raimar auf dem roten Boot +++

wir uns voran und tauschten uns alle zwei Stunden über Funk aus. Ich übernahm das Ruder, recht flott ging es voran. Raimar trimmte die Segel und verstaute unter Deck sämtliche Gegenstände in den Kisten. Um 16 Uhr setzte sich Raimar ins Cockpit, ich wollte mich in meiner Bugkoje kurz aufs Ohr legen, um für kommende Aufgaben am Abend wieder fit zu sein. Zwar war an Schlafen aufgrund der Schaukelei nicht zu denken, doch im Liegen machte mir der Seegang nicht allzu viel aus. Kurz nach 20 Uhr war ich wieder an der Reihe. Die Kapuze des professionellen Segelanzuges hoch, die warmen Handschuhe an, die Leine eingehakt. Raimer schenkte heißen Tee ein und kontrollierte auf dem festgezurrten Laptop die aktuellen Daten. Alles prima soweit.

5. November 1999. Von Mitternacht bis vier Uhr morgens lag ich wieder in der Bugkoje. Die Wellen krachten an Bordwand. Schlafen war beim besten

Willen nicht möglich. Ich dämmerte vor mich hin und hatte mit wirren Träumen zu kämpfen. Unser Boot hüpfte und sprang wie ein Ziegenbock in die Wellentäler. Kein Wunder, dass ich mich beim Wachwechsel hundeelend fühlte. Zur miesesten Zeit des Tages ran ans Ruder. Ringsherum die pechschwarze Nacht. Sehnsüchtig wartete ich auf den Sonnenaufgang, zumindest auf das erste rötliche Glimmen am Horizont. Doch das sollte noch dauern. Hey, wir hatten schließlich November! Der leuchtende Kompass tanzte vor meinen Augen. Beim Hinsehen wurde mir kotzübel. Somit schaute ich möglichst selten auf den an der Achterwand eingebauten rötlich schimmernden Kugelkompass und fuhr nach Gefühl. Windrichtung, Wellengeräusche und Segelstellung gaben ausreichend Auskunft. Gab ich nicht Acht, schoss das Boot in den Wind und ich musste eine komplette 360-Grad-Wende vollziehen. Meter für Meter arbeitete ich mich voran. Müdigkeit machte sich über mich her wie der Geier über das Aas. Unglaublich! Obwohl es ringsherum schäumte, rauschte, an den Bug krachte und man genau wusste, dass man ganz allein das Boot steuerte, hätte man ohne Probleme sofort einschlafen können. Eine halbe Stunde später war es soweit. Nicht, dass ich einschlief. Nein, ich kotzte über die Reling. Mit einer Hand hielt ich dabei eine Relingstütze fest. Es war fürchterlich, in der Finsternis bei derbem Wellengang zu segeln. Es fehlte einfach der Horizont als fester Fixpunkt. Ich war zuversichtlich, dass man sich später dran gewöhnen würde, doch die ersten Tage könnten schrecklich werden. Raimar kam hoch und fragte, ob alles okay sei. Er bot mir an, in der nächsten Freiwache statt in meiner Bugkoje in seiner Heckkoje zu schlafen. Dort sei es weitaus ruhiger als vorn an der Bootsspitze. Ich dankte für dieses Angebot, legte mich später allerdings unter den kleinen Tisch im Salon und klemmte mich dort in einer Ecke fest. Bis es jedoch soweit sein soll-

te, musste ich noch zwei Stunden im Cockpit über die Runden bringen. Im Morgengrauen kreuzte ein Schiffskonvoi unsere Route. Es dauerte lange, um die Positionslichter am Horizont als Konvoi dreier Schiffe zu deuten. Ich ging auf Nummer sicher und fuhr einen weiten nördlichen Bogen. Wie eine Entenmutter mit zwei kleinen hinterher schwimmenden Küken zogen die Schiffe im schummerigen Licht vorbei.

Beim Wachwechsel entschieden wir uns für einen Kurswechsel. Das permanente Anbolzen gegen die westlichen Winde würde zu viel Zeit und Kraft kosten. Deshalb beschlossen Raimar und ich, die niederländische Küste anzusteuern, um dort in Ijmuiden oder Den Helder eine Erholungspause einzulegen. Auch Jan und Arne vom gelben Boot nahmen wenig später Kurs in Richtung Holland auf. Falls der Funkkontakt abbrechen würde, wäre Ijmuiden der Treffpunkt.

+++ Hoher Seegang auf der Nordsee im November 1999 +++

Auf der Nordsee nahmen indes Windstärke und Wellenhöhe weiter zu. Unter Deck machte sich langsam aber sicher das Chaos breit. Während der Bug des Bootes in die Wellen krachte, flogen Gegenstände durch die Gegend. Zwar war alles verpackt und verzurrt, doch die Wucht der Wellen ließen das Boot immens erschüttern, so dass die Schranktüren aufflogen und die eine oder andere Verpackung sich selbständig machte. Diesel drückte sich durch ominöse Ritzen und überzog den hölzernen Fußboden des Salons mit einem schmierigen Film. Überall lagen schwarze Teekrümel. Die Bedingungen verschlechterten sich stündlich. An Essen und Trinken war nicht mehr zudenken. Alles schien außer Kraft gesetzt. Ausnahmezustand. Ich funkte das andere Boot an. Auch dort gab es erste Probleme. Aber noch war alles im halbwegs grünen Bereich.

Die Nacht vom 5. zum 6. November wurde richtig hart. Die Windgeschwindigkeit erreichte orkanartige Beaufort zehn. In Böen bis zu elf. Verstärkt galt es, in der Finsternis diverse Bohrinseln zu umsteuern. Die Sicht war katastrophal. Immer wieder donnerten einem die kalten Wassermassen ins Gesicht. Das salzige Wasser brannte in den Augen. Wellentürme erhoben sich wie bedrohliche Monster. Als Wachhabender musste man nun verdammt achtgeben und die gefährlichen, bereits brechenden Wellenkämme aussteuern. Immerhin waren die weißen Schaumkronen auch bei Nacht einigermaßen gut erkennbar. Stundenlange Strapazen. Einmal legte sich unser Boot, getroffen von einem Brecher, bedrohlich auf die Seite. Es war – im wahrsten Sinne des Wortes – zum Kotzen, doch so sehr man auch würgte, es kam nichts mehr.

Am Morgen des 6. November 1999 flaute der Sturm etwas ab. Mit Entsetzen stellten wir fest, dass ein Mastbeschlag gebrochen war. Ich steuerte das Boot und Raimer krabbelte nach vorn und tauschte diesen Beschlag ohne Probleme aus. Gegen Mittag nahm

der Sturm noch weiter ab. Was blieb, waren die sehr hohen Wellen. Wir durchfuhren ein Verkehrstrennungsgebiet und steuerten die niederländische Insel Vlieland an. Einen Versuch war es wert. Würden es die Wellen zulassen, könnten wir dort einlaufen und alles weitere in Ruhe besprechen. Gegen 15 Uhr war die erste Ansteuerungstonne in Sicht, doch an ein Einlaufen war beim besten Willen nicht zu denken. Gewaltige, bis zu zehn Meter hohe Brecher türmten sich auf und rollten auf die Insel zu. Wäre die Lage nicht so prekär gewesen, hätten wir von diesem Naturschauspiel beeindruckt sein können. Es half nichts, hier war kein Durchkommen. Wir funkten mit den Jungs vom gelben Boot und beschlossen weiter nach Den Helder zu segeln. Am nächsten Morgen würden wir dort schauen, ob ein Reinkommen möglich sei.

Also los! Abdrehen auf 240 Grad und parallel zu Küste weiter bolzen. Wir hatten Mühe, die Boote aus dem Bereich der höchsten Wellen rauszusteuern. Glatt und steil erhoben sich vor uns die Wasserwände. Der Druck auf das Ruderblatt war enorm und man musste mit beiden Händen gegenhalten, damit das Boot nicht in den Wind schießt. Oh meine Güte, wir fuhren gerade mal zwei Knoten über Grund. Mit diesem Tempo würden wir in der Tat erst am kommenden Vormittag den Hafen von Den Helder erreichen. Es war zum Heulen. Immerhin: Die ‚Time for Sydney' segelte wieder direkt hinter uns auf gleichem Kurs. Gut zu wissen, dass die Freunde vom anderen Boot in Sichtweite waren.

Gegen 18 Uhr war auf unserem roten Boot Wachwechsel angesagt. Raimar ging ans Steuer, ich ging unter Deck und blieb am Funkgerät auf standby. Mit Brachialgewalt trafen die Brecher die Bordwände und ließen das Boot erschüttern. Mehr als sieben Kreuze, wenn dieser Höllenritt ein gutes Ende findet!

Ich lag inmitten der feucht gewordenen Utensilien unter dem ausklappbaren Navigationstisch und musste an die Zeit in der Scheune auf dem Bauernhof denken. Vier Jahre lang hatten wir hart gearbeitet, um nun über die Meer zu bolzen. In der Hoffnung, eines Tages den weltberühmten Hafen von Sydney zu erreichen und dort im Rahmen der Olympischen Spiele 2000 das in Berlin eingepackte ‚Goldene Buch der Reise' feierlich zu übergeben. „Es wird schon werden! Wir schaffen das!", machte mir Arne, der ebenfalls Freiwache hatte, per Funk Mut.

18.25 Uhr MTC. Gerade mal eine Viertelstunde nach dem besagten Funkspruch wurde ich wieder gerufen. Dieses Mal jedoch in einer anderen Form. „First Cash, First Cash! Marco, schnell! Geh ans Funkgerät!" „Time for Sydney! Hier ist First Cash. Delta Goff 4986. Was ist los, Arne?" Es knisterte und rauschte. Und dann der Schock: „First Cash! Marco, du musst Mayday funken! Uns hat es erwischt! Wir haben uns überrollt, sind durchgekentert! Unser Mast ist ab! Ich weiß nicht, wie lange wir noch funken können! Du musst unbedingt für uns Mayday absetzen! Over!"

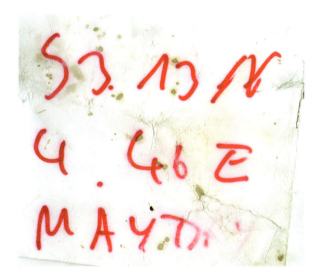

Ich stürzte die Treppe des Niedergangs hinauf, riss die kleine Tür auf und brüllte Raimar die schlechten Nachrichten zu. Nun ging alles sehr schnell. Raimar hielt noch kurze Zeit Kurs, ich notierte die Position auf der Seekarte und gab den lebenswichtigen Funk-

spruch an die niederländische Küstenwache raus. Anschließend hetzte ich wieder hoch, damit wir gemeinsam die Wende vollziehen konnten. Wir konnten ja schließlich nicht einfach weitersegeln. Ich schaute unten am Laptop auf die abgespeicherte Position und gab Raimar lautstarke Anweisungen: „Mehr backbord!!", „Etwas mehr steuerbord!! Wir müssten sie eigentlich gleich sehen!" Ich kramte die Munitionsbox hervor und reichte Raimar die Signalpistole. Mit hoher Geschwindigkeit stieg eine rote Leuchtkugel in den pechschwarzen Himmel. Zum einen taten wir dies für die wohl bald eintreffenden Rettungskräfte, zum anderen wollten wir Jan und Arne zeigen: Keine Bange wir sind hier!

Rosafarben rollten nun die nächsten Schaumkronen heran. Langsam senkte sich die Leuchtkugel, welche die Meeresoberfläche in ein gespenstisches Licht tauchte. Es nutzte nichts, Raimar und ich mussten nochmals wenden, ansonsten würden wir uns ja wiederum von der Position des anderen Bootes entfernen. Adrenalin pur. Wir wussten, dass nun jeder klitzkleine Fehler das Aus bedeuten könnte. Raimar brüllte das Kommando und zog an der Pinne, ich holte indes das Vorsegel rasch auf die andere Seite. Es musste verdammt schnell gehen. Rasch die Winchkurbel nehmen und ab zu Backbordseite! Los, los! Ich krabbelte durch das Leinengewirr und setzte an. Unser Boot musste schnell wieder Fahrt aufnehmen, damit die Wellen ausgesteuert werden können. Verdammt noch mal! Mein Gott, was ist das? „Raaaimar!!" „Festhaaaalten!!"

Es war zu spät. Kaum hatten wir die Wende vollzogen, traf uns ein gewaltiges Wellenmonster brachial von der Seite. Die mehrere Meter hohe Walze aus weißem, sprudelndem Wasser raste donnernd heran und warf im Bruchteil einer Sekunde die ‚First Cash' problemlos um. Stille. Nach dem Poltern und Rauschen wurde es mucksmäuschenstill. Kein Wellengetöse. Kein pfeifender Sturm. Eine Phase wie in einem unwirklichen Traum. Soll es das gewesen sein? Würde sich das Boot wieder aufrichten? Nur nicht im Leinengewirr gefangen sein! Das war meine größte Sorge. Wenn sterben, dann an der Wasseroberfläche!

Nach der Stille und Dunkelheit die Überraschung. Ich öffnete die Augen und trieb allein im Meer. Ich musste mich vor Angst abgestoßen haben. Angeleint war ich zu jenem Moment eh nicht. Unser Boot trieb einige Meter von mir entfernt. Es hatte sich wieder aufgerichtet und pendelte nun mit abgebrochenem Mast auf der Wasseroberfläche. Die Lage war ernst. In der kalten Nordsee würde ich es nur wenige Minuten aushalten. Ich schwamm wie in Trance zum Heck des Bootes, dort versuchte mich Raimar hochzuziehen, was jedoch nicht gelingen sollte. Erst, als er die Badeleiter ausklappte, konnte ich mich ins Cockpit hieven. Letztendlich gerettet hatte mich die integrierte Rettungsweste unter der Kapuze des Segelanzuges. Automatisch hatte sich die orangefarbene Rettungsweste Dank der eingebauten Gaspatrone aufgeblasen und anschließend meinen Kopf knapp über der Oberfläche gehalten. Keine Frage, ohne Rettungsweste wäre ich mit den vollgesogenen Fleece-Klamotten untergegangen wie ein Stück Blei.

+++ Weni... ...unden vor dem Schiffbruch (1999) +++

Es war phänomenal. Das Boot hatte das Durchkentern recht gut überstanden. Nur den Mast samt Takelage und die Elektronik hatte es erwischt. Einen Funkspruch konnten wir somit nicht mehr abgeben. Was

uns blieb war das weitere Abfeuern von roten Signalkugeln. Dass die Pistole nach dem Schiffbruch noch auffindbar war, glich ebenfalls einem Wunder. Treibanker raus und Bug in den Wind. Hoffen und Beten und eine weitere Kugel abschießen. Ohne Mast war das Boot gefährlich unstabil, es war nun ein Spielball der heran rauschenden Wellen. Es dauerte nicht lange, bis ein weiterer derber Brecher das Boot auf die Seite legte. Wir ballerten anschließend unsere letzte auffindbare Signalmunition in die Höhe und mussten hoffen, dass uns jemand finden würde. Wenn nicht, würde das Ganze früher oder später ganz bitter enden.

Während Raimar und ich sämtliche Möglichkeiten durchspielten, hörten wir das markante Geräusch eines Helikopters. Sekunden später konnten wir ihn ausmachen, mit seinem Suchscheinwerfer graste er die Wasseroberfläche ab und kam immer näher. Als uns der Lichtkegel traf, wussten Raimar und ich: Wir waren gerettet! Ich kletterte noch einmal unter Deck und packte das Laptop und meine Papiere in eine Umhängetasche. Wir gingen davon aus, dass wir unser Boot nie wieder sehen würden, und das auf dem Laptop abgespeicherte Logbuch könnte später gewiss nützlich sein.

An einer Winde wurde ein Angehöriger der Königlichen Niederländischen Marine heruntergelassen. Mit Fingerzeichen gab er uns Anweisungen und brachte anschließend zuerst Raimar und dann mich hoch in den lärmenden Militärhubschrauber. Alles ging sehr schnell. Mit einem Ruck erhob ich mich in die Lüfte. Im Bootsinnern brannte noch Licht. Entmastet trieb die ‚First Cash' in der rauen See. Die Ausmaße des Sturmes und Wellenganges wurden einem von oben erst richtig bewusst. Meine Güte! Es sah so aus wie bei den TV-Dokumentationen über Tony Bullimore und die Tragödie von Sydney-Hobart. Während ich mit der elektrischen Winde hochgezogen wurde, fielen mir die Worte des Weltenseglers Burghard Pieske ein: „Die See ist, wie ich bereits mehrmals sagte, eine unabhängige Jury, und auch sie werden vor diese Jury zitiert. Und da wird sich zeigen, ob sie ihre Hausaufgaben gemacht haben!"

Dort unten lag sie, die See, die Jury, vor die wir zitiert wurden. Unsere Hausaufgaben hatten wir gewiss gemacht, doch Windstärke zehn bis elf vor den Eierlandschen Gronden war einfach nicht machbar. Oben am Helikopter angekommen, merkte ich, wie mich mehrere Hände fest anpackten und ins Innere zogen. Daumen nach oben?! Alles okay? Ja, alles okay. Wir bekamen Ohrstöpsel und kauerten auf einer Art Pritsche. Der Marinehelikopter drehte noch eine Runde, um zu schauen, ob bei der Bergung von Jan und Arne, die mit einem Rettungsboot der KNRM erfolgte,

alles glatt läuft, und steuerte anschließend den Marinestützpunkt auf dem niederländischen Festland an. Während die Besatzung des gelben Bootes auf die Insel Vlieland gebracht wurde, landeten Raimar und ich in Den Helder. Geschafft. Noch einmal mit dem Leben davongekommen. Dank der mutigen niederländischen Rettungskräfte, die selbst bei Windstärke zehn bis elf rausfliegen und ihr eigenes Leben riskieren, und Dank der Schutzengel, die wieder einmal die unsichtbaren Arme auf uns gelegt hatten.

Zwei Stunden später lagen Raimar und ich im Hotelbett. Das Aktuelle Sportstudio lief und wir bekamen zu sehen, wie Hertha BSC sang- und klanglos im Frankfurter Waldstadion unterging ...

+++ Marco, Raimar, Arne und Jan (1999) +++

Rückkehr, Transsib-Reise und die Top Ten der Jubelrekorde

Eine Woche später. Zurück auf dem Bauernhof vor den Toren Berlins. Die am Strand von Vlieland geborgenen Boote standen inzwischen in einer Werft in Harlingen. Das Kleinzeug wurde bereits mit einem Lkw zurück nach Deutschland verfrachtet. Noch war offen, ob wir noch einmal gemeinsam anpacken, die arg lädierten Boote wieder auf Vordermann bringen und weitersegeln. Im Dezember 1999 fuhren Raimar und ich noch einmal nach Harlingen, um sämtliche Details durchzuspielen. Was würde es kosten, die Boote dort vor Ort zu reparieren? Wie hoch ist die Hallenmiete? Wie günstig ist ein Vierbettzimmer? Gibt es Möglichkeiten, mit Hilfe eines Nebenjobs ein wenig Kohle zu verdienen? Was für Papierkram müsste erledigt werden, um ein Vierteljahr in Holland wohnen und arbeiten zu dürfen? Stünde ein Finanzplan, könnten wir nach der Reparatur der Boote im Frühjahr 2000 entspannt weitersegeln. Zwar wären dann die Olympischen Spiele in Sydney nicht mehr erreichbar ge-

wesen, doch Australien als Ziel der Reise stünde weiterhin. Zudem gab es die Überlegung, die Boote mit einem Trailer zum Mittelmeer zu bringen, um Zeit zu sparen und die Biscaya im März 2000 zu umgehen.

Lange Abende auf dem Bauernhof zum Jahreswechsel 1999/2000. Verschnaufen. Durchatmen. Alles in Ruhe verarbeiten. In sich gehen. Dann der erste Entschluss: Die Reparaturen sollten in der Scheune auf dem Bauernhof erfolgen. Die Hallenmiete bei der Werft in Harlingen war definitiv teuer und somit nicht bezahlbar. Wovon auch? Wir waren blank und mussten allesamt einen Job suchen. Als die Boote wieder in der kalten, verstaubten Scheune an ihrem alten Platz standen, machte es bei mir endgültig Klick. Der Akku war leer. Null Motivation mehr. Das war's! Zudem steckte das Überbordgehen mächtig in den Knochen. Noch einmal das Schicksal herausfordern? Ich war müde, völlig fertig und hatte keine Lust mehr.

Plötzlich ging alles sehr schnell. Ich lernte eine junge Kroatin kennen und suchte mir ein WG-Zimmer in Berlin-Treptow. Nachdem ich draußen auf dem Bauernhof meinen Ausstieg verkündet hatte, packte ich meine sieben Sachen und zog in die Stadt. Wenn es überhaupt sieben Sachen waren. Ich hatte keinen Hausrat mehr. Paar Kartons mit Büchern und Klamotten. Mehr nicht. Ich besorgte mir einen Futon und kaufte mir ganz klassisch zwei Tapezierböcke und zwei Bretter, um daraus einen Schreibtisch zu zaubern. Mein neuer Vermieter staunte nicht schlecht, wie spartanisch mein Zimmer eingerichtet wurde. Und meine neue Freundin machte ebenso große Augen, als ich ihr meine neue Wohnstätte präsentierte.

Recht bald stand ein PC in meinem Zimmer und ich machte mich sofort daran, die Details unserer Segeltour festzuhalten. Zudem genoss ich das Leben und die Ruhe. Immer wieder ging ich ins damalige Kino Kosmos in der Karl-Marx-Allee zu den preiswerten Vormittagsvorstellungen und schaute mir einen Film nach dem anderen an. Und als ich abends mit der jungen Kroatin Arm in Arm auf dem Futon lag, wusste ich, dass es die richtige Entscheidung war, nach dem Schiffbruch auf der Nordsee erst einmal dem Segelsport und dem Bootsbau Adieu zu sagen.

Ich war wieder zurück im normalen Leben. Ich war glücklich, heil aus der ganzen Sache herausgekommen zu sein. Und ich war glücklich, all die schönen Dinge des Lebens genießen zu können. Ende Februar 2000 kaufte ich mir ein Bahnticket und düste rüber ins Ruhrgebiet, um endlich Karsten wieder einen Besuch abzustatten. Der Zufall wollte es, dass ausgerechnet Bayer 04 Leverkusen und Hertha BSC in der BayArena aufeinandertrafen. Es war das erste Mal,

+++ Fanblock von Bayer 04 Leverkusen zur Jahrtausendwende +++

dass ich das einstige Ulrich-Haberland-Stadion nach dem im Jahr 1998 erfolgten Umbau sehen konnte. Die offene Seite war inzwischen geschlossen, zudem stand nun an der Nordtribüne ein Hotel. Das Fassungsvermögen betrug inzwischen nur noch 22.500 Zuschauer. Das waren immerhin 5.000 weniger als zu Beginn der 90er Jahre. Sitzplätze an allen Ecken. Ich zeigte mich nicht überaus begeistert und ahnte bereits, wohin der Weg führen könnte. In Leverkusen und auch in ganz Deutschland. Zwar wurde das Ulrich-Haberland-Stadion bereits seit Ende der 80er Jahre als Schmuckkästchen bezeichnet, doch hatte es trotzdem einen spröden Charme und kam recht schlicht daher. Die Einführung der ‚Family-Street' ließ erste Bedenken aufkommen. Und nun die Logen hinter dem Tor, das integrierte Schnellimbiss-Restaurant mit dem großen gelben M und nicht zuletzt die abgeschafften Stehplätze.

+++ Bayer 04 vs. Sporting Lissabon (2000) +++

Alles schlechter? Nicht alles! Zu überzeugen wusste die Ultras Leverkusen, die in Deutschland mit ein paar anderen Gruppierungen eine Vorreiterrolle einnahmen und aus den bereits im Jahr 1989 ins Leben gerufenen ‚Soccer Boyz' hervorgingen. Im Jahre 1994 erfolgte der eigentliche Startschuss in Form der offiziellen Wiedervereinigung zu den ‚Mad Boyz'. Vom Block C aus zog man nun auf die benachbarten Sitzplatzbereiche und startete dort erste Pyroshows und wusste mit großen Schwenkfahnen zu überzeugen.

Mitte der 90er Jahre wurde der ‚Arbeitskreis Stimmung' gegründet, auf diesem Wege wurde die Umsetzung großer Choreographien erleichtert. Die erste große Aktion gab es beim Derby gegen Köln im Jahr 1996 zu bestaunen. Rund 5.000 schwarze und rote Papptafeln wurden hochgehalten und ergaben ein für damalige Verhältnisse überaus beeindruckendes Bild.

Vier Jahre später beim Bundesligaspiel gegen Hertha BSC wurden von der Leverkusener Fanszene zahlreiche rote Herzen hochgehalten. Jedoch nicht in der Nordkurve, sondern wieder im Block C, wo in der Saison 1999/ 2000 ein ‚Ultra-Block' gebildet wurde. In der darauffolgenden Spielzeit zogen die Ultras glücklicherweise wieder in den Sitzplatzbereich hinter dem Tor, von wo aus weitaus bessere Aktionen umgesetzt werden konnten.

Am 26. Februar 2000 durften zuerst die angereisten Berliner Fußballfreunde jubeln. Marko Rehmer hatte Hertha in der achten Spielminute per Kopf mit 1:0 in Führung gebracht. Die Freude der Berliner hielt nicht lange an, denn nur vier Minuten später lochte Ulf Kirsten in klassischer Manier – halb sitzend, halb grätschend – zum 1:1 ein. Noch besser machte es in der 24. Minute der Brasilianer Zé Roberto. Von der Strafraumgrenze hämmerte er das Leder unhaltbar unter die Latte. Einen vom Hertha-Keeper Christian Fiedler abgeprallten Ball wusste vier Minuten später der Deutsch-Brasilianer Paulo Rink zu nutzen. Trocken machte er das 3:1 mit einem flachen, harten Schuss klar. Oh la la, das war eine Mannschaft, die Fußball zauberte. Kein Wunder, dass dieses Team wenig später sogar im Finale der UEFA Champions League stand! Umso trauriger, dass diese Leverkusener Jahrhundertelf um Michael Ballack, Emerson, den noch jungen Bernd Schneider, Emerson, Stefan ‚Paule' Beinlich und Oliver Neuville keinen Titel einfahren konnte.

Fußballtechnisch ließ ich es im Jahr 2000 noch etwas lockerer angehen. Nach den gut und gern zwei Jahren Pause fühlte ich mich in den all den Stadien ein wenig entwurzelt und musste erst mal schauen, wie der Stand der Dinge ist. Ein bisschen schnuppern im Berliner Olympiastadion und im Stadion An der Alten Försterei. Am 11. April schaute ich außerdem zum ersten Mal in meinem Leben im Karl-Liebknecht-Stadion vorbei. Die Eisernen gaben als Tabellenführer der Regionalliga Nordost beim SV Babelsberg 03 ihre Visitenkarte ab. 5.400 Zuschauer wollten dieses Duell sehen, Jens-Uwe Zöphel schoss in der 55. Minute das Tor des Tages und hielt die Köpenicker weiter auf Aufstiegskurs. Am Ende der Saison traf der 1. FC Union Berlin in der Aufstiegsrunde auf den Meister der Regionalliga Nord, der da hieß VfL Osnabrück.

Frühzeit eilte ich zur Geschäftsstelle der Köpenicker in der Hämmerlingstraße und sicherte mir ein Ticket für das am 28. Mai 2000 stattfindende Hinspiel. Als Ostberliner drückte ich in diesem Fall den Eisernen die Daumen. Union in die zweite Bundesliga? Nach all den vergeblichen Anläufen in den 90ern hatten es die Eisernen einfach mal verdient. 15.575 Zuschauer fluteten die alten sandigen Stufen der nicht überdachten Ränge. Wie so häufig in solchen Fällen schuf die große Kulisse nicht die knackigste Fußballatmosphäre. Alles wirkte ein wenig verwässert und angespannt. Hübsch anzusehen war das Ganze in jedem Fall.

Auf geht's! Eine gute Basis für das schwere Rückspiel an der Bremer Brücke schaffen! Doch dann! Lange Gesichter kurz vor dem Pausenpfiff. Nach Vorarbeit von Guido Spork, der paar Jahre später auch bei Union Berlin unter Vertrag stand, lochte Wolfang Schütte für die Osnabrücker Gäste ein. Sollte es das bereits gewesen sein? Nein! Gigantischer Jubel in der 68. Minute! Der zuvor eingewechselte Aidas Preiksaitis machte mit einem Distanzschuss den Ausgleich klar! Es blieb beim 1:1. Für das Rückspiel war alles möglich. Dieses hatte ich mir nur im Fernsehen angeschaut. Ich saß in meinem WG-Zimmer in der Treptower Kiefholzstraße und schaute gespannt auf den

Bildschirm. Oh meine Güte, was für ein dramatisches Spiel! Die 20.336 Zuschauer bekamen vor Ort alles zu sehen, was ein Fußballspiel bieten kann. Kampf, Feuer und Spannung pur. In der zwölften Minute konnte Jens Härtel die Eisernen in Führung bringen. Zu jenem Zeitpunkt stand der 1. FC Union in der zweiten Bundesliga. Unmittelbar vor der Pause erzielte Christian Claaßen das 1:1 und brachte somit den VfL Osnabrück zurück ins Geschäft. Weitere Tore wollten nicht mehr fallen, und auch in der Verlängerung zappelte der Ball kein einziges Mal im Netz. Dafür gab es Aufregung an anderer Stelle. In der 114. Minute musste Unions Daniel Ernemann mit Gelb-Rot vom Platz, nur zwei Minuten später wurde VfL-Spieler Matthias Rose mit Rot vom Platz geschickt.

Das Elfmeterschießen musste her. Und dieses hatte es in sich! Zwanzig Mal musste angetreten werden, bis die Entscheidung fallen wollte. Jeweils zweimal wurde verschossen. Steffen Menze hatte bereits den Berliner Aufstieg in die zweite Liga auf dem Fuß gehabt, schoss jedoch zu unplatziert. Gehalten! Etliche behelmte Polizeibeamte und Fans waren bereits auf dem Rasen. Als zehnter Schütze mussten nun die jeweiligen Torhüter ran. Während VfL-Keeper Uwe Brunn locker mit links sein Gegenüber versetzte, scheiterte Kay Wehner mit einem relativ schwachen Schuss. Was für eine Stimmung an der Bremer Brücke! Der totale Wahnsinn! Ohne Frage, ein klasse Publikum. Meine Freude hielt sich vor dem heimischen Fernseher jedoch stark in Grenzen.

Die Olympischen Spiele 2000 in Sydney kamen näher und näher. Höchste Zeit, um sich auf gut Deutsch gesagt zu verpissen. Nicht eine einzige Minute wollte ich von diesem sportlichen Großereignis im Fernsehen und in den Zeitungen mitbekommen. Klar, ich war wirklich froh, mit heiler Haut aus der verdammt stürmischen Angelegenheit gekommen zu sein, doch tief saß der Stachel, dass wir vier nicht bei der Eröffnungsveranstaltung empfangen werden konnten.

Das Nationale Olympische Komitee hatte uns bereits Monate vor Abfahrt zugesagt, uns vor Ort gebührend zu begrüßen und uns die Möglichkeit zu geben, unser aus Berlin mitgenommene ‚Goldene Buch der Reise' feierlich zu übergeben. Shit, das wäre unser großer Moment des Lebens geworden! Ich durfte gar nicht daran denken. Abgehakt! Fertig, aus!

Was also tun im September 2000? Ganz einfach! Wegfahren! Ganz, ganz weit wegfahren! Mit Jan aus Leverkusen hatte ich bereits Mitte der 90er Jahre einen guten Plan ausgearbeitet. Auf dem Schienenweg wollten wir Sibirien erkunden. Am besten mit der Transsibirischen und Transmongolischen Eisenbahn gleich bis Vladivostok und Peking fahren! Er war der richtige Reisepartner. Mit ihm war ich bereits einige Male in Osteuropa unterwegs. Warschau im Dezember 1995, Budapest im Herbst 1998, Danzig und Krakau Anfang 2000. Meine Großeltern hatten mir nach dem Abbruch des Segelprojektes einen finanziellen Anschub gegeben, damit ich wieder auf die Beine kam. Ich sollte das Geld in sinnvolle Dinge investieren. Ich tat dies. Zum einen kaufte ich mir meine erste analoge Spiegelreflexkamera und die dazugehörigen Objektive, zum anderen steckte ich rund 3.000 Mark in die fünfwöchige Transsib-Reise.

Von Frankfurt/Oder aus fuhren Jan und ich Anfang September mit dem Nachtzug nach Warschau und von dort aus weiter über Weißrussland nach Moskau. Dort verweilten wir einen Tag in der Innenstadt und vertrieben uns die Wartezeit auf dem Roten Platz. Die Rucksäcke hatten wir dabei. „Bomb in it?", fragte uns ein russischer Polizist, der vor der ewigen Flamme patrouillierte. Reisepässe gezeigt, kurz erklärt, dass wir abends weiter nach Irkutsk fahren, und schon durften wir weiter.

Als wir gegen 21 Uhr am Bahnhof Jaroslaw unser Abteil der Transsib betraten, staunten wir nicht schlecht, als eine ältere Aserbaidschanerin im geblümten Kleid bereits fleißig an einem fahlen gekochten Hühnchen hantierte und mit ihren Wurstfingern die Haut abzog. Schnell hatten die Reisenden ihre Kleidung gewechselt. Badelatschen, Kittelschürzen und Jogginghosen prägten rasch das Bild. „Essen! Macht doch bitte die Abteiltür zu!", wurde uns auf Russisch im barschen Ton mitgeteilt. Kaum verließ unser Zug die östlichen Bezirke Moskaus, da wurden wir bereits zu Essen und Tee eingeladen. Die Frau zerriss das Hühnchen und verteilte mit bloßen Händen die Fleischfetzen, aus denen die Knochen ragten. Wir lehnten höflich ab, tranken aber eine Runde Tee mit.

Diese Tour sollte grandios werden. Auf dem Gang ließen sich entgegen zahlreicher zuvor gelesener Erfahrungsberichte die Fenster ein stückweit herunterziehen und somit konnte ich auch während der Fahrt zahlreiche Dias mit meiner neu erworbenen Kamera anfertigen. Im Laufe des ersten Abends kam es noch zu einem Abteilwechsel. Statt der dicken Aserbaidschanerin hatten wir nun eine junge Frau mit ihrem Baby als Reisebegleiterin in unserem zwei mal zwei Meter großen Viererabteil. Jan und ich nahmen die oberen Liegen, unten konnte sich somit die Mutti mit ihrem Kleinkind ausbreiten. Wurde gestillt oder gewickelt, drehten wir auf den Gängen des Zuges eine Runde oder spielten im Speisewagen Rommé.

Hatte ich mit Karsten auf der Irland-Tour zig Europapokal-Turniere und DFB-Pokalrunden mit den fünf Münzen ausgespielt, so gingen Jan und ich die Sache ganz anders an. Ebenfalls wurden Zettel mit den jeweiligen Vereinen vorbereitet und anschließend die Begegnungen ausgelost. Doch statt die Münzen wie Würfel auszuschütten, spielten wir die Duelle mit zwei Partien Rommé aus. Das machte das Ganze noch dramatischer. Jeder hatte eine Prioritätsliste. Da wir die gesamte Bundesligasaison ausspielten, mussten Jan und ich auch die Mannschaften des Gegners nehmen. Außer das Team mit der Priorität Nummer eins, das wurde nur von einem selbst genommen. Nun

kann man sich vorstellen, was abging, wenn Eintracht Frankfurt oder der MSV Duisburg (Jans Favoriten) gegen Hertha BSC oder Bayer 04 Leverkusen (meine Top-Teams) gespielt hatte.

Der helle Wahnsinn. Nicht, dass gleich am ersten Tag die Post abging. Vielmehr wurde die Sache im Laufe der Saison immer dramatischer. Wir waren insgesamt fünf Wochen auf Achse. Gut und gern drei Wochen dauerte es, bis wir uns dem Ende der Rückrunde näherten. Zu jenem Zeitpunkt wohnten wir bereits in einem Hostel im mongolischen Ulaan Baatar. Es wurde taktiert und bei bestimmten Konstellationen wurde schon mal mit Absicht verloren. Ging es um alles und beide Seiten mussten auf Teufel komm raus gewinnen, flogen mitunter die Fetzen. Wir kannten uns seit Jahren und somit jegliche Eigenarten des anderen. Wir wussten, wie man den Gegner verbal an den Eiern zu packen hatte und reizten dies bis zum letzten Grad aus.

+++ Zwischenstopp der Transsib im östlichen Sibirien (2001) +++

Meine Fresse, in der Neubau-Bude im Vorort Ulaan Baatar stand uns der Schweiß auf der Stirn. Dermaßen spannend war es inzwischen geworden. Es ging um den Titel und Jan und ich lieferten uns ein Kopf-an-Kopf-Rennen. Jan gewann ein überaus wichtiges Spiel und mir brannten die Sicherungen durch. Ich hatte mich verpokert und alles auf eine Karte gesetzt, um richtig hoch zu gewinnen und ihn somit vollends zu demütigen. Blöd gelaufen, ich verlor haushoch und musste mir ordentlich was anhören. So! Entweder gibt es jetzt richtig auf die Fresse oder ich lasse anderweitig meinen Frust ab. „Willst du mich verarschen?! Du hast doch gemogelt! Kann doch gar nicht sein hier!" In Basler-Manier polterte ich rum, griff den Spielplan, zerknüllte ihn und feuerte ihn mit voller Wucht in den Papierkorb. „Kannste alleine weiterspielen! Ick hab die Schnauze voll!"

Funkstille. Betretenes Schweigen bei Jan. Ich warf mich auf die Pritsche und ließ den Puls erst mal runterkommen. Etwa zwei Stunden später nahm ich den Plan aus dem Mülleimer und glättete ihn sorgsam. Es konnte weitergehen. Auch Jürgen Klinsmann hatte ja mal eine Werbetonne eingetreten. Und trotzdem bedeutete diese aufsehenerregende Aktion nicht sein Karriereende. Ganz im Gegenteil. Raus mit den Emotionen, Mund abputzen und weitermachen! Also, ran an die Karten! „Wat is? Biste bereit, Jan? Misch mal und teil aus!"

Drei Tage Zugfahrt von Moskau nach Irkutsk. Eine Woche im dortigen ‚Paris Sibiriens'. Zu Gast bei einer einheimischen Familie. Ein Abstecher zum Baikalsee und dort eine Münze ins Wasser geworfen. Ein klares Zeichen dafür, dass man wiederkommen möchte. Und

+++ Nationales Sportstadion in Ulaan Baatar (2000) +++

ich wollte wiederkommen. Russland hatte mir überaus gut gefallen. Die Landschaft, die Leute, das Bahnfahren. Die langen Gespräche in den Zugabteilen, der rege Austausch, die Herzlichkeit. Eine Runde Tee. Eine Runde Pinienkerne knacken. Und schon kam wieder ein Bahnhof, wo etliche Leute ihre Stände aufgebaut hatten und frische Backwaren, Getränke sowie geräucherten und gepökelten Fisch verkauften. Ein kühles Baltika Nummer 9? Her, damit! Nastrovje!

Rustikaler ging es in der mongolischen Hauptstadt zu. Wir hatten keinen Plan, was uns dort erwarten würde. Vor 14 Jahren waren die Informationen bezüglich der Mongolei im Netz noch überaus spärlich. Der Bahnhof von Ulaan Baatar liegt etwas abseits der Innenstadt, zu Fuß pilgerten Jan und ich mit unseren Rucksäcken in Richtung Zentrum, um dort nach einer

Unterkunft Ausschau zu halten. Im Vorfeld etwas gebucht hatten wir nicht. Wir blieben uns unserer Linie treu und wollten vor Ort schauen, was möglich ist. Zwei Wochen waren eingeplant. Erst dann sollte es in Richtung China weitergehen. Wer weiß, wann man dorthin wiederkommen würde. Von daher hatten wir reichlich Zeit eingeplant, um Stadt und die umliegenden Berge ausreichend kennenlernen zu können.

Bevor Jan und ich das Stadtzentrum erreicht hatten, sprach uns ein Mongole an und fragte, ob wir noch ein Zimmer bräuchten. Er habe etwas Passendes für uns. Und der Preis sei wirklich fair. Warum nicht? Noch war helllichter Tag und einmal schauen kostet ja nichts. Also ab ging's in ein typisches Neubaugebiet. Vorbei an Spielplätzen, die bereits die sozialistische Ära erlebt hatten, und an unsanierten, grauen

Plattenbauten, an deren Erdgeschossfenstern massive Gitter hingen. So weit das Auge reichte: Staub, Unrat und Schlaglöcher auf den Straßen. Offene Gullydeckel und fehlende Straßenlaternen komplettierten das Gesamtszenario.

Hier hinein, bitte! Der mongolische Mann öffnete eine Haustür und führte uns in eine Erdgeschosswohnung, die eine gepanzerte Tür mit mehreren Schlössern hatte. Das hintere Zimmer könnte unseres sein. Zwei schlichte Holzpritschen, ein Tisch und zwei Stühle. Dazu ein vergittertes Fenster und ein Blick auf einen verdreckten Parkplatz. Fünf Mark pro Nacht. Für uns beide. Das war in der Tat ein fairer Preis. Der Mongole zeigte uns ein Gästebuch. US-Amerikaner, Australier, Japaner, Italiener – allesamt hatten sich eingetragen und auch ausgetragen. Okay, verschütt ging hier noch niemand. Auf dem Kühlschrank stand ein graues Telefon. Jederzeit könnten wir ihn anrufen. Und wenn es darum ging, heil über die Runden zu kommen, sollten wir nur eine Sache beachten. Generell seien die Mongolen friedfertig und gastfreundlich. Allerdings sollten wir mit ihnen keinen Alkohol trinken, denn im betrunkenen Zustand seien sie mitunter grob und unberechenbar.

Kein Problem. Wir nahmen uns den Ratschlag des Mannes zu Herzen und tranken unser im Supermarkt gekauftes Flaschenbier nur zu zweit auf unserem Zimmer. Zudem vermieden wir es, mitten in der Nacht durch das stockfinstere Wohngebiet um die Blocks zu eiern. Unangenehme Zwischenfälle waren während der kommenden vierzehn Tage nicht zu vermelden. Wir durchstreiften die Jurten-Siedlungen der Stadt, statteten selbstverständlichen dem buddhistischen Gandan-Kloster einen Besuch ab und machten ausgedehnte Wanderungen in die teilweise mit Lärchenwäldern bedeckten Berge. Nach den zwei Wochen machte sich durchaus Wehmut breit, als wir in den Zug stiegen und weiter gen Südosten nach Peking fuhren.

Nachdem wir eine Woche später von China aus über Finnland nach Berlin zurückgekehrt waren, ging mein Plan auf. Ich bastelte meine erste private Webseite und stellte einen Batzen Transsib-Fotos ins Netz. All die Dias wurden gerahmt und schon bald nannte sich ein Diaprojektor mein Eigen. Tagelang arbeitete ich einen anderthalbstündigen Vortrag aus und veranstaltete auf eigene Faust russische Dia-Abende in einem Künstlerhaus in Berlin-Friedrichshain. Eine Mitarbeiterin eines Reisebuch-Verlags und ein Vertreter eines Reisebüros schauten vorbei und waren von meinen Aufnahmen überaus angetan. Mit dem Verlag entstand recht bald eine Zusammenarbeit, für einen geplanten Transsib-Reiseführer wurden zahlreiche Bilder aus meinem Bestand genommen. Vom Fotohonorar konnte ich meine zweite Reise nach Russland finanzieren.

Im Juni 2001 flogen Jan und ich nach Vladivostok, blieben dort eine Woche und schauten unter anderen beim Zweitligaspiel Luch Vladivostok vs. Schachtjer Prokopjewsk vorbei. Im Anschluss fuhren wir mit der Transsibirischen Eisenbahn über Chabarowsk, Belogorsk, Mogotscha, Tschita und Ulan-Ude bis nach Irkutsk. Herzliches Wiedersehen bei der russischen Familie. Gewohnt hatten wir dieses Mal jedoch im Holzhaus eines russischen Künstlers. Entspannte Abende am Ufer der Angara, Fahrten im Ikarus-Bus zur außerhalb der Stadt gelegenen Datsche der Familie, Unkrautzupfen auf dem Kartoffelfeld, gemeinsames Kochen und ausgedehnte Gespräche über Gott und die Welt. Hier ließ es sich aushalten, hier tickten die Uhren anders.

Ticken. Uhr. Gute Stichwörter! Lasst uns den Bogen zurück zum Fußballgeschehen schlagen! Am 20. Dezember 2000 war Premiere. Als allererstes Mal war ich als Pressevertreter in einem Fußballstadion. Dank meines frisch erworbenen Presseausweises hatte ich beim 1. FC Union Berlin eine Pressekarte für die Tribüne beantragt. Und es war nicht irgendein Spiel!

DFB-Pokal-Viertelfinale gegen den VfL Bochum! Ein Pokalfight unter dem neu errichteten Flutlicht! 11.045 Zuschauer füllten die Ränge recht ordentlich und ich war erfreut über den Rundumblick, der sich von der kleinen Haupttribüne aus bot. Um mich herum die Berliner Journalisten sowie die Kollegen aus dem Ruhrgebiet. Das Spiel war spannend, Union hatte durchaus Chancen. Doch was tat der eine NRW-Kollege? Faselte während der Halbzeit irgendwas vom deutlichen Bochumer Übergewicht ins Handy. Der VfL würde das Ding im zweiten Spielabschnitt locker nach Hause schaukeln. Meinte er. Mann, ging mir der Typ auf den Sack. Was für ein Spiel hatte er denn gesehen?

Die Uhr, ja die Uhr. Sie tickte. Und zwar stetig. Noch stand es 0:0. 85. Minute. Es roch nach Verlängerung.

87. Minute. Ich rutschte nervös auf der Bank hin und her. Und dann! Die 90. Spielminute. Freistoß. Der Ball wurde flach an der Bochumer Mauer rechts vorbeigeschoben. Von dort aus wurde er reingebracht, Daniel Ernemann war zur Stelle und schob zum 1:0 ein.

Es gab kein Halten mehr! Auch die Berliner Pressevertreter rasteten vor Freude aus und warfen ihre Sitzkissen in die Höhe. Belämmerte Gesichter bei den Kollegen aus dem Pott. Nix mit nach Hause schaukeln! Union Berlin stand im Halbfinale des DFB-Pokals! Auf der Gegengerade wurden einige Bengalos gezündet, gemeinsam mit den Fans feierte die Mannschaft überschwänglich den Last-Minute-Sieg. Ich gebe zu, dieses 1:0 packe ich gern in meine persönliche Top Ten der geilsten Siege.

+++ Jubel nach dem 1:0-Sieg des 1. FC Union gegen VfL Bochum (2000) +++

Und wenn wir schon mal dabei sind. Eine klare Nummer eins zu benennen, ist für mich schlichtweg unmöglich. Allerdings kristallisierten sich während der vergangenen 24 Jahre durchaus einige Spiele heraus, die locker den Sprung in diese Top Ten schaffen. Messbar ist dies am gefühlten Adrenalinausschuss. Wenn man einfach nur noch vor Freude durchdreht.

Mit dabei: Durchaus die beiden in diesem Buch erwähnten Heimsiege von Manchester United gegen Sheffield Wednesday und Leeds United im April 1993 und Februar 1995. Ebenso im Ranking ganz vorn mit dabei: Das 2:3 des Celtic FC beim VfB Stuttgart am 27. Februar 2003. Für das Weiterkommen hatte diese knappe Niederlage aufgrund des klaren 3:1-Hinspielsieges genügt. Nach dem Doppelschlag von Thompson und Sutton in der 13. und 15. Minute zum 1:0 bzw. 2:0 für die Boys in Green gab es für Karsten und mich im Gästeblock einfach kein Halten mehr. Kollektives Abfeiern ohne Gnade. „We shall not, we shall not be moved!", erklang es tausendfach in der grün-weißen Kurve. Das Spiel war das i-Tüpfelchen eines genialen Tages, der mit einem riesigen schottisch-irischen Gelage auf dem Stuttgarter Schlossplatz eingeläutet wurde. Unvergessen die an Karsten gestellte Frage eines Celtic-Fans: „Where is your jersey?" Tja, wo war es nur? Karsten war einer der wenigen auf dem von Fans überfluteten Platz, der ‚nur' einen Celtic-Schal dabei hatte.

Ziemlich am Limit war auch der Torjubel bei der Achtelfinal-Partie des Berliner Landespokals zwischen dem BFC Dynamo und dem favorisierten Berliner AK 07 an einem kühlen Märzabend 2011. Nicht einmal 1.000 Zuschauer (parallel war ein Viertelfinal-Heimspiel des EHC Eisbären angesetzt) hatten sich im Jahn-Sportpark eingefunden, doch diese sollten in der allerletzten Minute der regulären Spielzeit Lärm für gefühlte 5.000 machen! Ausgleich für die Weinroten! Nachdem Pardis Fardjad Azad den BAK bereits in der vierten Minute mit 1:0 in Führung gebracht

hatte, erlöste Firat Karaduman in der zweiten Minute der Nachspielzeit den Anhang des BFC Dynamo. Dass es beim Jubelorkan keine Verletzten gab, grenzte an ein Wunder. Nicht wenige Bierbecher verschüttende Fans flogen über die bunten Sitzreihen und fanden sich auf dem nasskalten Beton wieder. Als in der Schlussphase der Verlängerung das 2:1 von Norbert Lemcke folgte, gab es noch einmal das gleiche Schauspiel. Gut, dass ich an jenem Abend nicht im Innenraum, sondern mit unter den Jungs stand und mit meinem Bruder Olaf völlig abgehen konnte. Nach der hässlichen Pokalfinalschlappe gegen den Berliner AK im Jahr zuvor war dieser Sieg der Befreiungsschlag hoch drei.

+++ Jubel beim Pokalspiel gegen den BAK 07 (2011) +++

Vor dem heimischen Fernsehapparat war der 4:2-Sieg der Leverkusener gegen den FC Bayern München nicht zu toppen. Freudiges Möbelrücken in der eigenen Bude und Faustschläge auf den Fußboden. Aber das hatte ich ja bereits ausführlich erläutert. Nicht von schlechten Eltern war sicherlich auch der 2:0-Erfolg der Hertha im Jahr 1997 gegen die Roten Teufel vom Betzenberg. Scheiße noch mal, da wurden echt die Augen feucht. Das ging ans Herz. Und ganz klar, das genialste torlose Remis war jenes beim Aufeinandertreffen des PSV Eindhoven und des TSV Bayer 04 Leverkusen im Herbst 1994.

Bei all diesen megageilen Spielen – ja, es gibt meine persönliche Nummer eins! Und es war kein Fußballspiel! Meinen verrücktesten Torjubel habe ich beim Eishockey erlebt. Man schrieb den 10. November 1995 und der EHC Eisbären war wieder einmal als Underdog zum Erzrivalen in die Eissporthalle an der Jafféstraße gereist. Damals waren die Fronten aus Westberliner Sicht noch geklärt. Die Preussen Devils (zuvor BSC Preussen Berlin, später dann Berlin Capitals) spielten in der ersten Bundesliga bzw. DEL oben mit, die Eisbären waren am Ende der Saison stets in der Playdown-Runde mit von der Partie. Bei den Derbys mussten die Jungs aus dem Hohenschönhausener Wellblechpalast mitunter richtig bittere Pleiten verkraften. Beim ersten Aufeinandertreffen – da hießen die Eisbären noch EHC Dynamo Berlin – setzte es am 21. September 1990 eine derbe 0:12-Klatsche, am

+++ Am Wellblechpalast in Berlin-Hohenschönhausen +++

18. Januar 1991 gab es an der Jafféstraße eine 1:8-Niederlage zu verdauen. Ein ähnliches Ergebnis gab es in der Saison 1995/96 Mitte September zu sehen. Mit 0:8 ließen sich die Eisbären von den verhassten Preussen in heimischer Halle vorführen. Und ich war damals dabei.

Was war also nur rund zwei Monate später für das Auswärtsspiel zu erwarten? Sportlich nichts! Fantechnisch dafür umso mehr! Das, was die EHC-Fans dort immer boten, war vom allerfeinsten. Support, der Gänsehaut erzeugte und das Blut in Wallung brachte. „Dynamo! Dynamo!" von über 2.000 Ostberlinern ließ die Halle wackeln. Beim Derby hatten die Heimfans trotz aller Bemühungen so gut wie nichts dagegenzusetzen. Auswärts im Wellblechpalast sowieso nicht. Mit zwei Kumpels fuhr ich pünktlich nach Berlin-Charlottenburg zur Eishalle. Ich hatte es verpasst, uns im Vorfeld Tickets für den Gästebereich zu besorgen. Somit blieb uns nur der tiefe Griff in die Geldbörse. Sitzplätze auf der Geraden. Inmitten des Heimpublikums.

Na, dann mal los! EHC-Schal ganz offen raushängen lassen und der hoffentlich faustdicken Überraschung auf dem Eis entgegengefiebert. Blöde Sprüche ringsherum. Doch Arschlecken! In der fünften Spielminute machte Sven Felski mal eben das 1:0 für Ost-, Ost-, Ostberlin! Leider hielt meine Freude nur drei Minuten an, die Preussen erzielten in guter alter Billardmanier das 1:1. Nur 90 Sekunden später machte Tom O´Regan das 2:1 für die Preussen Devils. Höhnisches Grinsen hinter meinem Rücken. Ich dampfte und hätte am liebsten Maulschellen unter den Charlottenburger Spießbürgern verteilt. Aber warte! Ha, ein Ami hatte für die Preussen das 2:1 gemacht, ein Russe war in der 18. Minute zur Stelle und lochte zum 2:2 ein. Andrei Lomakin hatte den Preussen-Keeper ausgespielt und schob locker ein. Cooles Ding! Der Ostberliner Mob tobte hinter dem Tor hocherfreut ab. Als John Chabot wegen Meckerns für zehn Minuten auf die

Strafbank musste, schlug der EHC Eisbären erneut zu. Wieder war es der russische Weltklassespieler Lomakin, der kühle Nerven bewahrte und sehenswert einlochte. 3:2 für die Eisbären! Wahnsinn! Was für ein Gefühlsausbruch! Noch war der Auswärtssieg nicht in trockenen Tüchern. Im letzten Drittel war es Jürgen Rumrich, der die Preussen-Fans jubeln ließ. Die Verlängerung musste her. Und in jener geschah folgendes: Felski schickte Lomakin, dieser eilte nach vorn und machte seinen dritten Treffer des Tages. 4:3 für den krassen Außenseiter! Gab es bereits in der regulären Spielzeit bei den drei EHC-Toren kein Halten mehr, so wurden beim Sudden-Death-Tor in der Verlängerung sämtliche persönlichen Jubel-Re-korde gebrochen. Totale Ekstase. Ich drehte völlig frei, sprang auf den Sitzschalen, hob immer wieder die Faust und streckte sämtlichen um uns herum befindlichen Preussen-Fans den Mittelfinger ins Gesicht. Solch eine Genugtuung hatte ich zuvor und auch später nicht noch einmal erlebt. Dynamo hatte gewonnen. Ostberlin ging dieses Mal nicht als blamabler Verlierer vom Eis. Bei den Eisbären bleibt der technisch starke ‚Wunderrusse' Lomakin, der zu Beginn der Saison 1995/96 zum EHC kam, unvergessen. Umso trauriger die Tatsache, dass Lomakin bereits im Dezember 2006 in Detroit einem Krebsleiden erlag.

Ankerwurf in Rixdorf, Dresdner Invasion in Berlin, Eispartie in Braunschweig

Meine Wohnsitze hatten im Zeitraum 1991 bis 2001 eine bemerkenswerte Halbwertzeit. Von Waldesruh bei Berlin nach Leverkusen-Schlebusch, ein Umzug innerhalb des dortigen Wohnheims, der Rauswurf und der daraus resultierende Umzug ins Wohnheim nach Leverkusen-Mitte, dann die Rückkehr in heimische Gefilde, ein kurzes Stelldichein auf dem Grundstück meines Vaters, dann der Einzug in die chaotische WG in Berlin-Mitte, darauffolgend die coolen Wochen in der Friedrichshainer Kinzigstraße (Stichwort Punks vom Café Attentat als Nachbarn), anschließend die Erdgeschosswohnung in der Bornholmer Straße mit den insgesamt vier hintereinander folgenden Mitbewohnern, ein Jahr später der Umzug aufs Land nach Bergfelde, um einen klaren Kopf zu bekommen, nach dem Kolleg ein paar Monate in einer entspannten WG in der Oberbaumcity nahe der Warschauer Straße, bevor es schließlich wieder aufs Land ging, um auf dem Bauernhof an den beiden Booten zu bauen.

Nachdem es Arne, Jan, Raimar und mich Mitte November 1999 nach dem Schiffbruch weitaus früher als gedacht wieder auf den Bauernhof verschlagen hatte, stand wie erwähnt das niederländische Harlingen als zwischenzeitlicher Wohnort im Raum, doch letztendlich hatte ich im Februar 2000 meine Sachen gepackt und zog in die WG in der Treptower Kiefholzstraße. Mit Blick auf einen ehemaligen, mittlerweile komplett begrünten Bahndamm. Dass dies nur eine Zwischenlösung sein würde, stand von Beginn an fest. Die Suche nach einer festen Bleibe hatte Anfang 2001 schließlich vorerst ein Ende. Mit meiner damaligen kroatischen Freundin bezog ich eine Wohnung am gemütlichen Richardplatz im alten, einst von böhmischen Einwanderern geprägten Ortskern von Rixdorf, das im Stadtbezirk Neukölln liegt und eine überaus angenehme Oase bildet.

Die kommenden vier, fünf Jahre sollten sich überaus entspannt gestalten. Wenig Stress, viele Reisen. Zudem hatte ich mich im Sommer 2001 an der Humboldt Universität zu Berlin eingeschrieben. Das auf dem Kolleg gemachte Abitur sollte ja schließlich nicht unnütz sein. Davon ganz abgesehen hatte ich noch keinen blassen Schimmer, wo mein beruflicher Weg hinführen würde. Ende der 90er hatte ich – wie meine drei Projektpartner auch – alles auf eine Karte gesetzt. Wären wir pünktlich zu den Olympischen Spielen 2000 in Sydney angekommen, hätten wir uns keine allzu großen Sorgen mehr machen müssen. Unser völlig aus dem Nichts gestampfte Projekt hätte das Sprungbrett sein können für noch größere Aufgaben. Bereits im Frühjahr 1999 sprach ich bei einem Hamburger Verlag vor und einer Publikation stand nach der Segeltour nichts mehr im Wege.

Nach Abbruch des Segelprojektes hieß es nun sich neu zu orientieren. Ich versuchte, das erlernte Knowhow aufzugreifen und zog in Erwägung, mich im Bereich Fotografie und Autorentätigkeit selbständig zu machen. Die auf den beiden Transsib-Touren angefertigten Dias sollten diesbezüglich der Startschuss sein. Ich hielt erste Diavorträge und bastelte täglich an meiner privaten Reise- und Foto-Webseite. Es sollte nicht lange dauern, bis auf meiner damaligen sambamarco.piranho-Seite eine Fußballrubrik mit aktuellen Fotos und Berichten vom Berliner Fußballgeschehen eingerichtet wurde.

Ein entspanntes harmonisches Zusammensein mit Mirjana, ein anfangs durchaus interessantes Geographie- und Linguistik-Studium an der HU in Berlin-Mitte, viel aktiver Sport und etliche Fußballspiele – der Start ins neue Jahrtausend glückte durchaus.

Wie sollte es anders sein: Ab und an schleppte ich Mirjana mit zum Fußball. Richtig schmackhaft machen konnte ich ihr das Ganze zum ersten Mal während eines Madeira-Aufenthaltes im März 2002. Bei angenehmen Sonnenschein pilgerten wir in Funchal

+++ Estádio dos Barreiros des CS Marítimo Funchal (2002) +++

ins Estadio dos Barreiros und schauten uns gemeinsam die Erstligapartie Club Sport Marítimo vs. Sporting Club Farense an. Rund 6.000 Zuschauer auf den Rängen. Unter ihnen zahlreiche ältere Männer mit Hüten, die gemütlich Sonnenblumenkerne knabberten, jedoch bei brenzligen Spielsituationen durchaus Emotionen zeigten und schimpften. Auf dem Rasen entwickelte sich eine muntere Partie, die Maritimo am Ende mit 1:0 für sich entscheiden konnte. Mirjana hatte es durchaus gut gefallen. Mag sein, dass sie mehr die Blicke auf die hinter dem Stadion befindlichen Hügel, Häuser und Palmen sowie auf die Kerne verputzenden Zuschauer geworfen hatte, doch für weitere Fußballspiele in Berlin hatte sie sich bereit erklärt. Na dann, nichts wie hin. Ich hatte paar Wochen später einen hübschen Kracher für uns beide auf Lager!

Dynamo Dresden auf dem Weg zurück in die Regionalliga! Zwei Jahre zuvor stürzte der 1. FC Dynamo in die Oberliga ab. Grund dafür war die Umstrukturierung der Regionalligen. Aus vier Staffeln wurden nun nur noch zwei. Aus der Staffel Nordost durften sieben Vertreter in der neu geschaffenen Regionalliga Nord dabei sein. Während unter anderen der FC Sachsen Leipzig, der SV Babelsberg 03 und sogar der Dresdner SC den Sprung in die neu geschaffene Staffel schafften, fielen Dynamo Dresden, der VfB Leipzig und der 1. FC Magdeburg hinten runter und fanden sich nun in der bitteren Viertklassigkeit wieder. Auch der BFC Dynamo und der FSV Zwickau rutschten ab, allerdings wären diese beiden Vereine als Vorletzter bzw. Schlusslicht sowieso in die Oberliga abgestiegen.

Ein harter Schlag für Dynamo Dresden. Im ersten Jahr in der vierten Liga ging nicht allzu viel. Am Ende der Saison 2000/01 war Dresden in der NOFV-Oberliga Süd auf Rang fünf zu finden. Souveräner Meister wurden die selbst ernannten ‚Größten der Welt' aus Magdeburg, die in der damaligen Aufstiegsrunde ge

gen den BFC Dynamo antraten. Doch dazu an späterer Stelle mehr. Dynamo Dresden musste noch einmal eine Runde in der Oberligalandschaft drehen. Unter anderen standen Auswärtsspiele beim BSV Eintracht Sondershausen, beim FSV Hoyerswerda, beim OFC Neugersdorf und beim SV Braunsbedra an. Während aktive Fans und Hools diese Touren mitunter recht genial fanden, kotzte das ‚normale', rein sportinteressierte Publikum mächtig ab. Und die Saison wurde kein Selbstläufer! Zittern bis zum letzten Spieltag. Und selbst dann war der Aufstieg noch nicht gepackt. Schließlich standen anschließend die beiden Aufstiegsduelle gegen den Meister der Nordstaffel an.

Am letzten Spieltag musste Dresden auswärts beim FSV Hoyerswerda (zu DDR-Zeiten bekannt als BSG Aktivist Schwarze Pumpe) ran. Da der VFC Plauen auf Tuchfühlung war, musste diese Partie unbedingt gewonnen werden. Es war klar, dass tausende dynamische Fans ihr Team begleiten würden, und somit entfachte wieder einmal die allseits bekannte Diskussion. Das Jahn-Stadion in Hoyerswerda sei nicht sicher, erklärten die Behörden. Und als es auch noch Bombendrohungen gab, sperrte die Stadt Hoyerswerda kurzerhand die Spielstätte. Die Suche nach einem geeigneten Stadion begann – und das fünf Tage vor dem angesetzten Spiel. Cottbus lehnte aufgrund des Stadionumbaus ab, Leipzig legte ebenso Veto ein. Und im Dresdner Rudolf-Harbig-Stadion? Der FSV Hoyerswerda hätte vielleicht sogar zugestimmt, doch etwas dagegen hatte verständlicherweise der Mitaufstiegsfavorit VFC Plauen. Letztendlich erklärte sich Eisenhüttenstadt bereit, das Stahl-Stadion als Spielstätte zur Verfügung zu stellen.

6.250 Zuschauer pilgerten am 26. Mai 2002 nach Eisenhüttenstadt, unter ihnen rund zweihundert Fans aus Hoyerswerda, die mit Shuttle-Bussen hingebracht wurden und sogar etwas Material dabei hatten. Ich hatte das Spektakel damals am Fernseher bei ‚Sport im Osten' verfolgt und Dresden fest die Daumen gedrückt. Dynamo gehörte in die Regionalliga – das war doch klar. Und vor allem war ich heiß auf das im Jahn-Sportpark stattfindende Duell gegen die Mannschaft von Hertha BSC II, die in der Nordstaffel souveräner Meister vor Tennis Borussia Berlin wurde.

Doch bevor es soweit war, musste Dresden seinen Staffel-Meistertitel in trockene Tücher bringen. Und das wurde schwerer als zuvor vermutet. Nach einer Stunde stand es immer noch 0:0. Zeitgleich führte Plauen beim Tabellenletzten Braunsbedra. Jetzt ein dummes eingefangenes Kontertor und der Aufstiegstraum würde zerplatzen wie eine Seifenblase. In der 70. Minute die Erlösung! Thomas Neubert machte mit seinem 13. Saisontreffer im Nachsetzen das 1:0 für Dynamo Dresden. Der schwarz-gelbe Mob auf den Rängen tobte vor Freude. Sieben Minuten später der Schock! Nach einem Freistoß köpfte Hoyerswerda sehenswert zum 1:1 ein. Nun ging die kleine, ebenso schwarz-gelbe Hoyerswerda-Truppe ab wie Schmidts Katze. Den großen Favoriten ärgern? Was gibt es schöneres! An jenem Nachmittag hätte ich vor dem heimischen Fernseher jedoch gern auf einen Überraschungssieg der einstigen Aktivisten-Kicker verzichten können. Auf geht´s Dynamo!

Was für eine Schlussphase! Wie aus dem Drehbuch! Neun Minuten vor Abpfiff die dicke Chance für Hoyerswerda. Fast das 2:1, doch der Ball ging über das Gehäuse. Durchatmen. In der 87. Minute kollektives Haareraufen. Denis Koslov traf aus dem Getümmel heraus den linken Pfosten. Der Ball blieb jedoch im Spiel und gerade hatte sich Koslov wieder erhoben, bekam er nach missglückter Kopfballabwehr von Hoyerswerda die Kugel wieder vor den Fuß – und dieses Mal klingelte es im Gehäuse. Als unmittelbar vor Abpfiff der zuvor eingewechselte Abwehrspieler Daniel Ziebig zum 3:1 für den 1. FC Dynamo Dresden nachlegen konnte, stand das Stahl-Stadion in Hütte Kopf. Die Fluchttore öffneten sich und die enthusiastischen Fans fluteten den Rasen, um die Staffelmeisterschaft zu feiern. Die Dynamo-Fahnen wehten, ein Fan saß auf einem Tor, hier und dort qualmte es ein wenig. Emotional zutiefst aufgewühlt zeigte sich Daniel Ziebig, der vier Jahre zuvor bereits als 15-Jähriger vom FV Gröditz 1991 nach Dresden gewechselt war und gewiss ganz besonders mit dem Herzen bei der Sache war, beim anschließenden Interview mit dem MDR. Apropos Herzen. Schön zu sehen war, dass inzwischen wieder die weinrote Version des Vereinsemblems auf der Spielerbrust prangte. Das von 1990 bis 2002 verwendete grüne Emblem wurde abgelegt.

Vom Auftritt von Dynamo Dresden in Eisenhüttenstadt zeigte ich mich beeindruckt und ich fieberte dem Spiel in Berlin entgegen. „Mirjana, gehen wir zusammen hin? Das wird eine richtig tolle Kulisse. Es werden tausende Dynamo-Fans anreisen!", erklärte ich beim Abendbrot in Rixdorf. „Dynamo? Die aus dem Sportforum, wo wir mal waren?", fragte sie. „Nein, ein anderes Dynamo. Aus Dresden. Wird dir aber genauso gut gefallen!" Hätte ich geahnt, welch katastrophale Zustände am Eingang des Jahn-Sportparks herrschen würden, hätte ich sie ganz gewiss nicht mitgenommen. Es konnte ja keiner ahnen, dass es wieder einmal dermaßen dilettantisch am Einlass zugehen würde. Und der Begriff ,katastrophale Zustände' trifft es exakt, denn es hätte nicht viel gefehlt zum großen Desaster.

Nachdem Dynamo Dresden am 3. Juni 2002 das Relegations-Hinspiel gegen die Bubis von Hertha BSC vor 17.100 Zuschauern Dank des Treffers von Steffen Heidrich mit 1:0 gewinnen konnte, war nun endgültig klar, dass eine schwarz-gelbe Invasion erfolgen würde. Letztendlich reisten rund zehntausend Dynamo-Fans aus Nah und Fern an, um die Mannschaft zu unterstützen und am Ende nach Möglichkeit die Wiederkehr in die Regionalliga zu feiern. Nachdem 6.000 Dresdner in Eisenhüttenstadt waren, sollte den Verantwortlichen in Berlin eigentlich klargewesen

+++ Dynamo Dresden vs. Hertha BSC II (Relegation 2002) +++

sein, was zu erwarten war. Doch anstatt reibungslos am Einlass abzufertigen, wurde lieber im Tröpfchen-System Zugang gewährt. Logisch, dass ausreichend kontrolliert werden musste. Allerdings zeigte die Erfahrung immer wieder, dass Fans bzw. Ultras sowieso alles ins Stadion mit rein bekommen. Vom kritischen Spruchband über die Bengalos bis hin zu den Rauchtöpfen. So wäre es besser gewesen, lieber zügiger zu kontrollieren und einem flüssigen Strom ins Stadion zu gewähren. So aber staute es sich an den Absperrgittern und schon bald gab es kein Vor und kein Zurück mehr. Hunderte Fans wurden ungeduldig und schoben von hinten nach. Die Ordner bekamen langsam Bammel und fertigten noch zögerlicher ab. Der Wutpegel stieg. Und auch bei mir schwollen die Zornesadern an. Mirjana, das erste Mal bei solch einer Art Fußballspiel, bekam es berechtigterweise mit der Angst zu tun. Und in der Tat kamen auch bei mir bereits Gedanken an Heysel und Hillsborough auf. Auf Grund der überall zusätzlich aufgebauten Absperr-

gitter hätte das Ganze am Ende in einem üblen Szenario münden können. Was für eine Scheiße! Mirjana jammerte und mir blieb nichts anderes übrig, als die Initiative zu ergreifen. Ich nahm sie noch fester an die Hand und bahnte mit aller Kraft den Weg nach vorn. Ich erklärte den um uns herum befindlichen Dynamo-Fans die Situation und zu meiner Überraschung wurde uns sogar geholfen. Dresdner hoben Mirjana hoch und halfen ihr über die Absperrungen hinweg. Als Ordner einschreiten wollten, gab es von mir eine passende Ansage, die sich gewaschen hatte.

Nun kann man fragen, was man mit seinem zierlichen Mädel beim Fußball will? Richtig, die Frage ist in manchen Fällen erlaubt. Auswärts in einen engen Stehblock oder eine Fahrt im Sonderzug zu einem brisanten Spiel – beides würde ich meiner Freundin nicht zumuten. In diesem Fall wollten wir uns am Rande der Kurve auf Seiten der Haupttribüne hinsetzen und von dort aus entspannt, ohne dabei mitten im brodelnden Pulk zu stehen, das Spiel anschauen. Letztendlich war dies auch problemlos möglich. Wenn da nicht dieser völlig fehlgeplante Einlass gewesen wäre. Und wenn wir schon mal dabei sind: Ich möchte nicht wissen, wie viele ,Ausschreitungen' aufgrund von desaströsen Einlassbedingungen entstanden sind. Wenn es einfach nicht voran geht. Wenn Ordner und polizeiliche Einsatzkräfte nicht aus dem Knick kommen. Wenn zu wenig Personal vor Ort ist, obwohl im Vorfeld allseits bekannt war, dass eine bestimmte Anzahl Zuschauer zu erwarten ist. Wenn räumliche Begebenheiten, wie zum Beispiel zu enge, trichterförmige errichte Absperrungen, vorn am Einlass zu viel Druck aufbauen lassen. Wenn Einsatzleiter und Sicherheitsbeauftragte scheinbar von Tuten und Blasen keine Ahnung haben. Ja, dann platzt schon mal der Kragen.

Egal. Bevor sich jetzt in Rage geschrieben wird, zurück zum Relegations-Rückspiel, das für den 1. FC Dynamo Dresden richtungsweisend war. Im Fall eines verpassten Aufstiegs wäre es fraglich gewesen, ob in der kommenden Saison nochmals ganz oben angegriffen hätte werden können. Womöglich wäre die Mannschaft auseinandergebrochen. Und die beiden Aufstiegsspiele gegen Hertha BSC II waren eine echt harte Nuss. Für den Verein Hertha BSC mag der Aufstieg in die Regionalliga nicht allzu bedeutend gewesen sein, doch die Mannschaft – das war auf dem Rasen wirklich spürbar – wollte ihn unbedingt. So wurde gefightet auf Teufel komm raus und das Rückspiel stand auf des Messers Schneide. Der 1:0-Sieg im Hinspiel war für Dynamo Dresden zum einen eine gute Basis, da kein Gegentor (man bedenke die Auswärtstorregel) hingenommen werden musste. Andererseits war das Polster nur hauchdünn. Schnell könnten die Hertha-Bubis mit einem Doppelschlag kurz vor Ende das Ding nach Hause schaukeln.

Imposant war die Kulisse. Die zehntausend angereisten Dynamo-Fans füllten eine Kurve und im Laufe der ersten Halbzeit fast die komplette Gegengerade. Auf Heimseite waren etliche aktive Herthaner vor Ort. Außerdem konnten in den gegenüberliegenden

+++ Hertha BSC II vs. Dynamo Dresden (Relegation 2002) +++

Kurve einige Anhänger des BFC Dynamo ausgemacht werden, die kurz vor Spielbeginn trotz der großen schwarz-gelben Übermacht (allerdings waren zu jenem Zeitpunkt noch nicht alle Dresdner im Stadion) einen Angriff in Richtung Gegengerade starteten, dann jedoch von herbeieilenden Ordnern und Polizisten gestoppt wurden. Wahrlich eine flotte Angelegenheit, bei der auch Mirjana – inzwischen war der Vorfall vor dem Spiel halbwegs verdaut – nicht mehr aus dem Staunen herauskam. Das brachiale „Dynamo! Dynamo!" ging in Mark und Bein. Ständig war Bewegung auf den Rängen. An irgendeiner Ecke qualmte es immer mal oder es brannte ein Bengalo zwischen den Sitzschalen. Überall hingen Dresdener an den Zäunen. Und nicht zuletzt dieses Getümmel und Gerenne in der gegenüberliegenden Kurve. Erste Boxereien mit in den Block anrückenden Polizisten waren später in der Halbzeitpause auch in der eigentlichen Dresden-Kurve auf Höhe der Zaunfahne der ‚Bierfreunde Goppeln' zu vermelden. Ordner rissen vom Innenraum aus den Stoff ab, um freie Sicht zu bekommen. Ein paar herausgerissene Sitzschalen lagen auf der Tartanbahn verstreut.

Meine Güte, da war wirklich Dampf drin. Fehlten nur die Tore. An jenem Nachmittag ganz klar die Treffer der aus Sachsen angereisten Gäste. 0:0 zur Pause. Ich schickte Karsten eine SMS und hielt ihn auf dem Laufenden, was ringsherum so alles passierte. Er saß 550 Kilometer entfernt in seiner Wohnung im Ruhrgebiet und warf hin und wieder einen Blick auf den Fernseher, in dem die Live-Übertragung lief. Gut, dass bereits damals der MDR deutschlandweit empfangbar war. 70. Minute. Immer noch keine Tore. 80. Minute. Es stand immer noch 0:0. Hertha BSC II läutete die Schlussoffensive ein, für die Gäste aus Dresden ergaben sich somit einige gute Konterchancen. Ins Netz wollte der Ball jedoch nicht. Nicht hüben, nicht drüben. Selbst die Großchance in der 84. Minute mochte Maik Wagefeld – er stand allein vor Hertha-Keeper Tomasz Kuszczak – nicht verwerten.

Zwei Minuten später rückten behelmte Polizeibeamte vor der Gegengerade an und postierten sich auf der Tartanbahn. Mit dabei den einen oder anderen Schäferhund. Auf dem Rasen fuhren die Berliner noch einen Angriff, der jedoch von Dresden noch vor dem eigenen Sechzehner geschickt gestoppt wurde. Frustriert holzte daraufhin auf Höhe der Mittellinie der Herthaner Sven Kretschmer einem Dresdner in die Beine. Schiedsrichter Stefan Weber zögerte nicht lange und zeigte die zweite gelbe Karte. Wüste Diskussion am Mittelkreis. Leichte Rempeleien. Theatralisches Hinfallen von Kretschmer. Es half aber alles nichts. Mit Gelb-Rot musste er vorzeitig vom Platz und die letzten Minuten des Spiels gingen ohne ihn weiter.

Die Uhr zeigte 89 Minuten an. Die Herthaner nochmals am Drücker. Über Lautsprecher wurde mehrmals durchgesagt, dass nach Abpfiff die sächsischen Fußballfreunde auf den Rängen bleiben mögen. Der Rasen sei nur für die Siegerehrung gedacht. Dass man sich diese Durchsage hätte sparen können, lag auf der Hand. Überall saßen die Dresden-Fans im weiten Rund auf den Zäunen. Wie hätte man zehntausend feierwütige Sportskameraden davon abhalten sollen, nach Abpfiff den Platz zu stürmen? Zumal es in der Kurve hinter dem Tor phasenweise recht ungemütlich wurde. Immer wieder kam es zu kleineren Auseinandersetzungen mit den Ordnern, immer wieder wurde bedenklich an den Zaunfeldern gerissen oder gegen die gelben Fluchttore getreten.

Nachspielzeit. Dynamos Trainer Christoph Franke brachte noch einmal einen neuen Mann ins Spiel. Für Thomas Neubert kam der nigerianische Spieler Nduka Anyanwu, der direkt nach jener Saison zum SV Weingarten wechselte und nach einigen Zwischenstationen im Juli 2009 beim Bezirksligisten SV 07 Geinsheim landete. Sein Leben endete tragisch. Am 12. September 2010 brach der gerade einmal 30 Jahre alte Nduka Anyanwu beim Auswärtsspiel in

+++ Platzsturm nach dem Aufstieg von Dynamo Dresden (2002) +++

Queichhambach bei einem Angriffsversuch zusammen und starb auf dem Sportplatz. Jegliche Reanimationsversuche blieben erfolglos.

Acht Jahre zuvor sorgte seine Einwechslung dafür, dass Dynamo Dresden etwas Zeit gewinnen konnte. Die Uhr tickte für die Sachsen. 94. Minute. Das Spiel lief noch immer. Und nochmals bekam Hertha BSC II einen Freistoß in der eigenen Hälfte und hatte somit die Möglichkeit, einen Angriff zu fahren. Dresdens Abwehr war jedoch auf der Hut und als die Uhr 93:39 Minuten anzeigte, griff der Schiedsrichter zur Pfeife und ließ den aus Dresdener Sicht erlösenden Pfiff ertönen. Während einige Dynamo-Spieler jubelnd auf die Knie fielen, sprangen bereits die ersten sportlichen Jungs auf die Tartanbahn. Schnell füllte sich der Rasen des Jahn-Sportparks, Leuchtkugeln wurden von der Gegengerade aus abgeschossen. Zwei wurden sogar gezielt in den Block der Herthaner und

BFCer abgefeuert. Ruhe bewahrte indes der angenehme MDR-Kommentator. Man könne die Bilder einfach mal genießen, ließ er verlauten. Und dann müsse man schauen, ob in dem Trubel dort unten O-Töne eingefangen werden können.

Begeistert zeigte sich auch Dynamo-Keeper Ignjac Kresic. Beim Interview erklärte er, dass das alles der Wahnsinn sei und dass nun fünf Tage lang getrunken werde. Und zwar überall und bis zum Umfallen. Fünf Tage lang besoffen sein, er mache das einfach, schließlich habe er sich das verdient, so Kresic. Mit allen feiern wollte auch Sebastian Hähnge, der jedem erlauben würde, ihn an jenem Tag zu umarmen. Das konnte sich doch sehen und hören lassen. So müssen Aufstiege gefeiert werden! Interviews, die vom Herzen kommen. Ehrliche Ansagen von sympathischen Spielern.

Auf dem Rasen suchten vor der Gegengerade indes einige Sachsen den Kontakt mit den Berliner Polizisten. Gegenstände flogen. Im Getümmel erfolgte ein Katz-und-Maus-Spiel, das in den meisten Fällen die flinkeren Dresdner für sich entscheiden konnten. Während aus den Lautsprechern ein „It's coming home, it's coming home, football's coming home ..." ertönte, öffneten sich auf der Gegengerade weitere Fluchttore. Nachschub an durchaus motivierten Fans flutete in Richtung Rasen. Die eine oder andere Rempelei mit den Polizeibeamten war die Folge.

Aufregend war dieses Spiel für meine damalige Partnerin ganz gewiss, doch große Lust verspürte sie nicht, mich zu weiteren ‚Knallerspielen' zu begleiten. Allerdings betonte sie immer wieder, dass sie bei der

bedrohlichen Situation am Stadioneinlass positiv überrascht von der Hilfsbereitschaft der Dresdner Fans war. „Da haben die mich doch einfach hochgehoben und mir über das Gitter geholfen. Fand ich wirklich klasse von denen!", erklärte sie. Und klar, wenn dieses Aufstiegsspiel für mich besonders aufregend und dramatisch war, wie sollte das Geschehen auf einen Fußballfrischling wie Mirjana gewirkt haben?!

Zu einer weiteren Fußballsause konnte ich sie jedoch knapp ein halbes Jahr später überreden. Die Kombination aus gemeinsam einen Tagesausflug machen, Weihnachtsmarktbesuch und Fußballspiel gucken von einer sicheren Ecke aus, sorgte dafür, dass sie zustimmte, gemeinsam mit dem Wochenend-Ticket

+++ BFCer präsentieren in Braunschweig ein Spruchband (2002) +++

am 8. Dezember 2002 nach Braunschweig zu düsen, um dort das Zweitligaspiel BTSV gegen Union Berlin zu schauen. Mit dabei war der aus Lyon stammende Carl, den ich in einem Linguistik-Kurs an der Uni kennengelernt hatte. Ein überaus dufter Typ, mit dem ich zu jener Zeit fast täglich auf Achse war, Badminton spielte, gemeinsam für das Studium lernte und mit anderen Erasmus-Studenten paar Fässchen Bier leeren ging. Für Fußball hatte Carl prinzipiell null Interesse, doch daran arbeitete ich noch und auch bei ihm stachen die Joker ,eine andere Stadt anschauen' und ,Weihnachtsmarktbummel in einer echten Altstadt'. Auf nach Braunschweig!

In einer Kiste hatte ich noch einen Union-Schal zu liegen. Am Ostbahnhof hatte ich ihm kurzerhand das Teil um den Hals gelegt. „Oh la la, Carl! C'est fantastique!", erklärte ich lachend und lud uns zu einer Runde heißen Kakao ein. Minuten später schaffte es unser französischer Freund, sich seinen Becher auf die Hose zu kippen. Geile Sache! War nicht mehr allzu heiß! Na dann ist ja gut! Ich hatte gut zu feiern, denn der trocknende Kakao färbte sich auf der Jeans leicht rötlich. Carl sah aus, als käme er von einer derben Schlägerei. Ich kam im Regionalexpress nicht mehr aus dem Lachen raus, Mirjana kicherte neben mir und tröstete den Franzosen. Er zog sich die Mütze tief ins Gesicht und legte den Unionschal vor den Mund. Ein klasse Anblick! Die vorbeigehenden Leute im Zug staunten nicht schlecht, was für ein Kerlchen bei uns saß.

Das Wetter an jenem Dezembertag ließ Erinnerungen an die 1995er Warschau-Tour hochkommen. Zwar war es nicht ganz so bitterkalt wie damals beim Legia-Spiel, doch um die 15 Grad minus mussten es auch in Braunschweig gewesen sein. Der Rundgang auf dem Weihnachtsmarkt machte nicht wirklich Spaß und im Stadion an der Hamburger Straße versuchten wir, am Rande der Heimkurve 90 Minuten lang trampelnd die Füße am Leben zu erhalten. „Mar-

co, nie wieder Fußball!", bekam ich es von beiden Seiten immer wieder zu hören. „Ach, na kommt. Ist doch prima hier. Schaut mal, was dort drüben gerade passiert!"

Auf der Gegengerade wurde plötzlich ein weinrotes Banner ausgerollt und hochgehalten. Es überspannte doch tatsächlich gleich drei komplette Sitzplatzbereiche. „Unioner kniet nieder, wir seh'n uns immer wieder!!!!!!!!!!!!!", war weiß auf weinrot zu lesen. Das war doch mal eine Ansage. Und das im Dezember 2002! Während der 1. FC Union Berlin endlich den Sprung in die zweite Bundesliga gepackt hatte und nun unter anderen bei Eintracht Braunschweig auflaufen durfte, musste der BFC Dynamo nach der Insolvenz den bitteren Weg in die Verbandsliga antreten. Wer hätte zu jenem Zeitpunkt gedacht, dass sich beide Vereine nur drei Jahre später wieder in der Oberliga begegnen würden?!

Am 8. Dezember 2002 war die Eiserne Welt jedoch noch in Ordnung. Vor 13.487 frierenden Zuschauern konnten die Köpenicker das Spiel drehen und drei Punkte mit nach Hause nehmen. Nachdem Sambo Choji die Braunschweiger Eintracht nach gut einer halben Stunde in Führung gebracht hatte, lochten Steffen Baumgart in der 66. Minute und Kostadin Vidolov in der 84. Minute für den 1. FC Union Berlin ein. Partystimmung im damals noch nicht überdachten Gästeblock, halb erfrorene Füße bei Carl und Mirjana. Nichts wie weg zum Bahnhof! Und nie wieder Fußball, so ihre einhellige Meinung.

BFC Dynamo: Verbandsliga, Oberliga, Rückschläge, Pokalsiege und Aufstieg

Ein Jahr bevor der 1. FC Dynamo Dresden sich in der Aufstiegsrunde gegen die zweite Mannschaft von Hertha BSC durchsetzen konnte, trafen im Juni 2001 der BFC Dynamo und der 1. FC Magdeburg aufeinander. Beide Mannschaften hatten in ihrer jeweiligen Staffel eine prima Saison gespielt, doch ein Verein würde am Ende leer ausgehen und womöglich Probleme haben, noch einmal für die Oberliga ein aufstiegstaugliches Team zusammenzustellen.

Frohen Mutes machte ich mich am 2. Juni 2001 mit S-Bahn und Straßenbahn auf den Weg zum Sportforum Berlin-Hohenschönhausen. Es war nach meiner Fußballpause bzw. dem Segelprojekt erst mein zweiter Besuch in der Heimstätte des BFC und ich hatte vor, in Zukunft wieder öfters bei den Weinroten vorbeizuschauen. Im Fall des Aufstiegs würden sogar Auswärtsfahrten in den Westen locken. SC Preußen Münster, Rot-Weiss Essen, Eintracht Braunschweig,

VfB Lübeck und die SG Wattenscheid 09 würden in der Regionalliga-Saison 2001/02 unter anderen die Gegner sein. Der BFC Dynamo zu Gast in der Lohrheide und im Georg-Melches-Stadion? Eine überaus verlockende Vorstellung. Mit Karsten würde ich wie zu alten Zeiten zu den Partien in Münster und Essen fahren und anschließend bei einem Bierchen alles auswerten können. Nur ein einziges Mal fuhren die Hohenschönhausener nach dem Fall der Mauer zu einem Auswärtsspiel außerhalb der Region Nordost. In der Relegationsrunde 1992 war der BFC Dynamo – damals wie bereits mehrfach erwähnt als FC Berlin am Start – am 16. Juni 1992 beim damaligen Zweitligaaufsteiger VfL Wolfsburg zu Gast. Ein Jahr zuvor war in der Relegationsrunde neben dem 1. FC Union Berlin und Stahl Brandenburg der 1. FC Magdeburg der Gegner. Daheim gab es am 12. Juni 1991 ein 0:0, auswärts im Ernst-Grube-Stadion konnten die Berliner einen 5:3-Erfolg feiern. Allerdings nutzte dieser

Sieg herzlich wenig, denn aufgestiegen war der BSV Stahl Brandenburg, das zeitgleich mit 2:0 im Stadion An der Alten Försterei triumphieren konnte.

Nun also wieder Magdeburg. Ich kaufte mir ein Ticket und setzte mich auf die Haupttribüne, um einen guten Blick auf beide Fanbereiche zu haben. Im Stadionheft ,dynamo' konnte ich in Erfahrung bringen, dass für das Rückspiel bereits 1.200 Bustickets verkauft werden konnten und die Bahn versprochen hatte, Entlastungswaggons einzusetzen. Blöderweise hatte ich am Tag des Rückspiels einen Termin, so dass ich nicht mit nach Magdeburg fahren konnte. Am heimischen Bildschirm würde ich jedoch die Partie live mit verfolgen können.

Eine gute sportliche Basis schaffen, das war erst einmal das Ziel des Tages. Das Sportforum füllte sich immer mehr, bei Anpfiff bevölkerten 8.282 zahlende Zuschauer die Ränge. Rund 4.500 bis 5.000 konnten

dem Klub aus der Börde zugerechnet werden. Ein auf der Gegengerade eingerichteter Pufferblock sorgte für die nötige Sicherheit. Perfektes Ambiente! Zwei astreine Kurven. Die eine in blau-weiß, die andere in weinrot. So stellt man sich Fußball vor. Mehr braucht es nicht. Kein Schnick-schnack, kein großes Tam-Tam. Zu Spielbeginn präsentierte die Gästekurve zahlreiche goldfarbene hochgehaltene Pappen. Dazu ein Spruchband „Auf eine goldene Zukunft!!!" und ein einfaches „FCM". Bemerkenswert: Am äußeren Bereich hing damals bereits ein Banner der ,Blue Generation'. In der Heimkurve prägten die zahlreichen Banner und Zaunfahnen, die größtenteils heutzutage noch zu sehen sind, und tausende hochgestreckte Arme das Bild. Wie immer beim BFC wurde auch an jenem Nachmittag der verbale Support punktuell, dann jedoch brachial rübergebracht. Auf Heimseite noch eine knackige Uffta mit hoher Beteiligungsquote, in der Magdeburger Kurve ein paar Portionen Rauch – rund war der Fußballnachmittag.

Auf dem Platz ging es mächtig zur Sache, bereits in der 18. Minute wurde der FCM-Spieler Marcel Rozgonyi mit roter Karte vorzeitig zum Duschen geschickt. Für die Gastgeber war dieser Platzverweis goldwert, denn bis zu diesem Zeitpunkt überraschten die Magdeburger mit ihrer offensiven Herangehensweise. In Überzahl konnte der BFC schließlich die Partie ausgeglichen gestalten. Hochkarätige Tormöglichkeiten bleiben jedoch auf beiden Seiten Mangelware. Nicht zu knapp gab es indes weitere Karten. Vier Gelbe für den BFC, eine für den FCM. In der 72. Minute musste zudem Danuts Oprea nach einer Tätlichkeit vom Platz. In der Schlussphase erspielten sich die Magdeburger wieder ein Übergewicht und kamen in der 82. Minute zur dicksten Chance des Spiels. Einen Seitfallzieher konnte Nico Thomaschewski – genannt ‚Motche' oder auch ‚die Katze' – an den Pfosten lenken. Was nicht unerwähnt bleiben soll: Bereits nach einer halben Stunde drohte der Spielabbruch, weil zuerst ein Balljunge und wenig später ein Linienrichter von aus der Magdeburger Kurve geworfenen Gegenständen getroffen wurden. Glücklicherweise ließ Schiedsrichter Helmut Bley nach kurzer Unterbrechung weiterspielen.

Nach dem Spiel blieben auf Heimseite die Stadiontore noch geschlossen, so dass zuerst die blau-weiße Reisegesellschaft in Richtung S-Bahnhof Landsberger Allee abziehen konnte. Nachdem diese geöffnet wurden, streiften etliche weinrote Truppen quer durch die angrenzenden Neubaugebiete, um nach möglicherweise wartenden Magdeburger Hools Ausschau zu halten. Ich lief kurzerhand einer Gruppe mit gewissem Abstand hinterher und telefonierte parallel mit Karsten, um ihn über die Geschehnisse rund um das nervenaufreibende Spiel zu unterrichten. „Was? Wo bist du denn jetzt? Rufst du vom Handy aus an? Wer brüllt denn da im Hintergrund?", wurde ich gefragt. „Ja, ich bin hier noch auf Achse und schaue, was noch so geht. Schätze aber, alle Magdeburger sind bereits in der S-Bahn in Richtung Innenstadt. Vielleicht fahre ich noch fix zum Alex!", erklärte ich, während ich im Laufschritt durch die Plattenbausiedlung hetzte. „Oh Mann, Marco, du musst ja bekloppt sein! Pass auf dich auf! Nicht dass du auf die Fresse bekommst! Ist der dicke Berger auch da? Der ist doch Magdeburger?! Ruf mich besser später noch mal an!"

+++ Tausende Magdeburger zu Gast in Berlin-Hohenschönhausen (2001) +++

Zwei Dinge wurden mir an jenem Pfingstsamstagnachmittag klar. Punkt eins: Ich würde in Zukunft wieder häufiger zum BFC Dynamo gehen. Punkt zwei: Ich wollte in Zukunft generell bei Fußballspielen noch dichter am Geschehen sein, um Abläufe im und am Stadion besser analysieren und verstehen zu können. Ganz sicher wurde mit der zweiten Erkenntnis ein weiterer Grundstein für meine Mitarbeit beim ein paar Jahre später ins Leben gerufenen Onlinemagazin turus.net gelegt.

Ein längeres Telefonat mit Karsten gab es eine Woche später bei der TV-Übertragung des im Ernst-Grube-Stadion stattfindenden Rückspiels. Oh je, war das bitter! In der 72. Minute war der BFC Dynamo noch aufgestiegen, und dann setzte es noch drei Gegentreffer und der Traum vom Aufstieg war zerplatzt. Die in der 14. Minute erfolgte Führung der Magdeburger konnte nach knapp einer halben Stunde Silvian Cristescu egalisieren. Und auch das 2:1 des FCM, wieder erzielt von Petr Maslej, war noch kein echter Beinbruch. Nur sieben Minuten später war Denis Koslov zur Stelle und lochte zum 2:2 ein. Mein lieber Herr Gesangsverein! Was für ein Trubel im Gästeblock! Kollektives freudiges Ausrasten im Away-Winkel. Zu gerne wäre ich vor Ort gewesen. Eine halbe Stunde später relativierte sich dieser Wunsch. Es kamen Ivanovic, Mydlo und Zani und machten vor über 20.000 Zuschauern noch drei Buden für die Blau-Weißen. Der 1. FC Magdeburg im Jubelmeer, der BFC Dynamo im Tal der Tränen. Ich hätte heulen können. Nichts mit den erhofften Auswärtssausen nach Osnabrück, Münster und Essen. Stattdessen weiterhin trostloser Oberligaalltag.

Ich gönnte es durchaus den Magdeburgern, die im Jahr zuvor sensationell den FC Bayern München im DFB-Pokal raus gekickt hatten und auch generell meine Sympathien haben, doch an jenem 9. Juni 2001 brach für mich eine weinrote Welt zusammen. Gerade hatte ich versucht, an die coole Zeit von 1994 bis

1997 anzuknüpfen, da gab es diesen derben Rückschlag zu verschmerzen. Und es kam weitaus schlimmer! Der damalige Hauptsponsor konnte nicht mehr zahlen, der Verein war überschuldet und stand vor dem endgültigen Aus. Die folgende Oberligasaison 2001/02 konnte nicht mehr zu Ende gespielt werden, am 1. November 2001 wurde Insolvenz angemeldet, alle bis dahin gespielten Partien wurden annulliert. Der Neuanfang in der Kreisliga C stand im Raum, doch letztendlich konnte die erste Mannschaft 2002/03 immerhin in der Berliner Verbandsliga antreten. BFC Alemannia 90 Wacker, Mariendorfer SV und Fortuna Pankow statt Fortuna Düsseldorf, Eintracht Braunschweig und Chemnitzer FC. Wenig Trost gab der Fakt, dass es den 1. FC Magdeburg nur eine Saison in der Regionalliga hielt. Aufgrund finanzieller Probleme bekam der FCM für die Saison 2002/03 keine Lizenz und musste wieder in der NOFV-Oberliga Süd ran. Immerhin war diese Staffel aufgrund des FC Sachsen Leipzig, des Halleschen FC, des VfB Leipzig, des FSV Zwickau und des VFC Plauen durchaus attraktiver als die öde Nord-Staffel.

+++ BFC Dynamo in der Verbandsliga (2004) +++

Da ich vor zwölf Jahren kaum persönliche Kontakte zu den Fans des BFC Dynamo hatte, verlor ich den Verein für anderthalb Jahre mehr oder weniger aus den Augen. Erst in der zweiten Verbandsliga-Saison stand wieder ein Spiel der Weinroten an. Der BFC Dynamo war auf Aufstiegskurs, da wollte ich schauen, wie der Stand der Dinge war. Mit einem japanischen Kumpel besuchte ich im März 2004 bei nasskaltem Wetter das Auswärtsspiel beim BFC Preussen. Gegen Ende der Partie dämmerte es bereits, bei schummerigen Licht feierten die eingefleischten BFC-Fans den 3:1-Sieg ausgelassen auf der Tartanbahn. Die Wiederkehr in die Oberliga war fast in trockenen Tüchern. Und auch im Landespokal war noch einiges möglich. Im Viertelfinale gab es daheim ein 1:0 zu sehen. Der Gegner: Wieder der BFC Preussen. Etwas Pyrotechnik und recht passable Stimmung auf den Rängen ließen mein Herz frohlocken. Ja, hier ging wieder was. Totgesagte leben in der Tat länger.

Für Aufsehen sorgten mitgebrachte Fladenbrote, die von einigen BFCern kurzerhand ausgehöhlt und als Klatschpappen, äh, Klatschbrote genutzt wurden. Im Anschluss landete ein Großteil im Innenraum hinter den damals noch auf dieser Seite befindlichen Trainerbänken. Sicherlich lässt sich über solch eine Aktion abendelang streiten, doch meiner Meinung war solch eine Art der Provokation immer noch besser als körperliche Übergriffe oder verbale Angriffe, die brachial unter die Gürtellinie gehen. Fakt ist jedoch, dass der Verein im Frühjahr 2004 in der Öffentlichkeit wieder einmal in die rechte Ecke gerückt wurde. Das Team von Yesilyurt rächte sich eh auf sportliche Weise und zog mit einem 2:1-Sieg ins Berliner Pokalfinale ein.

+++ BFC Dynamo beim BFC Preussen (2004) +++

+++ Fladenbrot-Aktion gegen Yesilyurt (2004) +++

Nach dem überzeugenden 4:1-Auswärtssieg beim BFC Germania 1888 folgte das Halbfinale im Berliner Landespokal. Gegner war der damalige Oberligist SV Yesilyurt 1973. Mittlerweile ist dieser Klub von der Bildfläche verschwunden. Über 2.000 Zuschauer kamen ins Sportforum. Für die Heimfans war nur die Sitzplatztribüne geöffnet, die gesamte Gegengerade wurde den wenigen grün-weißen Gästefans zur Verfügung gestellt. Die Stimmung war so gut wie seit dem Relegationsspiel gegen Magdeburg nicht mehr. Dicht an dicht saßen bzw. standen die BFC-Fans und unterstützten ihr Team beim schweren Pokalspiel gegen den höherklassigen Favoriten.

Sei, wie es sei. Die Rückkehr in die Oberliga Nordost war geschafft. Was vor drei Jahren noch nach Tristesse schnupperte, ließ nun die weinrote Anhängerschaft ein stückweit frohlocken. Mal wieder nach Wismar, Rathenow und Babelsberg! Und so ging es mit Schwung in die kommenden Oberligazeiten, die Zuschauerzahlen konnten sich sehen lassen und erreichten nicht selten die 1.000er Marke. Bereits am zweiten Spieltag musste der BFC im Babelsberger Karl-Liebknecht-Stadion antreten. Am Ende der Partie gab es sogleich einen Platzsturm, bei dem bedauerlicherweise ein Ordner erheblich verletzt wurde. Ich hatte zu jenem Spiel wieder den japanischen Kumpel

+++ Platzsturm in Babelsberg (2004) +++

mitgenommen. Im Vorfeld hatte ich zwei Pressekarten organisiert und somit konnten wir das Geschehen von sicherer Position aus beobachten und erstmals in digitaler Form festhalten.

Dank der nagelneuen Digitalkamera konnte ich die Fotorubrik auf meiner privaten Webseite weiter ausbauen. Das erste Feedback ließ nicht lange auf sich warten. Meine Fotostrecken und Kurzberichte machten im Internet die Runde und Mitte Oktober 2004 fragte ein dänischer Journalist aus Aarhus bei mir an und bat um Hilfe. Ob ich denn Leute kennen würde und ob ich Kontakte herstellen könnte. Er plane eine TV-Doku und würde zwecks Recherche in Kürze in Berlin vorbeischauen. Ob ich ein bestimmtes Spiel empfehlen könnte. Meine Antwort: Auswärtsspiel bei Türkiyemspor Berlin im Kreuzberger Katzbachstadion am 21. November 2004!

Gebongt. Er kam zwei Tage vor dem besagten Spiel nach Berlin gedüst und war in unserer Wohnung unser Gast. Wir quatschten viel, saßen abends lange zusammen und ich rief ein paar mir bekannte Gesichter aus dem Umfeld des BFC Dynamo an. Ein paar

coole Klamotten wollte der Däne noch kaufen. Okay, kurz überlegt und am nächsten Tag zum BFC-Shop nach Hohenschönhausen gefahren. Er wollte das Ganze gleich kombinieren. Ein bisschen schmökern, ein cooles Shirt kaufen und die Betreiber des Geschäfts bzw. allseits bekannten Tattoo-Studios um ein Interview bitten. Ob das eine gute Idee war, bezweifelte ich stark. Ich ließ ihn einfach machen und hielt mich vor Ort in diesem skurrilen Shop im Hintergrund. Der zirka 40-jährige Däne, der als blonder Zwei-Meter-Hüne mit stylischer Jacke samt Fellkragen daherkam, sorgte in der Tat für Aufsehen, als er den Laden betrat. Als er auf Englisch irgendwas von Dokus, Hooligans, Aarhus und White Pride faselte, wurde der Däne dem glatzköpfigen, stark tätowierten Mann hinter dem Verkaufstresen mehr als suspekt. Was? Den Besitzer des Ladens ein paar Fragen stellen? Er sei auswärts essen, so die knappe Antwort. Kein Problem, er könne gern hier warten und sich so lange in Ruhe umschauen, erklärte mein neuer dänischer Kumpel. Warten? Es schien wieder einmal sich der berühmte Gitarrenkoffer aus dem Film Desperado zu öffnen.

Nein besser nicht! Sich kurz im Laden umschauen, okay! Aber keine Fragen, bitte! Klamotten anprobieren, kaufen und dann gehen! Ich stand indes an der Tür und schaute scheinbar desinteressiert in die Weltgeschichte. Ja, ich war wirklich froh, als der Däne endlich sein hartnäckiges Nachfragen eingestellt hatte und mit mir diesen Laden verließ.

+++ Zu Gast bei Türkiyemspor Berlin (2004) +++

Glücklicherweise verhielt er sich beim Oberligaspiel im Katzbachstadion durchaus zurückhaltender. Gut so, denn ich hatte bereits schlimmstes befürchtet und es fast bereut, seine im Oktober erhaltene Mail beantwortet zu haben. Ich dachte schon, White Pride aus Aarhus versuchte über mich einen Brückenkopf nach Berlin zu schlagen und die TV-Doku sei nur ein Vorwand.

Für das Spiel bei Türkiyemspor im Katzbachstadion hatte der Däne einen jungen Fotografen mitgebracht, der allerdings so ziemlich die Hose voll hatte und eine unterirdische Leistung ablieferte. So ein Mist, da seien ja meine mit der kleinen digitalen Kompaktkamera gemachten Bilder um Längen besser als der Schrott des von sich selbst überaus überzeugten Fotografen, so der Däne. Während ich das eine oder andere hübsche Motiv von den BFC-Fans anfertigte, turnte

der Fotograf irgendwo auf der anderen Seite auf der Tartanbahn herum und lichtete wohl den Schiedsrichterassistenten und den älteren Türkiyemspor-Fan mit seiner traditionellen Sackpfeife ab. Action, ich brauche Emotionen, erklärte der Däne immer wieder. Es half nichts. Echte Action-Fotos bekam er so oder so nicht.

1.051 Zuschauer hatten das Duell besucht, rund 800 BFC-Fans hatten sich auf der Gegengerade eingefunden und feuerten ihr Team recht lautstark an. Leider gab es an jenem Nachmittag keine Tore zu sehen, so dass ein kleiner Jubelorkan oder größere Provokationen ausblieben. Die einzigen, die provozierten, waren die Polizisten, die nach Spielschluss unnötig dicht mit Hund und Helm aufmarschierten. Der weinrote Tross ließ sich jedoch nicht weiter beirren und zog – von dem einen oder anderen Verbalgeplänkel mal abgesehen – friedlich von dannen. Auf 180 war indes der Fanbeauftragte Rainer Lüdtke, der mit einzelnen Polizisten, die ihre bellenden Hunde recht locker an der Leine hielten, hitzige Diskussionen führte. Am Ende war der dänische Fernsehjournalist recht zufrieden mit dem Tag und kündigte an, Anfang nächsten Jahres wieder nach Berlin zu kommen. Das Angebot, im Rahmen einer TV-Dokumentation mit ihm richtig tief in die Hooliganszene einzutauchen, lehnte ich allerdings dankend ab.

+++ Zu Gast bei Türkiyemspor Berlin (2004) +++

Durchaus hitzig ging es am Ende der Oberliga-Saison zu. Am 24. April 2005 trat der BFC Dynamo beim von den Fans überaus verhassten SV Yesilyurt 73 an. Auswärtsspiel im Jahn-Sportpark. Die weinrote Anhängerschaft belegte eine Kurve und ließ sich bei praller Sonne auf den roten, gelben und grünen Plastiksitzen nieder. „Auf Dynamo, auf Dynamo, auf, auf!", ertönte es immer wieder. Support im Sitzen. Fäuste hoch. „Huuuurrrra!", „Alle sind wir da, alle sind wir da, außer Erich Honecker!" Aufgestanden wurde immerhin, als die Tore fielen. 1:0 für die Weinroten nach 25 Minuten. In der 38. Minute trat Dennis Kutrieb zum Elfmeterpunkt. Strafstoß für den BFC Dynamo. Gemeinsames Anklatschen. Drin war der Ball. Ein Jubel, der ein wenig an die Jungs des Millwall FC aus der legendären BBC-Reportage ‚Hooligans' erinnerte. Anschließend wieder das typische „Dy-na-mo!" und der Griff zum Bierbecher.

+++ Oberligaalltag gegen Yesilyurt (2005) +++

Kurz nach der Pause legte Danny Kukulies zum 3:0 nach. Der 1:3-Anschlusstreffer des SV Yesilyurt war nur ein kleiner Betriebsunfall, denn sechs Minuten vor Abpfiff konnte Robert Rudwaleit zum 4:1 für den einstigen DDR-Serienmeister erhöhen. Gute Laune in der Kurve, die Spieler kamen nach Spielschluss zum Feiern an den Zaun. Lautstark ertönte ein „Deutscher Meister BFC!". Was zu jenem Zeitpunkt behelmte Einsatzkräfte der Berliner Polizei im Block zu suchen hat-

ten, konnte niemand so recht erklären. Ein paar Fans hingen feiernd am Zaun – na und?! Die Polizisten liefen unten durch den Block, erste Pfiffe ertönten. Bewegung im Block und es dauerte nicht lange, bis von oben die ersten Bierbecher geflogen kamen. Allerdings trafen diese eher die eigenen Fans, der Inhalt entleerte sich bereits während des Fluges in der Luft. Die Lage beruhigte sich wieder und Mannschaft und Fans feierten gemeinsam weiter.

Als jedoch die Spieler langsam den Weg in Richtung Kabine antraten, kam es unten am Zaun zu einer kleinen Rangelei zwischen Fans und Polizei. Wie auf Knopfdruck gab es plötzlich eine Dusche. Wasser marsch! Die Polizeibeamten hatten im Vorfeld bereits vorgesorgt und einen Feuerwehrschlauch vor der Kurve verlegt. Es schien wie abgesprochen. Nur zwei Sekunden nachdem es etwas hitzig zu werden drohte, richtete ein Polizist vom Innenraum aus den Wasserstrahl auf die weinrote Anhängerschaft. Wasser für alle! Völlig verrückt. Da niemand so recht wusste, ob es bei purem Wasser bleiben würde, wurde es auf den Rängen hektisch und zahlreiche Fans drängten nach oben. Das Erstaunliche: Auch jetzt gab es keinen Hassgesang (bis auf einzelne Unmutsbekundungen) oder den typischen ACAB-Schlachtruf. Es blieb bei Pfiffen und einem immer wieder kehrenden „Dy-na-mo!" Völlig schräg das Ganze. Konnte einer sagen, was er wollte. Es schien ein Übungseinsatz der Polizei gewesen zu sein. Vom Nachbarblock aus beobachten die Kollegen in Zivil das Geschehen und sammelten gewiss neue Erkenntnisse. Praktisch war, dass auch ich wieder mal dazulernen konnte und zudem mit der kleinen Digitalkamera Videosequenzen zur späteren Auswertung anfertigte.

War es ein warm-up für die kommende Spielzeit? Die Saison 2005/06 war schließlich überaus wichtig, was die Sicherheit in den Stadien anging. Die Fußballweltmeisterschaft 2006 stand vor der Tür und Politiker, Behörden und Verband schauten mit Argusaugen,

was sich in den deutschen Fankurven tat. Von der Bundesliga bis hinunter in die Oberligen. Und dann das noch! Der BFC Dynamo und der 1. FC Union Berlin spielten wieder in einer Liga. Die Eisernen waren von der zweiten Bundesliga in die Viertklassigkeit abgerutscht und mussten somit nach längerer Zeit wieder die Klingen mit dem Rivalen aus Hohenschönhausen kreuzen.

Die Saison fing alles andere als gut an. Zum Auftakt gab es beim SV Yesilyurt vor 1.418 Zuschauern eine 1:2-Niederlage, es folgte ein 1:2 gegen den Ludwigsfelder FC im heimischen Sportforum vor 1.156 Fans. Bereits am dritten Spieltag kam es in Köpenick zum Aufeinandertreffen der Ostberliner Erzfeinde. Sportlich angeschlagen machte sich die Mannschaft auf den Weg zum Stadion An der Alten Försterei. Und im wahrsten Sinne des Wortes angeschlagen waren auch

etliche Anhänger des BFC Dynamo. Am Abend zuvor gab es in der Diskothek Jeton an der Frankfurter Allee einen höchst unerfreulichen Polizeieinsatz, bei dem etliche Besucher verletzt wurden. Unter ihnen waren auch Fußballfans aus Schweden und Schottland und sogar einige Anhänger des FC St. Pauli. Es war eine wirklich üble Angelegenheit und die Mannschaft des BFC überlegte, ob sie am 21. August 2005 überhaupt zum Derby antreten soll.

Letztendlich tat sie das und auch rund viertausend weinrote Fans fanden sich im erweiterten Gästeblock der Alten Försterei ein, um ihr Team zu unterstützen. Vor dem Derby fragte ich meinen jüngeren Bruder, wo wir uns reinstellen wollen: „Olaf, wat meinste? Gästeblock oder Gegengerade? Ich überlasse dir die Entscheidung. Denke aber bitte an die gestrige Polizeiaktion. Niemand weiß, was heute passieren wird.

Wir können gern auf die Gegengerade gehen und uns dort an die Ecke mit Blick auf die BFCer stellen. Kein Ding, geht voll in Ordnung!"

Mein Brüderchen zog in der Tat die Gegengerade vor und somit kauften wir die Tickets und stellten uns unter die Unioner. Pralle Hitze. Gut gefüllte Ränge. 14.020 Zuschauer. Am Zaun des Gästeblocks wurde kurz vor Anpfiff ein riesiges Banner mit der Aufschrift „Zensiert. Berliner Fußballclub Dynamo. Zensiert." befestigt. Auf der Waldseite zog die Eiserne Ultrà-Szene eine riesige rot-weiße Folie hoch. „1. Fußballclub Union Berlin". Dazu gab es etliche hochgehaltene Zettel, auf denen „Scheiß Dynamo", „Smash Dynamo" und „Dynamo Pack" zu lesen war. Unten am Zaun hatten noch die ‚Brigade Köpenick', die ‚East Devils' und die ‚Massaker Amigos' die vorderen Banner-Plätze. Das Banner des Wuhlesyndikats hing in den ersten Jahren noch auf der Gegengerade und rückte erst ab 2006/07 auf die Waldseite. So war es beim späteren Duell gegen den 1. FC Magdeburg am Zaun in der Ecke am Sprecherturm zu sehen.

Knackig hatte das Ostberliner Derby im August 2005 begonnen, doch schnell wurde das Ganze auf dem grünen Rasen zur Farce. Die Mannschaft des BFC war völlig von der Rolle. Ohne wirkliche Gegenwehr konnten die Eisernen den verhassten Rivalen nach Strich und Faden vorführen und ihm ordentlich was einschenken. Nachdem Torsten Mattuschka zwei Tore geschossen hatte und der 1. FC Union Berlin demzufolge nach gut einer halben Stunde 2:0 geführt hatte, war der Drops bereits gelutscht. Der BFC brach völlig auseinander. In der zweiten Halbzeit gab es ein einziges Scheibenschießen. Jörg Heinrich traf einmal, Jack Grubert zweimal und der Publikumsliebling Karim Benyamina sogar dreimal. 8:0 der Endstand. Ein Desaster für die Gäste. Besser, sie hätten das Spiel aufgrund des hässlichen Vorfalls im Jeton wirklich boykottiert.

+++ [illegible] 4.000 BFC-Fans im Stadion An der Alten Försterei (2005) +++

Immerhin 1.022 Zuschauer hatten sich beim nächsten Heimspiel im Sportforum Hohenschönhausen eingefunden. Gegner war der BFC Preussen, der mittlerweile auch den Sprung in die Oberliga Nordost Nord geschafft hatte. 0:1 der Endstand, der BFC Dynamo rutschte immer tiefer rein. Als anschließend auch noch das Auswärtsspiel in Babelsberg mit 1:3 vergeigt wurde, hing der Haussegen richtig schief. Was nun nur noch half, war eine echte Serie. Und was soll man sagen? Sie folgte! Am 17. September 2005 platzte beim Heimspiel gegen die U23 des FC Hansa Rostock der Knoten. 4:0 der Endstand, darauf ließ sich aufbauen. Elf Spiele in Folge blieb der BFC Dynamo ungeschlagen, achtmal gingen die Weinroten, unter anderen bei Tennis Borussia Berlin, als Sieger vom Platz, dreimal gab es ein Remis.

So auch am 30. Oktober 2005 beim Heimspiel gegen Türkiyemspor Berlin. 1.357 Zuschauer wollten diese Partie sehen. Als Deniz Aydogdu in der 73. Minute zum 2:0 für die türkischen Gäste traf, dachte wohl jeder im weiten Rund, dass dies das Ende der Serie bedeuten würde. Hoffnung in der 81. Minute. Hendryk Lau machte den 1:2-Anschlusstreffer. Das Publikum war wieder wach. Hier ging noch was! Aber hallo! Als drei Minuten vor Schluss Falk Jarling den Ausgleich klarmachte, hätte man meinen können, dies sei das entscheidende Tor zur Meisterschale. Fans um die 40, mit Bierbecher in der Hand, hüpften auf den blauen Sitzschalen der Haupttribüne wie kleine Kinder. Kollektives Durchdrehen. „Hurra, hurra, der BFC ist da!" Manch einer stampfte noch Minuten nach dem Ausgleich auf den Stufen, andere hingen am Zaun. Nach Abpfiff kam Spielführer Jörn Lenz, genannt ‚Lenzer', auf die Ränge, setzte sich auf einen Sitz und verteilte lächelnd Autogramme. Mit den Worten „Macht´s jut, ja!" schob er sich anschließend durch den Zaun und marschierte in Richtung Kabine.

Ein Ende fand die Serie ausgerechnet vor dem Duell gegen den 1. FC Union Berlin. In Ludwigsfelde wurde

0:1 verloren. Allerdings war trotzdem klar, dass sich die Mannschaft gegen die Eisernen anders präsentieren würde als beim Hinspiel. Hitzig waren die Diskussionen im Vorfeld des Stadtduells. Grillen oder aktiver Support – das war die große Frage bei der Fanszene des 1. FC Union Berlin. Einiges deutete daraufhin, dass die Ultras und ein weiterer Großteil der aktiven Fans lieber in Köpenick bleiben und am Ufer der Spree ein paar Würstchen auflegen.

+++ Gegengerade beim Ostberliner Derby in HSH (2006) +++

Wie ich so etwas finde? Ganz ehrlich? Zum Kotzen! Und das meine ich generell. Ganz egal, wer wen wo und wann boykottiert. Immer wieder wurde ich Zeuge, als irgendjemand boykottiert wurde. Babelsberg und Tennis Borussia Berlin reisten allzu oft ohne Fans nach Berlin-Hohenschönhausen. Kein Geld dem verhassten Verein. Andersrum war auch immer wieder ein Boykott im Gespräch. Kein Geld für scheiß TeBe. Ich finde Fanboykotts seit jeher grässlich. Die deutschlandweite Aktion ‚12:12' mal ausgenommen. Proteste gegen Verband und Behörden ergeben immer einen Sinn. Doch freiwillig einem Derby fernbleiben? Dem verhassten Gegner vor Ort kein Paroli bieten? Derzeit ist ein möglicher Fanboykott bei Auswärtsspielen beim Zweitligaaufsteiger RB Leipzig im Gespräch. So möchte ein Großteil der Braunschweiger Fans nicht zum Brauseklub reisen und somit ein Zeichen setzen. Ich bleibe skeptisch. War es nicht das bestmögliche Zeichen, das die Anhängerschaft des FC Hansa Ros-

tock im Herbst 2013 setzen konnte? Mit 6.000 Mann nach Leipzig und im Stadion friedlich die Mannschaft zum Sieg gebrüllt. So muss das sein und nicht anders! Dazu eine klare Ansage gegeben: „Scheiß Bullen!" Das sorgte für Aufsehen. Ein leerer Gästeblock hätte indes nicht wirklich jemanden interessiert.

Ich wünschte mir im Mai 2006 einen ansehnlich gefüllten Gästebereich und zog den Hut vor den rund 1.500 Unionern, die trotz Boykott nach Hohenschönhausen fuhren und für ihren geliebten Verein gerade standen. Die Union-Fans, die dem Derby fernblieben, bekamen per Spruchband zu Beginn des Spiels eine Ansage: „WaldbrandGayFahr im Köpenicker Forst – Grillmafia boykottiert Derby und macht sich zum Horst". Nachgelegt wurde auf der Gegengerade mit einem „Homosexuelle Fußballkriminelle – Schwule Syndikat". In der verkrauteten Gästekurve verzichtete man auf provokante Spruchbänder und selbst völlig normale 0815-Zaunfahnen wurden an jenem Nachmittag nicht befestigt. Und doch, ein Spruchband hatten die Anhänger von Union Berlin mitgebracht: „Laaaaaaaangweilig!!!"

Wer mochte es ihnen verdenken. Für die Köpenicker zählte allein die Rückkehr in die Regionalliga. Und für den BFC Dynamo? Ein Punktgewinn hätte sich ganz gewiss prima gemacht in der Derby-Historie. Und es schaute diesbezüglich gut aus. Die Mannschaft spielte couragiert und ging in der 36. Minute dank des Treffers von Tomasz Suwary mit 1:0 in Führung. Flotte Stimmung auf den Rängen. Immer wieder schallte ein kräftiges „Dy-na-mo!" über den Platz. Mit der Führung ging es schließlich zum Pausentee. Das Heimpublikum war überaus zufrieden.

Während ich mit meinem Fußballkumpel Oliver die erste Halbzeit auf der Haupttribüne stand, wechselten wir in der Halbzeitpause rüber zur Gegengerade. Der Grund: Die Hoffnung, dort etwas schneller ein frisch gezapftes Bier zu bekommen. Wie so häufig hakte es im Sportforum mit der schnellen Versorgung der durstigen Fußballfreunde. Union kam im zweiten Spielabschnitt besser ins Spiel und kam folgerichtig nach einer Stunde zum Ausgleich. Der brasilianische Stürmer Daniel Teixeira – genannt ‚Texas' – schlug wieder einmal zu. Meine Güte, dieser Kerl war für

Union ein echter Glücksgriff. Bereits 2001 hatte er das Union-Trikot an und schoss sage und schreibe 18 Tore in 16 Spielen. 2005 wurde er nochmals geholt und wieder überzeugte er mit einer grandiosen Trefferquote: 29 Tore in 50 Partien. Da kann man nur sagen: Muito, muito bem!

+++ Gästeblock beim Derby in HSH (2006) +++

1:1 beim 2006er Derby und es waren noch 30 Minuten zu spielen. Die Gästefans feierten den Ausgleich, von den Heimfans war immer wieder das wütende „Scheiß Union!! Scheiß Union!!" zu vernehmen. Es dauerte nicht lange, bis auf der Gegengerade der erste Rauchtopf brannte, doch noch blieb es friedlich und nichts deutete auf einen möglichen Platzsturm hin. Die Mannschaft des BFC Dynamo kam sogar zu weiteren Chancen und Stadionsprecher Martin Richter ließ in üblicher Manier schon mal verlauten: „Und hier eine Information für die Vertreter der Medien. Der BFC Dynamo bedankt sich an diesem herrlichen Samstag bei 6.471 zahlenden Zuschauern!"

Oliver klopfte mir auf die Schulter und meinte: „Ich versuche uns mal ein Bier zu besorgen!" Ich hatte indes die Kamera griffbereit, denn irgendetwas schien sich am anderen Ende der Gegengerade zu tun. „Wat denn, gleich uff die Fresse hau'n dem Wichser!", hörte ich neben mir. „Los, Knüppel frei!" Im Gästeblock und im Innenraum war Bewegung. Was auf der Gegengerade an der Nahtstelle zur Gästekurve genau passierte, konnte ich von meiner Position aus nicht

erkennen. „Ihr Fotzen!", „Ihr Wichser!" Rings um mich herum waren die BFCer fix auf Adrenalin. Überall hingen Leute am Zaun. Hier schien es in der Tat gleich zu knallen. Und da passierte es! Die ersten waren im Innenraum und rannten in Richtung Union-Kurve. Die Durchsagen des Stadionsprechers nutzten herzlich wenig. Die Sache kam ins Rollen. Es wurde hässlich.

„Da rennen die Joner. Wie Dreijährige!", meinte ein Typ hinter mir. Die Spielfläche füllte sich, immer mehr BFCer stürmten in den Innenraum. Ein Großteil der Unioner trat den Rückzug an. Einige blieben und lieferten sich am Zaun einige Scharmützel. Sand und Kieselsteine wurden geworfen, schon bald bildeten sich rötliche Staubwolken. Als Oliver dann mit zwei Bechern Bier zurückkam, staunte er nicht schlecht. „Alter, was ist denn hier los? War doch alles soweit friedlich. Kaum bin ich weg, geht hier plötzlich die Post ab. Hatte nur das Schreien gehört. Was ist denn passiert?" „Keine Ahnung, kann ich so genau gar nicht sagen. Plötzlich stürmten alle auf den Platz. Lass uns mal weiter vorgehen!", meinte ich nur. Mit laufender Kamera bahnten wir uns den Weg nach vorn, um zu schauen, was vor sich geht. Und was soll man sagen? An vielen Stellen Begeisterung auf den Rängen. Lachen. Gejohle. Klatschen. Amüsement. Viele hielten ihre Kameras oder auch Handys in die Luft und fertigten Aufnahmen an. Brot und Spiele für den Mob.

+++ Platzsturm beim Derby in HSH (2006) +++

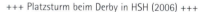

So schien es. Für den Verein sollte dieser Zwischenfall ein großer Rückschritt sein. Im Nachfeld gab es einiges zu knabbern. Da war ganz egal, wer wen provoziert hatte oder ob es wirklich Verletzte gab. Auf den Platz rennende Chaoten und staubiges Getümmel am Zaun sind nun mal sehr medienwirksam. Und das so kurz vor der WM im eigenen Land. Ein Desaster sondergleichen für den BFC Dynamo. Ein gefundenes Fressen für die Medien, die Sicherheitsorgane und den Verband. Und das Derby? Es wurde abgebrochen bzw. nicht wieder angepfiffen. Im Nachfeld wurde es mit 2:0 für den 1. FC Union Berlin gewertet, der couragierte Auftritt der Mannschaft des BFC wurde an jenem Tag nicht belohnt.

Durchatmen. In der Folgezeit musste sich der Verein erst einmal stabilisieren – sportlich und infrastrukturell. Vom Aufstieg konnte erst einmal nicht die Rede sein. Immerhin erreichte der Verein am Ende der Saison 2005/06 den sechsten Platz. Nach dem katastrophalen Start im August 2005 konnte sich das Abschneiden durchaus sehen lassen. In der darauffolgenden Saison bildete das Auswärtsspiel beim SV Babelsberg 03 am letzten Spieltag das Saisonhighlight. Die gut gelaunten Babelsberger waren bereits aufgestiegen und beim BFC Dynamo war etwas Gras über die Sache mit dem Platzsturm gegen den 1. FC Union gewachsen. Obwohl der BFC nur auf Rang zehn zu finden war, reisten rund eintausend Fans nach Potsdam-Babelsberg und legten im Gästeblock des Karl-Liebknecht-Stadions bereits während des Spiels eine lautstarke Uffta hin. In der Babelsberger Nordkurve wurden zu Spielbeginn große Spruchbänder präsentiert: „Vier lange Jahre sind vorbei ... Die Zeit uns fast den Atem raubte ... doch jeder von uns an Euch glaubte ... Forza SV Babelsberg 03" Auf Gästeseite gab es zum einen eine neue Blockfahne zu sehen, zum anderen trugen manche BFCer bemerkenswerte

+++ Babelsberger Nordkurve beim Spiel gegen BFC Dynamo (2007) +

T-Shirts. Hinten auf dem Rücken zu lesen: „A.C.A.B. – Schieß doch, Bulle!" Dazu noch ein Fadenkreuz. Kein Wunder, dass es am Einlass vor dem Spiel reichlich Diskussionsbedarf zwischen Polizei und Shirt-Trägern gab.

Insgesamt 3.282 Zuschauer wollten das Oberligaduell sehen und auf dem Rasen entwickelte sich eine überaus muntere Partie. Komplett außer Rand und Band war die weinrote Gemeinschaft, als Jörn Lenz in der vorletzten Minute mit einem Hammerschuss das 1:0 für die Dynamischen besorgte. Kollektiver Massenwahn. Kollektives Ausrasten vor Freude. Rauf den Zaun! Springen, hüpfen, sich umarmen. Es schien in jenem Moment, als sei nicht Babelsberg, sondern der Gast aus Berlin-Hohenschönhausen aufgestiegen. Ich filmte und brüllte dabei immer wieder in die Kamera. „Jawohl, jawohl!!!" Auch wenn der Sieg gegen Babelsberg sportlich betrachtet keinen großen Wert hatte, so war das Last-Minute-1:0 vom Lenzer doch ein Befreiungsschlag. Diese bleierne Schwere nach dem Union-Spiel wurde an jenem Nachmittag im immer wieder hervorragenden Gästeblock des Karl-Liebknecht-Stadions mit einem Schlag abgelegt. Nach dem Spiel ging die Party auf dem Bahnsteig des S-Bahnhofs Babelsberg weiter. Die S-Bahn konnte nicht abfahren. Ein ständiges Rein und Raus. Behelmte Polizeibeamte kamen anmarschiert. Schon bald gab es in klassischer Manier erste Schubsereien. Reichlich Bier flog, Zivilpolizisten mit grünen Leibchen schoben sich dazwischen und beruhigten die Situation. Später am Hauptbahnhof wurden noch vereinzelte BFCer von behelmten Einsatzkräften unsanft aus der S-Bahn gezogen und auf dem Bahnsteigboden fixiert.

Beim BFC Dynamo ging wieder was! In der Saison 2007/08 ergab sich die große Möglichkeit, den Sprung in die Regionalliga zu packen, ohne Erster werden zu müssen. Dank der Umstrukturierung (Einführung der dritten Liga) stiegen die ersten drei Teams direkt auf, der Vierte spielte gegen den Vierten der Südstaffel

+++ Bemerkenswertes T-Shirt eines BFC-Fans (2007) +++

eine Aufstiegsrunde aus. Das musste jetzt einfach mal passen! Die Euphorie war groß. So fuhren im Dezember 2007 weit über eintausend BFC-Fans zum Auswärtsspiel beim FC Hansa Rostock II, um ihr Team in extra angefertigten weinroten Plastikleibchen zu unterstützen. Vierter gegen Dritter. In diesem Spiel sollte die weitere Richtung vorgegeben werden.

„Olaf, wie schaut's aus? Kommste mit nach Rostock? Nehmen wir am besten deine Kumpels auch noch mit! Wird ne prima Tour!", ermunterte ich meinen Bruder, der sofort zusagte und eine kleine Truppe zusammenstellte. Mit reichlichen Getränken an Bord ging's im Regionalexpress hoch an die Küste. Hoch die Tassen, Musik an. Die von Olaf zusammengestellte Reisegesellschaft war bereits bei Ankunft in der Hansestadt Rostock ziemlich straff. Lässig die Zigaretten angezündet in der Bahnhofshalle direkt vor einer Polizeikette. Die Beamten trauten ihren Augen nicht. Hier ist Rauchverbot! Kurze, aber deftige Diskussion. Ich ging dazwischen und beruhigte die Lage. Ich solle besser auf meine Jungs aufpassen, wurde mir mit auf den Weg gegeben. Klar doch, keine Frage, werde ich tun! „So, Jungs, wo ist der nächste Kiosk? Wer holt Bier?"

+++ Die VMC-Crew mit dabei in Rostock +++

Zu Fuß ging es in aller Ruhe zum Ostseestadion, wo es sich vor dem Einlass zum Gästeblock bereits mächtig staute. „Hier regiert der BFC!", ertönte es wenig später im ordentlich gefüllten Gästeblock. Auf Heimseite schauten rund 700 Zuschauer vorbei, die vom im gegenüberliegenden Stehblock aus die U23 des FC Hansa unterstützten. Die Südtribüne und die zum Gästeblock ebenfalls angrenzende Gegengerade blieben an jenem Nachmittag geschlossen.

+++ Zu Gast beim F.C. Hansa Rostock II (2007) +++

Ähnlich wie bei Lenzers 1:0-Siegtreffer in Babelsberg explodierte die Stimmung auch in Rostock, als Christian Rauch in der 23. Minute das 1:0 für die Berliner schoss. Der weinrote Mob brodelte und ich brach mir an der Plexiglasscheibe beim Jubel fast die rechte Hand. Mit der linken Hand hielt ich die Kamera, mit der rechten trommelte ich wie ein Bekloppter gegen die Trennwand. Die Stimmung im Gästeblock war mehr als regionalligatauglich. Der Support war erste Sahne – und das ohne Vorsänger. Ganz klassisch halt. Die Schlachtrufe ergaben sich automatisch aus der Situation heraus. Wie es vor der Zeit der Ultras überall möglich war. Und wer meint, ein geschlossener, brachialer Support sei ohne Vorsänger nicht möglich, der wurde an jenem Dezembernachmittag 2007 eines Besseren belehrt!

In der 58. Minute konnte Marcel Schied für den FC Hansa Rostock II zum 1:1 ausgleichen, doch am Ende war die weinrote Anhängerschaft über den in Rostock eingefahrenen Punkt überaus zufrieden. „Auf geht´s weinrot-weiße Jungs, schießt ein Tor für uns!", hallte es immer wieder durch das Ostseestadion. Minutenlang wurde nach dem Spiel gemeinsam mit der Mannschaft euphorisch gefeiert. In einer Ecke brannte ein kleiner Plastikhaufen, grüne Leuchtkugeln flogen in Richtung Südtribüne, etliche Fans kletterten auf die Plexiglasabsperrung, immer wieder wanderte die Blockfahne durch die Reihen.

Nicht mit Shuttle-Bussen, sondern zu Fuß erfolgte der Rückweg zum Hauptbahnhof. Flotten Schrittes begleiteten zahlreiche polizeiliche Einsatzkräfte den Marsch. In der Innenstadt zog sich manch einer schon mal die Kapuze hoch und die allseits bekannten Rufe „All Cops ...", „Deutsche Polizisten ..." und „Mörder! Mörder!" ertönten aus den vorderen Reihen.

Vor dem in einem hohen Neubaublock befindlichen ‚Sun-City' folgte ein „Na watt denn, na watt denn?" und der Tross kam zum Stehen. In englischer Manier wollten sich ein paar Jungs Zutritt zum Sonnenstudio verschaffen und rempelten dabei tänzelnd die postierten Beamten an. Millwall ließ grüßen. „Ooh, oh, oh, oh, ooooho!" Olaf und seine Kumpels waren ebenfalls schon heiß und ließen sich von der lustig-aggressiven Grundstimmung anstecken. Oh Mann, wer häufig als aktiver Fan zum Fußball geht, kennt einfach diese Situation. Ja, es juckte ein wenig, doch der Verstand sagte klipp und klar: Benimm, dich Alter!

Im Februar 2008 geriet die Mannschaft des BFC Dynamo aus der Spur. Drei Niederlagen in Folge. 1:2 in Lichterfelde, 1:2 gegen Tabellenführer Hertha BSC II vor 1.035 Zuschauern und ein 0:1 in Torgelow vor ebenfalls eintausend Zuschauern. Der BFC rutschte ab auf Rang sieben und drohte den Anschluss an die oberen vier Plätze zu verlieren. Nun stand das Tor zur Regionalliga einmal sperrangelweit auf und die Hohenschönhausener schienen selbst diese dicke Aufstiegschance nicht wahrnehmen zu können. Hoff-

nung machte am 29. März 2008 der 2:1-Sieg gegen Tennis Borussia Berlin vor 1.100 Zuschauern, doch am Ende der Saison wurde der Sprung in die Regionalliga denkbar knapp verpasst. Die drei Siege in Folge zum Saisonabschluss hatten nichts mehr genützt. Rang fünf war der Stand der Dinge. Hertha BSC II, der FC Hansa Rostock II und Türkiyemspor Berlin stiegen direkt auf, der Greifswalder SV scheiterte in der Relegation am FC Sachsen Leipzig (2:4 und 2:2). Apropos, über eine Aufstiegsrunde packte noch ein anderer Leipziger Verein in jenem Sommer den Sprung nach oben. Gegen den FC Schönberg 95 setzte sich der 1. FC Lokomotive Leipzig denkbar knapp mit 1:2 und 1:0 durch und war nun nach dem Neustart in der Kreisliga wieder ein Oberligist.

2008/09 gab es beim BFC ein anderes Problem. Die von Volkan Uluc trainierte Mannschaft spielte eine ordentliche Saison, doch an der Tabellenspitze zog Tennis Borussia Berlin seine Kreise – und das mit gehörigem Abstand. 23 Siege konnte TeBe in den 30

+ 1.400 BFC-Fans im Mommsenstadion (2008) +++

Saisonspielen einfahren, da war für den BFC Dynamo schlichtweg kein Herankommen. Anfangs sah es jedoch nach einem packenden Zweikampf aus. Der BFC startete mit einer beachtlichen Serie von acht Siegen und zwei Unentschieden in die Saison. Zwei 0:1-Niederlagen im November 2008 bremsten die Weinroten ein wenig aus. Nachdem jedoch am 29. November gegen den Lichterfelder FC mit 4:2 gewonnen wurde, fuhren zirka 1.300 BFC-Fans optimistisch zum Spitzenspiel im Mommsenstadion. Insgesamt 2.047 Zuschauer bildeten am 7. Dezember 2008 eine würdige Kulisse. Während sich die TeBe-Fans auf dem Oberrang der alten Haupttribüne mit einer kleinen Choreo für den ‚Goldenen Herbst' bedankten (der damalige Trainer hieß Thomas Herbst), schwenkten die Gästefans auf der fast komplett geöffneten Gegengerade hunderte weinrote Fähnchen. Keine nennenswerten Provokationen, keine Pyrotechnik, bislang keine Probleme.

+++ TeBe-Fans auf der Haupttribüne (2008) +++

Ausgelassene Stimmung, nachdem Reno Zelm nach einer Viertelstunde mit seinem ersten Saisontor die Ostberliner mit 1:0 in Führung gebracht hatte. Niemand konnte zu jenem Zeitpunkt ahnen, dass es wenig später dermaßen hässlich werden würde. In der 23. Minute machte Ertan Turan den Ausgleich für die Veilchen klar, mit dem Spielstand von 1:1 ging es in die Halbzeitpause. Es war die Ruhe vor dem Sturm. Die zweiten 45 Minuten wurden angepfiffen und der Tabellenführer aus Charlottenburg konnte das Spiel

bestimmen und ging nicht unverdient in der 52. Minute mit 2:1 in Führung. Zehn Minuten später legte TeBe zum 3:1 nach. Die Partie schien gelaufen, im Gästebereich kehrte Ruhe ein.

Aus dem Nichts stiegen zwei unbekannte Personen auf den Zaun. Ein Böller flog in den Innenraum. Völlig unnötig, aber ganz gewiss keine große Sache. Eigentlich. Für die bereitstehenden Einsatzkräfte der Berliner Polizei war dies Grund genug, um in voller Montur mit Pfefferspray und Knüppel durch den Gästeblock zu marschieren. Wut kam auf. Einzelne Bierbecher flogen durch die Luft. „Na wat denn?", ertönte es immer wieder. Ein paar mutige BFCer versuchten zu beschwichtigen und stellten sich zwischen martialisch anrollender Polizei und die aufgebrachten Fans. „Lasst euch doch nicht provozieren!" Leicht gesagt beim Anblick der schmerzfrei vorrückenden Einsatzkräfte, welche die Reizgaspullen bereits abschussbereit in den Händen hielten. Was bitte schön war der Grund für dieses Einreiten? Die zwei Bekloppten auf dem Zaun? Die ein, zwei Böller, die auf der Tartanbahn landeten? Diese hätte jede eingeschleuste Person werfen können. Jeder Außenstehende, der dem Verein bzw. seinen Fans massiven Schaden zufügen wollte.

Ich verfolgte das Geschehen seit nun mehr etlichen Jahren und befürwortete wahrlich nicht den 2004er Platzsturm in Babelsberg und schon gar nicht den 2006er Platzsturm gegen den 1. FC Union Berlin, doch in diesem Fall wurde eine Nichtigkeit als Vorwand für einen geplanten Polizeieinsatz genommen. Zu beweisen war nichts, doch roch das Ganze verdammt nach einer abgekaterten Sache. Es dauerte nicht sehr lange, bis die ersten Portionen Pfefferspray verteilt wurden. Nicht wenige hatten bereits mit dem brennenden Scheißzeug zu kämpfen, doch das war erst der Anfang! Anstatt endlich mal gut sein zu lassen, rückten die Polizeibeamten weiter vor. Was genau sie eigentlich im hinteren Bereich des Gästeblocks anstellen wollten, entzog sich meiner Kenntnis. Und nein, obwohl zahlreiche BFCer bereits eine ätzende Portion ins Gesicht bekommen hatten, gab es für die Beamten keineswegs aus Maul. Man hielt sich zurück. Manch einer war einfach nur sprachlos.

+++ Pfefferspray-Einsatz bei TeBe (2008) +++

Vor den mobilen Klohäuschen kam es zu ersten Rangeleien. Unterstützt von einer weiteren Einheit marschierte die Polizisten nun einmal auf und ab. Wie am Ende einer 1. Mai-Demonstration am Kottbusser Tor. Immer wieder sprühten Beamte das Spray aus kürzester Distanz mitten in die Gesichter der Umstehenden. Beim Filmen hatte es auch mich getroffen. Volle Granate gezielt in die Augen. Dank meiner Brille verzögerte sich die fatale Wirkung um ein paar Minuten. In diesem ganzen Chaos verstand ich erst gar nicht recht. Ich warf einen Blick auf die Brillengläser. Hatte es geregnet? Was zur Hölle! Das Ganze war echt die Höhe. Hätte es bei manch einem nun völlig ausgeklinkt, wäre das durchaus nachvollziehbar gewesen. Warum sollte man sich solch eine Scheiße auch gefallen lassen?

Ein Zwei-Meter-Hüne mit Helm und Reizgaspulle sicherte von hinten die langsam abrückende Polizei ab. Einfach mal so drehte er sich plötzlich um, rempelte einen wehrlosen, nichts machenden Fan um, schob ihn gegen ein Dixi-Klo und gab ihm volle Kanne eine weitere Portion Pfefferspray ins bereits bren-

nende Gesicht. Das war ja an Widerlichkeit kaum zu überbieten. Fast im Sekundentakt sprühte die Truppe munter die aggressive Flüssigkeit auf die umherstehenden Leute. Wo hätten sie auch sonst stehen sollen? In Luft auflösen konnte sich niemand. Es gab nur einen Ausgang – und zwar den am anderen Ende des Blocks.

Ich holte kurz Luft und filmte mein Gesicht und meine Brille, auf der die zahlreichen Tropfen zu sehen waren. Viel Zeit zum Durchatmen blieb jedoch nicht. Direkt neben mir nahm ein Polizist einen Fan von hinten in den Würgegriff und warf ihn zu Boden. Meine Güte, nachdem der Typ auf den Stufen lag, zog sich der Beamte wieder zurück. Bei dieser Aktion hätte man sich locker ein Bein und einen Arm brechen können. Schien aber nicht weiter zu jucken. Bei diesem Einsatz fiel man echt vom Glauben ab. Ich dachte wahrlich, ich sei im falschen Film. Nun hatte ich schon einiges miterleben dürfen, doch dieses Szenario war einfach nur absurd. Und dann noch das! Der Einsatzleiter stand umringt von seinen behelmten Kollegen seelenruhig mit schwarzer Wollmütze und nestelte an seinem Funkgerät. Er schüttelte nur leicht den Kopf und drückte sich den Knopf in sein linkes Ohr. An den nächsten Tagen konnte ich auf youtube und in den Zeitungen sehen, dass er wenig später beim Rückzug seiner Truppe einem telefonierenden Fan eine mit der Faust verpasst hatte.

+++ Pfefferspray-Tropfen auf der Brille ... (2008) +++

Das Geschehen auf dem Rasen wurde zur Nebensache, mit 2:4 hatte der BFC Dynamo das Spitzenspiel verloren. Ich telefonierte kurz vor Abpfiff mit Oliver und Andreas und erklärte ihnen, dass ich draußen zu finden sei. Verdammter Mist! Das Reizgas begann nun richtig zu brennen. Die Haut glühte, die Augen tränten und schwollen zu. Gemeinsam mit Andreas trottete ich den Waldweg in Richtung S-Bahnhof entlang. „Ich wollte es ja nicht anders, nun sehe ich so richtig scheiße aus ...", quatschte ich gequält lachend in meine eigene Kamera. Galgenhumor. Mehr nicht. Mir ging es richtig schlecht. Ich war ein Fall für die Sanitäter. Die am S-Bahnhof postierten Polizisten waren kooperativ und freundlich und führten mich sogleich zu einem Rettungswagen. Mir wurden die Augen gründlich ausgespült. Danach ging es wieder halbwegs. Richtig gut tat die abschließende kraftvoll zelebrierte Uffta auf dem S-Bahnsteig, nachdem die Fans nach und nach eingetroffen waren. Und der Fellkragen meiner Raulederjacke schnupperte noch Monate später nach dem widerlichen Reizgas. Trotz mehrfacher Wäsche.

Der diskussionswürdige Vorfall im Mommsenstadion gab Anlass für den ersten Fußballbericht im von Karsten im Jahr 2007 ins Leben gerufenen Onlinemagazin turus.net. Bis dahin wurden eigentlich nur Reise- und Gesellschaftsartikel eingepflegt, das Spiel Tennis Bo-

+++ Marco mit Andreas Gläser im VH (2009) +++

russia gegen den BFC am 7. Dezember 2008 war der Startschuss für die neu eröffnete Sportrubrik. Nach meiner Balkan-Tour im Frühjahr 2009 stieg ich endgültig bei turus.net ein und betreibe mit Karsten bis in die Gegenwart dieses Magazin. Mein damaliger Startschuss im April 2009 war ein ausführlicher Artikel über die Kriegsspuren in der kroatischen Stadt Vukovar. Meine verfassten Highlights jenes Jahres waren ganz gewiss die emotionalen Berichte über die Kinderferienlager in der DDR und den Fußballtag in der Zeit vor den Ultras und modernen Arenen – sprich den frühen 90ern.

+++ Braunschweiger Ultras beim BFC Dynamo (2009) +++

Im Sommer 2009 machte sich rund um das Vereinsheim wieder einmal Euphorie breit. Rang zwei in der Saison zuvor, da sollte doch 2009/10 was möglich sein. Zumal der Kader verstärkt wurde und mit Christian Backs ein fähiger Mann an der Außenlinie stand. Die Vorbereitungsspiele gegen den 1. FC Magdeburg und Eintracht Braunschweig (unterstützt von einer gesangfreudigen Truppe) sorgten für gute Stimmung. Lang wurden die Abende im Vereinsheim. So manch ein kühles Blondes floss die durstige Kehle hinunter, bis spät am Abend mal wieder Armdrücken angesagt war. Manch ein Spieler schaute in jener Zeit regelmäßig vorbei und stieß auf kommende erfolgreiche Zeiten an. Keine Frage, es waren lange heitere Abende, doch ob es im Frühjahr 2010 mit dem Aufstieg wirklich klappen würde stand in den Sternen.

Der Saisonbeginn sah – wie bereits in der Spielzeit 2008/09 – äußerst viel versprechend aus. Aber was heißt Saisonbeginn? Fast die komplette Hinrunde über lief es rund. In 14 Spielen wurde nur ein einziges Mal verloren. Zehnmal ging der BFC als Sieger vom Platz. So auch am 12. September 2009 gegen die U23 des FC Energie Cottbus. Vor über eintausend Zuschauern wurde Cottbus an die Wand gespielt und mit 3:0 bezwungen. Guido Spork, Daniel Petrowsky, Tobias Kurbjuweit, Nico Patschinski, Firat Karaduman und ‚Motche, die Katze' im Tor bildeten ein klasse Gerüst. Was sollte da noch anbrennen? Die Abende nach den Heimspielen wurden nun noch länger, noch feuchter, noch fröhlicher. Immer mehr Leute aus meinem Umfeld konnte ich inzwischen dazu bewegen, einmal im Sportforum vorbeizuschauen. Und dann das!

Am 6. Dezember 2009 fuhr ich mit ein paar Kumpels zum Sportforum, um mir das Spitzenspiel gegen den Tabellendritten TSG Neustrelitz anzuschauen. Der Nikolaus hatte wahrlich eine unangenehme Überraschung in den weinroten Stiefel gepackt. Spork und Patschinski hatten wohl ihr Arbeitswerkzeug nicht ordentlich geputzt. Ehe sich die weinrote Gemeinde versah stand es 0:3. Thomas Duggert und Velimir Jovanovic hatten aus dem Spiel heraus zwei Tore gemacht, in der 21. Minute legte Robert Scholl per Strafstoß zum 3:0 für die Mecklenburger nach. Lange Gesichter auf den Rängen. Auch wenn eine Niederlage mal zwischendurch wohl kaum ein Beinbruch ist,

so ahnten bereits viele BFCer: Das könnte es gewesen sein mit dem Aufstieg. Ein Riss in der Mannschaft war erkennbar. Nach einer Stunde lochte Jovanovic nochmals für die TSG Neustrelitz ein. 0:4. Die ersten Zuschauer hatten bereits die Schnauze gestrichen voll und gingen nach Hause, um mit ihren Liebsten lieber ein Tässchen Kaffee in gemütlicher Adventsrunde zu trinken.

Die Zuschauer, die blieben, bekamen noch zwei Tore zu sehen. Allerdings dieses Mal auf Heimseite. Ein zaghaftes Aufbäumen. Jens Manteufel schoss das 1:4, kurz vor dem Ende brachte Kadir Erdil das Spielgerät per Strafstoß im Neustrelitzer Gehäuse unter. Dabei blieb es, 2:4 der Endstand. Die Schlussviertelstunde machte Hoffnung für das Spitzenduell, das nach der Winterpause im Cottbuser Stadion der Freundschaft anstand.

13. März 2010. Dies war der Tag, auf den alle hin fieberten. Auswärtsspiel beim FC Energie Cottbus II. Ein Sonderzug sollte von Berlin-Lichtenberg aus eingesetzt werden, rund zweitausend Berliner hatten vor mit Bahn und Autos in die Lausitz zu fahren. Ich kaufte mir sowohl eine Fahrkarte für den Sonderzug als auch ein Ticket für den Gästeblock. Ich wollte mit kleiner Kamera mitten drin sein. Auf eine Pressekarte für den Innenraum verzichtete ich. Mit meinem Bruder und seinen Kumpels wollte ich den gesamten Tag verbringen und ebenfalls das eine oder andere Bierchen zischen.

Allerdings hatte der 13. März 2010 in meinem engen Kreis noch eine ganz andere Bedeutung. Es war der Stichtag für die Geburt unseres Sohnes. Seit 2007 bin ich mit einer polnischen Frau zusammen, nach zwei Jahren Beziehung fiel die Entscheidung: Ja, wir wollen ein gemeinsames Kind. Konnte ja niemand ahnen, dass sich das Bübchen exakt am Tag des Spiels der Spiele ankündigte. Bereits Wochen vor dem besagten Spiel feixten all mein Freunde und Kumpels.

„Wirste sehen, euer kleener Stift wird exakt am 13. kommen. Kann er dem Alten mal gleich zeigen, wat ne Harke ist!", wurde mir erklärt.

Am Freitag vor dem Spiel ging ich mit Magdalena noch einmal essen. Sie fühlte sich topfit und der Frauenarzt meinte, dass vor Montag ziemlich sicher das Baby nicht kommen würde. Na, er wird das ja wohl wissen. Ich bekam grünes Licht von Magdalena. Cottbus sei ja nicht so weit entfernt. Zur Not müsste ich mich halt in den erstbesten Regionalexpress setzen. Sie wusste, wie bedeutend dieses Auswärtsspiel auch für mich war. Der erste Sonderzug des BFC Dynamo seit Menschengedenken. Ich musste da einfach hin. Ich fühlte mich wie in ‚Football Factory', als der Pokalfight gegen Chelsea FC vs. Millwall FC die Hauptdarsteller komplett paralysierte. Okay, noch schnell einen Notfallplan gemacht. Zwei Leute hielten sich mit Autos in Rixdorf in unmittelbarer Nachbarschaft bereit. Ein Anruf genügte und der Fahrdienst zum Klinikum würde sofort zur Stelle sein.

Am Abend vorher noch einmal nachgefragt. Alles in Ordnung? Kein Problem, fahr nur! Ich legte meine Sachen zurecht. Mein weinrotes Ben Sherman-Poloshirt als Glücksbringer, die kleine Digitalkamera, die Tickets. Ich stellte den Wecker und legte mich im Wohnzimmer auf die Couch. Wirre Träume, Grummeln im Bauch. Und dann! Wie im Film! Gegen ein Uhr nachts stand Magdalena zu meinen Füßen. Ins Krankenhaus! Die Fruchtblase war geplatzt.

Was für ein Söhnchen! Spielte dem Papa bereits vor Geburt den ersten Streich. Ich rief ein Taxi und dann nichts wie hin ins Krankenhaus. Beim Losgehen überlegte ich noch kurz. Ach komm! Ich schnappte die Tickets, zog das Poloshirt an und griff Magdalenas Tasche. Sie selbst scherzte ja, dass ich nach der Geburt gern nach Cottbus fahren und im Zug mit Olaf und den Kumpels anstoßen könne. Warum nicht? Wenn Baby gegen fünf Uhr morgens kommt und alles

glatt verläuft, machen die beiden gewiss tagsüber ein Schläfchen. Na gut, um es gleich vorweg zu nehmen: Söhnchen Dominik ließ sich mächtig Zeit und erblickte um 16.52 Uhr das Licht der Welt. In Cottbus hatte der BFC Dynamo vor knapp dreitausend Zuschauern kraft- und lustlos gespielt und verdient mit 0:2 verloren. Doch ich war überglücklich. Es wurde der schönste Nachmittag meines Lebens. Und Dominik hatte mir somit gleich am ersten Tag klargemacht: „Hey Papa, wenn Fußball, dann nur mit mir!"

+++ Söhnchen Dominik im Sportforum +++

Dass der BFC Dynamo wieder mal seine Aufstiegschance verspielt hatte, wurde mir im Laufe der folgenden Tage erst richtig bewusst. Es war nicht allein die Tatsache, dass 0:2 verloren wurde, sondern es war das Wie, welches entscheidend war. Die Mannschaft war gespalten. Irgendwer, irgendwas hatte kurz vor der Winterpause Unruhe ins Team gebracht. Zwar wurden die kommenden drei Oberligaspiele gegen Mannschaften aus dem unteren Bereich der Tabelle gewonnen, doch im Anschluss gab es wieder drei sieglose Partien. Mit einem 3:1-Auswärtssieg bei der TSG Neustrelitz wurde am letzten Spieltag Rang zwei gesichert. Gewiss war es unter dem Strich keine komplett miserable Saison, doch enttäuschend war das Ganze auf jeden Fall. Mit diesem Team hätte der Verein aufsteigen müssen.

Immerhin stand der BFC im Juni 2010 noch im Berliner Landespokalfinale. Der Einzug in die erste DFB-Pokalrunde würde vielleicht die Basis für kommende Aufgaben bilden. Über dreitausend Zuschauer, darunter rund zweitausend Anhänger des BFC, bildeten den Rahmen des Endspiels. Vor Anpfiff verteilten vor der Haupttribüne des Jahn-Sportparks Mitglieder des Club Italia aus einem Lieferfahrzeug heraus rote T-Shirts an die mobilisierten Anhänger des Finalgegners Berliner AK 07. Vorne das alte BAK-Logo und die Aufschrift „Finale Berlinpokal", hinten das Logo des Club Italia Berlino und die Aufschrift „Ruhm und Ehre" sowie „Alles für den Aufstieg". Club Italia buhlte um eine Fusion, die am Ende jedoch nicht stattfand.

Auf der Gegengerade präsentierte der weinrote Anhang eine kleine Choreo. „Mit dem Wille zum Sieg!" stand auf einem Spruchband geschrieben. Dazu der Pokal auf einem Doppelhalter, ein paar Fahnen und reichlich Konfetti. Die Mannschaft legte anfangs recht passabel los und ließ berechtigte Hoffnung kommen, dass die enttäuschende Saison doch noch einen versöhnlichen Abschluss finden könnte. Immerhin, vor der Pause ging ein Schuss von Christian Preiß an den Pfosten, ein Freistoß ging über die Latte. Der BFC Dynamo spielte recht ordentlich, doch es fehlte die nötige Durchschlagskraft.

Mitte der zweiten Hälfte wurde der Berliner AK 07 immer stärker. Nachdem Can Akgün eine Viertelstunde vor Schluss das 1:0 für den BAK machte, war beim BFC die Luft raus. Nichts ging mehr. Unruhe auf der Gegengerade. Bereits in der 81. Minute detonierte der erste Böller auf der Tartanbahn. Drei Minuten später der Aufschrei! Ausgleich?! Nein, Abseits! Frust

+++ Platzsturm beim Berliner Pokalfinale 2010 +++

machte sich breit. Der zweite Böller. Jörn Lenz versuchte die Gemüter in der BFC-Kurve zu beruhigen. Vergeblich. Nun ging es Schlag auf Schlag. In der 87. Minute erhöhte der BAK fast auf 2:0, wieder krachte es in der BFC-Kurve. Rauch und eine brennende Fackel. Das Spiel musste unterbrochen werden.

Drei Minuten Nachspielzeit. Ein letztes verzweifeltes Aufbäumen der Hohenschönhausener, doch der BAK brachte die knappe Führung geschickt über die Zeit. Abpfiff! Während vor und auf der Haupttribüne des Jahn-Sportparks ausgelassen gefeiert wurde, brodelte es am Zaun der Gegengerade. Es kam zu Rangeleien zwischen Fans und Ordnern. Die ersten kletterten über den Zaun und schon bald war auch ein Fluchttor offen. Es gab kein Halten mehr. Der Mob stürmte den Rasen, die Ordner suchten das Weite.

+++ Die hässliche Seite des Fußballs (2010) +++

Schnell rückten nun die behelmten Einsatzkräfte der Berliner Polizei an und sicherten die Haupttribüne ab. In erster Reihe nutzten Chaoten die Gunst der Stunde und spielten wilde Sau. Der Tisch, auf dem zuvor der Berliner Pokal präsentiert wurde, bekam einen Fußtritt und fiel um. Ein Fotograf wurde bedrängt, diverse Gegenstände wurden in Richtung Haupttribüne geschleudert. Die Polizeibeamten taten gut daran, sich defensiv zu verhalten und die Lage nicht weiter an-

zuheizen. BFC-Keeper Thomaschewski warf sich vorn ins Getümmel und versuchte die Randalierer davon abzuhalten, weiteres Zeug durch die Gegend zu werfen. Die Bilder von Motches mutiger Aktion fanden später zu Recht viel Beachtung. Ganz vorn waren es vielleicht dreißig Typen, die aktiv die Konfrontation suchten. Unter ihnen ganz gewiss Trittbrettfahrer und Krawalltouristen. Schön zu reden war dennoch nichts. Für den Verein war es ein totales Desaster.

Der BFC hatte noch immer ein echtes Problem. Zumindest, wenn brisante Spiele an der Tagesordnung standen. Die Vorfälle sorgten für reichlich Diskussionsstoff, doch anders als früher wurde dieses Mal im Verein nichts unter den Teppich gekehrt und totgeschwiegen, sondern aufgearbeitet. Anfangs stand eine Sperre im Landespokal im Raum, doch dagegen konnte der Verein vor Gericht erfolgreich vorgehen. Auch 2010/11 trat der BFC im Berliner Pilsner Pokal an – und das mit Erfolg!

Mit vier Niederlagen und nur einem Sieg startete der BFC Dynamo in die Oberligasaison 2010/11. Überaus gedämpfte Stimmung rund um das Sportforum. Die Nachwehen des Berliner Pokalfinales wirkten noch, sportlich musste sich erst gefunden werden, nachdem die Mannschaft von Trainer Heiko Bonan ordentlich umgekrempelt wurde. Dem 1:2 gegen Torgelow vor 727 Zuschauern am ersten Spieltag folgte ein 1:2 bei der U23 des 1. FC Union Berlin. 1.821 Zuschauer hatten sich im Stadion An der Alten Försterei eingefunden. Gästefans waren jedoch keine vor Ort, der BFC Dynamo hatte auf ein Kartenkontingent verzichtet, da er in Vorkasse gehen sollte. So blieb der Gästeblock geschlossen. Auf dem Rasen hielten die Hohenschönhausener ordentlich mit, erst in der 90. Minute konnten die Union-Bubis Dank des Treffers von Marcel Hegert den Sack zu machen. Dem 3:1-Heimsieg gegen Hansa Rostock II folgten eine derbe 0:4-Klatsche in Altlüdersdorf und ein ärgerliches 0:1 gegen den Berliner AK 07.

+++ Oberliga-Impressionen: oben der leere Gästeblock in der Alten Försterei, unten der Heimblock gegen TeBe (2010) +++

Durchwachsen ging es weiter, doch nachdem am 6. November 2010 vor 1.008 Zuschauern daheim Tennis Borussia Berlin mit 2:0 bezwungen wurde – beide Treffer erzielte Richard Steiner –, beschloss ich am kommenden Spieltag gemeinsam mit meinem Bruder auswärts nach Brandenburg an der Havel zu fahren. Das Auswärtsspiel bot sich prima an, um mal wieder gemeinsam was zu unternehmen. Olaf und ich düsten überpünktlich los, um noch eine Runde durch die Altstadt zu drehen. Das Spiel als solches wurde extrem grausig. Bei trübem Herbstwetter verloren sich gerade einmal 625 Zuschauer auf dem Werner-Seelenbinder-Sportplatz. Rund 300 hatten sich im überaus tristen Gästebereich eingefunden. Was für ein trauriger Kick! Ich kippte mir ein paar Bier rein und lernte zum ersten Mal Frank Willmann persönlich kennen. Immerhin etwas positives an jenem denkwürdigen, schrecklichen Novembertag!

+++ Zu Gast bei Brandenburg Süd (2010) +++

Nach knapp einer Stunde erzielte Kevin Neuhaus den einzigen Treffer des Tages. 1:0 für den Brandenburger SC Süd 05! Jubel gegenüber in der rot-weißen ‚Meckerecke'. „Südfeuer brennt!", ertönte es immer wieder aus dem Heimbereich. Im Gästeblock hatten sich indes ein paar angetrunkene Fans des Stadtrivalen FC Stahl eingefunden und pöbelten munter drauf los. Im Normalfall könnte so etwas recht amüsant sein, an jenem beschissenen Herbstnachmittag wirkte das gesamte Szenario jedoch einfach nur abartig.

+++ Sächsische Polizei in Brandenburg/Havel (2010) +++

Und es wurde ja noch weitaus schlimmer! Arbeitseinsatz der sächsischen Polizei in Brandenburg an der Havel. Nicht Bundespolizei oder Brandenburgische Einsatzkräfte sorgten nach dem Spiel für Ordnung und Sicherheit, sondern extra herangekarrte Polizisten mit dem Emblem des Freistaates Sachsen auf dem Ärmel. Aber was heißt hier Sicherheit? Sie taten genau das Gegenteil! Scheinbar sollte dieses grottige Fußballspiel abseits der großen Medienbühne als kleiner Übungsschauplatz dienen. Anders konnte ich mir das Ganze einfach nicht erklären. Rund die Hälfte der knapp dreihundert anwesenden BFCer fuhr nach dem Spiel mit der Bahn zurück nach Berlin. Für diese wurde extra ein Shuttle-Bus vor dem Ausgang des Stadions bereitgestellt. Soweit, so gut. Im Bus war die Laune sogar um Längen besser als im Stadion. Gesang wurde angestimmt. „... da liegen Leichen mit aufgeschlitzten Bäuchen und in den Bäuchen da steckt ein Messer mit der Aufschrift wir waren besser! Olé olé ..." Mein Bruder stand neben mir und prostete mir fröhlich zu. Ich hielt die kleine Kamera und filmte. Es folgte eine kleine Wipp-Einlage, doch von Provokation war keine Spur. Warum auch? Keine Brisanz. Kein Gegner. Keinen Bock. Scheiß Spiel, scheiß Wetter. Zurück nach Berlin!

Der Sonderbus fuhr nicht ab. Warten. Übliches Geplänkel an den Türen, doch nichts weltbewegendes. Die Fans stimmten das ‚Scheiß-EGH-Lied' an und wippten weiter. Meine Güte, Brett zu und abfahren! Und der Drops wäre gelutscht. Aber nein, es musste weiter diskutiert werden. An der hinteren Bustür dann das Unfassbare. Ein Beamter zeigte auf einen Fan, ein Kollege hob seine Pfefferspray-Pulle und jauchte einmal volle Kanne in den Bus. Mit sattem Strahl einfach mal rein gesprüht. Mal schauen, was dann passiert. Wäre Dresden oder Rostock zu Gast gewesen, hätte es womöglich für den Polizeibeamten sogleich richtig auf die Fresse gegeben. Die vor Ort gewesenen BFCer blieben nach dieser Aktion indes erstaunlich zurückhaltend. Einer sprang aus dem Bus, redete auf den Sprüher in Uniform ein und wurde erwartungsgemäß unsanft zurückgeschubst.

+++ Pfeffer Marsch in Brandenburg (2010) +++

Wütende Worte aus dem Bus heraus. „Was ist denn los, du Arschloch?!" Dass einem die Sinne in Sekundenschnelle benebelten, war kein Wunder. Die Luft im Bus wurde echt ätzend. Die Fans hielten sich die Schals und Hände vors Gesicht und drängten nach und nach ins Freie. Anfangs versperrten Beamte sogar die vordere Bustür und meinten, die Fans sollen einfach drin bleiben. Da platzte manch einem berechtigterweise fast der Kragen. Meine Kamera baumelte an meiner Hand und lief noch. „Dreckspack, seid ihr bescheuert, oder was?!" Verbal ging es nun zur Sache. Getrunkener Alkohol und eingeatmetes Pfefferspray sind eine prima Kombination. Da kann man sich ja

gleich eine Pille einklinken. Wütende BFCer verließen den Bus, draußen setzten sich die sächsischen Beamten schon mal die Helme auf. Teil 2 des Übungseinsatzes? Ich filmte weiter. Völlig benebelt. Wie im Rausch. Ein Polizist grabschte in meine Kamera. Ich ließ mich aber nicht beirren und ließ weiter laufen. In Seelenruhe schnürten seine Kollegen ihre dunklen Helme fest. Solch eine schwachsinnige Aktion hatte ich beim Fußball selten gesehen. Einfach unnötig. So aber stand die Sache auf Messers Schneide. Trotz der großen Anzahl an in voller Montur befindlichen Polizisten ging manch einer verbal völlig ab und näherte sich auf wenige Zentimeter. Hätte jetzt einer der Beamten voreilig den Knüppel gezogen, wäre es zum Fiasko gekommen. Ist eine bestimmte Schwelle erreicht, schaltet sich der Kopf ab. Es gab nicht viele Momente in meinem Leben, an denen ich beim Fußball komplett ausgerastet wäre. Der 13. November 2010 wäre der Tag gewesen, an denen ich hätte alles vergessen können.

Es wurde nun ein Hin und Her. Zum einen wurde sich nun über das übertriebene Verhalten der sächsischen Beamten lustig gemacht, zum anderen gab es immer wieder einen, der von seinen eigenen Kumpels zurückgehalten wurde. Das ist das Gute beim Fußball. Fans werfen einen Blick auf andere und schützen diese mitunter vor unüberlegten Handlungen. Ich zog meinen jüngeren Bruder von einem überaus gereizt wirkenden Polizisten weg, Minuten später wurde ich von jemandem nach hinten gezerrt. „Bringt doch nichts! Lass die doch! Beruhige dich, Mann, hat doch keinen Sinn!"

Nachdem sich die Fans geweigert hatten, zurück in den stinkenden Shuttlebus zu gehen, musste ein neuer Bus herangekarrt werden. Als sich dann schließlich sämtliche BFCer endlich im Bus befanden und sich die Türen schlossen, grinste einer der Einsatzleiter und nickte von draußen den Fans zu. Der Bus fuhr los in Richtung des Brandenburger Hauptbahnhofs, sage und schreibe zehn Mannschaftswagen fuhren hinter-her. Was für ein Aufwand für solch ein belangloses Oberligaspiel. Und ja, es war ähnlich belanglos wie ein Auftritt in Schöneiche oder Ludwigsfelde. Letztendlich hatte sich jedoch gezeigt, dass man sogar an einem tristen Novembertag den müdesten Fanhaufen zum Brodeln bringt, wenn man nur das nötige Öl in das Feuer gießt.

Sportlich konnte das Kalenderjahr 2010 mit einem 4:0-Sieg gegen den Lichterfelder FC abgeschlossen werden, ins Jahr 2011 startete der BFC Dynamo mit vier Niederlagen in Folge. Unter anderen mit einem 0:1 gegen den 1. FC Union Berlin II. Hoffnung mach-te allerdings die Kulisse beim kleinen Derby im Jahn-Sportpark. 2.817 Zuschauer wollten das Duell sehen – und das, obwohl nur sehr wenige Gästefans vor Ort waren, da die erste Mannschaft des 1. FC Union zeitgleich gegen den VfL Osnabrück antreten muss-te.

+++ Feuerwerk beim Derby gegen Union II (2011) +++

Nach diesem Durchhänger im Februar lief es in der Liga weitaus besser und im Landespokal wuchsen die Hohenschönhausener sogar über sich hinaus. Unver-gessen für sämtliche Beteiligte war das Achtelfinale gegen den Berliner AK 07, der inzwischen in der Re-gionalliga Nord spielte, im Jahn-Sportpark. Abend-spiel, ungemütliches Wetter. Ich hatte das Szenario ja bereits an anderer Stelle ausführlich beschrieben.

In der Oberliga wurde der BFC am Ende nur Siebter, doch im Landespokal ging es über den Berliner SC und Türkiyemspor wieder ins Finale. Gegner war dieses Mal der Steglitzer FC Stern 1900. Keine Brisanz. Al-lein das Sportliche stand im Fokus. Während ich das 2010er Pokalfinale noch von der Pressetribüne aus verfolgt hatte, ging ich dieses Mal in den Innenraum.

Im Vorfeld hatte man mit 3.000 bis 3.500 Zuschau-ern gerechnet. Letztendlich wurden es über 5.100. Unter ihnen auch einige Anhänger des Steglitzer FC Stern 1900, die auf der Haupttribüne Platz genom-men hatten und von dort aus nach Kräften ihr Team anfeuerten. Zur Freude der mit gelb-blauen Fähnchen ausgestatteten Fans hielt der Außenseiter aus Steglitz im ersten Spielabschnitt erstaunlich gut mit. Zwei-, dreimal kam das Team von Stern 1900 recht gefähr-lich vor das gegnerische Tor. In der langgezogenen Fankurve des BFC wurde es vor der Halbzeitpause immer ruhiger. Der erlösende Führungstreffer wollte einfach nicht fallen. Manch einem schwante bereits Böses. Ein Tor für die Steglitzer und alles könnte so kommen wir im Jahr zuvor, als überhastet und ner-vös die Partie aus der Hand gegeben wurde.

Aus Sicht des BFC wurde der zweite Spielabschnitt besser. In der Kabine gab es wohl eine passende An-sprache von Trainer Heiko Bonan. Die Weinroten – ausgestattet mit neuen Trikots und neuem Sponsor auf der Brust – nun mit mehr Zug zum Tor. In der 56. Spielminute fiel dann der Treffer zum 1:0. Rahmig er-zielte diesen mit einem sehenswerten Volleyschuss in den linken Winkel. Ein Torschrei aus rund 4.500 Kehlen. Ein Böller, der auf der Tartanbahn detonierte, und eine Rauchbombe, welche die Tribüne und das Spielfeld einnebelte, sorgten für keinen Ärger. Alles blieb ruhig. Nur zehn Minuten später legte Steinborn zum frenetisch umjubelten 2:0 nach. Die Sache war nun bereits in ziemlich trockenen Tüchern, wenn gleich die Steglitzer sich noch einmal aufbäumten. Die Sache auf dem Rasen blieb bis Abpfiff fair, und

+++ Berliner Pokalsieger 2011 +++

auch auf den Rängen verhielten sich die Fans überaus friedlich. Nach Spielschluss hielt der BFC-Anhang sein Versprechen ein: Das Spielfeld wurde nicht gestürmt.

Gefeiert wurde auf den Rängen und am Zaun. Die Siegerehrung fand mitten auf dem Platz statt, die erste feuchtfröhliche Party des Abends wurde auf der Tartanbahn vor den Fans veranstaltet. Der vielleicht emotionalste Moment des Abends war, als Zeugwart Detlef Mende (Jahrgang 1936) – bis 2005 Mannschaftsleiter – den mit Bier gefüllten Pokal bekam und sich ein Schlückchen gönnte. Flutlicht aus, Pyrotechnik an. Die Jungs der Fraktion H sorgten noch für eine kleine feurige Show. Der Rest der Feierlichkeiten fand im Vereinsheim und in den zahlreichen Kneipen der Stadt statt.

Freudig wurde nun die Auslosung der ersten Runde des DFB-Pokals erwartet. Bis dahin gab es sehr viel Gesprächsstoff. FC Bayern, 1. FC Köln, Schalke 04, Eintracht Frankfurt, Borussia Mönchengladbach? Der FC St. Pauli oder der FC Energie Cottbus? Oder gar Hertha BSC ... oder der 1. FC Union? Der Gegner wurde letztendlich: Der 1. FC Kaiserslautern! Kein Gegner mit echter Brisanz. Der FC St. Pauli, der FC Hansa Rostock, die SG Dynamo Dresden oder gar der 1. FC Union Berlin hätten den Verein vor ganz andere Probleme gestellt. Doch selbst das Pokalspiel gegen den FCK fand ein unschönes Ende. Vor rund 11.000 Zuschauern konnten die Pfälzer bei leichtem Nieselregen die Partie mit 3:0 für sich entscheiden und die Sache schien langsam auszuklingen, als mit einem Mal der Gästeblock gestürmt wurde. Dabei waren aufkommende Probleme nicht wirklich ersichtlich. Kurz vor

Spielschluss gab es noch eine durchaus schwungvolle Uffta, die Klasen von einer rollbaren Treppe aus anleitete. Das Spiel wurde zwar verloren, doch auf die riesige weinrote Fankurve durfte man stolz sein.

Als in der 89. Minute zahlreiche Gästefans vom FCK mit weißen Taschentüchern wedelten, ertönte von der Gegengerade ein lautstarkes „Auf die Fresse! Auf die Fresse!" Die Stimmung kippte ein wenig, doch noch immer fiel nichts Besonderes auf. Oder doch? Aber hallo! Der Pufferblock war menschenleer! Wieso dort die Polizisten abgezogen wurden, entzog sich der Erkenntnis. Hinter der Kurve hatte es wohl ein erstes Mal geknallt. Mag sein, aber ist das ein Grund, den Pufferblock einfach so sich selbst zu überlassen? In jedem Stadion der Welt ist ein gut beschützter Pufferbereich das A und O. Nicht so bei jenem Pokalspiel. Vorhang auf, Bühne frei für die Chaoten! Die ersten kletterten über den Zaun in den Innenraum und den Pufferblock und plötzlich öffnete sich wie von Geisterhand ein Sicherheitstor zwischen den Blöcken.

+++ Blocksturm beim Pokalspiel gegen Lautern +++

Ein paar hundert Krawallorientierte stürmten den Block, einige suchten in erster Reihe den direkten Kontakt mit den sich zurückziehenden FCK-Fans. Die Pfälzer Ultras blieben noch ein paar Sekunden unten am Zaun als Gruppe stehen und warteten ab. Die Plastikrohre der Fahnen und Doppelhalter hatten sie dabei griffbereit in der Hand. Dann traten auch sie

den Rückzug in Richtung Haupttribüne an. Es gab einige Faustschläge, die Fahnenstöcke flogen durch die Luft. Bilder, die sehr medienwirksam sind und den Verein wieder einmal – nur ein Jahr nach dem hässlichen Landespokalfinale – extrem negative Schlagzeilen brachten. Während der Platzsturm gegen den Berliner AK 07 vor allem in der Region Berlin-Brandenburg Aufsehen erregte, fand der Blocksturm gegen Kaiserslautern ein deutschlandweites TV-Publikum. Über einen Zaun flüchtende Fans, schwingende Plastikstangen, heranstürmende Typen, die Faustschläge verteilen. Schlimmer ging es kaum. Die großen Medien fragten hinterher nicht großartig nach, wie es dazu kommen konnte. Allein der hässliche Fakt zählte.

Erst nach geraumer Zeit eilten behelmte Polizisten in den Pufferblock bzw. in den eigentlichen Gästeblock und sorgten dort mit Pfefferspray für Ruhe. Eindeutig zu spät. Der ungeschützte Pufferblock und das geöffnete Tor zwischen Pufferblock und der Gegengeraden fanden ein Nachspiel. Der Verein sorgte im Nachfeld dafür, dass intern alles gründlich aufgearbeitet wurde. So etwas sollte in Zukunft nicht noch einmal passieren. Stadionverbote wurden erteilt und zudem wurde sich vom Ordnerdienst getrennt.

In der Spielzeit 2011/12 gab es für den BFC wieder eine große theoretische Chance für den Aufstieg. Die ersten vier durften direkt hoch, der Fünfte hatte beim anschließenden Duell mit dem Südvertreter die Möglichkeit, den Sprung nach oben zu packen. Die Regionalligareform machte es möglich. Der Nordosten hatte wieder eine eigene Regionalliga. Der BFC hatte jedoch mit dem Rangeln im oberen Tabellenbereich nichts zu tun, am Ende war Rang 13 der Stand der Dinge. Schlimmer ging es kaum. Wäre Türkiyemspor nicht in die Insolvenz gegangen und hätte Lichterfelde nicht so eine miserable Saison gespielt, wäre der BFC Dynamo womöglich noch abgestiegen. 29 Punkte aus 28 Partien – mit dieser Quote musste sich manch einer schon verabschieden.

+++ Die Fanblöcke beim DFB-Pokalspiel BFC Dynamo vs. 1. FC Kaiserslautern (2011) +++

+++ Pokal-Impressionen: oben beim Landespokalfinale gegen Lichtenberg 47, unten DFB-Pokal gegen den VfB Stuttgart (2013) +++

Weitaus besser lief es in der Folgesaison, ein neues Team fand langsam aber sicher zusammen. Rang drei hinter Viktoria Berlin und Union Fürstenwalde konnte sich durchaus sehen lassen. Im Berliner Pokalhalbfinale bei Viktoria platzte zudem der Knoten, nach großer kämpferischer Leistung und dem Elfmeterschießen wurde der Einzug ins Finale gesichert. In jenem hieß der Gegner SV Lichtenberg 47.

+++ Berliner Pokalsieger 2013 +++

6.380 Zuschauer im Friedrich-Ludwig-Jahn-Sportpark. Eine klasse Kulisse. Und auch die 47er hatten ihren Anteil dran. Endlich mal ein Pokalspiel, bei dem auch der Gegner reichlich Anhänger mit ins Stadion brachte. Lichtenberg war auf dem Rasen ebenbürtig, doch der BFC Dynamo wurde seiner Favoritenrolle gerecht und gewann diese Partie knapp mit 1:0. Der Gegner in der ersten DFB-Pokalrunde: Der VfB Stuttgart. Die Schwaben im Prenzlauer Berg wird's gefreut haben. Das wirklich Schöne am Ganzen: Dieses Mal ging alles völlig friedlich über die Bühne. Und auf dem Rasen war eines erkennbar: Der Oberligist aus Berlin-Hohenschönhausen konnte phasenweise spielerisch mithalten und kam gegen den Bundesligisten sogar zu Möglichkeiten. Mit dieser Mannschaft, trainiert von Volkan Uluc, konnte es nur nach oben gehen. Vorausgesetzt, es tauchen keine Störfaktoren wie 2009/

10 auf. Immer wieder wurde mir in den letzten Jahren zugeflüstert: „Dieser Verein wird niemals aufsteigen! Man wird es nicht zulassen!" Auch wenn es vor Beginn der zurückliegenden Spielzeit sportlich wirklich gut ausschaute, ich blieb in der Tat skeptisch.

Gern ließ ich mich jedoch eines Besseren belehren. Souverän meisterte der BFC Dynamo in der Saison 2013/14 Partie für Partie. Ohne Niederlage kamen die Weinroten über die Runden. Wann wohl der Einbruch kommen mag, fragte man sich im November 2013, im Dezember 2013, im März 2014. Im April 2014 stellte man keine Fragen mehr. Die Mannschaft von Volkan Uluc eilte von Sieg zu Sieg. Eines der Highlights war gewiss der 2:0-Sieg in Greifswald, der im vorderen Teil dieses Buches ausführlich beschrieben wurde. 27 Siege, drei Unentschieden, keine Niederlage – das ist die Bilanz der Aufstiegssaison. Bereits am 22. Spieltag konnte in Malchow das Ding klargemacht werden. Vor 2.254 Zuschauern ließ der BFC Dynamo auch dort nichts groß anbrennen und feierte nach dem 0:0 den lang ersehnten Sprung in die Regionalliga. Ich konnte bei diesem Spiel und auch beim folgenden Heimspiel gegen Torgelow vor knapp 2.300 Zuschauern nicht dabei sein, da ich für zwei Wochen im polnischen Jelenia Góra weilte, um unter anderen in aller Ruhe an diesem Buch zu arbeiten. Erfreulich war für mich somit der Fakt, dass auch am letzten Spieltag noch einmal eine Party stattfinden sollte.

+++ Torjubel beim Spiel in Strausberg (2014) +++

Bei der Anhängerschaft im Gespräch war für das Oberligaheimspiel gegen die VSG Altglienicke eine von Polizei und Feuerwehr genehmigte Pyroshow auf den Rängen, die jedoch kurzfristig abgeblasen wurde. Stattdessen blieb es auf den Rängen beim klassischen Support. 2.045 zahlende Zuschauer (insgesamt rund 2.500) fanden sich ein, um beim letzten Saisonspiel und der anschließenden Pokalübergabe live dabei zu sein. Vor Anpfiff präsentierten die Spieler ein langes weinrotes Transparent mit der Aufschrift „Einzigartig anders – Zusammen zum Aufstieg. Danke Fans!"

+++ Freunde von Eintracht Trier zu Gast in HSH (2014) +++

Unterstützung gab es beim vorerst letzten Heimspiel im Sportforum Hohenschönhausen von einigen angereisten Ultras von Eintracht Trier (Suburbia Rebels), die mit der Fraktion H des BFC Dynamo befreundet sind. Die kommenden Regionalliga-Partien werden im Jahn-Sportpark ausgetragen. Wie einst zu DDR-Zeiten wird der BFC Dynamo nun wieder im Herzen der Stadt spielen. Die dortige Gegend entlang der Schönhauser Allee und Eberswalder Straße lockt mit all ihren Kneipen und Spätverkaufs. Ob im ‚Schusterjungen' oder im einstigen ‚Empor-Eck', vor den Spielen wird es wieder den einen oder andere Schoppen zum Einläuten des jeweiligen Spieltages geben.

Auch im letzten Spiel gegen Altglienicke machte die Mannschaft ernst und führte nach einer halben Stunde bereits mit 3:0. Nach einer Leerphase nahm die Partie in den letzten zehn Minuten noch mal Fahrt

auf. Zuerst schoss Publikumsliebling Djibril ‚Dieter' N Diaye das viel umjubelte Tor zum 4:0 und goss sich einen Kübel Wasser über den Kopf, danach machte Christian Preiss in der 88. Minute die Sache mit dem 5:0-Treffer rund. Abpfiff. Her mit dem Pott für den geholten NOFV-Oberliga-Meistertitel. Noch eine obligatorische Uffta und dann rüber zur Bühne auf der Rückseite der Haupttribüne. Live-Konzert der Bierpatrioten – mit BFC-Urgestein Klasen am Mikro.

Langsam aber sicher kam die Party richtig ins Rollen. Die Getränke flossen, die Fans kamen in Wallung. Ich saß mit meinen Kumpels Philipp (einem turus-Mitstreiter) und Stefan auf der Terrasse des Vereinsheims. Prost Jungs! Ein Blick zur Bühne. Die ersten Bengalos brannten. Der Mob rockte. Trio stand mit auf der Bühne und machte Fotos. Ach Scheiß drauf, ich schwang mich die Treppe hoch und stellte mich einfach oben mit rein. Film-Modus an und draufgehalten! Bei den Klassikern „Mit 66 Jahren fahr'n wir zum BFC!" und „Unten ist ein Ährenkranz, in der Mitte das D und oben drüber steht das Logo des BFC" tanzte der Mob und weitere Bengalos wurden geschwenkt. Dazu noch ein „You'll never walk alone" und nicht zu vergessen ein „Ich dreh mich um. Mach das nicht noch mal ...!" – für die weinrote Anhängerschaft wurde dies nach Jahren der sportlichen Tristesse (von den zwei Pokalsiegen 2011 und 2013 mal abgesehen) ein wunderbarer Abend.

Während ich oben stand, filmte, immer wieder die Faust nach oben streckte und auf die tanzende Meute blickte, ließ ich noch einmal die letzten zwanzig Jahre beim BFC Revue passieren. Meine erste Auswärtsfahrt nach Leipzig-Leutzsch im Herbst 1994, die Heimspiele Mitte der 90er, die Auswärtsspiele in Berlin-Köpenick, die Pokalendspiele, der Polizeieinsatz im Mommsenstadion, die zum Teil grässlichen Auswärtsspiele in der Provinz. Ludwigsfelde, bäh! Selbst die Partien bei Brandenburg Süd waren zuletzt nicht gerade erquickend. Man konnte all diese Oberliga-Plätze nicht mehr sehen. Kaum Heimzuschauer, grausige Gäste-blöcke. Kalte Bouletten und ein Dixi-Klo auf der Wie-se in Brandenburg. Selbst Luckenwalde mochte man irgendwann nicht mehr sehen. Geschweige denn Lich-terfelde und Lichtenrade. Aber halt, die einen gibt es nach der Fusion mit Viktoria ja gar nicht mehr und die anderen hat es inzwischen in die Niederungen verschlagen. Fürstenwalde? Strausberg? Hm, ja. War zuletzt recht nett. Aber provisorische aus Bauzäunen zusammengebastelte Gästeblöcke möchte man ir-gendwann auch nicht mehr sehen.

Mensch, Mensch, Mensch. Wir sind alle in die Jahre gekommen. Fast ist der Aufstieg für die alten BFCer einen Tick zu spät erfolgt. 2007/08 fühlte sich perfekt an. Auswärts in Babelsberg und Rostock. Das war ker-nig. 2009/10 hätte auch gut gepasst. Die Vorfälle ge-gen den BAK 07 und Kaiserslautern haben Narben hinterlassen. Immerhin brachten zuletzt die ‚Ultras BFC' frischen Wind in die weinrote Fanszene. Wie sich die Regionalliga-Saison letztendlich anfühlen wird, weiß niemand so recht.

Besser als eine öde Oberliga-Spielzeit in jedem Fall, auch wenn bei manch einem langjährigen BFC-Fan ein wenig die Luft raus scheint. Aber hey, es geht nach Jena! Und das gleich am ersten Spieltag. 1. FC Magdeburg, FSV Zwickau, SV Babelsberg 03 – alle-samt prima Gegner. Freuen tun sich die Fans jedoch nicht nur auf die großen Knaller, sondern auch auf Auswärtsspiele bei Wacker Nordhausen und Budissa Bautzen. Hauptsache nicht mehr Oberliga, so die ein-hellige Meinung der Fans. Jedes Spiel irgendwo in Thüringen und Sachsen wird als Highlight angese-hen. Man darf gespannt sein! Und ja, ist doch klar: Ich bin es auch!

+++ Emotionale Aufstiegsfeier im Sportforum Hohenschönhausen (Juni 2014) +++

Von Aberdeen und FK Rajac
bis Hansa Rostock und Polonia Bytom

Mit dem Wochenend-Ticket zu brisanten Fußball-spielen nach Chemnitz, Leipzig und Frankfurt/Oder gedüst. Mit dem Flieger rüber nach London, um endlich einmal ein Heimspiel des Millwall FC zu sehen. Gejobbt, Fotos verkauft, von der Hand in den Mund gelebt. Mal einen fetten Auftrag beim Europäischen Parlament in Brüssel geangelt, ein anderes Mal wieder kleine Brötchen gebacken. Komparserie und Einsätze als Kleindarsteller in zahlreichen Produktionen. Als Wehrmachtssoldat mit Sturmgewehr in der Hand in einem Kinofilm, mal neben Rudi Dutschke auf dem Podium, mal als Arzt in einer der vielen TV-Serien. Abstraktes Kino auch in der eigenen Birne. An dem einem Tag war ich der Mann, der einen Fernradwanderweg von der Ostsee bis zum Schwarzen Meer ausarbeitete, an einem anderen Tag war ich ein Komparse, der stundenlang in muffigen Räumen warten musste. Dauerkomparse bei einer Arzt-Serie, die in den Studios in Berlin-Tempelhof gedreht wurde. Je-

den Tag zwölf bis vierzehn Stunden. Jeden Tag Essen ohne Ende. Kein Wunder, dass ich im Sommer 2008 kurzzeitig fünf Kilo zugenommen hatte. Die finanziellen Mittel waren zwar bei der Produktionsfirma knapp, aber am Catering wurde nicht gespart. Würstchen, Rühreier und Quarkspeisen gleich morgens zur Begrüßung. Schokoriegel und Kuchen für zwischendurch lagen immer bereit. Und erst die Hauptmahlzeiten. Ein Gedicht! Erstaunlich, dass die Regisseurin eine hagere Frau war. Sie nippelte immer nur an der Wasserflasche und aß in der Pause ein Salatchen. Anders die Komparserie. Immer rein mit dem leckeren Zeug. Eigenes Laptop mitgebracht und in den Leerphasen zwischen den Einsätzen am Set im Netz gesurft.

Keine Woche glich der anderen. An einem Samstagabend hielt ich einen Diavortrag bei der Langen Nacht der Museen in Dresden, am nächsten Freitag durfte ich als Polizeibeamter in einem Fernsehfilm auf einer Demo ordentlich reinknüppeln. Was für ein Gaudi! Die Schlagstöcke sahen verdammt echt aus, waren jedoch aus Schaumstoff. Die von den Demonstranten geworfenen Steine und Flaschen waren ebenfalls völlig ungefährlich. Das Adrenalin schoss allerdings trotzdem in die Adern. Eine Wonne – für alle beteiligten Komparsen. Richtig auf die Fresse! Ich hätte im wahren Leben kein Bulle, äh sorry, Polizist werden dürfen. In meinem Kopf klinkte es aus. Das Grinsen stand einem im Gesicht. Immer wieder musste uns der Regieassistent bremsen. Nicht ganz zu arg, bitte!

+++ Bei Dreharbeiten (2009) +++

Verrückte Jahre. Und klar, wenn es Zeit und Freundin zuließen, immer wieder zum Fußball. FC Sachsen Leipzig gegen SG Dynamo Dresden. Das umgebaute Zentralstadion war damals im Jahr 2004 noch ganz frisch. Mitgeschleppt hatte ich meinen japanischen Kumpel Seiji, der bereits beim Platzsturm der BFCer in Babelsberg mit dabei war. Russen, Niederländer, Franzosen, und Japaner. Mit zahlreichen ausländischen Kumpels zog ich abends um die Häuser. Kannte man einen, kannte man auch den anderen. Das Netzwerk wurde immer größer.

Kurzum: Rast- und atemlos durch das Leben gerauscht. Auch an der Universität hielt es mich nicht allzu lange. Drei Semester lang hatte ich in meinen Studienfächern Germanistische Linguistik und Geographie die Sache straff durchgezogen, doch dann kamen andere Projekte in die Quere. Im Sommer 2003 wanderte ich gemeinsam mit Karsten die ehemalige deutsch-deutsche Grenze ab, um die Spuren entlang des einstigen Eisernen Vorhangs anhand von tausenden Dias zu dokumentieren. Bei teils brütender Hitze ging es über tausend Kilometer von Süd nach Nord, von Prex am einstigen Dreiländereck bei Hof bis zum an der Ostseeküste gelegenen Priwall. Es war eine einzigartige Erfahrung, sechs Wochen lang mit dem Zelt durch das eigene Land zu wandern und auf dieser Art zahlreiche Ortschaften, etliche Gedenkstätten und die verschiedensten Leute kennenzulernen.

Da in der Folgezeit die ersten Diavorträge zu diesem Thema anstanden und zudem auch an einer eigenen Wanderausstellung zum Thema Grenze und Berliner Mauer gearbeitet wurde, blieb wenig Zeit für Sprachwandel-Theorien, Wirtschaftsgeographie, Satzbau des Althochdeutschen und Geologie. Schon bald hinkte ich im Zeitplan hinterher und da ich nicht sämtliche erforderliche Scheine vorlegen konnte, endete mein Anspruch auf Bafög weitaus früher als gedacht. Es folgte der Sprung ins kalte Wasser. Ich machte mich selbständig und arbeitete fortan als freiberuflicher Autor und Fotojournalist. Nach einem ersten fetten Fotoauftrag zum Jahreswechsel 2003/04 über eintausend Euro dachte ich, das Ganze würde ein Selbstläufer werden. Wurde es aber nicht. Ich hatte den Löffel in zu viele Töpfe gesteckt. Überall gerührt, überall ein bisschen mitgemischt. Und da ich keinen festen Job haben wollte, bot die Komparserie ab 2005/06 in Berlin eine gute Nische. Zumal man bei den Drehs etliche andere Querdenker und Überlebenskünstler traf, die ihr monatliches Taschengeld erhöhen wollten. Oder besser gesagt mussten. Es quietschte und knirschte. Auch bei mir. Also hin zu den Kostümproben, hin zum Casting für kleinere Sprechrollen. Es lief nicht schlecht. 2007 und 2008 hatte ich pro Jahr über einhundert Drehtage. Ich hatte quasi davon leben können, zumal es immer wieder mal Zuschläge für eigene mitgebrachte Ausrüstungsgegenstände wie Fotokamera und Trekkingrucksack gab.

+++ Bei Dreharbeiten (2008) +++

Der Nachteil: Die Birne machte das eines Tages nicht mehr mit. Jeden Tag woanders einen Dreh haben. Ein Set in der einstigen Lungenklinik am Berliner Wannsee, ein Außendreh im tiefsten Winter irgendwo in der Brandenburgischen Pampa. Briefträger, Verliebter, Krankenpfleger, Geschäftsmann, Polizist, Soldat, Restaurantgast, Café-Besucher, Passant, Passant und nochmals Passant. Stumm quatschen, blöd die Straße kreuzen, vor die Kamera huschen, rein- und rausgehen. Mal den Knüppel schwingen, mal in einer Nachtbar einem Mädel an der Stange zuschauen. Verrückte Sachen waren dabei. Keine Frage, ich hatte manch geilen Dreh gehabt. Gelacht, mächtig abgefeiert. Aber auch gefroren, nach fünfzehn Drehstunden fast eingeschlafen und mitunter richtig abgekotzt. 2010 war ich diesbezüglich ausgebrannt. Schicht im Schacht. Der Entschluss stand fest: Diese Dreherei braucht einfach zu viel Zeit – und genau diese brauche ich für Fußball und die dazugehörige Berichterstattung. Für turus.net. Für dieses Buch.

August 2014. Ich sitze im überaus gemütlichen Cieplice, vor den Toren von Jelenia Góra, im Garten und schaue auf die Bergkette des Riesengebirges. Schräg links ist die Schneekoppe zu sehen. Auf dem Gipfel jener war ich Ende August 1979. Am frühen Morgen meines sechsten Geburtstages hatten meine Eltern eine Überraschung parat. „Marco, wir fahren heute in den Urlaub! Ins Riesengebirge!" Der kleine Zeiger stand auf der Fünf. Schlaftrunken wusste ich gar nicht, was los war. Ab in den Bus und los ging's in Richtung Tschechoslowakei. Mein erster richtiger Urlaub. Und dieser hatte sich fest eingebrannt. Unter anderen die Tagestour zur Schneekoppe, die direkt auf der tschechisch-polnischen Grenze liegt. Unbewusst hatte ich damals bereits einen Blick nach Niederschlesien geworfen. Nach Karpacz, Kowary, Podgórzyn, Cieplice und Jelenia Góra. Verrückt. Genau dort wurde meine jetzige Partnerin geboren. Das kann doch alles kein Zufall sein.

Im Frühjahr 1995 verschlug es mich mit Jan – ein Vierteljahr bevor wir gemeinsam mit seinem Bruder Arne die beiden Bootsschalen vom Rügendamm abgeholt hatten – wieder ins Riesengebirge. Mit dem Zug fuhren wir nach Jelenia Góra, um von dort aus die geplante Wanderung quer durch den Karkonosze-Nationalpark zu starten. Der Aufenthalt in dieser Region war sowohl im August 1979 als auch im April 1995 etwas Besonderes. Im September 2007 hatte ich in Berlin Magdalena kennengelernt. Auf dem alten Ringbahnsteig des S-Bahnhofs Ostkreuz. Im Jahr darauf fuhren wir das erste Mal gemeinsam zu ihren Eltern nach Cieplice. Ich spazierte mit ihr durch die Straßen der Altstadt von Jelenia Góra, durch die ich bereits neunzehn Jahre zuvor gelaufen war. Ein sehr schönes Gefühl. Nachdem im März 2010 Dominik auf die Welt kam, wurde mir langsam bewusst, dass ich dort ein zweites Zuhause gefunden hatte. Von Mal zu Mal fühlte ich mich dort wohler und heimischer. Kurioserweise zieht es mich in Deutschland mehr an die Küste. Kiel, Rostock, Rügen und Usedom. In Polen ist es genau umgekehrt. Die Landschaften und Ortschaften von Dolni Slask kommen mir vertraut vor. Wie aus einem vorherigen Leben.

+++ Wandern auf dem Grenzstreifen (2003) +++

Während ich nun im August 2014 hier im Garten sitze, auf die Bergkette schaue und so vor mich hin philosophiere, fällt mir ein Stein von Herzen, dass unser Familienleben wieder besser funktioniert. Cieplice und Rixdorf statt WG in Kreuzberg. Mit Frau und Söhnchen an der Seite darf man mit 41 Jahren auch endlich mal zur Ruhe kommen. Privat zumindest. Beim Fußball darf es gern auch in Zukunft adrenalingeschwängert weiter gehen. Und die Palette ist unerschöpflich. Immer wieder tauchen neue Konstellationen auf, ergeben sich spannende Duelle. Langweilig wird es nie. Zumal ich den Fokus eher auf den Fußball unterhalb der beiden Bundesligen richte.

„Papa, spielst du mit mir?", fordert der Sohnemann. „Warte, noch ein halbe Stunde. Dann bin ich hier fertig. Und morgen gehen wir zum Fußball bei Karkonosze, okay?", erwidere ich. „Halbe Stunde? Eine Minuuuuute! Oder zwei!", ruft er und rennt zurück ins Haus. KS Karkonosze Jelenia Góra ist aufgestiegen und spielt nun im frisch renovierten Stadion nahe des Bahnhofs in der III. Liga (vierte Spielklasse). Passt doch! Der BFC eine Etage höher, der KS Karkonosze ebenfalls. Beim ersten Heimspiel gegen Sleza Wroclaw werden wir zu dritt vor Ort sein.

Jetzt aber erst einmal noch ran an die letzten Zeilen. Ich sagte es ja bereits an anderer Stelle: Das Buch hatte sich an einigen Stellen quasi wie von selbst geschrieben. Exakt ein Jahr lang hatte ich dran gearbeitet, in der Zwischenzeit ist einiges passiert. Mit den Anekdoten aus meiner Jugendzeit hatte ich angefangen, in der Gegenwart wollte ich enden. Fünfzig – fünfzig, so lautete meine erste Annahme. Fünfzig Prozent Fußball der 90er Jahre und fünfzig Prozent Fußball aus dem neuen Jahrtausend. Das Ganze hatte sich jedoch beim Schreiben verschoben. Mehr 90er, weniger Gegenwart. Immer mehr Details fielen mir ein. Bei der Recherche stieß ich auf etliche Notizen und zahlreiche alte Negative. Glasgow, Warschau, Nantes, Parma, Liverpool – das alles musste mit rein. Ich wusste, diese alten Anekdoten werde ich nur noch ein einziges Mal so ausführlich niederschreiben.

Für den aktuellen Fußball mit all seinen Veränderungen wird es ein weiteres Buch geben. Das wurde ziemlich schnell klar. Wie hätte ich auch alles mit reinkriegen können? No chance! Der Rahmen wäre gesprengt, dieses Werk hätte gut und gern eintausend Seiten dick werden können. Nun hatte ich ein Jahr lang überlegt, wie dieses Buch nun enden wird. Mit welchem Spiel? Mit welcher Anekdote? Im Prinzip könnte hier bereits Schluss sein. Würde passen. Keine Frage. Aber lasst uns noch einmal den Turbo anschmeißen! Mit vollem Karacho einmal durch die letzten zwölf Fußballjahre. Angesetzt am Zeitpunkt des Aufstiegs der SG Dynamo Dresden im Juni 2002. Den BFC Dynamo jetzt mal außen vorgelassen. Noch einmal richtig Stoff geben und von Kracher zu Kracher heizen. Auf geht's!

1. Oktober 2002. Die alte Dame in der ersten Runde des UEFA-Pokals am Start. Zu Gast im Berliner Olympiastadion: Der schottische Vertreter Aberdeen FC. Ich hatte richtig Bock auf diese Partie, versprach mir aber nicht allzu viel. Vielleicht fünfhundert Gästefans und etwas britische Stimmung. Aber immerhin,

nett wird's ganz gewiss. Also einen guten Kumpel geschnappt und zwei Tickets für den Gästeblock gekauft. Wir lungerten noch etwas rum und schauten, was für Typen wohl in Richtung away-Winkel marschieren werden. Das schaute bereits ganz passabel aus. Etliche Schotten konnten gesichtet werden, die 500er Marke würde geknackt werden können. Und dann das! Eine wahre Pracht! Welch ein Anblick! Begleitet von etlichen Polizisten erreichte ein ganzer Mob AFC-Fans den Eingangsbereich. Ha, wie geil! Die meisten hatten doch tatsächlich diese karierten Burberry-Caps auf. Jung, motiviert, gesangfreudig. Kein versoffener Haufen, sondern eine beachtliche sportliche Fraktion. Ich kriegte mich kaum ein vor Freude. Dieses Spiel in der eher trostlosen Schüssel war ein wahrer Glücksgriff!

Wir stellten uns mitten rein in den Mob und genossen die klasse Fußballatmosphäre im Gästeblock. Rund 1.500 Anhänger des Aberdeen FC hatten sich letztendlich eingefunden. Am Rande des Blocks gesellten sich einige befreundete BFCer dazu. Die schottischen Fußballjungs bewiesen eindrucksvoll, was stimmungstechnisch trotz der Weite des Stadions möglich ist. Geschlossen wurde immer wieder das berühmte Lied „Stand free wherever you may be, we are the famous

Aberdeen. We don't give a fuck whoever you may be, we are the famous Aberdeen!" Das ging in Mark und Bein. Das ließ Gänsehaut aufkommen.

Im Gegensatz zu manch anderen Europapokalspielen ließ sich auch das Berliner Publikum nicht lumpen. 30.770 Zuschauer bildeten für ein Erstrundenspiel eine durchaus passable Kulisse. Den Abend perfekt gemacht hätte ein Tor der Gäste. Einmal den Mob richtig toben sehen. Dies blieb uns nicht vergönnt. Ganz im Gegenteil. In der 89. Minute machte Michael Preetz das 1:0 für Hertha BSC. Genau dieses eine Törchen sollte zum Einzug in die zweite Runde genügen.

Nachdem in jener Runde APOEL Nikosia problemlos mit 1:0 und 4:0 bezwungen wurde, war in der dritten Runde wieder ein britischer Vertreter zu Gast in der deutschen Hauptstadt. Wieder schnappte ich mir einen Kumpel, dieses Mal war es der französische Fußballmuffel Carl, und fuhr mit der U-Bahn in Richtung Ruhleben. Allerdings nicht ohne vorher im Irish Pub im Europacenter vorbeigeschaut zu haben. Lass laufen! Die angereisten Fans des Fulham FC kippten ein Pint nach dem anderen in den Rachen. Die Stimmung im Pub ließ hoffen, doch später im Stadion wurde das

+++ Fulham FC zu Gast bei Hertha BSC (2002) +++

Ganze nicht allzu dolle. Gerade einmal 18.000 Zuschauer verloren sich auf der Baustelle Olympiastadion. Dort, wo einst die Haupttribüne war, klaffte eine riesige Lücke. Große aufgeblasene blau-weiße Bälle, das Hertha-Emblem und ein fetter Herthinho sollten die hässliche Lücke ein wenig kaschieren. Nicht zuletzt aufgrund der Eiseskälte und des eher spärlich gefüllten Gästebereichs kam dieses Spiel bei weitem nicht an das gegen Aberdeen heran. Paule Beinlich hatte Hertha mit 1:0 in Front gebracht. Nach dem Ausgleich der Engländer war es ein Eigentor, welches die Berliner auf die Siegerstraße brachte. Wieder genügte ein 0:0 auf der Insel, um in die nächste Runde einzuziehen. Im Achtelfinale war allerdings Schluss. Im Elfmeterschießen musste Hertha bei Boavista Porto die Segel streichen. Schade, schade, schade, denn ich hatte sehr auf ein knackiges Duell im Viertelfinale gehofft. Damals noch im Topf: Panathinaikos, Lazio Besiktas und nicht zuletzt Liverpool und Celtic ...

Auf nach Sachsen! Den Japaner Seiji geschnappt und am 9. Mai 2004 entspannt zum Leipziger Zentralstadion gefahren. In der Regionalliga Nordost stand der Kracher FC Sachsen Leipzig vs. Dynamo Dresden auf dem Programm. Fast auf den Tag genau vor zehn Jahren war ich das letzte Mal mit Bayer 04 Leverkusen zu Gast in der gigantischen Schüssel, die im Mai 2004 bereits umgebaut war. Aber was heißt umgebaut? Im alten Stadion wurde eine neue Arena hochgezogen. Die alten aufgeschütteten Ränge hatte man gelassen. Zwei Monate vor dem Match gegen Dresden war die Regionalligapartie gegen Borussia Dortmund II das erste Fußballspiel in der fertiggestellten Arena, die nun rund 45.000 Zuschauern einen Platz bietet.

An jenem Maitag waren es 21.458 Fußballfreunde, welche die Ränge ordentlich füllten. Über die Hälfte von ihnen drückte ganz klar den Gästen aus Elbflorenz die Daumen. Seiji und ich stellten uns hinter das Tor oberhalb des Fankerns des FC Sachsen. „Chemie, Chemie, nur noch Chemie!", hallte es über den Platz.

Sicherlich war die Kulisse hübsch anzusehen, doch recht überzeugt war ich nicht. Machte der Umzug vom Alfred-Kunze-Sportpark in diese neue, für den Regionalligisten überdimensionierte Arena wirklich Sinn? Man musste kein Prophet sein, um zu ahnen, dass das Ganze schnell in die Hose gehen konnte. Und es ging schneller bergab, als man dachte. Gegen Dynamo Dresden wurde mit 1:3 verloren. Wagefeld trat für Dynamo zweimal zum Elfmeterpunkt und lochte ein. Dazu noch ein Treffer von Fröhlich, nach 53 Minuten führte Dresden mit 3:0. Der Anschlusstreffer nach gut einer Stunde war nur noch ein Strohfeuer.

+++ FC Sachsen Leipzig vs. SG Dynamo Dresden (2004) +++

Mit voller Geschwindigkeit bretterte der FC Sachsen Leipzig zurück in die Oberliga. Die folgenden vier Partien wurden ebenfalls verloren. Gegen den Hamburger SV II kamen nur 2.311 Zuschauer, gegen Rot-Weiss Essen am letzten Spieltag nur 3.148 Zuschauer in die Arena. Es war der Anfang vom Ende. Nach vier Spielzeiten in der Oberliga keimte noch einmal Hoffnung auf. 2008/09 war Sachsen Leipzig letztmals in der Regionalliga dabei. Und wieder folgte am Ende der Saison das totale Desaster. Sieben Niederlagen in Folge. 1.998 Zuschauer gegen den Chemnitzer FC, am letzten Spieltag nur noch 1.622 Verwegene. Das Insolvenzverfahren wurde am 30. Juni 2009 eröffnet, es folgten zwei Jahre in der Oberliga, bevor exakt zwei Jahre später beim FC Sachsen Leipzig endgültig die Lichter ausgingen und der Klub im Vereinsregister gelöscht wurde.

+++ Crystal Palace vs. Southampton FC (2005) +++

Stichwort Löschen. Nachdem ich von 2003 bis 2005 mit einer ersten kleinen Digitalkamera Fotos anfertigen konnte, kam nun ein neues Modell dazu, mit dem zusätzlich Videos aufgenommen werden konnten. Heute ist dies eine Selbstverständlichkeit, vor neun Jahren bedeutete diese Möglichkeit ein echter Quantensprung. In sämtlichen Situationen vor, während und nach einem Fußballspiel konnten interessante Details als Bewegtbild festgehalten werden. In der S-Bahn anschließend das Material durchgeklickt und den Schrott sogleich aussortiert und gelöscht. Meine damalige kompakte Kodak-Knipse hatte ein erstaunlich gutes Mikrofon und so überzeugt die Tonqualität der damaligen Filmdateien teilweise mehr als die HD-Sequenzen der heutigen Kompaktkameras.

„Karsten und Jan, wie schaut's aus? Mal wieder nach Old England? Wird höchste Zeit!" Mit der kleinen silberfarbenen Kamera im Gepäck ging es mit dem Flieger nach London. Jan und ich pennten bei einem Kumpel, den wir fünf Jahre zuvor in Irkutsk kennengelernt hatten, Karsten nahm sich ein Zimmer ganz in der Nähe. Ohne groß Zeit zu verlieren, trotteten wir zum Selhurst Park, um nach Möglichkeit Karten für das wichtige Abstiegsduell Crystal Palace FC gegen Southampton FC zu ergattern. Zuerst hieß es auf der Geschäftsstelle: Nichts zu machen. Komplett auverkauft! Nachdem wir nachhakten, hieß es dann plötzlich: Ja, es gibt noch einzelne Karten. Und zwar im Gästebereiuch mit leichter Sichtbehinderung. Gästeblock? Volltreffer! Zumal Jan Anhänger der Saints ist.

Die Investition hatte sich gelohnt. Perfekte Fußballatmosphäre – und das in der Premier League. Bereits lange vor Anpfiff sangen sich beide Fanlager warm. Gut und gern zweitausend Sportsfreunde aus Southampton – meist in den gelb-blauen Auswärtstrikot gekleidet – hatten sich im Gästeblock, der damals im äußeren Bereich der Gegengerade lag, eingefunden. Fröhliche Gesichter soweit das Auge reichte. Allesamt – von Jung bis Alt – stimmten den Gesang an. Beim Einlaufen der beiden Mannschaften knallten im Gästebereich hunderte Luftballons und auf Heimseite war hinter dem Tor auf dem Unterrang etwas ganz besonderes zu sehen: Eine rot-blaue Choreographie! Diese wurde reibungslos umgesetzt und sah gut aus. Ein wahrlich ungewohnter Anblick beim englischen Fußball. Und auch das Spielgeschehen auf dem Rasen hatte einiges zu bieten. Zweimal ging Crystal Palace in Führung, zweimal stand der Selhurst Park Kopf. Wiederum zweimal konnten die Gäste von der südenglischen Küste ausgleichen. Das 2:2 von Danny Higginbotham fiel in der 90. Minute. Kollektives freudiges Ausrasten im Gästeblock. Note eins für das Geschehen auf dem Rasen und den Rängen!

+++ Welcome to the Den (2005) +++

Nicht ganz so turbulent ging es am nächsten Tag eine Liga tiefer zu, doch sehenswert war auch diese Partie. Welcome to the Den! Mit dem Nahverkehrszug zur Station South Bermondsey gefahren und anschließend durch das aus der BBC-Reportage ‚Hooligans‘ wohlbekannte Viertel marschiert. Durch die legendäre alte Unterführung spaziert und schon konnte man das typisch englische Stadion sichten. Wir kauften Karten für den Heimbereich und stellten uns hinter dem Tor zu den Millwall-Fans. Zu Gast an jenem Nach-

mittag war der Burnley Football Club. Im Schlepptau gut und gern achthundert Fans. Insgesamt 12.171 Zuschauer bekamen im New Den zwar keine Tore zu sehen, doch langweilig wurde dieses Spiel trotzdem nicht. Als Burnley einen Elfmeter bekam und anschließend der Millwall-Keeper den Schuss parieren konnte, ertönte der berühmte Schlachtruf „No one likes us, no one likes us, we don´t care! We are Millwall, super Millwall, we are Millwall from the Den!", der bereits in den frühen 80ern populär wurde. Ebenso legendär ist der vor und nach dem Spiel abgespielte Song „Let em all come to the Den …", der von zahlreichen Fans mitgesungen wird und durchaus für eine geborstete Haut sorgt. Millwall hielt, was es versprach. Das gesamte Ambiente ließ kaum Wünsche offen. Es wird höchste Zeit, endlich mal wieder im New Den vorbeizuschauen! Und wer Lust hat, sich die Videoaufnahmen von damals anzuschauen, muss bei youtube nach dem ‚Sambamarco‘ suchen. Unter diesem Account ist der alte Stuff einsehbar.

Und wer dort schmökert, wird auch andere interessante Filmchen finden. Den nackten Hintern zeigende Erkenschwicker beim Auswärtsspiel in Herne zum Beispiel. Vor rund zweitausend Zuschauern gingen die schon mal gern als ‚Erkenschwicker Hundeficker‘ besungenen Gäste am sonnigen Nachmittag des 7. August 2005 mit 0:3 unter. Grund genug, dem Heimpublikum in Braveheart-Manier den Blanken zu zeigen.

Was zu zeigen hatten auch die Ultras des 1. FC Union Berlin beim Auswärtsspiel in Babelsberg am 19. November 2005. Karsten war zu Gast in Berlin, kurzerhand düsten wir gen Filmstadt und kauften uns zwei Tickets für den Gästeblock, der an jenem Nachmittag völlig überfüllt war. Von der ersten Halbzeit bekamen wir nicht allzu viel mit, weil es sich an der Ecke zur Gegengerade mächtig staute und nicht alle Gästefans in den Block nachrücken konnten. In der Halbzeitpause nutzten wir die Gunst der Stunde und schoben uns in den Bereich direkt hinter dem Tor. Bingo. Mittendrin statt nur dabei. Damals ging das noch. Heute würde man verscheucht werden. Oder mächtig aufs Maul kriegen, wenn man als Fremder einfach mal die Kamera laufen lässt. Damals juckte das noch keine Sau. Das Zeitalter der Smartphone-Zücker lag damals noch in weiter Ferne. Ich war so ziemlich der Einzige, der von der direkt nach der Pause gestarteten Pyro-Aktion Videoaufnahmen anfertigte.

+++ Union Berlin in Babelsberg (2005) +++

Die rot-weiße Anhängerschaft wie im Rausch. Es brannte, qualmte und loderte ringsherum. Einzelne Leuchtkugeln flogen auf den Platz. Jüngere Ultras schoben sich in Richtung Nahtstelle zur Nordkurve. Zweimal ging Union in Führung. Die alten Fangnetze wurden erklommen. Immer wieder rauchte es. Die postierten Ordner gestikulierten wie wild und zogen an den Händen und Füßen der Zaunbesteiger. Auch ich war plötzlich bei der Sache. Da brach es wieder durch. Das Temperament. Ich beschimpfte die Ordner und sprang ebenfalls gegen den Zaun. Schön, dass dabei meine Kamera lief. Ich schämte mich später in Grund und Boden, als ich beim Abspielen auf dem Rechner meine Stimme hörte. Das war ich? Dermaßen aggro? Pöbelnd? Provozierend? Bemerkenswert, sich mal selbst in Fahrt zu hören.

Und das Spiel? Vor 9.254 Zuschauern machte doch tatsächlich Fricke in der Nachspielzeit das 3:2 für den SV Babelsberg 03! Jubel bei den Filmstädtern, Wut bei den Eisernen. Die ersten Köpenicker – angefeuert mit einem lautstarken „Auf die Fresse!" – rannten auf den Platz und suchten den Kontakt mit den Heimfans. Viel passiert war jedoch nicht. Bevor Ordner und Polizei für Ruhe sorgen mussten, zogen sich die Platzstürmer wieder zurück.

Legendär war anderthalb Jahre später ein Wochenende im April 2007, das es in sich hatte. Karsten kam rüber nach Berlin und das perfekte Ostfußballpaket war geschnürt. Am Freitagabend war im Jahn-Sportpark der 1. FC Magdeburg zu Gast bei der U23 von Hertha BSC, einen Tag später gab die SG Dynamo Dresden ihre Visitenkarte im Stadion an der Alten Försterei ab. Was will man mehr? Vielleicht noch paar Bier dazu? Richtig! Gut gelaunt setzten wir uns im JSP in den Block der Magdeburger. Rund zweitausend hatten an diesem Tag den weg nach Berlin gefunden. Die ‚Größten der Welt' hatten noch Aufstiegschancen und mussten die Partie bei den Hertha-Bubis unbedingt gewinnen. Taten sie auch. Der FCM siegte mit 2:0 und noch lange nach Abpfiff ertönte das „Du bist niemals alleine …"

12.024 Zuschauer füllten am Tag darauf die Ränge der Alten Försterei. Prima Kulisse für ein Regionalligaspiel. Aus Sachsen waren rund zweieinhalbtausend Sportsfreunde angereist. Mit im Gepäck zwar keine Pyro, dafür jedoch hunderte schwarze und gelbe Luftballons, die beim Einlaufen der Mannschaften in die Luft geworfen wurden. Auf Waldseite wurde eine große Blockfahne mit Köpenicker Bezug präsentiert. Mit geschlossenem Support wussten vor allen Dingen die Gästefans zu überzeugen. Immer wieder ertönte es laut und brachial: „Sachsen!! Sachsen!!" Auffällig indes: Damals war der Gästekäfig bei weitem noch nicht so voll beflaggt wie heutzutage.

Bereits nach acht Minuten brachte Nico Patschinski die Eisernen mit 1:0 in Führung, kurz vor der Pause legte Sebastian Bönig zum 2:0 nach. Hoffnung bei den Dynamischen eine Viertelstunde vor Schluss. Samuel Koejoe lochte zum 1:2-Anschlusstreffer ein und sorgte somit dafür, dass es eine hektische, spannenden Schlussphase gab. Weitere Tore sollen jedoch nicht mehr fallen. Union feierte den Erfolg, die Gästefans machten sich auf den Weg zum S-Bahnhof Spindlersfeld. Aber nicht wie zuletzt über die gesperrte Fernstraße, sondern quer durch die Köpenicker Altstadt.

Zu größeren Reibereien kam es nicht, nach und nach fanden sich alle Zugfahrer auf dem Vorplatz des S-Bahnhofs Spindlersfeld ein und sorgten für ein fröhliches Gelage bei sommerlichen Temperaturen. Ein bisschen angespannter wurde es, als die Fans zum Bahnsteig durchtreten und zuvor eine Kontrolle passieren sollten. Es staute sich. Ein Böller detonierte. Vereinzelte Flaschen flogen. Glas splitterte. Immer wieder ertönten die Durchsagen des Polizeisprechers. Später wurde auch ein Verantwortlicher aus Dresden ans Mikrofon gelassen, um die Fans zu beruhigen: „Ihr habt zwar ein mieses Spiel gesehen, aber dennoch war alles friedlich. Und ich möchte nicht, dass morgen wieder in der Zeitung steht: Dynamo randaliert ..."

+++ Dynamo Dresden zu Gast bei Union Berlin (2007) +++

Mit Erfolg. Die polizeilichen Einsatzkräfte hielten sich angenehm zurück. Nach und nach räumten die Fans den Vorplatz und gingen durch die Kontrolle am Eingang des kleinen Bahnhofsgebäudes. Manch einer

trank in letzter Minute seine Bierflasche auf Ex. Stark tätowierte Dresdner Glatzen füllten ihre Glasflaschen um und tranken noch schnell den Schaum weg. Pfandflaschensammler enterten das Eldorado und schleppten und schoben in großen Taschen und herangekarrten Einkaufswagen das wertvolle Gut davon.

+++ Dynamo-Fans am S-Bahnhof Spindlersfeld (2007) +++

Ohne Überfälle und Busentführung verlief im März 2008 eine zweiwöchige Reise nach Rio de Janeiro. Im Stadtteil Copacabana mietete ich ein kleines Zimmer in einer WG und konnte auf diesem Wege den Alltag junger Brasilianer kennenlernen. Fußballtechnisch bot sich nur die regionale Meisterschaft des Bundesstaates Rio de Janeiro an. Immerhin kam ich somit in den Genuss das alte Maracanã zu sehen. Die Partien Flamengo gegen Mesquita und Fluminense gegen Resende wurden an einem Abend hintereinander im gleichen Stadion ausgetragen. Ein witzige Konstellation, zumal ein Großteil der anwesenden Flamengo-Fans nach ihrem 2:0-Sieg im weiten Rund blieb und fortan den Außenseiter Resende lautstark unterstützte. Insgesamt hatten sich knapp 20.000 Zuschauer eingefunden. Pyro gab es bei beiden Partien in den Blöcken von Flamengo und Fluminense. Die beiden kleinen Vereine hatten jeweils ein kleines Häufchen Anhänger mitgebracht. Zwar war es nicht das ganz große Fußballkino, doch da ich als Ausländer problemlos in beiden Fankurven vorbeischauen konnte, hatte sich die U-Bahnfahrt zum Maracanã durchaus gelohnt.

+++ Zu Gast im Maracanã (2008) +++

Ein ganz anderes Spiel gab es auf der Balkantour im Herbst des Jahres 2006 zu sehen. Gemeinsam mit Karsten radelte ich die serbisch-rumänische sowie serbisch-bulgarische Grenze entlang von Horgos bis Kjustendil, um diesen Abschnitt des geplanten europäischen Fernradwanderwegs Iron Curtain Trail auszuarbeiten. Heimspiel des FK Rajac. Ausgetragen auf einem idyllisch gelegenen Sportplatz, eingerahmt von alten Bäumen. Im Hintergrund bildeten die kleine Ortschaft und eine Hügelkette eine hübsche Kulisse. Am Zaun hatten sich ein paar Leute eingetroffen. Auf einem kleinen Tisch und in einer Schubkarre lagen Erfrischungsgetränke bereit. Zirka zwanzig Zuschauer wollten die Partie sehen. Während uns das zuvor in der Stadt Negotin eingeschaufelte deftige serbische Abendbrot inklusive Cevapi und Fleischspieße noch schwer im Magen lag, legten die Jungs auf dem Rasen munter los. Willkommen in den Niederungen des serbischen Fußballs.

+++ Sportplatz des FK Rajac in Serbien (2006) +++

Während wir in größeren Städten eher achtlos an etwaigen Sportstätten vorbeiradelten, fielen die Fußballplätze in den einsam gelegenen Dörfern weitaus eher ins Auge. Kyrillische Buchstaben auf der weiß gekreideten Wand eines Vereinsgebäudes oder der Mauer eines Sportplatzes. Später daheim im fernen Berlin fielen die Bilder beim Sichten des gesamten Materials nochmals ins Auge. Wo lag noch mal dieser idyllische Sportplatz, an dem wir mit vollen Magen im Gras lagen und das Spiel anschauten? Die kleine

Ortschaft Rajac, die sich an die besagte Hügelkette anschmiegt, befindet sich an der Straße 248 unweit der serbisch-bulgarischen Grenze. Auf bulgarischer Seite gibt es tatsächlich ein Dorf, das Kosovo heißt. Erstaunlicherweise hat Rajac sogar einen deutschsprachigen Wikipedia-Eintrag. Laut Volkszählung im Jahre 2002 sollen derzeit rund 440 Menschen in der Ortschaft der Opstina Negotin und des Bezirks Bor leben. Ende der 40er Jahre waren es sogar einmal über 1.400 Einwohner. Und was hat es nun mit diesem FK Rajac auf sich? Die Suche endet in den Weiten des Netzes. Ein paar Fotos von einem Spiel gegen den FK Crvena Zvezda (Veterani) und ein youtube-Video, bei dem die Spuren einer Überschwemmung zu sehen sind.

Hätte ich nicht an jenem Tag beim Radfahren arge Bauschmerzen gehabt, hätte ich niemals von diesem winzigen Fußballklub erfahren. Nicht nur manchmal schreibt der Zufall nun mal das Leben. Später konnte ich bei der Recherche herausfinden, dass der FK Rajac in der Saison 2011/12 noch in der Borska okruzna liga gespielt hatte, aus dieser jedoch als abgeschlagener Tabellenletzter abgestiegen war. Oder doch nicht? Es schien die unterste Liga dieser Region gewesen zu sein. Also dann, Sport frei! In der zurückliegenden Spielzeit wurde Rajac Drittletzter. Gut so, denn 2014 musste der Letzte dann doch die Liga verlassen. Wohin? Das entzieht sich meiner Erkenntnis. Ist ja auch egal. Auf dem Sportplatz des FK Rajac rollt wieder der Ball – und zwar in der Borska okruzna liga! Was der ganze Murks hier soll? Ganz einfach! Der damalige Kick auf dem Dorfplatz brachte mich an jenem Tag, an dem ich mich hundeelend wie bei einer Fleischvergiftung fühlte, auf andere Gedanken. Der FK Rajac rettete zwar nicht mein Leben, aber ganz gewiss den damaligen Nachmittag.

Später im Frühjahr 2009 folgte eine weitere Tour auf den Balkan. Mit Auto und Fahrrad ging es runter, um für das Europäische Parlament einen weiteren Abschnitt des Iron Curtain Trails auszuarbeiten. Diese Tour führte Sebastian und mich an die kroatisch-serbische Grenze bei Osijek und Vukovar. All die Kriegsspuren in Vukovar mit eigenen Augen zu sehen – das ging sehr nahe. Auch vierzehn Jahre nach Kriegsende waren zahlreiche Gebäude noch komplett zerstört. Abertausende Einschusslöcher. Ruinen. Denkmäler. Der berühmte, halb zerstörte Wasserturm, der zum Wahrzeichen der Stadt wurde. Zum Wahrzeichen des Kampfes der Kroaten. Der Rückeroberung der komplett zerstörten Stadt, die im Jahre 1990 noch 45.000 Einwohner hatte. In der Gegenwart sind es gerade mal 28.000.

Zurück in Berlin kam mir beim Sichten der Fotos der Gedanke. Über Vukovar muss ich einen Bericht für die Gesellschaftsrubrik von turus.net machen. Nach dem TeBe-BFC-Artikel im Dezember 2008 war dies mein richtiger Einstieg beim von Karsten ins Leben gerufenen Onlinemagazin. Weitere Berichte und Fotostrecken von meiner Balkantour folgten direkt im Anschluss und Ende April starteten wir im Sportbereich gemeinsam durch. Tennis Borussia Berlin im Landespokal zu Gast bei Eintracht Mahlsdorf, Aufstiegsfeier des 1. FC Union Berlin gegen den SSV Jahn Regensburg im Jahn-Sportpark, Landespokalfinale TeBe gegen Union, der vierte DEL-Titel des EHC Eisbären Berlin, der Pokalkracher Rot-Weiß Essen gegen Wuppertal, Holstein Kiel in Babelsberg und das Final Four der Basketball Europaleague mit Panathinaikos und Olympiakos – der Start in eine neue Ära war geglückt.

Unser Onlinemagazin sorgte und sorgt für reichlich Antrieb. So war ich beispielsweise im Jahr 2013 bei mehr als einhundert Fußballspielen vor Ort, um Berichte und Fotomaterial anzufertigen. Nur mal so zum Fußball zu pilgern, wäre mir mit 41 Jahren zu dünne. Okay, zu dem einen oder anderen Kracher würde es mich sowieso hinziehen. Und beim BFC Dynamo würde ich mich mit meinen Kumpels in den Block stellen.

+++ Wasserturm in Vukovar, Kroatien (2009) +++

Allerdings war durchaus nach all den Jahren eine gewisse Reise- und auch Fußballmüdigkeit zu spüren. Europapokal oder gar Bundesliga live vor dem Fernseher? Nicht mehr mit mir. Da müssen Freunde schon mal echte Überzeugungsarbeit leisten, um mich in eine Kneipe zu locken und dort mit anderen vor die Glotze zu hocken.

Das Wieso, Weshalb, Warum hatte ich mir bereits in den 90ern gestellt. Unten kicken Millionäre und ich turne auf den Rängen rum und lasse mich von der Polizei bei Auswärtsspielen drangsalieren? Zehn Jahre später änderte sich der Blick auf die Dinge – und da kam turus.net gerade recht, um das eine oder andere Problem anzusprechen. Oder um einfach nur das

Geschehen aus neutraler Sicht festzuhalten. Klingt banal, aber jeder Fußballfreund weiß, wie es sich in der Regel mit der neutralen Berichterstattung verhält, wenn Pyro, Polizei und Fanmärsche mit im Spiel sind.

Und ja, auch wir sind – besonders in der Anfangsphase – in den einen oder anderen Fettnapf getreten. Man versucht sein Bestes und schreibt sich am Ende – wie es Andreas Gläser so hübsch im Vorwort geschildert hat – an manchen Tagen um Kopf und Kragen. Vor allen Dingen, wenn politische Dinge mit ins Spiel kommen, kann man quasi nur alles falsch machen. Irgendjemand haut dir anschließend immer die verbale Keule mitten in die Fresse rein. Lob und Tadel nach meiner Berichterstattung über das brisante Regionalliga-Duell Babelsberg 03 gegen 1. FC Lokomotive Leipzig im August 2013, als Lok-Hools noch vor Anpfiff in Richtung Nordkurve stürmten. Die Jungs von Scenario waren zu jenem Zeitpunkt noch am Einlass. Das interessierte später jedoch auch niemanden mehr. Es wurde schwer, für die Loksche noch eine Lanze zu brechen. Ich tat es trotzdem und übte zudem Kritik an Teilen der Babelsberger Fanszene. Und nun ja, ich lernte reichlich dazu.

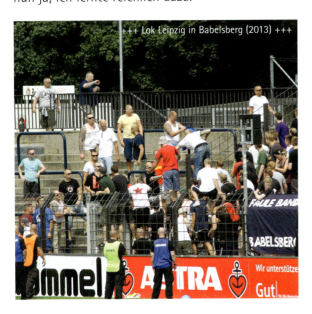

+++ Lok Leipzig in Babelsberg (2013) +++

Was zu lernen gab es auch im Stadion An der Alten Försterei. Und damit meine ich nicht das kecke „Na, du Biffze!" eines Kollegen, sondern vielmehr die Tatsache, dass man als Fotograf im Innenraum stets aufmerksam sein muss. Logisch, eigentlich versteht sich das von selbst. Wenn man jedoch nicht nur das Geschehen auf dem Rasen, sondern auch das Treiben auf den Rängen im Auge behalten möchte, kann es schon mal zu einem Unfall kommen. Und der ereignete sich wie folgt.

Ausverkauft! 16.750 Zuschauer hatten sich am 12. August 2012 im Stadion An der Alten Försterei eingefunden, um das erste Heimspiel von Union Berlin der frisch begonnenen Zweitligasaison zu sehen. Rappelvoll war auch der Gästebereich, rund zweitausend Anhänger von Eintracht Braunschweig waren vor Ort und unterstützten ihr Team nach Kräften. Große Erwartung auf beiden Seiten. Beide Teams hatten am ersten Spieltag für Furore gesorgt. Die Eisernen lieferten beim 1. FC Kaiserslautern eine packende Partie ab, die letztendlich 3:3 ausging. Braunschweig konnte indes den Erstliga-Absteiger 1. FC Köln daheim mit 1:0 bezwingen. Optimismus somit bei Rot-Weiß und Blau-Gelb.

Bei angenehmer Temperatur und immer wieder zwischen den Wolken durchscheinender Sonne herrschte bereits vor dem Anpfiff eine tolle Atmosphäre. Sehenswert waren damals die Baufortschritte der neuen Haupttribüne. Die ersten Betonstufen lagen bereits, die Stützen ragten in den Himmel und auch unter und hinter der Tribüne zeichneten sich erste Konturen ab. Auf dem Rasen entwickelte sich eine temporeiche, sehenswerte Partie, in der die Gäste erwartungsgemäß gut mitspielen konnten. Zweikampf-Liebhaber kamen auf ihre Kosten. Geschenkt wurde sich nichts.

Dass es sich nicht gerade um ein Freundschaftsspiel handelte, war aus dem Gästeblock heraus mehr als deutlich zu vernehmen. In erster Reihe rüttelten ein

FREI.BIER STATT FREI.WILD

ECHTE FANS?

MARCO BERTRAM LIKE

BABELSBERG 03

Antifa Ultras Babelsberg

paar Kerle, die außer sich vor Wut waren, am Zaun. Allerdings wurde die Angelegenheit in Köpenick bei den Braunschweiger Anhängern völlig unterschiedlich aufgenommen. Manch einer war auf Betriebstemperatur, andere schauten völlig gelassen dem Spielgeschehen zu. Ein Blick auf den Gästebereich zeigte, dass es sich keineswegs um eine homogene Fanmasse handelte. Bei Braunschweig stand jeder im Block. Von Jung bis Alt war alles dabei. Von der Kutte bis zum erlebnisorientierten Haudegen. Ja, bei den Gästen aus Braunschweig schnupperte es noch ein wenig nach 90er-Jahre-Fankultur.

Apropos Fankultur. Auf der Gegengerade zeigten die Union-Fans drei Spruchbänder. Ein Gruß in Richtung Waldseite. „Laut, bunter, geiler. 10 Jahre Wuhlesyndikat. Danke Jungs!" Wie schnell die Zeit vergeht. Die Älteren erinnern sich noch sehr gut an die Zeit vor

den Ultras. Gesang aus dem Stegreif. Spontaner Support. Missen möchte jedoch niemand die aufwändigen Choreographien, die all die Jahre das Wuhlesyndikat präsentiert hatte.

Und auf dem Spielfeld? Union blieb am Drücker und drängte zur Führung. Fast hätte es in der 33. Minute geklappt, ein Heber von Zoundi segelte denkbar knapp über die Latte. Fast im Gegenzug machte Boland per Freistoß fast das 1:0 für Braunschweig, doch Unions Keeper Haas war auf dem Posten und lenkte den Ball ins Aus. Keine vier Minuten später zeigte Schiedsrichter auf den Punkt. Handelfmeter für die Eintracht! Routiniert legte Marc Pfitzner den Ball zurecht und schob ihn anschließend unten rechts rein. Keine Chance für Haas, der mit der anderen Ecke gerechnet hatte. Tosender Jubel im Gästeblock. Eine bengalische Fackel wurde gezündet.

Spannend blieb es auch im zweiten Spielabschnitt. „Spitzenreiter, Spitzenreiter, hey, hey ...", ertönte es aus dem Gästeblock. Braunschweig fast mit dem 2:0, doch Haas konnte gegen Kruppke klären. Auf Seiten der Unioner war nun Torsten Mattuschka im Spiel, der allein durch seine Körpersprache zu verstehen gab: Hier geht noch was! Intensiv ging es auf die Mitte der zweiten Halbzeit zu.

+++ Braunschweig bei Union Berlin (2012) +++

Und dann geschah es! Ein Blick zum Gästeblock, in dem jemand etwas rief, und schon krachte es. Beim Zurückdrehen erschien der Spielball für einen Bruchteil einer Sekunde wie eine Standaufnahme aus dem Nichts. Ein satter Schuss, der links neben das Braunschweiger Gehäuse ging, traf mit voller Wucht auf das rechte Auge. Die Brille zerbarst in zig Einzelteile. War es Mattuschka? Erheiterung im Gästeblock. Erstaunte Blicke der Kollegen. Immerhin, ich stand noch. Zwar etwas benommen wie nach einem Klitschko-Fausthieb, aber trotzdem noch motiviert, das Spiel weiter zu verfolgen. Daran war jedoch nicht zu denken. Mit den Sanitätern ging es hinter die Tribüne auf der Wuhle-Seite. Erstaunlich, wie viele Personen dort so behandelt wurden. Kreislaufschwäche. Eine Wunde am Hinterkopf. Braunschweiger. Unioner. Ordner. Und nun ja, ein schreibender Fotojournalist. Alle friedlich vereint bei der Ersten Hilfe. Sie kommen alle in der zweiten Halbzeit. Das sei fast immer so, erklärte eine Sanitäterin mit einem Lächeln. Das Blut wurde am Auge weggetupft. Eine Prellung und kleine Schnittwunden von den Splittern der Brille. Glück im Unglück: Kein Glas im Auge. In die Augenklinik musste es abends dann trotzdem gehen.

Mal andere Einblicke während der Ersten-Hilfe-Behandlung. Das Spiel deuten mit Hilfe der Geräusche im Stadion. Aaaah. Ooooh. Chancen auf beiden Seiten. Es blieb letztendlich beim 1:0 für die Eintracht. Zwei Braunschweiger holten kurz nach Abpfiff ihren Kumpel bei den Sanitätern ab. Erstaunte Blicke bei den vorbeilaufenden Fans. Ein Fotograf, der auf die Fresse bekommen hatte? Nein, ein Fußballenthusiast, der sich sowohl für das Fangeschehen als auch für das Spiel auf dem Rasen interessiert. Eine Ausrede gab es dennoch nicht. Gepennt! In solch einem engen Stadion sollte man hinter den Toren immer acht geben. Auch nach zwanzig Jahren Fußballerfahrung! Vor allen Dingen, wenn Mattuschka mal voll drauf hält! Aber vielleicht war es ja auch ein anderer Spieler. Als Anekdote für die Enkelkinder wird es jedoch der ‚Tusche' bleiben ...

+++ Blutiges Auge nach ‚Tusches' Schuss (2012) +++

Einen verrückten Fußballnachmittag erlebte ich auch im Januar 2013 beim Potsdamer Hallenturnier. Im Vorfeld erreichte mich von Ricardo, der das Portal UiSF betreibt, eine SMS. Paar Jungs von Polonia Bytom und Dynamo Dresden haben sich angekündigt und das Ganze könnte richtig gut werden. Fix schickte ich den Akkreditierungsantrag raus und erwartete mit Spannung das Turnier.

Wer die Jungs von Towarzystwo Sportowe Polonia Bytom zu einem Hallenfußballturnier einlädt, der kann sich sicher sein, dass für knackige Stimmung gesorgt ist. Allerdings sollten einige Eventualitäten mit einkalkuliert werden. Möglicher Feueralarm auf Grund des Einsatzes von Pyrotechnik und handfeste Auseinandersetzungen im Umfeld der Halle. Die positiven Aspekte: Dauerhafter Support auf den Rängen, viel polnischer Humor und beeindruckende Oberkörper-frei-Aktionen. Und nicht zu vergessen: Die Spieler nehmen auf dem Parkett die sportliche Herausforderung überaus ernst!

Sven Thoß, langjähriger Veranstalter des traditionsreichen Potsdamer Hallenmasters, hatte durchaus Mut bewiesen, das Team aus der Woiwodschaft Schlesien samt seiner durchaus berüchtigten Anhängerschaft in die Brandenburgische Landeshauptstadt einzuladen. Es war das erste Mal, dass ein ausländisches Team am dortigen Hallenmasters teilnehmen durfte. Aber okay, zum 18-jährigen Jubiläum des Turniers darf es schon mal knackiger sein. Mit dabei unter den zehn Teilnehmern auch der SV Babelsberg 03, Tennis Borussia Berlin und die U23 der SG Dynamo Dresden. Bereits im Vorfeld des Potsdamer Hallenmasters kursierte in informierten Fankreisen das Gerücht, dass motivierte schlagkräftige Dresdner anreisen würden. Aus Bytom rechnete man mit rund einhundert Leuten.

Am Sonntagnachmittag um 15.25 Uhr zeigte sich, dass aus der einen Vermutung tatsächlich Realität wird. Die ersten fünfzig Anhänger von Polonia Bytom erreichten als geschlossene Gruppe die MBS-Arena

+++ Oberkörper frei bei Polonia Bytom (2013) +++

in Potsdam-Süd. Nach kurzer Absprache ging es auf Kommando in Richtung Haupteingang. Meist lächelnd ließ die polnische Reisegruppe die Kontrolle über sich ergehen – mit dem Rücken zum jeweiligen Sicherheitspersonal. Das Ganze unter den kritischen Blicken der szenekundigen Beamten, die sich schon mal die grüne Weste übergestreift hatten. Hektisch wurde es, als bei einem Polonia-Fan eine bengalische Fackel und Tabletten zu Tage kamen. Rasch wurde die Tür verriegelt. Polnische Fans drinnen und draußen. Kurze Zeit sah es aus, als könnte die Situation bereits jetzt eskalieren, doch nach wenigen Minuten konnten auch die restlichen Fans kontrolliert und eingelassen werden.

Die Gäste aus Schlesien wurden im Block hinter dem Tor untergebracht. Am Ballfangnetz wurde sogleich das mitgebrachte Banner unübersehbar befestigt. ‚Bytomska Patologia'. Das ‚O' als geballte Faust. Anschließend wurde sich eingestimmt. Von etwaigen Ultras und Hooligans der SG Dynamo Dresden war indes weit und breit noch nichts zu sehen. Nur rund dreißig bis vierzig ‚normale' Fans hatten sich auf den Rängen niedergelassen. Vor der MBS-Arena sammelten sich indes die angereisten Anhänger von Tennis Borussia Berlin, um geschlossen in die Halle zu gehen und hinter dem anderen Tor ihre Plätze einzunehmen. Babelsberg 03 war dagegen mit eher wenigen Fans vor Ort.

Als eine halbe Stunde nach Turnierbeginn die U23 der SG Dynamo Dresden gegen den Titelverteidiger RSV Waltersdorf antrat, tat sich oben auf den Rängen etwas. Wortlos marschierte eine schwarz gekleidete Reisegruppe auf die Gerade und blieb oben hinter dem Sitzbereich stehen. Zirka vierzig bis fünfzig Mann aus Dresden zeigten stumm Präsenz und sorgten allein mit dieser Aktion für bange Blicke. Weniger bang war der Gesichtsausdruck der Polonia-Fans. Interessiert und neugierig beobachteten sie von ihrem Block aus, was sich wohl dort oben tun würde. Die Polizei

positionierte sich indes an der Ecke zwischen den stehenden Dynamo-Jungs und dem Hintertorbereich, wo gemeinsam die Anhänger von Tennis Borussia Berlin und Babelsberg 03 saßen. Unruhe unter den TeBe-Fans. Diskussionen. Und das zu Recht! Die Polizei bat nämlich die lila-weiße Anhängerschaft zu gehen. Ein absurdes Szenario. Die Sicherheit könne unter Umständen nicht gewährleistet werden. Kein Wunder, dass zahlreiche TeBe-Fans stinksauer waren. Während ihr Team unten auf dem Parkett gegen den FSV Luckenwalde 63 ein achtbares 2:2 erkämpfen konnte, mussten sie auf der anderen Hallenseite in Richtung Ausgang ziehen.

In der Folgezeit herrschte in der Halle kurzzeitig eine bedrückende, angespannte Atmosphäre. Laut wurde es, als Polonia Bytom sein erstes Spiel bestritt. Gegen den RSV Eintracht Teltow ging das Team aus Bytom sehr diszipliniert zu Werke und brachte den ersten Sieg in trockene Tücher. So still wie die dunkel gekleidete sächsische Reisegruppe gekommen war, so stumm verließ sie wenig später wieder die MBS-Arena. Auch einige sportlich gekleidete Polen verließen die Halle. Einem handfesten Aufeinandertreffen schien draußen im Schutze der Dunkelheit nichts mehr im Wege zu stehen.

Sehenswertes gab es währenddessen auf dem Parkett. Nach dem anschließenden 1:0-Sieg von Tennis Borussia Berlin gegen Teltow durfte die Fußballspielerin in der kurzen Pause ihre Kunststücke mit dem Ball zeigen. War das nicht die Berlinerin, die einst ...? Richtig! Im Jahr 2007 konnte Aylin Yaren im Aktuellen Sportstudio den Weltstar Franck Ribéry beim Torwandschießen mit 4:3 bezwingen. Das Päuschen tat dem Potsdamer Hallenmasters gut, denn beim Filmstadt-Derby SV Babelsberg 03 gegen FSV Babelsberg 74 kam nun durchaus passable Stimmung auf. Die Nulldrei-Fans unterstützten nach Kräften ihr Team. Mit dem 2:0-Sieg konnte Babelsberg 03 die Chancen aufs Weiterkommen wahren. Gut was los war beim anschließenden Duell zwischen Polonia Bytom und Brieselang. Kerniges Auftreten der Fans und der Spieler. Bereits nach einer Minute führte Bytom mit 2:0. Der polnische Torwart mit Protektoren an den Ellenbogen und auf dem Kopf schaltete sich immer wieder in die Offensive ein. Am Ende hieß es 3:1. Der Weg ins Halbfinale wurde langsam aber sicher geebnet.

Ebenfalls die Weichen stellen konnte Dynamo Dresden II. Gegen Werder konnten die Sachsen nach 0:2-Rückstand noch mit 3:2 gewinnen. Aus dem Rennen brachte sich indes der SV Babelsberg 03, das gegen Waltersdorf auf Grund eines bösen Schnitzers mit 1:2 unterlag. Polonia Bytom machte dagegen alles klar. Gegen TeBe sicherte der 2:0-Sieg den Weg ins Halbfinale. Prächtige Stimmung unter den angereisten Fans. Kurzerhand wurde die Trommel der Brieselang-Fans entwendet, später dann aber wieder zurückgegeben. Weniger schön war der immer wieder gezeigte Hitlergruß einiger Polen. Kurz vor Abpfiff der Partie hieß es dann „Eins, zwei, drei, Oberkörper frei!" Keine Frage, die Jungs aus Bytom waren das Highlight des Turniers. Als Dynamo Dresden II im vorletzten Vorrundenspiel des Tages gegen das bereits ausgeschiedene Babelsberg 03 antrat, ertönte aus dem polnischen Block ein lautes „Scheiß Dyyyyyynaaaamoooo!" Die Dresdner juckte das herzlich wenig, mit dem klaren 3:0-Sieg wurde der erste Platz in der Gruppe A gesichert. Dies wiederum interessierte Bytom nicht wirklich, viel mehr erklang nun aus dem Block die polnische Nationalhymne.

Nach der Polonäse die Party. Showprogramm auf dem Parkett nach der abgeschlossenen Vorrunde. Polnische Fans in bester Laune, die für jeden Spaß zu haben waren. Während die Hip-Hop-Tanzgruppe den Takt angab, eiferte die Anhängerschaft aus Bytom nach. Das sorgte auch beim eher skeptischen Publikum für den einen oder anderen Lacher. Spannend wurde es im Halbfinale. Bereits nach zehn Sekunden

machte Bytom das 1:0 gegen Waltersdorf. Dann allerdings das 1:1, erzielt von Dennis Kutrieb. Das Spiel war auf des Messers Schneide. Trocken aus der Distanz lochte Bytom zum 2:1 ein. Waltersdorf blieb am Drücker und war dem Ausgleich verdammt nahe, allein die Latte, der Pfosten und der polnische Keeper standen dem Ausgleich im Wege. Das Endspiel zwischen dem FSV Luckenwalde und Bytom verlief anders als erwartet. Konnten die Polen bis dahin jedes Spiel gewinnen, so hatten sie dieses Mal gegen den FSV echte Probleme. Bereits nach dreißig Sekunden das 1:0 für Luckenwalde. Und dann das: Ein Bock der polnischen Hintermannschaft, 2:0 für Luckenwalde. Es waren gerade einmal zwei Minuten gespielt, da stand es 3:0! Scheiß drauf, dachten die Polen hinter dem Fangnetz. Oberkörper frei und Party! Bytom kam noch einmal auf 1:3 heran, doch als Luckenwalde das 4:1 erzielen konnte, war der Turniersieg für die Südbrandenburger gesichert.

Nach dem Abpfiff ließen es die polnischen Fans noch einmal richtig krachen, indem etliche Bengalische Feuer gezündet wurden. Pyrotechnik in der Halle – sonst eher nur aus Griechenland und vom Balkan bekannt. Rauch stieg in Richtung Decke. Bange Blicke des Veranstalters. Noch blieb es ruhig, doch bei Beginn der Siegerehrung kam der Feueralarm. Mitten bei der Ansprache ging der Ton aus, stattdessen kam eine automatische Ansage vom Band auf mehreren Sprachen. Eine Sirene und immer wieder die Aufforderung, die MBS-Arena zu verlassen. Die Siegerehrung wurde rasch ohne weitere Ansprachen über die Bühne gebracht. Ein Gruppenfoto wollten die Polen dann doch noch haben. So viel Zeit musste sein. Die Spieler postierten sich vor dem Tor, dahinter weiter oberhalb die kernige Reisegruppe aus Bytom am Fangnetz. Ich nutzte die Gunst der Stunde und machte fix ein paar Fotos. Ich staunte nicht schlecht, denn außer mir machte nur ein polnischer Betreuer mit einer kleinen Knipse ein Erinnerungsfoto von diesem denkwürdigen Nachmittag.

+++ Mannschaft und Fans von Polonia Bytom (2013) +++

Wenig später wurde ein Teil der polnischen Fans von der Security und der behelmten Polizei daran gehindert, die Halle zu verlassen. Stau am Ausgang. Leichte Rangeleien. Minuten später durften rund fünfzig Polen in Richtung Parkplatz von dannen ziehen. Und das ohne Polizeibegleitung. Vorbei an der Tram-Haltestelle. Ein totaler Irrsinn. Erstaunte Gesichter bei den Wartenden. Es kam, wie es kommen musste. Der polnische Mob erspähte auf der gegenüberliegenden Haltestelle ein paar Gesichter. Die Folge: Tritte und Schläge für die dort Stehenden. Erst dann rückten die behelmten Einsatzkräfte nach und beruhigten die Situation. Weshalb nicht gleich die polnischen Anhänger von der Polizei zu ihren Fahrzeugen begleitet wurden, blieb das Rätsel des späten Abends.

Unter all den hunderten gesehenen Fußballspielen mit all ihren wunderbaren oder auch unschönen Begleiterscheinungen gibt es Jahr für Jahr einzelne Partien, die besonders hängen bleiben. Wenn mich jemand fragt, welche Fanszenen – bei den von mir im Jahr 2013 gesehenen Partien – den beeindruckendsten Auftritt hatten, kann ich klipp und klar eine deutli-

che Antwort geben: Zum einen der 1. FC Magdeburg im Babelsberger Karl-Liebknecht-Stadion, zum anderen der F.C. Hansa Rostock in der Messestadt Leipzig.

Über 1.500 Anhänger des FCM fanden am Abend des 8. Oktober 2013 den Weg nach Potsdam-Babelsberg. Ein Großteil von ihnen reiste mit dem Regionalexpress an, rund dreihundert Fans erreichten Potsdam-Hauptbahnhof um 17.24 Uhr. Lautstark zog der Tross nach draußen und wurde von den polizeilichen Einsatzkräften die für den Autoverkehr gesperrte Friedrich-List-Straße entlanggeführt. Mit flotten Schritten ging es ohne Probleme nach Alt Nowawes. Bis auf etliche Böller und eine geflogene Flasche gab es keine bemerkenswerten Zwischenfälle. Die Laune veschlechterte sich, als sich die Magdeburger Fans am Gästezugang vor der Polizeiabsperrung sammeln sollten und es nur im Schneckentempo voranging. Immerhin konnte auf schnellem Wege ein um zehn Minuten verlegter Anpfiff ermöglicht werden, so dass die meisten Fans beim Einlaufen der beiden Teams in ihren Blöcken waren.

+++ Magdeburger Pyroshow in Babelsberg (2013) +++

Eine Abendspiel im KarLi. Über 4.500 Zuschauer auf den Rängen. Ganz gewiss durfte einiges erwartet werden, doch solch ein massiver Einsatz von Pyrotechnik überraschte dann doch. Griechisch-polnische Verhältnisse im proppenvollen Gästeblock. Bengalos und Rauch, dazu etliche Leuchtkugeln und Raketen, die gen Himmel stiegen. Und auch in der Nordkurve hatte das Filmstadt Inferno etwas vorbereitet. Nachträglich zum 110. Geburtstag (der Verein wurde am 1. Oktober 1903 von sieben jungen Männern ins Leben gerufen) gab es zwei Zaunfahnen und eine alles überspannende Blockfahne: „Selbst die Weber haben´s schon geseh´n. Fußball im Kiez wird 110." Dazu wurden am Zaun zehn Bengalische Fackeln gezündet. Für pyro-begeisterte Fußballfreunde sicherlich ein hübscher Anblick – vom Magdeburger Anhang allerdings an diesem Abend in den Schatten gestellt.

Auf dem Spielfeld entwickelte sich rasch eine flotte Partie, in der die Hausherren die erste richtig fette Möglichkeit hatten. FCM-Keeper Matthias Tischer konnte zur Ecke klären. Sekunden später drückte Heiko Schwarz mit dem Kopf den Ball über die Linie. 1:0

für die Filmstädter, manch ein Bierbecher flog vor Freude im hohen Bogen durch die Luft. Solch eine frühe Führung gegen die zuletzt stärker werdenden Magdeburger hatten die meisten Heimfans nicht erwartet.

Der Magdeburger Anhang ließ sich jedoch nicht beirren und setzte seinen Support kraftvoll fort. „F-C-M! FCM Blau-Weiß ...", schallte es über den Platz. In einer spannenden Partie gelang es den Bördestädtern, die Partie zu drehen. Noch vor dem Seitenwechsel konnte Christian Beck den Ball unten links einschieben, sieben Minuten nach Wiederanpfiff machte Lars Fuchs die Magdeburger Führung klar. Nur Sekunden zuvor hatte Babelsberg 03 seinerseits den zweiten Treffer auf dem Fuß gehabt. Kein Wunder, dass der Stadionsprecher etwas konfus wirkte. Magdeburg außer Rand und Band, noch einmal wurde Pyrotechnik gezündet. Als ein Böller im Strafraum detonierte, ließ der Schiedsrichter kurz abwarten und holte seine Assistenten und die beiden Mannschaftskapitäne zu sich.

+++ Babelsberger Pyroshow gegen Magdeburg (2013) +++

Weiter ging es mit hoher Intensität – sowohl auf dem Spielfeld, als auch auf den Rängen. Babelsberg drängte zum Ausgleich. In der 77. Minute schließlich der Lohn der Arbeit, Severin Mihm besorgte den viel umjubelten Ausgleich zum 2:2. Noch fünfzehn Minuten zu spielen, doch das Spiel wurde nun zur Nebensache, denn plötzlich sprang ein Tor zum Innenraum auf und einige Magdeburger drängten in polnischer Manier auf den Rasen. Ordner versuchten ihr Bestes, doch erst der massiv anrückenden Polizei gelang es, für Ruhe zu sorgen. Schlagstockeinsatz und Pfefferspray am besagten Fluchttor. Wer durch Zufall dort in der Nähe stand oder auf dem Zaun saß, bekam brennende Augen verpasst. Immer mehr behelmte Einsatzkräfte strömten auf den Rasen und bildeten eine riesige Kette.

+++ Magdeburger Hools in Babelsberg (2013) +++

Minutenlang wurde die Partie unterbrochen. Die Lage beruhigte sich, doch noch immer verharrten die Polizisten auf dem Platz. Ein skurriler Anblick. Die ersten Zuschauer wurden ungeduldig. Nun könne doch endlich weitergespielt werden. Nach einer Ansprache des sportlichen Leiters des FCM an die Fans wurden die letzten Minuten schließlich über die Bühne gebracht. Es blieb letztendlich beim 2:2, das von den Babelsberger Spielern gefeiert wurde. Auch der Mag-

deburger Anhang legte nach Abpfiff noch einmal einen ordentlichen Support hin, wurde jedoch von den FCM-Spielern mit Missachtung abgestraft. Allein ein einziger Spieler schlurfte zum Gästeblock und suchte dort das Gespräch am Zaun. Kritisch wurde es noch einmal an anderer Stelle der Spielstätte. Direkt am Haupteingang wurden Magdeburger Fans, die vom Sitzplatzbereich kamen und ein „FCM Blau-Weiß" sangen, von Babelsberger Problemfans, die ebenso auf der Haupttribüne ihren Platz hatten, attackiert. Allerdings verpasste ein älterer Babelsberger Fan einem der Angreifer von hinten eine kräftige Backpfeife, so dass dieser benommen den Rückzug antrat.

Kurz angebunden und zerknirscht – zumindest nach außen – zeigten sich am kommenden Tag die Vereinsverantwortlichen des 1. FC Magdeburg. In einer Meldung wurden die beiden Treffer aufgeführt, mehr gebe es zum sportlichen Geschehen nicht zu berichten, da das Spiel schlichtweg zur Nebensache wurde. Dem FCM drohte nun zum wiederholten Male eine hohe Strafe. Von den Ereignissen im Gästeblock distanzierte sich der FCM im vollen Umfang. Allerdings glätteten sich die Wogen recht bald wieder. Solche Dinge werden in Magdeburg gern intern in aller Ruhe besprochen und ausgewertet.

Und das andere der beiden aufgezählte Spiele? Ein Hammer! Sechstausend Rostocker feierten am 23. November 2013 in der Leipziger Arena eine Megaparty. Das Konstrukt RasenBallsport boykottieren? Wir hatten das Thema schon mal anderer Stelle. Die Hansa-Fans machten es in meinen Augen völlig richtig. Leipzig einnehmen. Für Stimmung sorgen und deutlich zeigen, was man von den Leipziger Bullen hält. Tagelang fieberte ich auf dieses Spiel hin und hielt mich am Rechner permanent auf dem Laufenden. In aller Frühe schnappte ich dann meinen Rucksack und setzte mich in den InterConnex nach Leipzig und schlürfte beim Blick aus dem Fenster einen Kaffee.

Zehn Uhr, Leipzig Hauptbahnhof. Rostocker Fans trafen in kleinen Gruppen mit der Bahn ein und wurden von den polizeilichen Einsatzkräften vorerst abgefangen. Eine halbe Stunde später füllte sich – wie am Abend zuvor punkt 21 Uhr von den Suptras Rostock ´01 angekündigt – langsam aber sicher der Richard-Wagner-Platz am Einkaufszentrum Am Brühl. Noch war alles ruhig, der eine oder andere holte sich noch ein Heißgetränk oder versuchte bei einem Gewinnspiel einer Elektro-Kette sein Glück. Raus den Hammer und rein mit dem Ball in eine der ausrangierten Waschmaschinen. Einem Hansa-Fan gelang sogar dieses Kunststück, unter Gejohle durfte er ein Formular ausfüllen. Als noch ein weiterer Schub Rostocker Fußballfreunde den Platz erreichte, konnte der Marsch in Richtung Stadion beginnen.

„Scheiß Bullen". In Großbuchstaben in den Farben Rot und Schwarz auf einem weißen Banner. Was sonst nicht lange gehalten werden dürfte und von den polizeilichen Einsatzkräften sicherlich in kürzester Zeit

abgepflückt wird, war am heutigen Tag mal erlaubt. Schließlich ging es (offiziell) um die selbst ernannten ‚Roten Bullen' von RasenBallsport Leipzig. Da konnte selbst gegen das übliche „Alle Bullen sind Schweine" nicht behördlich vorgegangen werden.

Allerdings sah die Polizei auch ganz andere Probleme. Nachdem der breite Tröndlinring überquert und in eine schmalere Nebenstraße marschiert wurde, konnte man meinen, man sei bei einer Übung einer Wehrsportgruppe. Nach einem „Hier regiert der FCH!" ging das Getöse los. Böller am laufenden Band. Die Rostocker machten es den Anhängern von Partizan Belgrad oder ZSKA Sofia gleich. Einzelne Leuchtkugeln stiegen hoch, erste Flaschen klatschten an die Fassaden oder landeten zu Füßen der Einsatzkräfte. Wer nun an der Spitze lief, musste auf der Hut sein.

Gegen 11.45 Uhr kam der Tross zum Stehen. Nichts ging mehr. Die Polizei wertete die angefertigten Aufnahmen aus und versuchte einzelne Fans aus der

+++ ‚Scheiß Bullen', Rostocker Marsch in Leipzig (2013) +++

BULLEN

+++ FC. Hansa Rostock bei RasenBallsport Leipzig (2013) +++

Masse herauszuziehen. Nach mehreren Durchsagen und einer längeren Pause ging es schließlich weiter. Schnell verbreitete sich vor der Spitze aber das Gerücht, dass der Mob zur Seite ausbrechen möchte. Die Polizei war jedoch gut vorbereitet und brachte die zahlreichen Fans, die sich in zweiter Reihe mit Masken und hochgezogenen Schals unkenntlich machten, auf dem Zöllnerweg durch das dortige Waldstück bis zum Gelände des Sportforums. Noch einmal stoppte der Marsch zum Spielort. Kurz vor der großen Kreuzung stieg orangefarbener Rauch auf. Mehrmals wies die Polizei drauf hin, dass die Vermummten die Schals bzw. Masken abnehmen sollen. Was später am Einlass passierte, hatte ich nicht mit eigenen Augen sehen können.

13.30 Uhr. Die Ruhe vor dem Sturm. Auf den Rängen der Red Bull Arena ging es noch überaus beschaulich zu. Aus der Heimkurve war ein erstes zaghaftes

„Hier regiert der RBL!" zu vernehmen. Rund sechstausend Gästefans wurden erwartet, die Ecke an der Gegengerade war für sie vorgesehen. Extra für dieses Duell wurde ein feinmaschiges Netz bis unter die Decke des Stadions gespannt. Gehalten wurde es unten von schweren Sandsäcken und im Beton befestigen Bolzen. 13.40. Ein paar Mitglieder der Suptras versuchten im Unterring einzeln sitzende Fans davon zu überzeugen, am flächendeckenden Boykott der Hansa-Fans teilzunehmen. Die ersten sieben Minuten sollte es weitgehend leer und ruhig bleiben im Gästeblock, im Anschluss wollten die Rostocker zeigen, was Fankultur bedeutet. Nicht wenige vermuteten einen martialischen Auftritt in Minute acht. Deshalb ja auch das für viel Geld gespannte Netz.

Der Plan der Suptras ging auf. Fast alle Fans beteiligten sich am Boykott. Im Kernbereich des Gästebereichs lag die Mitmachquote sogar bei einhundert

Prozent. Somit hatte die Heimkurve vorerst die Bühne ganz allein für sich. Und die RB-Fans wussten die Gunst der Stunde zu nutzen. 23.500 Zuschauer im Stadion, zudem ein deutschlandweites Interesse an dieser mit Spannung erwarteten Drittligapartie. Die Kurve der ‚Roten Bullen' präsentierte eine Choreographie, die manch einem Leipziger ein Stich ins Herz bedeuten musste. „Das Herz der Kurve schlägt im Takt. Allein für die Messestadt." Zwei riesige Banner oben und unten. In der Mitte eine lückenlose blaue Fläche mit rotem und weißem Streifen. Und zentral ein rotes Herz mit der weißen Silhouette der Stadt. Dazu das doppelte ‚M' der traditionsreichen Mustermesse. Leipziger Messe – die meisten verbinden diese vor allem mit der DDR-Zeit. Tradition, Pulsschlag,

Herzschmerz. Müsste das nicht eine Choreographie des 1. FC Lokomotive Leipzig sein? Der Stil der Choreographie erinnerte doch glatt an die Probstheider Handschrift.

Der 1. FC Lok Leipzig dümpelte zu jenem Zeitpunkt im Tabellenkeller der Regionalliga, RasenBallsport Leipzig war in der dritten Liga ganz klar auf Aufstiegskurs. Nun mag man die Faktenlage finden wie man möchte, ganz neutral betrachtet muss man jedoch eingestehen, dass RB Leipzig genau in die richtige Kerbe haute. Dieser Verein wird leider Gottes schwer aufzuhalten sein. Da ist nichts zu machen? Doch, sich auf das Sportliche konzentrieren! Genau dies hatte das Team des F.C. Hansa Rostock an jenem Tage vor.

+++ Choreo von RasenBallsport Leipzig (2013) +++

Bis in die Haarspitzen motiviert marschierten sie auf den Rasen und gingen von Beginn an munter in das Spiel. Nach den besagten sieben Minuten war auch die nötige Unterstützung da. Die Rostocker Anhänger strömten in die Blöcke. Das „Scheiß Bullen"-Banner hing nun am Oberrang. Daneben war dann noch „In Leipzig wird's immer nur Lok und Chemie geben" zu lesen. Das Suptras-Banner wurde zu Hause gelassen, statt-dessen hing unten das ebenso bekannte große Hansa-Rostock-Banner. Mehr nicht.

Wer einen wütenden mit Pyrotechnik fuchtelnden Mob erwartete bzw. befürchtet hatte, wurde überrascht. Keine Böller, keine Bengalos. Aber auch keine Fahnen. Nur verbaler Support – aber der mit immenser Kraft! Geschätzte 4.500 von den 6.000 Gästefans beteiligten sich nahtlos an den Gesang- und Schlachtruf-Einlagen. Fußballstimmung ganz rudimentär – und doch unglaublich beeindruckend! Aus Rostocker Sicht lief an diesem Tage alles nach Plan. Die Hansa-Elf konnte prima gegenhalten und gestaltete die Partie ausgeglichen. Pech für RB Leipzig in der achten Minute. Torhüter Coltorti musste verletzt vom Platz, für ihn kam Domaschke ins Spiel. Indes ertönte ein „Wir haben Heimspiel in Leipzig!!" aus der Gästeecke. Stimmungstechnisch wurde dies spätestens in der 37. Spielminute Realität. Haas spielte Blacha an und dieser hob den Ball am Keeper vorbei ins Netz. Jubelorkan beim blau-weißen Anhang.

Als sich in der 52. Minute Mendy auf der rechten Seite durchsetzen konnte und Plat bediente und dieser zum 2:0 für die Kogge einnetzen konnte, gab es kein Halten mehr. „Ahu! Ahu!" Die Mitmachquote beim Support stieg nun auf geschätzte 95 Prozent. Allerdings waren die drei Punkte noch nicht in trockenen Tüchern. RasenBallsport Leipzig legte noch einmal ein Schippchen drauf und wurde nur acht Minuten später mit dem Anschluss zum 1:2 belohnt. Kaiser zirkelte einen Freistoß in die Maschen und ließ wieder Hoffnung bei den Roten Bullen aufkeimen. Die letz-

ten dreißig Minuten wurden sehr intensiv. Auf beiden Seiten ergaben sich noch einige Möglichkeiten, doch letztendlich wollten keine weiteren Treffer mehr fallen. Es blieb beim 2:1 für den F.C. Hansa. Ich stand im Innenraum, betrachtete mit feuchten Augen die mit den Fans feiernden Spieler und fertigte die letzten Fotos und Videosequenzen des Tages an.

Mensch, ja, genau dafür gehe ich zum Fußball. Mensch, Hansa, 21 Jahre zuvor hatte ich dich im Müngersdorfer Stadion zum ersten Mal live spielen sehen. Vom Gästeblock aus. Inmitten der Jeansjacken und Kutten tragenden Allesfahrer. Was für ein skurriler Nachmittag, oder? Allein der Typ, der den Kölner Hools oben im 38er Block den Pimmel gezeigt hatte. Auch so war Fußball. Und das war gut so. Es hat sich seitdem viel verändert. Eine ganze Generation rückte nach. Wer damals Anfang der 90er Jahre geboren wurde, steht nun in den Blöcken und Kurven und kämpft für den Erhalt der Fankultur und gegen die totale Kommerzialisierung. Da ist es gut, wenn die Alten den Jüngeren zur Seite stehen. Und sei es vor Ort an den kritischen Nahtstellen mit der Kamera vor dem Auge oder daheim am Schreibtisch mit der gespitzten Feder in der Hand.

Man wird mich – wenn es das Schicksal und all meine Schutzengel wollen – auch die nächsten 24 Jahre an all den Fußballschauplätzen sehen und ich werde weiterhin ausführlich über das Geschehen und die sich verstärkt auftuenden Probleme berichten. Von Rostock bis Leverkusen, von Köln bis Dresden, von Leipzig nach Nürnberg, von Hamburg bis Berlin – und ja, auch bis Jelenia Góra, meiner neuen zweiten Heimat ...

+++ Hansa Rostock zu Gast im Leipziger Zentralstadion (2013) +++

WIR FANS SIND DER VEREIN

+++ Rauchbombe im Babelsberger Block O +++

+++ Rostocker Demo in Hamburg (2012) +++

Erstes Nachwort

Dass Marco Bertram seine Erinnerungen aufschreibt, wurde höchste Zeit! Sie überspannen schließlich nicht nur eine intensive Lebens- und Entwicklungsphase, sondern auch einen Zeitraum, in dem sich viel verändert hat auf der Welt.

Marco Bertram und mich eint – und verbindet – neben der Liebe zum Fußball und dem Fahrrad als Reisemittel die unbändige Lust auf die Welt und die drängende Neugierde, hinter die Kulissen schauen zu wollen. Elementare Treibstoffe, um die Welt im Wortsinne zu erfahren und Zusammenhänge zu erkennen.

Mit turus.net hat Marco Bertram – gemeinsam mit Karsten Höft – zudem eine Plattform ins Leben gerufen, die ich nur bewundern kann. Sie bietet Raum für Themen, die überall sonst runterfallen und doch so wichtig sind. In diesem Sinne ist turus.net ein Geschenk an die Welt der Hinterfrager, der Neugierigen. Also an all diejenigen, die sich nicht mit der Mainstreammeinung zufrieden geben wollen. Denn im Zeitalter der modernen Medien und sozialen Netzwerke ist es wichtiger denn je, dass sich fach- und sachkundige Autoren intensiv mit Themen beschäftigen, damit nicht einfach nur vorgefertigte Meinungen bestätigt werden. Dafür wiederum braucht es Mut. Den Mut, eigene Bilder und Urteile, aufzugeben, wenn man feststellt, dass sie nicht richtig oder zumindest nicht vollständig sind.

Marco Bertram hat diesen Mut, und obwohl wir uns keineswegs seit Jahrzehnten kennen, kann ich diesen Mut in seinen Aufzeichnungen überall herauslesen. Zugleich ist seine Biografie ein spannendes Stück Zeitgeschichte, die von den Turbulenzen kündet, die mit tiefgreifenden Veränderungen wie dem Ende der deutschen Zweistaatlichkeit kündet und aufzeigt, wie sie sich im Alltag auswirken.

Ich freue mich jedenfalls sehr auf die Lektüre

von Hardy Grüne

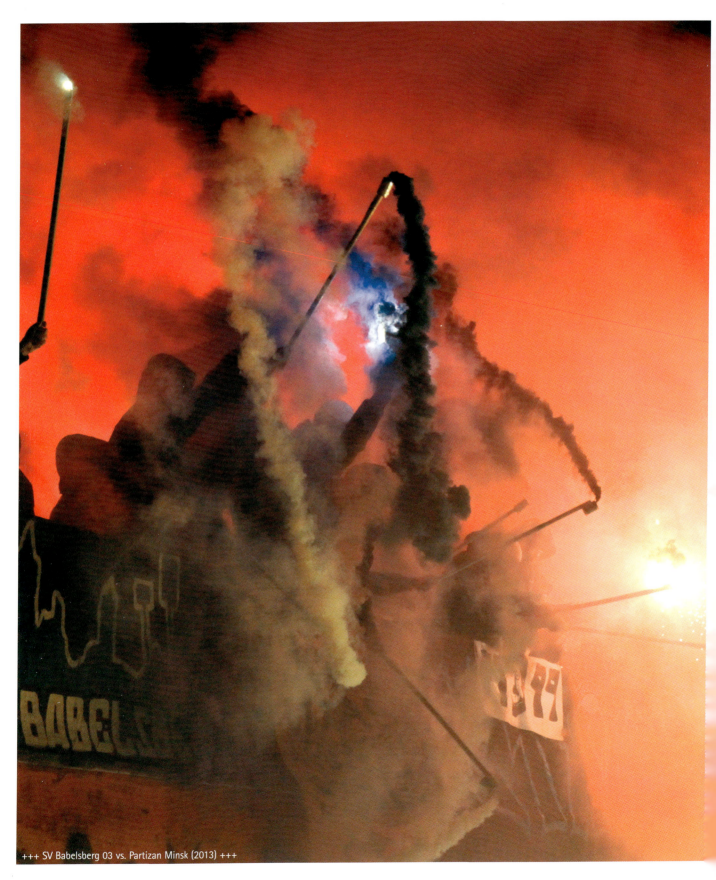

+++ SV Babelsberg 03 vs. Partizan Minsk (2013) +++

+++ Aufstieg des 1. FC Lok Leipzig (2012) +++

+++ Heimblock des KS Karkonosze Jelenia Góra +++

+++ BFC Dynamo in Jena (2014) +++

+++ Hamburger SV bei Energie Cottbus (2014) +++

Zweites Nachwort

Nein, früher war mit Sicherheit nicht alles besser. Das ist nur so eine Vorstellung, die sich häufig in den 40ern einnistet und die Erinnerung an die Jugend mit einer hübschen Morgenröte verklärt. Das sollte man auf keinen Fall vergessen, wenn man ein Buch liest, in dem es als wunderschön, prägend und erstrebenswert beschrieben wird, sich in zugigen Auswärtsblöcken nass regnen zu lassen oder mit der Straßenbahn durch touristisch eher unverdächtige Ruhrpott-Gemeinden zu fahren. Die große Mehrheit der Fußballspiele ist kein Spaß, sondern harte Arbeit. Heute ist es bequemer geworden, aber was vermag der klimageschützte Platz in der modernen Multifunktionsarena gegen die Erinnerung an epische Schlachten hinter verrosteten Maschendrahtzäunen oder brennende Würstchenbuden? Nichts, da unterscheidet sich der Fußball in nichts vom völlig misslungenen Ferienlageraufenthalt, der in der Erinnerung und im gemeinsamen Lachen zum größten Abenteuertrip der Weltgeschichte geadelt wird.

Fußballspiele zu besuchen ist auch ein bisschen wie angeln: Niemandem könnte man rational erklären, wieso man sich um Himmelswillen den Wecker auf vier Uhr stellt, um sich dann auf einem Klappstuhl stundenlang dem Morgennebel beim aufsteigen zuzuschauen. „Und, haste was gefangen?" Das ist dem Angler doch egal, es geht doch hier nicht um Fisch. Und genau so spielt das Ergebnis bei einer Fußballreise in der gefühlsmäßigen Nachbetrachtung nur sehr selten eine Rolle, der Weg ist schließlich das Ziel! „Und, habt ihr gewonnen?" Spielt keine Rolle. Schon bald werden die Erinnerungen dominiert von Stadionwurst, Balkenschals, einsamen Stehtribünen, überkletterten Zäunen oder verpassten Regionalzügen. Und was live noch undruckbare Flüche hervorruft, wird schon bald in die Kiste mit den großartigsten Erinnerungen gelegt.

Wunderschön, dass Marco uns teilhaben lässt an seinem Erinnerungsschatz eines Fußballbekloppten. Wer ähnliches nicht erlebt hat, wird Buch wie Leidenschaft vermutlich auch jetzt nicht verstehen. Kein Problem, man kann sonntags auch das Auto waschen, zu IKEA fahren oder mit den Kindern in den Tierpark. Andere Fußballbekloppte werden sich hingegen köstlich amüsiert haben, egal in welcher Zeit sie sozialisiert wurden. Flutlichtmasten sind Flutlichtmasten, Eisregen ist Eisregen und ein entscheidendes Tor in der Nachspielzeit fühlt sich dann doch für alle gleich an. Nichts davon ist ‚gute alte Zeit', es war eine herausragende Zeit, die wir hier höchst subjektiv nachlesen können und in der wir uns trotzdem alle wiederfinden. Eine schöne Gelegenheit, ein Bier zu öffnen und das ‚Weißt du noch, damals?'-Spiel zu spielen.

von Kai Tippmann

+++ FC St. Pauli beim Testspiel in Babelsberg (2012) +++

+++ Heimkurve Pogon Szczecin (2014) +++

+++ Pyrotechnik im Heimblock des AC Sparta Praha +++

Danksagung

Nach einem Jahr intensiver Arbeit ist dieses Buch fertig – und es ist, wie ich finde, eine Wucht geworden. Daher sogleich an erster Stelle ein großes Dankeschön an Stephan Trosien für die überaus gute und angenehme Zusammenarbeit. Wir haben beim Layouten zahlreiche Parallelen in unseren Leben entdeckt und ich denke, dieses Buch wird die Basis für weitere gemeinsame Projekte schaffen.

Nicht zu vergessen: Großer Dank gilt meinen Schutzengeln und sämtlichen Schutzgöttern, die mir vor allen Dingen in den wilden 90ern zur Seite standen. In den Bergen Kanadas, am Strand von Rio, beim Busüberfall im Norden Brasiliens, auf den Straßen Brandenburgs und nicht zuletzt auf stürmischer Nordsee. Muito obrigado Yemaya und allen anderen Orixás. Ein tausendfaches Dank je wel an unsere Lebensretter der niederländischen KNRM und der Koninklijken Marine, die bei Windstärke 10 ihr eigenes Wohl riskiert haben und uns aus den Fluten geholt haben.

Einen lieben Dank und ein Küsschen für Magdalena und Dominik, die mir immer zu Seite stehen und täglich Kraft geben. Ganz liebe Grüße auch an die polnische Hälfte meiner Familie, die mir ein zweites Zuhause in Cieplice gibt. Dankende Worte an meine Eltern, die mir bereits als kleines Kind die Liebe zur Natur und das Reisen verinnerlicht haben. Ein ganz besonderer Dank gilt auch Karsten Höft für all die coolen Reisen und Fußballtouren sowie die tolle Zusammenarbeit auf turus.net! Ebenso danken möchte ich Jan Noack und meinem Bruder Olaf für manch eine tolle Tour und lustige Abende! Meine guten Freunde und langjährigen Mitstreiter Jan Mill, Arne Mill und Raimar Gohlke möchte ich selbstverständlich auch danken. Auf zu weiteren großen Taten! Beim Radsport, beim Silvesterlauf, und, und, und ...

Bedanken möchte ich mich zudem bei Kathrin, Mirjana, Mark und Sebastian für die unvergessenen gemeinsamen Reisen, bei Veit Pätzug, Claude Rapp und Christian Klang für die Fotos, bei Nastasja für die angefertigten Comics zum Thema Busentführung sowie bei Andreas Gläser, Kai Tippmann und Hardy Grüne für Vor- bzw. Nachwort! Danksagen möchte ich auch sämtlichen Mitstreitern von turus.net, ganz besonders Philipp (unvergessen unsere Cieplice-Tour), Glenn (der mit dem Torriecher), Mia und Michael.

Grüßen und bedanken möchte ich mich zudem bei allen Lesern von turus.net sowie zahlreichen Fans/Ultras, die mir bzw. uns Vertrauen bei der nicht immer leichten Arbeit entgegenbringen. Ein persönlicher Gruß ganz besonders nach Rostock, Magdeburg, Babelsberg, Dresden, Leipzig, Leverkusen, Jelenia Góra, Szczecin und an alle Berliner Fußballfreunde!

Viel Spaß beim Lesen wünscht Euch allen

Marco – Sport frei!